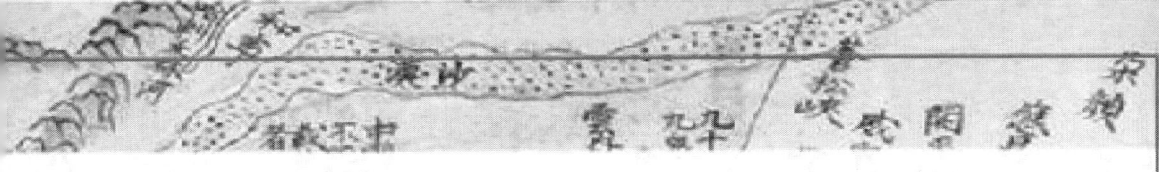

天命之爭

中國歷史上的統一與分裂

朱磊◎著

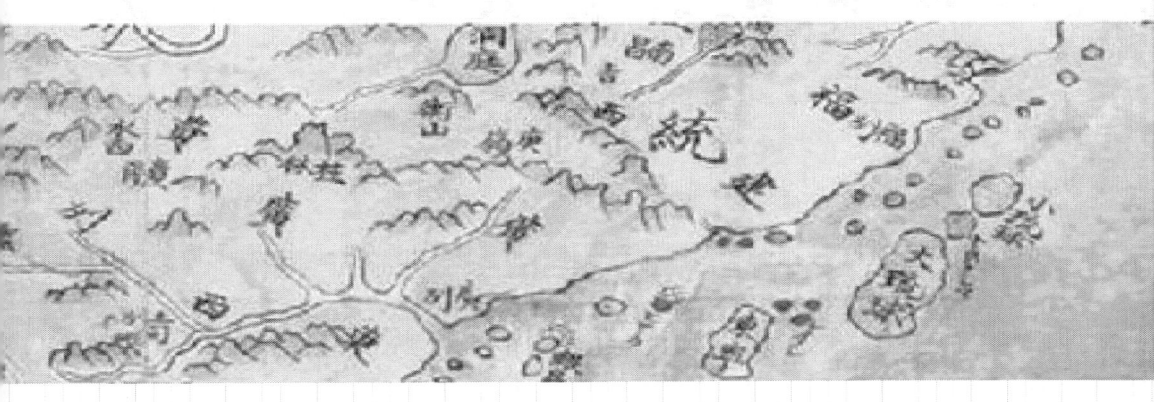

" 再現中國歷史上九個統一與分裂的案例：涉及江南、臺灣、青藏、新疆、寧夏、雲南等六個地區，和越南、朝鮮、蒙古等三個曾經與中國為一體但後來分離出去的國家。國家統一與分裂的根本乃是民意之爭，民意即天命。"

崧燁文化

目　錄

序言
天塹之嘆——江南的故事／００１
鼎足歸一／００２
投鞭斷流／０２５
玉樹庭花／０４８
臥榻之側／０６５
金戈鐵馬／０８１
彎弓射舟／１０９

跨海揚帆——臺灣的故事／１４７
鄭氏集團／１４８
清軍入關／１５５
康熙棋局／１６３
水師提督／１６８
兵臨城下／１７０
攻防得失／１７３

雪域狼煙——青藏的故事／１７９
高原神話／１８０
達賴喇嘛／１９１
康熙出兵／１９６
雍正平叛／１９９
乾隆安藏／２０２
宗教力量／２０７

鐵血天山——新疆的故事／２１０
西域之民／２１１
喇嘛汗國／２１７
統獨方略／２２０
東進決戰／２２７
復仇王子／２３２
安定西疆／２３５

荒沙賀蘭——寧夏的故事／２４１
湮滅古國／２４２
開國稱帝／２４５
宮闈風月／２５４
蒙古鐵騎／２５９
六征賀蘭／２６３
刀光閃耀／２６６

風雲洱滇——雲南的故事／２７２
諸葛南征／２７３
攻心為上／２７６
洱海強權／２８０
天寶戰爭／２８２
大理興衰／２８９

馬革征蓮——越南的故事／２９４
統一版圖／２９６
獨立建國／３００
宋朝用兵／３０２
蒙古三征／３０８
明收安南／３１１

山高水麗——朝鮮的故事／３１９
東北強權／３２０
隋朝四征／３２５
唐宗威德／３３０
新羅時代／３３９
王朝更迭／３４３

大漠孤懸——蒙古的故事／３５０
成吉思汗／３５１
蒙古擴張／３５５
帝國興衰／３６３
獨立運動／３６７
中蘇談判／３７１
跋／３７９

序言

　　本書是關於中國歷史上國家統一與分裂的故事書。與該題材目前已有書籍的最大不同，是本書講述了中國6個不同地區（江南、臺灣、青藏、新疆、寧夏、雲南）的國家統一故事，以及3個鄰國（越南、朝鮮和蒙古）曾經與中國統一但後來分離出去的故事。

　　在講述以上歷史故事的過程中，本書力求體現以下特色：

　　一是視角的獨特性。從國家統一的地域角度講述2000年來的中國歷史故事，改變歷史故事的敘述視角，增強新鮮感和縱深感。

　　二是故事的趣味性。用故事化的敘述方式再現歷史場景，以人物故事講國家統獨，將大部分歷史上的官職、地名用現代稱呼表述。

　　三是史料的可靠性。採用正史和主流文獻資料，堅持歷史人物和故事的真實性與可靠性，是有別於「戲說」的「正說」風格。

　　四是文字的簡潔性。既不同於歷史小說的細節想像描寫，也有別於歷史著作的繁密學術考證，是強調可讀性的「歷史科普讀物」。

　　五是評論的謹慎性。本書以講述故事為主，間或夾敘夾議，注重普及歷史知識，歷史規律及點評曲直交由讀者評判和解析。

　　在講述故事的過程中，本書遵循了以下觀點與思路：

　　一、統一的特徵

　　國家統一問題，從主張統一的政權角度看是統一與分裂的對立，而從反對統一的政權角度看是統一與獨立的選擇，這裡「獨立」和「分裂」實質上是一回事，本書採用統一與分裂的矛盾視

角。

　　從歷史的角度看，統一和分裂都是人類社會的組織方式，或組織方式的變化過程。在某地域範圍內，存在一個最高權力中心即為統一；反之，若存在兩個或兩個以上的互不隸屬的權力中心則各自獨立，或稱分裂。

　　以上是就某一歷史時點的靜態的橫截面觀察。動態觀察，統一的過程是指在一定時期內，某地域範圍由多個互不隸屬的權力中心轉化為具有一個最高權力中心的狀態，反之則為獨立或分裂的過程。

　　從統治集團的微觀層面看，統一和分裂之爭是一種關係到情感、榮譽、利益和慾望的權力之爭；但從人類社會的宏觀層面看，統一和分裂之爭是人類對秩序和發展方式的選擇。追求成為權力中心也許只是出於個人或黨團的目的，但客觀上卻是人類文明進化的組成部分。

　　人類社會的文明進化，是從無序到有序的演進。自原始社會，人類為獲取更多的自然資源更好地生存，會不斷聚集，雖然處理人與自然關係的能力大大增加，但如何處理人與人的關係也面臨越來越大的挑戰，人類需要透過某種組織方式來有效協調人與人的關係，使人類社會由無序狀態向有序狀態演進，從而降低合作成本，增加合作效能。

　　於是政權產生了，並出現了統一和分裂，還有一些介於統一和分裂之間的模糊形式，例如朝貢體制。統一與分裂何者更有利於人類生存發展，及人類社會如何向有序狀態演進，仍是人們必須思考的問題。

　　二、統一的利弊

　　單純從字面看，統一和分裂並不存在優劣的價值判斷。但從經

濟學角度看，由於統一存在降低交易成本和實現規模經濟的雙重好處，哈耶克、布坎南、科斯等國際著名經濟學家都認為統一優於分裂。從人類社會的發展歷史角度看，從部落到城邦，從主權國家到全球範圍的聯合國組織，總體發展趨勢也是由分裂走向統一。

雖然統一或分裂狀態下都可能出現國泰民安的繁榮景象，也都可能出現民不聊生的暴虐政權，但從中國歷史來看，多數時候統一狀態更易出現和平安定的局面，有利於生產力發展和增進民眾福祉。具體表現在政治、經濟、社會、文化和生態五大方面：

一是統一狀態更有利於和平安全。統一狀態比分裂狀態避免戰爭的概率更大，分裂狀態下出於互相防範的需要，各政權均需保持相當的軍隊與國防開支，總成本高於統一狀態，但和平穩定的程度卻遠不如統一狀態。中國歷史上幾次人口快速增長均出現在統一時期，西漢人口由2000萬快速增至6000萬，盛唐則至8000萬，北宋超過1億，明朝接近2億，清朝超過4億。而分裂時期則多因戰亂而出現人口驟減，如東漢末年至三國時期，人口驟減7/8，全國只剩不足800萬人；唐末至五代紛爭，人口驟減5/8，全國人口降至3000萬以下。

二是統一狀態更有利於發展經濟。統一狀態下較易清除人為的政策障礙，整合市場，便利自然資源與生產要素流動，充分發揮經濟潛力；統一政權便於開展大型公共工程基礎建設，可為民眾提供更多的社會福利。靈渠與京杭大運河是秦、隋以統一政權的力量開鑿而成，分裂時期即使有，如五代時吳越大興水利，規模也多為中小型。[1]

三是統一狀態更有利於民眾融合。統一狀態更便於民眾往來，通婚通商，有利於增進相互間的感情與融合，消除敵意與對立。漢朝的統一局面融合出世界上最大的民族——漢族，而十六國時期的分裂局面卻使民族矛盾尖銳化，乃至出現冉魏政權的「殺胡令」

造成數百萬胡、漢人民的死亡。武力統一的過程中可能會出現暫時的矛盾激化和生靈塗炭，但統一後隨著矛盾平息，總體好於分裂下的持續殺戮。

四是統一狀態更有利於共創榮耀。統一狀態下的綜合國力必然大於分裂狀態下的各自實力，由此可以為人類社會做出更大貢獻，並在此過程中享有更多的尊嚴與榮譽。秦漢、隋唐、明清等以統一狀態為主的帝國階段為後世留下繁榮強大的深刻印象，對世界的政治、經濟影響也更優於春秋戰國、三國兩晉南北朝、五代十國等大分裂時期。

五是統一狀態更有利於應對災難。統一狀態下發生天災時可以大規模調動資源對受災地區民眾進行救助，或有組織遷移災區民眾。例如西漢初年全國暴發大面積饑荒，政府令饑民到蜀漢地區就食；漢武帝元狩三年（公元前120年）山東水災，漢政府為救濟70萬災民「費以億計，不可勝數」；唐太宗貞觀三年（629年）關中大霜，民無所食，朝廷「敕令道俗逐豐四出」，就食它地；明朝洪武至永樂的50多年間，為緩解災情、解決人地資源配置問題進行了中國歷史上規模最大、時間最長，範圍最廣的有組織、有計劃的移民；清朝光緒二年（1876年）江北旱災較重，政府令山東、安徽災民渡江，「前赴蘇、常就食者千萬」；等等。史不絕書。

統一在現代社會還有提高國際地位、保障合法權益等優勢。雖然分裂政權轄區相對較小，各地與政治中心的距離大大縮短，行政層次減少，理論上有提高行政效率的作用，但這種優勢隨著管理方式的改變和訊息傳遞技術的進步完全可以在統一政權內實現。

三、統一的方式

統一的方式有和平自願、武力威懾、軍事戰爭三種主要方式。

和平自願統一是一個政權自願接受另一個政權的統治，或兩個

政權自願合組新的單一政權。明朝建立後，明太祖朱元璋派人深入藏區招撫政教首領，包括元朝帝師在內的大批藏族首領歸降明朝，並赴南京接受統一。清朝定都北京後，統治青藏的固始汗派其子赴京上書順治帝，表示對清政府的諭旨「無不奉命」。清政府給固始汗送去金冊金印，承認他統治藏族地區的汗王地位。西藏蒙古貴族與藏族宗教首領幾乎年年遣使蒞京，通貢不絕，清朝也厚給回賜。此外，清朝康熙年間外蒙古（喀爾喀蒙古）歸附清朝中央政府屬於和平自願的類型，但這是外蒙古在被噶爾丹的準噶爾部擊潰後做出的決定。

　　介於和平自願與軍事戰爭之間的統一方式是武力威懾，即一方在另一方的武力威脅下，和平但並不自願地完成統一。中國歷史上經常出現諸侯割據的形勢下，當某一勢力明顯強大時，其他諸侯即可「傳檄而定」，這就是武力威懾的力量。例如南唐曾在北宋強大的武力威懾下自動取消帝號，宋軍攻取其都城南京後，南唐各地均傳檄而定。此後吳越降宋更是如此。清朝康熙年間收復臺灣時，清朝水師大敗澎湖鄭軍後，鄭軍在臺灣本島的數量仍為攻臺清軍的近兩倍。但以鄭克塽和劉國軒為代表的鄭氏集團已經無心再戰，直接上表求降，臺灣本島在未進行軍事作戰的情況下與大陸和平統一。

　　透過軍事戰爭完成統一的案例在中國歷史上最為常見。戰爭有兩種方式：一種是透過戰爭展示自身實力優勢，使獨立勢力放棄分裂企圖。如諸葛亮率蜀國軍隊南征平叛，對叛軍首領孟獲「七縱七擒」，叛軍不僅心服，甚至為諸葛亮立有生祠，四時享祭，皆呼之為「慈父」。雖是透過戰爭，卻能深得民心。另一種是透過戰爭徹底殲滅獨立勢力。典型的案例如秦國在運用軍事手段恢復中國統一秩序的過程中，曾經坑殺趙國降卒40萬，使趙國政權的軍事實力無法恢復。再如清朝平定西北分裂勢力的過程中，經過從康熙到乾隆近百年的用兵，最終以對漠西蒙古準噶爾部的大量殺戮解決統一

問題。[2]

歷史經驗中軍事戰爭在三種統一方式中最為常見。透過戰爭手段實現國家統一，不同於吞併或征服。統一是在某地域內恢復曾經同屬一個權力中心的狀態，吞併或征服則是原本不是一個權力中心合併成一個權力中心。二者的重要區別在於是否還原上一個歷史階段的政治地理版圖。

世界範圍內，一個權力中心的管轄範圍主要有先佔、征服、割讓等方式確立，但古代與現代的遊戲規則有所不同，其中以前常見的軍事征服方式在現代國際法上是無效的。現代國際法中承認的變動方式包括民族自決、全民公決、收復失地、交換領土。[3] 與古代相比，現代社會在不排除戰爭和脅迫統一方式的同時，更重視以和平自願的方式完成國家統一，這就需要弄清統一與分裂本質上是由什麼決定的。

四、統一的條件

國家能否及以何種方式實現或保持統一，取決於「勢、力、策」三方面要素：統一形勢、政權實力和策略運用。統一形勢是政治、文化、社會等方面的客觀條件，政權實力指的是政權在經濟、軍事、人才等方面的硬實力，策略運用是政權對軟、硬實力的運用方式。如果三方面條件均不滿足，國家統一無法實現。在三方面條件基本滿足的情況下，如果「勢」最充分，則和平自願統一實現概率較大；如果「力」最突出，則武力威懾或軍事戰爭實現統一可能性較大；如果前兩者勢均力敵，「策」的運用得當也有助取得國家統一的勝利。

統一形勢包括政權的政治影響力、統一意志力、文化凝聚力、社會控制力和民意向心力。這些內容雖然無法進行量化對比，但卻客觀存在，類似「軟實力」。古代中國人歷來相信「天命」，認為統治者的道德品質是決定政權興亡的最重要因素。政權統治者是否

具有公正、仁慈和真誠的美德，決定其是否有資格代表上天統治人民。說到底，「天命」就是政權被民眾的接受程度，爭取民眾支持的「天命」之爭本質上是政治影響力和民意向心力之爭。當一個政權做到了政治清明、社會穩定、文化昌盛、四海歸心，就具備了有利的統一形勢，追求或確保統一就成為水到渠成、自然而然的事業。

政權實力包括經濟、軍事和人才等方面的實力，這些內容可以進行量化對比，是政權的硬實力。在統一與分裂的鬥爭中，具備實力優勢的一方有更多的主動權和決定權。在沒有外部政權介入統一和分裂的情況下，中央政權綜合實力越強，地方政權自然受到的影響和控制也越強，當實力對比差距明顯時，和平自願與武力威懾的統一方式就可能會發生。同樣，中央政權實力越弱，地方政權的分裂傾向越明顯。但當某一地方政權實力足夠強的時候，反而有可能由追求分裂轉向追求統一，成為新的中央政權。

策略運用包括政權對統一的前期準備工作以及為實現統一目標採取的戰術行動。策略運用的好壞不僅決定著統一目標能否實現，還必然直接影響到人民的生活方式與幸福程度。政權圍繞國家統一進行鬥爭的客觀效果，是追求更有利於社會發展和人民幸福的組織形式。

五、統一的案例

案例一：江南的統一。位於黃河中下游的中原地區是華夏文明的主要發源地。由於開發較早，歷史上中原地區文明較周邊地區發達，統治該地區的政權也往往成為中國的中央政權。隨著長江中下游地區逐步得到開發，統一長江中下游也就成了中央政權必須面對的任務。秦滅楚、晉滅吳、隋滅陳、宋滅南唐、元滅南宋均成功統一江南，赤壁之戰、淝水之戰（前秦主力部隊未至長江）、採石之戰（金攻南宋）則是統一江南失敗的案例。

從統一形勢看，前五種成功情況均是在北方政權處於蓬勃發展的上升階段、政權內部對統一戰爭充滿共識和信心的形勢下發動的統一戰爭；後三次戰爭則是在北方政權內部尚未達成發動統一戰爭共識的背景下進行的失敗嘗試。赤壁之戰前賈詡謀士勸說曹操不該在士卒疲弊的狀態下急於與東吳開戰；淝水之戰前包括前秦天王苻堅最信任的弟弟、大將苻融在內的絕大多數將領均反對伐晉；金朝完顏兀朮和完顏亮兩次大舉南下進行滅亡南宋戰爭期間，均有主戰派與主和派的爭鬥。共識不足則政權意志力不強，統一的形勢也就不夠充分。

社會文化方面也是統一形勢的重要內容。前秦攻東晉是中國歷史上第一次由一個少數民族政權對長期擁有更先進文明的漢族政權發起的國家統一戰爭，此前近百年間北方地區胡漢之間的民族仇殺造成的民族對立尚未化解，東晉民眾對異族政權的認同還遠遠不夠，由此導致東晉軍隊保家衛國的鬥志高昂。苻堅在形勢不具備的條件下急於伐晉，失敗就不是偶然的。此後經過200年的民族融合與適應，鮮卑成分濃重的隋政權以摧枯拉朽之勢伐陳成功，統一南北。金朝攻南宋時也還沒有得到漢地民眾的政權認同，當時女真族文明程度遠低於漢文明，原屬北宋的中原地區剛被占領，統一的社會文化條件尚未具備。遼金300餘年的少數民族統治加速了北方各民族的融合及漢人對少數民族統治的認同，為元朝蒙古政權入主中原奠定了統治基礎。

案例二：臺灣的統一。臺灣是中國東南海疆的重要屏障，宋、元、明時期，中央政府在澎湖派兵駐防，元、明還設立澎湖巡檢司，管理包括臺灣在內的附近島嶼。明末清初，中國大陸政權更迭，亡明故臣退守臺灣，與定鼎中原的滿清政權展開了跨越臺灣海峽的統一和分裂較量，最終以鄭氏的歸降完成了版圖的統一。

在清政權與鄭氏政權的鬥爭中，清政權抓住了有利於己的形

勢，利用經濟、軍事及人才優勢，最終確定「剿撫並用、以剿為主」的方針，運用正確策略完成臺海統一。鄭成功收復臺灣4個月後病逝，同年清聖祖康熙繼位，第二年清朝組建第一支海軍並試圖武力攻臺，因遇颱風而未果。此後康熙重視內政，剪除權臣，平定三藩，治黃河，通漕運，尊儒學，用漢臣，國家政局穩定，經濟恢復，政治清明，民心歸附，這就取得了有利的「勢」。清廷利用這一形勢開始重新規劃統一事宜。此時臺灣卻政局生變，鄭經一死其長子鄭克即遇害，次子鄭克塽繼承王位，實權卻旁落權臣。清廷敏銳把握時機，正確選用人才，以堅持武力平臺且精通海戰的明鄭降將施琅為清軍統帥，並賦予專征權，以靈活策略發動統一戰爭，並在取得澎湖海戰勝利後採取懷柔政策，傾心安撫，秋毫無犯，乃使臺灣本島不戰而降。

案例三：西藏的統一。西藏自元朝起納入中央政權的版圖；明朝中央政權繼續對西藏實施管轄，但未派駐軍進藏；清朝管轄西藏期間，蒙古準噶爾部從新疆突襲西藏，吞併整個青藏高原，清軍入藏擊潰準軍後，建立了對西藏的直接統治，在拉薩設立了駐藏大臣，直接監督地方政權，留駐藏清軍數千人，歸駐藏大臣指揮。

幾千蒙古騎兵長驅直入就能占領西藏，這在歷史上出現過三次：1239年蒙古大汗窩闊臺之子闊端率軍征服西藏、1642年蒙古和碩特部首領固始汗率兵占領西藏、1716年蒙古準噶爾部首領策妄阿拉布坦發兵吞併西藏。原因主要是自從藏傳佛教在西藏地區廣泛傳播，藏人便不再如吐蕃時期尚武，加之青藏高原生存條件艱苦，經濟落後，人口稀少，交通通訊困難，如無外力，西藏實力難以支撐獨立政權。

在維護西藏的統一和穩定的過程中，清朝中央政府是以實力為後盾，憑藉對西藏僧俗首領的尊重與控制來影響西藏民心，也就是在「勢」的方面加強藏區的民意認同。清朝透過尊奉藏傳佛教、撥

款修建寺廟、免徵喇嘛賦稅、差役和兵役等政策措施，與西藏民眾建立了強有力的共同精神信仰，使西藏宗教領袖樂於配合中央對西藏的管轄。康熙五十五年（1716年）準噶爾軍突襲西藏之所以勢如破竹，很大程度上是準軍利用西藏民眾對拉藏汗更換達賴喇嘛的懷疑和不滿。兩年後（1718年）清軍進藏也是以護送青海的六世達賴格桑嘉措到拉薩坐床的宗教名義出兵，並贏得西藏民眾的歡迎和支持。

案例四：新疆的統一。新疆是占地160多萬平方公里的中國西北邊陲，古稱「西域」，乾隆二十四年（1759年）改稱「新疆」或「西域新疆」。清朝前期新疆地區發生清朝中央政府與準噶爾政權為主的分裂勢力近百年的軍事鬥爭，最終確保新疆保留在中國版圖。

自噶爾丹、策妄阿拉布坦至阿睦爾撒納的幾代蒙古準噶爾部的首領，一心想以新疆為中心建立與清朝中央政府平起平坐的蒙古汗國，並時時有沙俄支持的背景，但清政府依靠強大的經濟、軍事實力武力平叛，確保了新疆與中央政權的統一。在此過程中可以發現：中央政權越穩定、統一意志越堅定，分裂的可能性越小。康熙統一立場堅定，與沙俄軍事鬥爭結束、簽署《尼布楚條約》後，立即對噶爾丹用兵，徹底消滅噶爾丹勢力，新疆形勢就趨穩；雍正放棄對吐魯番地區的控制，從新疆撤兵，反使新疆分裂勢力囂張；乾隆再次展現堅定的統一態度，全力消滅不斷製造分裂圖謀的準噶爾政權，叛亂首領阿睦爾撒納即使逃到沙俄病死也被清政府索回屍體，最終平息新疆的分裂活動，確定了統一格局。

從上述案例中還可發現以下幾個現象：

其一，國家統一最終是由多數人的意志決定的。如果多數人有統一意願，且代表多數人的政權有蓬勃的生命力、堅定的意志力、清明的政治和社會凝聚力，大體就具備了國家統一的有利形勢。江

南、臺灣、西藏、新疆的案例均是多數人政權統一少數人政權。

其二，國家統一方式可以是多樣的。案例中五次統一江南與清朝維護新疆統一雖都是透過戰爭實現，但仍可看出二者之間存在「攻心為主」與「攻地為主」的區別。清朝統一臺灣時，澎湖戰後臺灣本島不戰而降，某種意義上也算是武力威懾統一。明初與清初統一西藏均為和平自願方式，只有在外力介入時，中央政權採用軍事手段維護西藏統一，康熙與乾隆分別派兵入藏擊潰侵藏的準噶爾軍和廓爾喀軍。

其三，國家統一過程中策略運用非常重要。如在以戰爭方式進行統一的過程中，準備工作是否充分、戰術制定是否正確對統一戰爭成敗至關重要。以軍事策略為例，北方政權發動統一南方的渡江戰爭時，能否在長江上游先取得勝利，往往影響到戰爭成敗。三個失敗案例都是在北軍尚未控制長江上游的條件下發動的，而五個成功案例都是先取長江上游、共享制江權而後進行渡江統一戰爭才獲得勝利的。秦國先據有巴蜀再渡江滅楚，西晉先有蜀漢歷史經驗顯示出軍事策略的重要性。再渡江滅吳，隋朝先有巴蜀才渡江滅陳，北宋先滅後蜀再渡江滅南唐，元朝不惜以蒙哥大汗陣亡的代價攻占四川後，才發動襄陽戰役渡江滅南宋，這些歷史經驗顯示出軍事策略的重要性。

如選擇和平自願統一方式，能否建立和強化兩個政權及兩個地區民眾的心理認同尤其重要。這種心理認同主要包括：

一是強調宗教與習俗方面的信仰認同，如明清和平統一西藏時充分展現對藏傳佛教的信仰認同；

二是強調執政效能、制度與政策方面的政權認同，如北宋和平統一吳越時強調北宋政權的高效與強大；

三是強調文化與情感方面的民族認同，如南北朝時期控制北方

的冉魏政權曾經想與南方的東晉政權和平統一，強調的是漢民族認同；

四是強調歷史與地域方面的國家認同，如清朝與臺灣鄭氏談判時康熙堅持臺灣不能獨立：「朝鮮系從未所有之外國，鄭經乃中國之人」。

六、民族的融合

國家會統一，也會分裂，但總體趨勢是走向統一。與此相類似，民族會融合，也會分化，但總體發展是趨於融合。民族的融合有助於群體的進化和發展，新形成的民族往往具有更強的環境適應能力。歷史上中華民族的形成與發展就體現出這樣的規律。

當一些原始的部落聚集在一起，產生共同的語言及風俗習慣的時候，也就產生了民族（此處「民族」概念不同於有人將其定義的社會發展到資本主義時代的產物）。在中國歷史的傳說時代，大體有五大族群：發展水平最高的是位於黃河中游的炎黃族群，黃河下游及淮河流域則是東夷族群，黃河上游及華北地區分佈著戎狄族群，長江中上游是苗蠻族群，長江下游沿海地區及嶺南則是百越族群。這些族群內部還細分為若干民族。

禹（黃帝的玄孫）治水患、劃九州、用青銅，表示著中原的主體民族——夏族的逐步形成。歷經夏、商、周三代，不斷與四周的東夷、南蠻、西戎、北狄等民族融合，至春秋時期形成華夏民族，在先秦典籍中多稱為「夏」或「諸夏」，又稱為「華」或「諸華」（許倬雲認為「華」與「夏」古語發音相同）。周朝「同姓不婚」的制度客觀上鼓勵民族融合，促進了周人800年的王朝統治和文明發展。

華夏民族不斷融合周圍的少數民族，使其成為具有蓬勃生命力的偉大民族。中國歷史上的三個帝國時代（黃仁宇稱其為秦漢帝

國、隋唐帝國和元明清帝國），其開創者都有少數民族色彩，民族融合為國家強盛、社會繁榮、民族發展和文明演進注入了綿綿不絕的新鮮血液。

秦國本是少數民族犬戎的一支，而非「諸夏」。西周時期秦地長期與西戎雜處交戰，因秦嬴（大駱）為周孝王養馬有功（秦嬴大概相當於《西遊記》中孫悟空在天宮中的弼馬溫角色），受封立國，並賜姓嬴。後秦襄公在反擊犬戎時作戰有力，並派部隊護送周平王有功，被封為諸侯，秦國自此逐步由戎狄之國融入諸夏。商鞅變法後秦國實力後來居上，不但兼併了周圍的少數民族，還消滅和融合「諸夏」，一躍成為華夏民族的骨幹和核心。

華夏民族統一於秦王朝，改稱為「秦人」，西域各國就有稱華夏民族為「秦人」的習慣，有西方學者認為中國的英文名稱China源於「秦」的音變（一說是遼王朝時「契丹」的音變，「契丹國」意為「大中國」）。秦亡漢興，國勢強盛，在對外交往中，其他民族稱漢朝的軍隊、使者、人民為「漢兵」、「漢使」、「漢人」。

秦漢以降，漢民族以世界歷史上獨一無二的穩定性、少有的凝聚力和吸引力，不斷在民族融合中發展壯大，人口不斷增加，最終發展成為世界第一大民族。眾多周邊少數民族在與漢族接觸的過程中逐漸失去本民族特徵，成為漢族的一部分。

魏晉以後漢族政權南遷，中國北方由不同少數民族交替統治，極大地促進了民族融合，當時最強大的匈奴、鮮卑、羯、氐、羌五個北方主要少數民族後來基本都失去了原有的民族特徵，融合到其他民族。

南北朝時期，北方鮮卑族的崛起對中國產生深遠影響。鮮卑族發源於大興安嶺（「興安」與「西伯利亞」皆為「鮮卑」的音變），屬東胡的一支。戰國時期北方少數民族有兩強：西為匈奴，

東為東胡。匈奴分裂後，南匈奴附漢，北匈奴西遷，留在漠北的10餘萬匈奴人併入快速成長中的鮮卑，鮮卑日益強大，鮮卑族建立的北魏政權統治中國北方達140餘年。

　　北魏政權幾經演變被隋政權取代，開國皇帝隋文帝楊堅家族有鮮明的鮮卑族色彩：楊堅祖輩世代在鮮卑族的北魏政權為官，是鮮卑化的漢人，其父被賜姓普六茹，其妻獨孤氏為鮮卑人。隋亡唐興，開國皇帝唐高祖李淵的母、妻也是漢化的鮮卑人。隋唐兩朝的達官顯貴有很多鮮卑人，僅宰相就有20餘位鮮卑人。因此唐太宗說：「自古皆貴中華賤夷狄，朕獨愛之如一」，「王者視四海如一家」，唐朝少數民族的名將顯貴也不勝枚舉。

　　五代亂世以後，中國進入南北對峙的兩宋時期。宋朝是漢族人政權，中國北方的遼朝是契丹人政權，金朝是女真人政權。契丹族發源於遼河流域，根據當代相關的古人遺骸DNA研究，契丹人與鮮卑人遺傳距離最近，[4]契丹可能源於鮮卑。女真族早先主要生活在黑龍江流域，據說「女真」的意思為「捕狍子的人們」。金滅遼後將契丹人也稱為漢人，元滅金後將北方的漢人、契丹人、女真人統統稱為漢人。

　　開創元朝的蒙古族源於東胡，也稱「狄歷」、「丁零」、「敕勒」（也有人認為源於鮮卑或契丹，或為新興民族）。東胡被匈奴擊敗後東遷，後在南北朝時期於漠北建立柔然王朝（北朝稱其「蠕蠕」，南朝稱其「芮芮」），呈三足鼎立之勢，與統治中國北方的北魏政權多次交戰。柔然後被突厥擊敗，一支逃到外興安嶺地區，成為蒙古人的祖先之一室韋（一說室韋與鮮卑為同一民族Sirbi，室韋山即鮮卑山）。鐵木真建立了蒙古族的統一政權，至其孫忽必烈完成滅南宋建立元王朝的歷史業績。元朝實行的四等人制的民族分化政策常為後人詬病，但如果我們看到早先蒙古人的對手金朝和宋朝也是實行民族等級政策，就不難理解一個長期受歧視的民族強

大後以其人之道還治其人之身的做法。當然這種民族等級政策肯定是錯誤的，尤其不利於民族融合。

明朝創始人朱元璋一般認為是漢族人，也有人研究他是回族人[5]，不過朱元璋周圍以回族人為代表的少數民族親人將領眾多，元配馬皇后、義子沐英、悍將常遇春、胡大海、藍玉等均為回族人，後來的鄭和、海瑞、鐵鉉等人也是回族人。

清朝是滿族人創建的政權。「滿族」也稱「滿洲族」，這是一個長期居住在白山黑水一帶的歷史悠久並不斷與其他一些民族融合的民族，先秦稱「肅慎」，漢代稱「挹婁」，南北朝稱「勿吉」，隋唐稱「靺鞨」，遼代以後稱「女真」或「女直」，直到滿清的第二代皇帝皇太極才稱為「滿洲」。滿族人統治中國近300年，滿漢民族融合過程中出現了強盛繁榮的「康乾盛世」，奠定了當今中國的遼闊版圖。

「中華民族」的概念產生於19世紀末20世紀初的社會大變革時代。梁啟超在1902年《論中國學術思想變遷之大勢》一文中最早提出「中華民族」的概念，他在1905年《歷史上中國民族之觀察》一文中表示：「今之中華民族，即普遍俗稱所謂漢族者」，它是「我中國主族，即所謂炎黃遺族」。後來「中華民族」的內涵擴大，被引申為在中國境內接受中華文化的各民族的統稱，並被社會各界逐漸接受，於是「中華民族」成為中國56個民族所組成的共同體的代稱。

值得一提的是，在後來外蒙古獨立的過程中，「中華民族」成為反對國族，數百年來，儼如一家。」家分裂的重要旗幟。1913年初，針對外蒙古的分裂叛國行為，內蒙古西部22部34旗王公在歸綏（今呼和浩特）通電全國申明：「數百年來，漢蒙久成一家，我蒙同系中華民族，自當一體出力，維持民國。」這是第一次在政治文件中，少數民族代表人物共同決議宣告自己的民族屬於「中華

民族」。當時的中華民國總統袁世凱，致書庫倫活佛哲布尊丹巴寫道：「外蒙同為中華民族，數百年來，儼如一家。」

中華民族與中國國家版圖一樣歷經分分合合，與中華文明一道歷經起起落落。在歷史的長河中觀察，人類社會的發展趨勢是由無序走向有序，由分散走向統一。世界必將走向融合。中華民族和中國有理由在這一過程中肩負歷史使命，承擔更大責任。中華文明在世界文明的歷史上以其長期性、完整性、穩定性、開放性、包容性等特點而與眾不同。中國傳統政治中的「和而不同」的天下主義精神、儒家文化中的「修身齊家治國平天下」的人文主義價值觀、道家思想中的「天人合一」的和諧哲學，都使中國有條件引領世界走向文明融合、秩序井然與永久和平。當然，人類發展的歷史具有階段性。在當前歷史階段，中國首先要完成的歷史任務，是實現國家統一與民族復興。只有在自身的政治、經濟、社會、文化、軍事等方面取得舉世矚目的輝煌成就，才能成為引領世界文明走向天下和諧有序的楷模與典範。

本書所提出的國家統一分析框架還相當粗淺，需要不斷充實完善。如果本書能夠在歷史的浪花中拍攝到真切的一瞬，讓讀者感覺值得一讀，也就得償所願。受個人學術水平和涉獵資料所限，本書如有不準確之處還請讀者批評指正，文責自負。

朱磊

註釋

[1].葛劍雄：《統一與分裂——中國歷史的啟示》，中華書局2008年版，第151頁。

[2].〔清〕魏源：《聖武記》卷四，中華書局1984年版，第11—12頁。據載：當地人40%死於瘟疫，30%死於戰爭，20%逃

亡，10%歸降，「數千里間無瓦剌一氈帳」。蒙古族人在新疆衰亡導致此後其他民族在該地比重迅速增加。

[3].範宏雲：《國際法視野下的國家統一研究——兼論兩岸統一過渡期法律框架》，廣東人民出版社2008年版，第136頁。

[4].許月：《遼代契丹人群分子遺傳學研究》，吉林大學博士論文，2006年。

[5].（臺）馬明道：《明朝皇家信仰考初稿》，「中國回教文化教育基金會」印行，1973年。白壽彝《中國伊斯蘭史綱要》（1946年）有腳註提到「父老相傳，明太祖原是回回；建文帝的出走，系赴天方朝覲」。

天塹之嘆——江南的故事

　　位於黃河中下游的中原地區是華夏文明的主要發源地。由於開發較早，歷史上中原地區文明較周邊地區發達，統治該地區的政權也往往成為中國的中央政權。三國兩晉以後，長江中下游地區逐步得到開發，經濟重心逐漸南移，統一長江中下游也就成了中央政權必須面對的任務。然而江河水道常常是北方騎兵統一進程的天然障礙，跨越天塹成為中原政權能否實現南北統一的關鍵。秦滅楚、晉滅吳、隋滅陳、宋滅南唐、元滅南宋均是統一江南成功的歷史案例，赤壁之戰、前秦攻東晉、金朝攻南宋是統一江南失敗的案例。

南京閱江樓

鼎足歸一

臨江仙

滾滾長江東逝水,浪花淘盡英雄。

是非成敗轉頭空。

青山依舊在,幾度夕陽紅。

白髮漁樵江渚上,慣看秋月春風。

一壺濁酒喜相逢。

古今多少事,都付笑談中。

這首由明代文學家楊慎所作《廿一史彈詞》中的一段開場詞,被小說《三國演義》放在卷首,與三國的故事一起,傳唱後世,耳熟能詳。我們的故事,也就從江南地區開始被大規模開發的三國講起。

那是個動盪而多難的時代。

東漢末年,天災異常頻繁。除水災、旱災外,蝗災多發,最嚴重的一次波及整個長江以北的中原地區。草原鼠疫等瘟疫傷寒盛行多年,當時非正常死亡者「十居其七」,於是有了東漢末年醫聖張仲景的橫空出世,寫出了流芳百世的《傷寒雜病論》。此外,地震連連,波及甚眾,漢朝官員(尚書郎、太史令)張衡也由此研究發明了早於西方1700多年的世界上第一架測定地震及方位的地動儀。

多災多難引發政治動盪,流民四起,戰亂頻仍,死者枕藉。中

國人口由黃巾起義時的5500萬（漢靈帝光和七年，184年）驟降至三國建立前的1500萬（漢獻帝建安二十二年，217年），全國人口銳減了70%。三國時全國總人口僅約1000萬，不足當今北京市人口的半數。

變亂蜂起導致群雄並立。天下逐鹿，政權歸於誰手？從黃巾起義（184年）到赤壁之戰（208年）的24年，大體形成了以曹操、劉備、孫權為代表的三個主要勢力集團，後來分別建立了魏（220年）、蜀（221年）、吳（222年）三個政權，延續了426年的漢朝被三國取代。

為鞏固實力，爭奪天下，三國時期各政權均重視招攬人才，發展生產，人口和土地規模最大的魏國經濟軍事實力日益領先，40多年後滅亡實力最弱的蜀國（263年）。魏國隨後禍起蕭牆，內部政權更迭，由司馬氏建晉。晉國最終完成國家統一（280年）。

回顧東周時期，三家分晉，開啟了戰國時代（史學界將其作為中國封建制度的開端）。683年後，三家歸晉，中國結束了三國時代，復歸天下一統的格局。在這種歷史巧合中，有人會問：國家統一的任務為什麼沒有在曹操手中完成，而是交給了司馬氏建立的西晉政權？

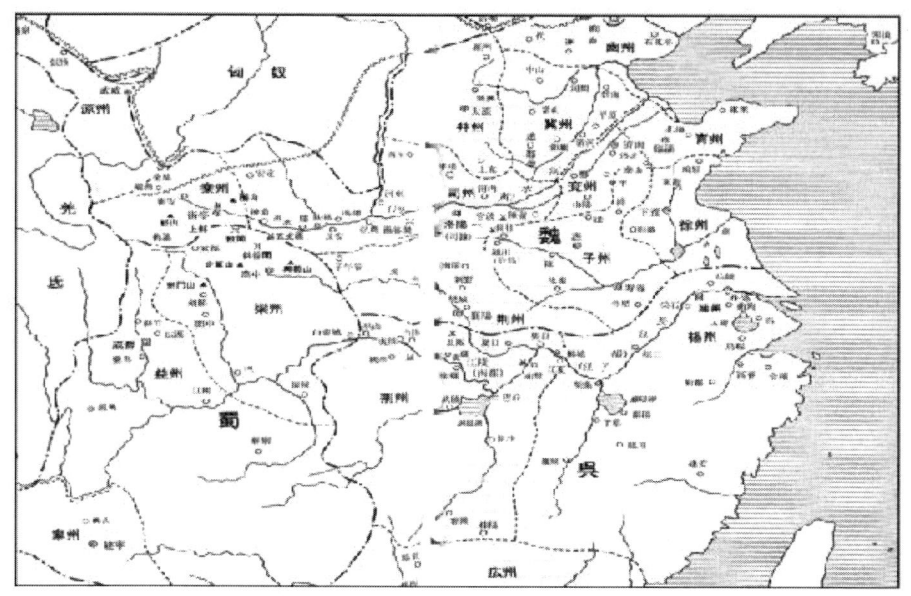

三國鼎立地圖

司馬氏奪權篡位

滅亡魏國、建立晉國的奠基人是司馬懿。他很擅長權謀。在他年輕時就在當地頗有名氣。曹操令其出來做官，他可能是當時看不準政治形勢，瞧不起曹操，或者想沽名釣譽，就以中風（風痹）為名推託不就，說自己下不了床。曹操命人晚上偷偷到他家裡偵察，司馬懿早料到這手，硬是挺在床上整夜不動，以示自己真的四肢麻痹了。[1]

曹操像

唐代閻立本所繪的《歷代帝王像》，描繪了從西漢至隋朝十三個皇帝的形象，此圖為魏文帝曹丕。

當然，這種理由只能瞞得了一時。後來曹操又讓人催他出來做官，並傳話說「不做官，就坐牢」，司馬懿只好在曹操手下做了個不太重要的官。對曹操的治國方略和軍事戰術多有建言，很多未被採納。

司馬懿的建議顯示出其獨到的眼光，如蜀國大將關羽水淹七軍、大敗曹兵時，曹操因都城許昌距離前線過近想遷都，司馬懿極力反對，並分析吳蜀的矛盾，認為令孫權出兵襲擊關羽後方是可行的。曹操用其策，果然關羽潰敗，曹軍解圍。此前司馬懿曾警告說魏境的兩個邊將不稱職，應該撤換，曹操不聽，結果關羽進攻時兩將果然降蜀。

司馬懿像

　　曹操長子曹丕繼位不久後廢漢稱帝,司馬懿因早就是曹丕的人而受到重用,並開始掌握曹魏兵權。曹操生前曾對曹丕說「司馬懿

是不會甘心做臣子的」[2]，曹丕不但對司馬懿百般保護，還將其作為託孤重臣。曹丕之子曹叡繼位後，與司馬懿彼此信任，司馬懿也在此期間率軍東征西討，滅遼東，平鮮卑，敗諸葛，在曹魏朝野樹立了極高的威望，並在曹叡臨終前再一次成了託孤大臣。

　　後來曹氏宗族意識到司馬懿的能力和聲望對曹家政權產生威脅，就刻意削奪了他的兵權。受到排擠的司馬懿賦閒在家，但暗中為發動兵變做準備。曹氏派人以上任辭行為由偵察司馬懿的動靜，時年70歲的司馬懿假裝老病，聽不清來者的話，拿衣服掉在地上，喝粥時灑滿前胸，於是來者回去報告說司馬懿已是快死的人了，不必擔心。

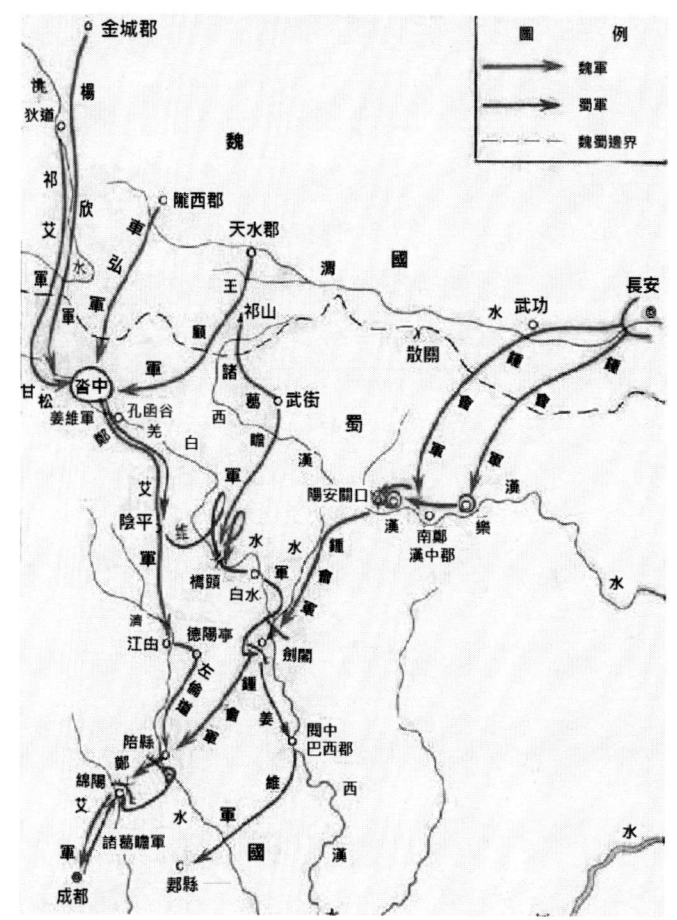

魏滅蜀之戰

　　第二年春天魏帝離開洛陽掃墓時，司馬懿發動兵變，占領洛陽，挾持太后，要求廢除對手兵權。洛陽城內有能力平叛的將士因看不清形勢保持觀望。魏帝與曹氏大臣當時並不在司馬懿手中，本可號令全國起兵討逆，但懾於司馬懿的威名不敢與之對抗。在司馬懿發誓不會傷害對手的前提下，以曹氏大臣的投降結束了這場爭鬥。但司馬懿最後還是將曹氏大臣及親信殺光。在後來的各種平叛事件中，常常使用欺騙對手相信自己，再突然出兵、得勝後誅滅三

族的手段消滅對手。

司馬懿死時73歲，雖未稱帝，但已為滅亡曹魏奠定好基礎。司馬懿兩個兒子先後把持曹魏大權，次子司馬昭主政期間，魏國消滅了一直做北伐努力的蜀國，三國只剩魏、吳兩國。55歲的司馬昭因中風（其父司馬懿曾幾次詐稱中風）猝死後，30歲的長子司馬炎繼承晉王之位，數月後（265年）逼迫魏帝禪讓，稱帝建晉。

晉國滅亡吳國的統一戰爭逐漸拉開。從氣勢上來看，蜀國被滅後，司馬氏立即著手滅吳的戰爭準備，而吳國朝野則大多放棄了「爭天下」的想法，晉、吳之戰成了晉國謀求統一、吳國力爭偏安的統獨之戰。

中國歷史上偏安東南的割據政權總是習慣依賴長江作為防守天塹，這條中國最長的大河橫貫東西把中國劃為南北兩大地理區塊，卻很難真正阻擋國家統一的步伐。

孫仲謀晚年昏聵

孫權在江東建國稱帝是東漢末年的一個政治奇蹟。漢朝延續400餘年，在當時華夏民眾心裡的正統性很難替代。曹操以「匡扶漢室」為名挾天子以令諸侯，劉備以「天子皇叔」的名義繼承漢統，都有政治上的優勢，唯有孫權，憑藉父兄基業，選賢任能，在赤壁北退曹操，於夷陵西敗劉備，而後竟能稱帝江東，鼎足三國。

孫權像

　　孫權雖無攀附漢朝的政治優勢，但依靠英明識才、果敢用人，保住了東吳政權：先後用魯肅而有帝業之想，用周瑜而有赤壁之

勝，用呂蒙而有荊州之得，用陸遜而有夷陵之功。

其兄孫策臨終前曾評論孫權：「舉江東之眾，決機於兩陣之間，與天下爭衡，卿不如我。舉賢任能，各盡其心，以保江東，我不如卿」。孫權文武雙全，喜歡射虎，曾經被虎咬傷坐騎，從馬上摔下來，用雙戟與虎搏鬥，最後在侍衛的幫助下殺死了老虎。因此後來蘇軾有名句：「親射虎，看孫郎。」

然而孫權晚年卻日益保守昏聵，疏遠賢臣，不聽勸諫，多疑嫌忌，果於殺戮，造成君臣離心，宗室不和，東吳開始衰敗。

魏國的遼東太守公孫淵派使者向孫權稱臣，作為吳國皇帝的孫權對此很得意，打算派遣使者和軍隊赴遼東支援。文武大臣都極力反對，認為這是公孫淵的計謀。孫權不聽群臣所勸，堅持派了使者和將領前去，果然上了當，公孫淵殺了孫權派去的使者。

在這件事中，輔命老臣張昭苦心相勸而孫權不從，張昭一氣之下稱病在家。孫權聞知竟命人弄來泥土，將張昭家的門口堵住。張昭氣憤之餘，也讓家人從裡邊也用泥土堵住。另一個吳國功臣陸遜因不支持孫權廢長立幼，其親屬被處罰流放，孫權還多次遣使責罵陸遜，導致陸遜憂憤而亡。

孫權晚年不僅對大臣缺乏信任，更糟糕的是私心過重，行事欠妥，皇室內部不和。對吳國真正的開國奠基人孫策，孫權稱帝後並未追謚其帝號，對孫策的子嗣和自己的弟弟們也相當冷遇，只對自己的兒子們晉爵封王，又冷熱不均，廢長立幼，最終自相殘殺。

孫權共有七個兒子，長子（孫登）做了幾年模範太子，但與二子均早逝。三子（孫和）被立為太子，本也不錯，可孫權又更喜歡四子（孫霸），造成三子與四子周圍各有一批文臣武將依附，展開權力爭奪。孫權無法平衡兩派，最後廢掉三子，賜死四子，而立七子為太子。

七子孫亮自幼聰慧，繼位時年僅10歲。一次，孫亮想要吃生梅子，就吩咐黃門官去庫房把浸著蜂蜜的蜜汁梅取來。這個黃門官和掌管庫房的庫吏素有嫌隙，他從庫吏那裡取了蜜汁梅後，悄悄找了幾顆老鼠屎放了進去，然後才拿去給孫亮。孫亮發現蜂蜜裡面有老鼠屎，果然勃然大怒，黃門官忙跪奏誣告庫吏所為。孫亮馬上將庫吏召來審問，黃門官和庫吏兩人爭執不下，侍臣建議將兩人一起治罪。孫亮叫人當著大家的面把鼠屎切開，鼠屎外面濕潤，裡面乾燥。孫亮由此判斷出鼠屎是黃門官剛放進去，查出真相，懲治元兇。

　　後來孫亮因不甘受人擺佈，被奸臣廢黜後，在流放途中遇害。六子（孫休）繼帝位，在其任內蜀國被魏國所滅，吳國想趁機擴大地盤，但收穫不大。孫休次年病逝。吳國末代皇帝孫皓登上歷史舞臺。

　　由於此前一年魏國剛剛滅蜀，吳國外受威脅，內有君主交替，人心不穩，朝野惶惶。而剛繼位的23歲的孫皓卻顯示出賢明君主的風範，下令開倉賑貧、撫卹人民，又減少宮女和宮內珍禽異獸，贏得吳國上下稱讚。

　　但好景不長。當孫皓感覺其皇權地位穩固後，很快露出暴君本色，驕盈暴虐，酒色無度，濫殺大臣。孫皓要求全國臣子的女兒必須每年上報情況，滿15歲要由他挑選，落選的才可以出嫁，以致後宮佳麗近萬，吳國滅亡時被晉國收入宮中的有5000餘人。酒宴上要求每人至少喝夠7升，有的大臣以茶代酒，被發現後殺掉，有的大臣硬著頭皮喝下去，酩酊大醉而被殺。殺人方式各異，鑿眼睛，剝面皮，有個大臣整頓市場秩序得罪孫皓愛妃，被用燒紅的鋸鋸掉腦袋。另一個大臣請求賑濟災民，孫皓認為他想樹私恩將其砍頭。當初迎立孫皓為君的太后和兩個主政大臣後悔擁立孫皓，孫皓就將他們統統殺掉。

孫皓不僅對朝中大臣殘酷對待，對守邊重臣也不能聽取意見。東吳名將陸遜曾經大敗劉備，威名遠揚，陸家在東吳的世族地位也日益鞏固。陸遜死後，其族侄陸凱和次子陸抗都曾為吳國守邊。陸凱曾經南征海南島，後來做了丞相，但剛一離世孫皓就將其家屬全部流放。陸抗忠心耿耿，屢有諫言，孫皓置若罔聞，也曾因拂逆己意而給陸抗降職處分。陸抗生前化解了晉軍多次攻勢，臨終給孫皓上書提防守之策，未被採納，後來晉軍滅吳的作戰方略與陸抗的憂慮完全一樣。

　　得民意者得天意。吳國統治集團不得人心為晉國統一創造了有利條件。

　　一片降幡出石頭

　　孫皓即位的次年，晉武帝司馬炎稱帝建立西晉。其父司馬昭曾有滅蜀後三年滅吳的設想，但因出現鐘會叛亂，又缺乏強大水軍，只好暫停滅吳之舉。司馬炎上臺後有意立刻伐吳，但未能在朝中取得一致意見。轉而採取措施整頓內部，任用賢能，廢除苛法，減免賦役，勸課農桑，興修水利，以此緩和社會矛盾，恢復經濟，加強實力基礎。

　　為顯示寬厚，司馬炎對蜀國降臣封侯者多達50餘人，用了大量蜀臣在晉國擔當職務，例如徵用諸葛亮的孫子任職。諸葛亮兒子（諸葛瞻）和長孫（諸葛尚）在抵擋魏軍的戰鬥中殉國後，諸葛亮的次孫（諸葛京）因當時還小，得以倖存，後來被晉朝任命關中郿縣縣令（諸葛亮多次想攻打此地而未能如願），最後官至省長（江州刺史）。

司馬炎像

司馬炎在統一事業中啟用不少良將，例如任命羊祜主管湖北（荊州）對吳國的軍事。羊祜出身名門士族之家，是蔡文姬（《胡笳十八拍》作者）的外甥，書法家兼文豪蔡邕的外孫，他姐姐是司馬炎的姨母。很自然的，羊祜具有當時風流名士的興致，喜歡遊山玩水，打獵釣魚，帶兵期間也常隨興出遊。

有一次羊祜出營被值班將領阻攔，死活不開門，說你身為將軍，關係到國家安危，不能這樣亂跑，除非殺了我，才可以出門。[3]羊祜正色改容，連連道歉，安撫下屬。事實上，羊祜在保持個人性情、著述文學作品的同時，很有政治和軍事頭腦，並為晉國統一吳國打下堅實基礎。

羊祜到任荊州後採取一系列措施開發荊州：開辦學校，安撫百姓，並與吳國人開誠相待，不搶吳國人糧食和獵物，不偷襲吳軍，凡投降之人，去留可由自己決定，深得民心。同時採取軍墾頗見成效：羊祜剛來時，軍隊連一百天的糧食都沒有，第三年時糧食積蓄可用十年。羊祜同時推薦良將在長江上游（益州）加緊備戰，製造大船，訓練起一支可與吳國抗衡的龐大水軍。

羊祜還很注重增強己方政治影響力。他不僅在內政和戰備方面頗有建樹，而且對吳國將士及百姓採取了講求仁義和懷柔的政策，在爭取民心方面取得巨大成功。比如，他曾在襄陽與東吳名將陸抗對峙，善施恩惠，主動送還吳軍俘虜、吳國禾麥、吳人射傷的禽獸等，使「吳人翕然悅服」，吳人北來歸降者不絕。

陸抗曾經害病，羊祜送了一服藥給他，吳將怕其中有詐，勸陸抗勿服，陸抗不疑，並說「羊祜怎麼會給人下毒呢（豈鴆人者）」，仰而服下。孫皓聽說此事，責問陸抗，陸抗回答說：國家以信義為本，我如果不講信義而懷疑他，正是宣揚了羊祜的德威。陸抗每每告誡吳軍將士：羊祜專以德感人，如果我們只用暴力侵

奪，那就會不戰而被征服的。羊祜的政治工作影響深遠，羊祜死的時候連吳國將士都為他哭泣。

軍事統一的條件具備後，羊祜一再上疏請求伐吳。他分析說：當前伐吳的條件比當初滅蜀時更好，因為吳國君主孫皓的殘暴統治超過蜀國劉禪，吳國的離心離德和民眾困苦都比當初蜀國更嚴重，同時晉國的軍隊和物資儲備遠遠超過當初滅蜀之時，吳國的地勢險峻比不上蜀國，其唯一所恃的長江天險一旦渡過，根本無險可守，攻城本就是武器裝備更精良的北方軍隊的強項，因此伐吳時機已到，不抓住機遇，吳國君主如果換為一明君，上下齊心，即使有百萬大軍也很難滅吳了。

晉武帝雖然認為羊祜言之有理，但朝中大臣意見不一，伐吳之舉一拖再拖。最後一直把羊祜拖到死，他感嘆道：「天下不如意，恆十居七八！」臨終前，羊祜到都城洛陽再言伐吳的機不可失，並提出具體進攻方案和用人建議。

晉武帝被羊祜的忠誠和盡責所感動，在羊祜的葬禮上，晉武帝的眼淚都在鬍鬚上結了冰。

第二年（280年），晉武帝終於展開伐吳的軍事行動。晉軍基本上按羊祜生前制定的作戰計劃，分六路進攻。其中從四川出發的水軍用大火燒融了吳軍在長江水面上橫置的鐵鎖，順流而下，同時安徽、江西、湖北等處晉軍一併出擊。吳國數敗之後，全國震恐，吳軍毫無鬥志，「望旗而降」。大軍壓境之下，吳主孫皓面縛出降，吳國滅亡。

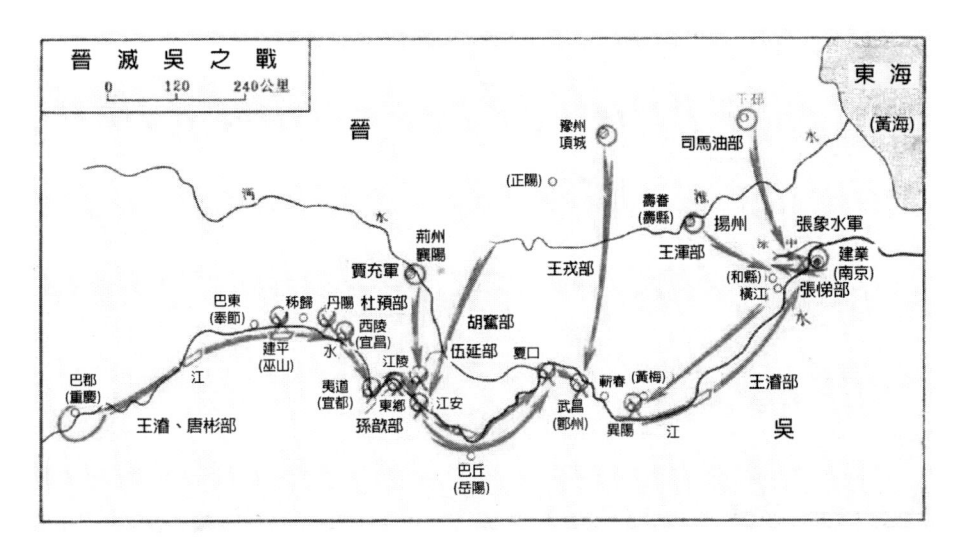

晉滅吳形勢圖

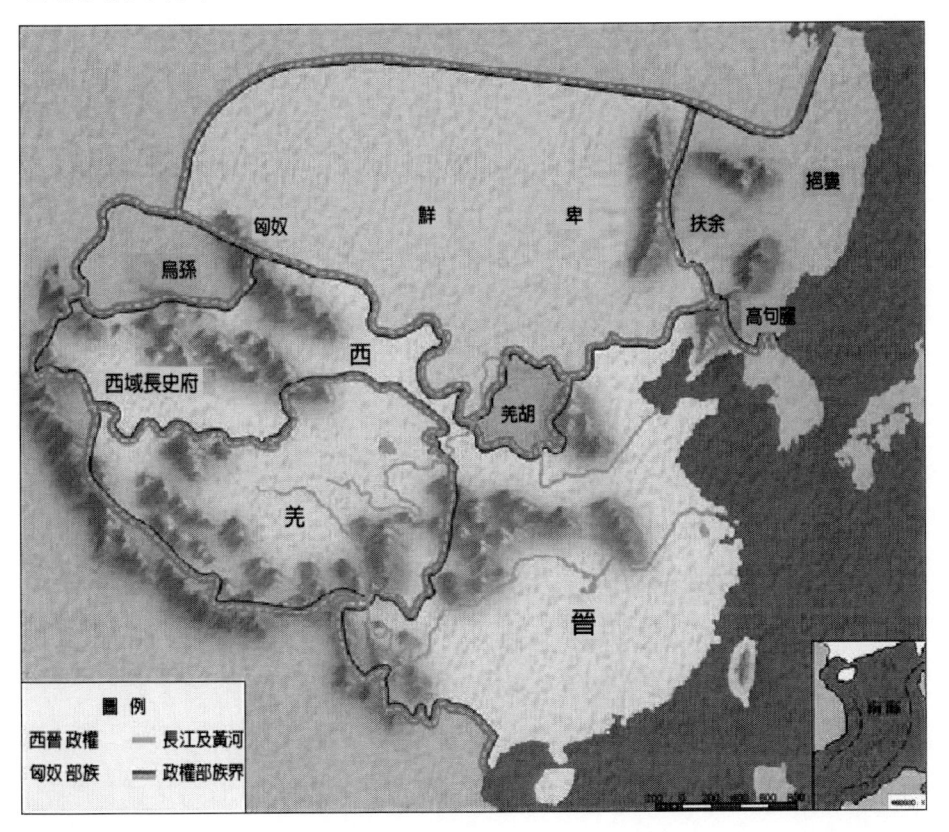

西晉地圖

唐代詩人劉禹錫對此有《西塞山懷古》一詩：

王濬樓船下益州，金陵王氣黯然收。

千尋鐵鎖沉江底，一片降幡出石頭。

人世幾回傷往事，山形依舊枕寒流。

今逢四海為家日，故壘蕭蕭蘆荻秋。

當國家完成統一、滿朝文武歡慶的時候，晉武帝手舉酒杯，流著眼淚說：「此羊太傅（羊祜）之功也！」。此時晉武帝更預料不到，吳國這片剛剛收復的江南土地，日後將成為司馬家族在北方大地胡騎縱橫之時、保存帝祚（東晉）長達百年的悠悠樂土。

山形依舊枕寒流

以曹操之雄傑強勢終不能掃平江東，而司馬炎卻能消滅孫吳，一統天下，原因何在？簡言之，西晉滅吳與赤壁之戰時相比，北軍的政治對手弱了，自身實力強了，且有赤壁之戰做教訓。

從政治形勢、實力對比、策略運用三方面進行具體分析：

政治形勢方面，雖然晉伐吳時挾滅蜀餘威，可曹操當年亦有滅袁紹、降荊州之餘威，只不過對手不同，形勢也不同了。曹操雖有席捲天下之勢，卻遇到了戰略清晰、善於用人的孫權。司馬炎儘管統一意志不堅，其對手孫皓卻殘暴昏庸、自失民心。而且，曹操的對手孫權、劉備皆有仁義之名，將帥同心；晉卻是以有道討無道，以仁義伐殘暴，孫皓君臣離心離德，只能束手就擒。

司馬炎與孫皓相比較為寬厚賢明，這屬於個人政治影響力。《晉書》中評價司馬炎「明達善謀，能斷大事」，而且「宇量弘厚」。有一次，司隸校尉（司法監察部長）劉毅隨晉武帝司馬炎出

遊，司馬炎問劉毅：你看我能與漢朝的哪位皇帝相比？出乎意料的是，劉毅回答說：可比桓、靈。桓帝、靈帝是東漢時期最昏庸腐敗的兩個皇帝，司馬炎一聽很不高興，說我的作為雖然比不上古代聖賢，但我勤政天下，怎麼能把我比作桓、靈呢？劉毅進諫道：桓、靈賣官，錢入國庫，陛下賣官，錢入私囊，僅這一點，您還不如他們呢。司馬炎沒有怪罪劉毅，只是說：桓、靈時聽不到這樣的忠言，我現在有你這樣敢於直諫的大臣，說明我和他們還是不一樣啊。

　　與之相比，吳主孫皓則遠沒有這種寬容的雅量，而是在國內大搞恐怖壓制，《三國志》稱其「粗暴驕盈，多忌諱」。平時上朝都不許大臣抬頭看他。丞相陸凱說這樣不行啊，萬一出了問題，大臣們都不認識皇帝會不知所措的，孫皓就只允許陸凱一個人抬頭。孫皓動輒殺人，對不能輕易殺戮的重臣就悄悄給其（右丞相萬彧等）喝毒酒，或者派人刺殺（尚書熊睦等），致使大臣多存疑慮。有一次孫皓命某個守邊的大將（步闡）回京述職，大將怕是要遇害竟舉城降晉。

　　實力對比方面，首先是晉伐吳時江北人才明顯多於江南人才。晉吳雙方君主的政治影響力不同，直接導致江南人才實力與北方拉大，這與赤壁之戰時大為不同。

　　赤壁之戰孫劉聯軍得以取勝、三國鼎立最終形成的重要原因之一是當時曹孫劉三大集團的人才均勢起了決定性的作用。[4]東漢豪強地主集團分為士族地主集團和庶族地主集團兩個階層。士族地主集團多謀士，庶族地主集團多武將。曹操、孫權、劉備三家都是庶族地主集團，憑藉個人的政治魅力和用人路線，收羅眾多庶族戰將，又得到出色士族謀士的支持，所以在赤壁之戰中各有出色人才，江北政權對江南政權的人才優勢不大。但到了晉伐吳時，江北人才儲備充足，而江南在孫皓的統治下少有人才施展的空間。良臣

稀少，將士疲弱，陸抗死後已沒有能與晉軍對抗的出色將領。體制相似的情形下，君主賢明程度決定人才聚散。

其次是軍事實力方面晉勝於吳，較之赤壁之戰時更具優勢。

樓船

晉、吳軍隊數量分別是50萬[5]和23萬[6]，最後進行統一戰爭時晉國動員了20餘萬軍隊包圍南京，與吳軍的數量比例基本上是1：1。雖然吳軍數量也不少，水陸兩軍各在10萬以上，且水軍龐大，艦船5000餘艘，有可以容納上百匹馬的大船，但晉國憑藉雄厚的經濟實力迅速建造大型船隊，抵消了東吳水軍的優勢。晉軍大船可容納2000人，能跑馬。晉軍在長江上游巴蜀地區造戰船時砍削下的木片，遮蔽江面，長達7年，這使晉軍已經有了一支足以與東吳抗衡的強大水師。

三國時期，魏國軍隊40餘萬，吳國軍隊20萬，蜀國軍隊10萬，未失荊州勢力最強時約有16萬。而赤壁之戰時，曹軍約動員了20萬軍隊，孫劉聯軍應該不足10萬，北軍對南軍的數量優勢高於晉滅吳之戰。但不同的是，晉已有自己的水軍，且養精蓄銳已久，而曹操當時只能靠剛剛投降的荊州水軍伐吳，軍心穩定程度和忠誠度都不夠，遇亂則潰。戰爭中，人心之向背與士氣高低往往是勝負的決定性因素。

最後是經濟實力。晉對吳的優勢超過三國時期曹魏的優勢。

三國時期，魏國人口440萬，吳國人口240萬，蜀國人口僅90萬。赤壁之戰前，中原地區戰亂頻繁，對經濟破壞嚴重，《三國志》載「中國蕭條，或百里無煙，城邑空虛，道殣相望」，「天下戶口減耗，十裁一在」，加之龐大的養兵開支，曹魏財政緊張，經濟優勢不明顯。

曹操採納毛玠「修耕植，畜軍資」的建議，制定了以解決軍糧為主要目的屯田政策和租調製。這兩大重要財政經濟政策的實行，有力地支持了北方經濟發展。[7]後來魏國基本奉行「發展經濟，以守代攻」的政策，「數年之間，中國日盛，吳、蜀二寇必自疲弊」（孫資語）。

晉武帝對農業問題極為重視，採取重農抑商政策，大興農田水利，拓展軍隊屯田，為後來的滅吳戰爭提供了堅實的物質基礎。晉伐吳時，晉國土地面積是吳國的3倍（晉約700萬平方公里，吳約240萬平方公里），人口是吳國的6倍（分別約為1360萬和230萬人）。[8]

晉國的田租高出以前曹魏一倍，絹、綿稅收高出一半，吳國也將稅收提高一倍，糧食納稅十取四五。但晉國統治下的北方地區生產工具和耕作栽培技術繼承了漢代的成就並有重大創新與發展，農

業生產恢復較快，而吳國所統治的嶺南地區開發程度非常低，人口稀少，生產水平也遠遠落後於中原地區，其經濟力量並不足以與晉國抗衡，在軍備競賽中日益暴露出經濟上的不足。東吳宰相陸凱向孫皓指出：「臣聞國無三年之儲，謂之非國，而今無一年之蓄」，可見東吳經濟屬弱。晉對吳的經濟實力優勢已經相當明顯。

策略運用方面，晉國統一吳國策略與時機選擇正確，準備工作充分，用人得當，軍事指揮有方，成為統一成功的重要條件。

曹操在赤壁之戰中失敗，策略運用是否得當是有爭議的。不少學者認為他應聽取賈詡意見，不該在士卒疲敝的狀態下急於與東吳開戰。當時謀士賈詡提出了安民休軍的建議，認為可「不勞眾」而可使「江東稽服」。曹操不從其議，「軍遂無利」。倘使曹操採納其計，也許會有此前從謀士郭嘉之言、按兵不動而收遼東的效果。

而孫、劉集團的抵抗策略事後來看判斷準確。

謀士魯肅早對孫權說：「夫荊楚與國鄰接，水流順北，外帶江漢，內阻山陵，有金城之固，沃野萬里，士民殷富，若據而有之，此帝王之資也。」孫權本欲按魯肅設想先沿長江發展，競長江所極與北方曹操爭奪天下，但荊襄投降使曹操突然占領長江中游，強敵當前，孫權改變策略，借荊州給劉備，是極其明智的戰略抉擇。

謀士諸葛亮早在《隆中對》中就給劉備分析到：以曹操勢力之大，「誠不可與爭鋒」，而以孫權實力之強「可以為援而不可圖」，因此要聯吳破曹。諸葛亮遊說孫權時準確預測到：「操軍破，必北還，如此則荊、吳之勢強，鼎足之形成矣」。

當發動統一戰爭的時機不成熟時，戰爭結果的不確定性會增大。

晉滅吳的統一戰爭因準備充分，條件也較赤壁之戰時成熟許多。從晉武帝司馬炎與羊祜密謀伐吳開始，到發動統一戰爭，西晉

準備了11年的時間。期間晉朝多數大臣反對伐吳，而羊祜、杜預、張華、王濬等則力勸晉武帝下決心伐吳，完成統一。王濬以「臣作船七年，日有朽敗，又臣年已七十，死亡無日」等理由勸說晉武帝伐吳。從後來的滅吳戰爭進程來看，羊祜等人的判斷是正確的和及時的。

晉滅吳的戰爭規劃也比曹操清晰。曹操在赤壁之戰時，雖也兵分水陸兩路，以江上水軍為前鋒，以北岸步騎重兵為接應的戰略部署，事後又部署了江陵、當陽、襄陽等地的守衛工作，然後北還，[9]但多為隨機應變之舉，不似晉軍出兵前的縝密規劃。

羊祜在《平吳疏》中指出，滅吳戰爭要多路進兵、水陸俱下，從長江上游、中游、下游同時發起進攻。同時還要用旗鼓來迷惑敵人，用各種方法造成敵人的錯覺，分散吳軍兵力。趁其慌亂以益州（四川）和荊州（兩湖）的奇兵乘虛而入。一旦晉軍占據長江，吳軍只能退保城池，放棄水戰，如此則必敗無疑。這是一份科學的消滅吳國的軍事戰略規劃，被實踐證明是正確的[10]。

羊祜在荊州的軍事實踐中對伐吳的策略有了新認識，認為伐吳最好的辦法是從長江上游的巴蜀出兵，順江而下，一舉滅吳。這在一定程度上也可視為赤壁之戰的失敗給予後人成功的教訓和啟示。

投鞭斷流

東漢末年至三國時期，人口驟減7/8，全國只剩不足800萬人。為彌補人口減少造成的兵源不足，魏、蜀、吳三國均在鼓勵人口生育的同時，大力徵招少數民族加入，故在史料中看到魏有鮮卑兵，吳有山越兵，蜀有蠻夷兵，晉有匈奴兵。中原人口驟降也導致

周邊大量少數民族主動或被動內遷，為西晉以後「五胡時期」埋下伏筆。

中原浩劫五胡起

「五胡」是指匈奴、鮮卑、羯、氐、羌五個北方主要少數民族，西晉以後他們均在中國北方建立過重要政權，後來都在民族融合中消失了，史料中也稱這一時期為「五胡亂華十六國」。

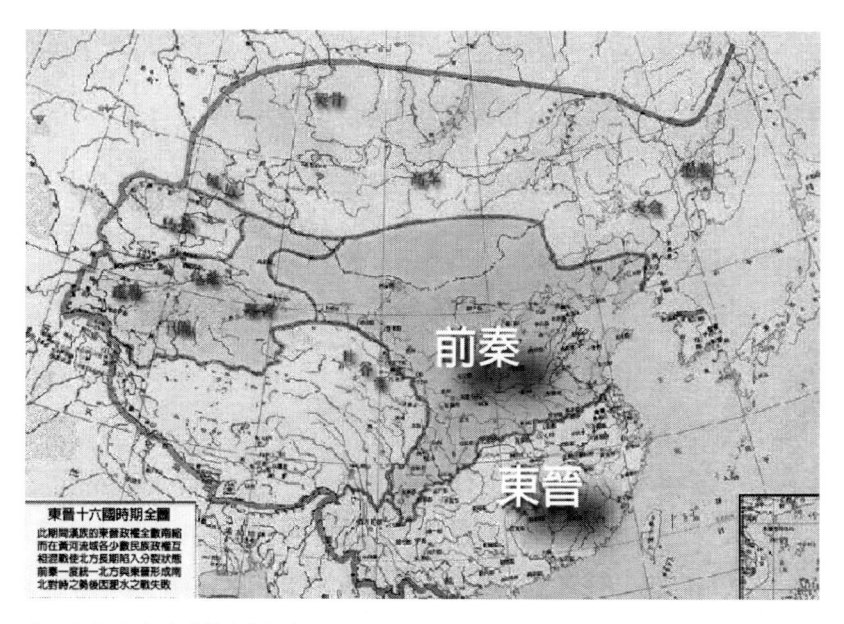

東晉十六國時期全圖

這五個少數民族建立的主要政權依次是：匈奴劉氏漢朝，鮮卑慕容燕國，羯（jié）族石氏後趙，氐（dī）族苻（fú）氏前秦，羌族姚氏後秦，鮮卑拓跋（bá）北魏。其中，匈奴和羯族（匈奴的分支）來自漠北草原和中亞地區，氐族和羌族來自青藏高原，鮮卑族來自大興安嶺（鮮卑山）。本時期其餘北方政權均實力弱小或立朝短暫而相對次要。

最先崛起的是匈奴人劉淵建立的漢政權。匈奴貴族認為祖先數

次與漢室通婚，也屬漢室宗親，就改姓劉，劉淵的爺爺是南匈奴的單于。曹操平定北方後將匈奴部落分為五部管理，劉淵的父親是其中一部的首領，劉淵以人質身份住在洛陽，因文武雙全、射術精湛名聞當時。

晉武帝司馬炎曾對他非常欣賞，但考慮到他是匈奴人而沒有重用。後來西晉發生八王之亂時，作為擁有5萬兵馬的大將，劉淵沒有按命令去征討鮮卑軍，而是趁亂攻占山西。以漢室後人的身份自立為漢王，從劉邦到劉禪都奉為祖宗一起祭祀，得到大量漢人的擁護。

隨著歸附人口的增多和自身實力的增強，劉淵在山西正式稱帝（308年），國號漢，在中原地區建立了第一個少數民族政權。接下來，劉淵父子兩代對西晉發動攻擊，攻破西晉首都洛陽後屠城，晉帝被擄至漢都（平陽，今臨汾），在宴會上作為侍者倒酒，被戲弄後與晉朝被俘臣子一起毒殺。晉朝太子在長安繼位，漢軍又攻占長安將其殺死。於是西晉被匈奴劉漢所滅，距司馬炎統一天下僅36年。

第二個崛起的主要政權是羯族石氏建立的後趙。創始人叫石勒，這個名字是他20幾歲後才有的。早年他地位卑賤，連個固定的名字都沒有，四處給人打工，還曾被軍人抓去賣給大戶人家做奴隸。他後來跟了一個土匪混日子，從此有了「石勒」這個漢名。

在長期的漂泊和軍旅生涯中，石勒練就了精湛的騎射武藝，帶兵能力也越來越強，但在土匪與軍閥混戰的亂世中長期默默無聞，直到他遇到了匈奴皇帝劉淵。劉淵起兵叛晉後，四處征討，收編了石勒的這支部隊。石勒此時30歲，被劉淵一眼看中，委以重任（平晉王），在劉氏家族後來掃除群雄、滅亡西晉的過程中立下汗馬功勞。

在威風一時的匈奴漢政權中，石勒是稱雄一方的將領。劉淵死後，又過了兩任劉氏皇帝，匈奴漢政權發生內亂，漢族大臣殺掉劉氏皇帝而向東晉稱臣。匈奴漢政權殘餘勢力反撲，殺掉了發動兵變的漢族大臣，並且建立了新政權。在這場變亂中，石勒不肯屈居人下，經過多次戰爭，這位奴隸將軍最終登上了皇帝的寶座，建立了後趙（319年），定都襄國（今河北邢臺），並用10餘年時間消滅主要對手，統一了中原大部分地區。

　　石勒雖目不識丁，但重文人、愛學習、善納諫，經常讓大臣給他讀講中國歷史典故，邊聽邊評判，常與歷史結局吻合，顯示出其優秀的戰略眼光。因此石勒曾問大臣：「朕能和哪個開國皇帝相比？」大臣說：「陛下神武超過漢高祖，雄才超過魏武帝，三皇五帝後排名第一，只比軒轅黃帝差點。」石勒笑答：「人貴有自知之明，朕如遇到漢高祖只能做他的臣子，遇到漢光武帝還可在中原較量，不該與欺負孤兒寡母的曹操比，應當是在劉邦與劉秀之間吧，比軒轅黃帝差遠了。」

　　石勒減免稅賦，徵集人才，建立考試制度，提倡節儉薄葬，後趙實力有所恢復，戰力也較強。東晉雖有聞雞起舞、擊楫渡江的愛國將領祖逖，可以縱橫於淮河以北、黃河以南，卻因面對石勒這樣的對手最終難展北伐大志。早年石勒也曾揮師南下，因江淮河道困阻騎兵和瘟疫流行而未能與東晉決戰。後趙與東晉政權北南對峙的局面形成。

　　這種局面很快被一個叫冉閔的人給打破了。冉閔是漢族人，其父勇悍善戰，被石勒發現，非常喜歡，讓侄子石虎認其作義子，冉閔即義孫。石虎做了後趙皇帝後雖殘暴嗜殺，但對冉閔一直不錯。石虎死後皇室爭權，冉閔本也有繼位可能，卻遭到欺騙和算計，冉閔發動政變，並殺光了石氏全家。建都鄴城（今河北臨漳），國號魏。

冉閔一度想請東晉漢族政權統一華夏，但東晉政權對其採取懷疑和敵視的態度，錯失南北統一的機會。

魏晉以降，漢族內部已形成以門閥制度為代表的等級制度，來自落後地區的少數民族內遷後普遍社會地位更低，而在漢族政權衰落後，不少新興的少數民族政權對中原地區漢族百姓實施報復性壓迫，民族矛盾日益尖銳。漢人冉閔在取得政權後，以官俸獎勵漢人殺胡人。

冉閔的《討胡檄文》稱：「今之中原，北地滄涼，衣冠南遷，胡狄遍地，漢家子弟幾欲被數屠殆盡。天地間，風雲變色，草木含悲！四海有倒懸之急，家有瀝血之怨，人有復仇之憾。中原危矣！大漢危矣！華夏危矣！……華夏大地，如若志同者，遣師共赴屠胡；九州各方，如有道合者，舉義共赴戮夷。以挽吾漢之既倒，扶華夏之將傾。」

「殺胡令」一出，民間壓抑情緒爆發，漢人紛紛響應，羯族幾乎滅絕。因羯族人相貌多為高鼻深目多須，冉魏境內有胡人長相而被誤殺的不在少數，僅鄴城一地被殺者就達20餘萬。整個北方地區，加上胡人對漢人的報復性殺戮，一時間死者不下百萬。

冉閔採取的民族對立政策導致社會內部混亂、周邊政權敵對。當時沒有外逃的少數民族則占據一些地方拚死反抗，冉閔不得不東征西討。周邊的少數民族政權，趁機對冉魏招降納叛，壯大自己實力。

在這個過程中，出現兩股重要的政治勢力。一股是來自遼東的鮮卑燕國，後來滅亡了冉魏政權；另一股是源於甘肅的氐族勢力，借冉魏民族紛爭收聚流民，擴充軍隊，最終建立了統一北方全境的前秦。

先說鮮卑滅冉魏。鮮卑人有幾個分支，其中的慕容家族在遼東

建立了燕國，較早時定都龍城（今遼寧朝陽），後來隨著版圖不斷擴大，先遷至薊城（今北京），再到鄴城（今河北臨漳）。此時的燕國史稱「前燕」，版圖最南曾到達淮河流域（有韓國學者將之視為韓國史）。

慕容鮮卑在先征服高句麗後，積極擴軍備戰，準備問鼎中原。正趕上冉魏局勢動盪，出兵20萬直撲河北。冉閔未料到遼東鐵騎會突然出現在家門口，率1萬多步兵倉促應戰。

冉閔是項羽式的人物，身高八尺，力大無比，勇猛善戰，親善士卒，作戰勝多敗少。此次與燕軍交鋒，冉閔仍是衝殺在前，以寡擊眾，竟對燕軍鐵騎十戰十捷。燕軍最後想出將騎兵綁在一起的「連環馬」戰術，包圍冉閔。冉閔坐騎累死，仍手刃300多勁敵，最終力竭被俘。燕王殺害冉閔前曾責問：「你本是石虎的一個家僕，有何資格登上天子之位？」冉閔高喊：「天下戰亂不斷，爾等蠻夷都敢自稱九五之尊，我華夏豪傑為何不敢登基稱帝！」[11]

再說氐族趁勢崛起。「五胡時期」第三個少數民族主要政權是氐族苻氏建立的前秦。石勒稱雄時期，氐族苻氏在甘肅起兵，為石勒的後趙政權立下汗馬功勞。後來受到繼任者的猜忌，苻氏就向南投靠了東晉。冉魏時期，苻氏借中原變亂，吸納和組建了10萬人的軍隊，襲取長安，占領關中，稱帝建政（351年），國號秦，史稱「前秦」。

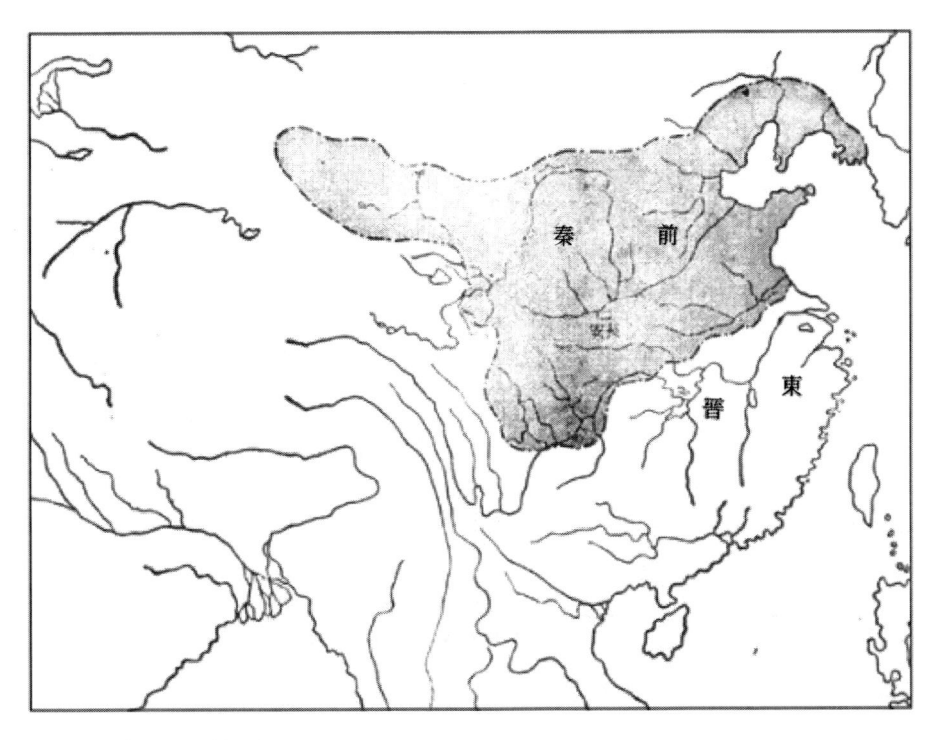

前秦與東晉形勢圖

　　開創前秦輝煌時代的君主不是奠基者（苻洪）和開國君主（苻健），而是在殺死暴君（苻生）後脫穎而出的苻堅。苻堅一繼位就展示低調的風範，去帝號，謙稱「大秦天王」。專心內政，任用賢達，很快國富兵強，開始向外擴張。由於君臣同心，將士用命，前秦順利地消滅了除東晉外的幾乎所有政權，建立了幅員遼闊的龐大國家。周圍的小國紛紛向其稱臣納貢，高句麗、新羅、大宛、高車、康居、吐谷渾、天竺、倭國、琉球等62個國家先後遣使到長安，一個漢唐帝國式的強大政權隱然成型，一個受人愛戴的傑出政治人物將成後世典範。

　　但苻堅的性格特點和領導風格既是優點也是缺點。他胸襟開闊，與人為善，往往在擊敗敵國前就為對方建造府第，對手投降後

從不殺戮，並設法保護其不受仇人攻擊。雖然被征討的政權容易望風而降，前秦朝廷裡充滿各民族的文臣武將，顯示出極大的包容力，但這也使一些有野心的政治人物保留了自身的實力，成為威脅前秦的隱患。

當苻堅滿懷自信地發動他的完成一統華夏的最後一戰時，卻意外地被東晉軍隊擊敗。龐大的帝國也瞬間分崩離析，各族豪傑紛紛獨立復國，並對元氣大傷的苻堅政權發動攻擊，苻氏前秦就此滅亡。

「五胡時期」第四個重要的少數民族政權是鮮卑慕容建立的後燕。其創始人慕容垂是個傳奇式人物。他13歲就作為先鋒官在前燕征討高句麗的軍事行動中將對手打得落花流水，並在日後的軍事生涯中幾乎攻無不克、戰無不勝，因此功高震主，受到排擠。為了保命，他帶著兒子投降了前秦。苻堅待他甚厚，在有人陷害他時給予了堅定的保護。在苻堅決定進攻東晉前，朝廷內外一片反對，慕容垂卻給予高度支持，成為苻堅非常信任的重臣。

苻堅親率大臣南征失敗後，逃到慕容垂部隊，當時慕容垂周圍的親信均勸他趁機除掉苻堅，慕容垂感念苻堅待己之恩，沒有下手，反而將部隊交給苻堅，說自己想替苻堅安撫一下北方邊境，順便祭祖。苻堅當然放行。但慕容垂一去就如鳥出樊籠，蛟龍入海，憑藉其多年的聲望，在前燕故地一呼百應，重建隊伍，復燕（史稱「後燕」）稱帝，遷都中山（今河北定州），並先後擊敗各方割據勢力，大體完全恢復了前燕版圖，成為北方第一強權。但慕容垂直到71歲病逝，這位十六國時期最長壽的帝王始終未曾進軍苻堅的老巢——關中。

殺害苻堅的是他信任的另一個部下：羌族的姚萇。後趙曾將10萬餘戶氐族和羌族遷至關東，各自形成自己的勢力。早年姚萇跟著父兄率領的這支羌族部隊四處打仗，也投降過東晉，後來在被

前秦擊敗後，姚萇投降了前秦，差點被殺掉，苻堅認為他是英雄而把他救了下來。苻堅待之不薄，直到征討東晉前還親自授予其「龍驤將軍」的稱號，勉勵姚萇說：以前自己曾任過這一官職，未來要努力戰鬥，爭取和自己一樣能幹。當時周圍的大臣覺得此舉很不吉利。

苻堅兵敗後，慕容垂在北方反叛，其他幾處慕容家族將領也紛紛響應，苻堅派姚萇率部平叛關東。作戰失利後，姚萇派兩個使者先赴長安向苻堅解釋，苻堅一怒之下殺了這兩個人，姚萇驚恐，乾脆造反。苻堅親自率軍討姚，姚軍幾次陷入絕境而脫困。隨著其他獨立勢力對長安的進攻，苻堅轉攻為守，又逢天災，長安斷糧，力不能支。苻堅在逃離長安的途中被姚萇抓獲縊死，姚軍都為之流淚。

羌族姚萇進長安，384年以此為都城建立了「五胡時期」第五個重要的少數民族政權，史稱「後秦」。姚萇善打運動戰，在其建秦稱帝後的時間裡，屢敗強敵，將後秦發展成為北方第一強國。其後的兩任接班人無力維持這份家業，最終被東晉大將劉裕消滅（417年）。

劉裕不僅消滅了北方強國後秦，也消滅了自己所在的南方強國東晉。他透過政變清除了皇室司馬家族，建立了屬於自己的政權，稱帝建康（今江蘇南京），史稱「劉宋」。但北方並沒有在他的掌控之下，一個新興的政權軍隊席捲中原大地，再一次完成了中國北方的統一。這支力量就是來自山西的鮮卑族拓跋部，其建立的北魏政權與南方的劉宋政權共同將中國帶入南北朝時期。

以上是所謂「五胡亂華十六國」時期的歷史主線。

苻堅雄心統六合

在五胡稱雄的年代，苻堅統治下的前秦特別引人注目，國力強

盛，一度幾乎完成了統一大業，這與苻堅善於用人、推行仁政密切相關。

苻堅的前任君主是個典型的暴君，喜怒無常，濫殺無辜，酒宴上也會引弓射殺大臣，整日弄得人心惶惶。苻堅作為皇室中的傑出將領，透過政變除掉暴君，穩定朝政，任用賢良，開創了前秦的輝煌時代。

苻堅一生用了不少能人，最成功的莫過漢人王猛。

王猛是個諸葛亮式的人物，生於山東，隱於華山，但聲名遠揚，南北皆知其有治國安邦之才。東晉大將桓溫率軍北伐，曾經一路打到長安，四處尋訪三秦豪傑，王猛與之「捫蝨而談」，桓溫賜其車馬，拜為高官，欲同歸東晉，王猛經過慎重考慮還是留在了北方。

苻堅在發動政變前，聽手下人說附近有個叫王猛的隱士極有謀略，就請人安排見面，結果與王猛一見如故，相談甚歡，苻堅感慨如同劉備遇到了諸葛亮一樣。苻堅上臺後立刻重用王猛，王猛也不負所望，嚴法紀，抑豪強，整治安，齊風俗，穩內政，滅強鄰，協助苻堅建立了東到大海、北至大漠的強盛國家。

苻堅對王猛推心置腹，完全信任，曾經一年之中五升其官。有嫉恨王猛的貴族皇親將其投入監獄，苻堅不但釋放王猛，還誅殺以言語恫嚇王猛的氐族重臣，即使王猛擅自設計陷害鮮卑降將（慕容垂）被苻堅阻止，仍不肯對其治罪。苻堅對王猛幾乎是言聽計從，使其將國家治理得井井有條，國力蒸蒸日上。

王猛死後，苻堅悲痛欲絕，對兒子說：過去王猛在，做帝王感覺很輕鬆（往得丞相，常謂帝王易為）。上天不想讓我統一天下嗎？為什麼讓王猛這麼早壽終？王猛死後苻堅繼續大力蒐羅和延攬人才，即使在他淝水之敗後被叛將姚萇俘虜後，仍能發現姚萇派來

的官吏尹緯很有才幹，詢問其原來所任官職後慨嘆說：我手下有這樣的人才卻沒有發現，難怪會敗亡（朕不知卿，宜其亡也）。

符堅崇尚文教。其政權版圖雖急遽擴張，卻一直堅定地施行仁義德治，此舉是促成前秦政權興盛的重要原因。

前燕的慕容垂因內訌投奔前秦，符堅立即予以重用。王猛建議宜早除慕容垂，符堅不肯，稱「吾已推誠納之矣。」[12]滅亡與之抗衡的大國前燕後，前燕君臣皆受封官職，佈滿朝廷，引起了符堅舊臣的恐懼。包括符堅最信任的弟弟符融也上疏說：「（慕容氏）父子兄弟，森然滿朝，執權履職，勢傾勛舊。臣愚以為虎狼之心，終不可養。」符堅卻回答說：「朕方混六合為一家，視夷狄為赤子。汝且息慮，勿懷耿介。夫惟修德，可以禳災。苟能內求諸己，何懼外患乎！」

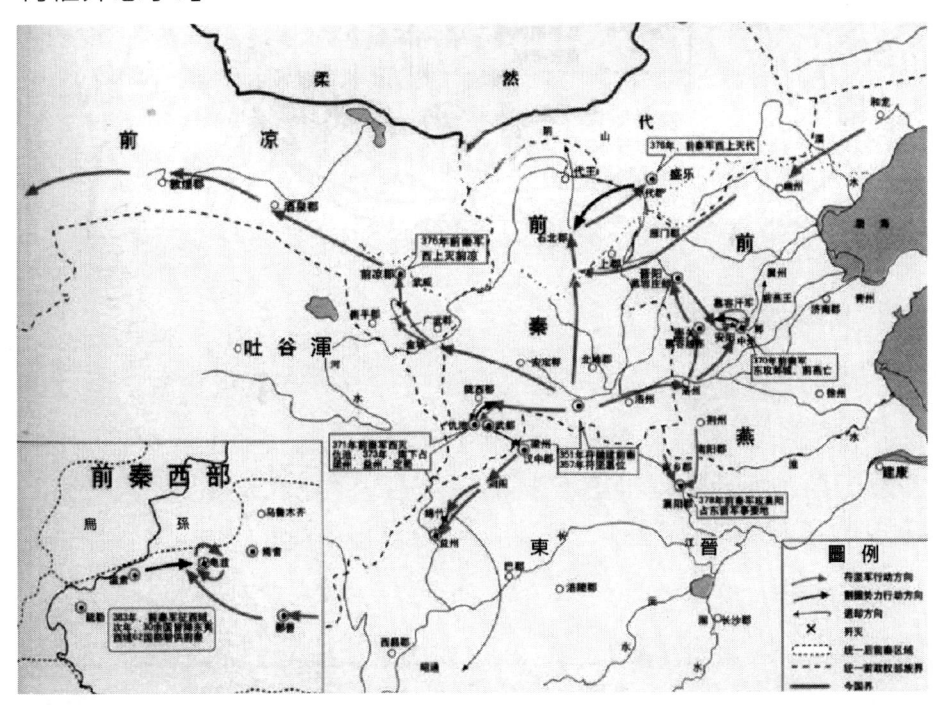

符堅統一北方的戰爭

苻堅以武力征服各族割據政權後，不是繼續用刑戮，而是改用安撫懷柔的所謂德政來籠絡人心，使之真心降服，在淝水之戰前造成了很好的效果。而且苻堅推行的懷柔民族政策，對緩和下層各民族矛盾，增進互相諒解，起了巨大作用。苻堅手下邊將率騎兵掠奪已經投降的匈奴部落，苻堅大怒，說：「朕方以恩信懷戎狄，而汝貪小利以敗之。」[13]不但將該邊將免官，還歸還俘獲，遣使修和，示之信義。

　　在淝水之戰前，苻堅的德治顯示出巨大成就，中國北方迅速得到統一，國力也得到大幅提升。顯著的成就激發了苻堅統一南北的信心。苻堅在長安皇宮太極殿召集群臣商議，說：「自吾承業，垂三十載，四方略定，唯東南一隅，未沾王化......吾欲自將討之，何如？」

　　發動這場戰爭的目的，一不是擴大地盤，二不是掠奪人口，而是要乘勝消滅偏安東南一隅的東晉王朝，實現統一中國的宏偉大業，讓民眾安居樂業（「非為地不廣，人不足也，但思混一六合，以濟蒼生」）。為此，苻堅表白說：「每思天下不一，未嘗不臨食輟哺。」「豈敢優遊卒歲，不建大同之業。」「吾終不以賊遺子孫，為宗廟社稷之憂也。」顯示苻堅在國家統一事業方面始終有強烈的使命感和緊迫感。

　　苻堅決心發動伐晉戰爭後，徵集了80餘萬軍隊，號稱百萬，在他46歲那年秋天（383年8月），率軍從長安出發，僅騎兵就多達近30萬，前後綿延千里，東西水陸並進，萬船齊發，聲勢浩大。

　　東晉偏安士氣在

　　面對苻堅百萬大軍征討的是南方的東晉政權。司馬氏靠政變自曹魏手中取得政權，總結經驗認為中央政權的穩固需要有本家族的

外藩支持保護，因此西晉開國之初就大肆分封，後果之一是各分封王擁兵自重，不但沒有護衛中央，反而時常覬覦帝位，導致自相殘殺，戰事不斷，國力因此迅速衰落，異族一擊，西晉遂亡。皇室龐大的優點是西晉雖亡，仍有分封王可以延續香火，於是原本毫不起眼的江南一帶，成為漢族政權的根據地，史稱「東晉」。

東晉政權雖有祖逖北伐和桓溫北伐，但前者是愛國將領自發北伐，後者是東晉權臣自重之舉，從東晉皇帝的本意看，並不能看出有真正實現國家統一的強烈意願和實際作為。東晉的士大夫階層也多缺乏「求統」的志向，歷史上最著名的書法家王羲之就反對北伐，主張「還保長江」，稱「以區區吳越經緯天下十分之九，不亡何待」。[14]因此，東晉政權更多的表現出只圖自保的「求獨」傾向。

即使不求統一，東晉朝野對維護自身利益、抵禦北軍入侵還是有共識的。此事由東晉實際執政者謝安（司徒）負責。

謝安像

謝安出身名門世家，在德行、學問、風度等方面都有良好的修養，青少年時代就已在上層社會中享有較高的聲譽。十三歲時，聲名就已經傳到遼東，連當時才七歲的慕容垂（後燕開國皇帝）都特地給他送來禮物。謝安以有病為藉口推辭了東晉朝廷徵召其做官，隱居到浙江紹興會稽的東山，與王羲之等名士交遊。後來家族衰落，謝安被迫入仕，於是有「東山再起」的說法。

東晉權臣桓溫三次北伐均告失敗，但仍企圖在傀儡皇帝病逝後篡位。此時謝安憑藉其冷靜的風度和機智的言辭化解了這一危機，並因桓溫的及時去世而延續了晉祚。桓溫病死後，軍權由其弟（桓沖）接管，但謝安負責防務。

謝安命人招募北方流民及江淮善戰之士，組成赫赫有名的「北府兵」。這支軍隊後來在淝水之戰中擊敗了實力強大的勁敵，收復了江北六州之地，培育出滅亡東晉政權的將領劉裕，並在其率領下曾一度收復長安。

前秦苻堅率軍百萬伐晉的消息傳來，東晉自然朝野震恐。謝安在這種壓力下，不改其兩晉盛行的從容態度，對穩定君心民心造成積極作用。不過除此之外，他的貢獻似乎不多，因為並未看出他對抵禦強敵出過什麼良策。當時一線將領前來問禦敵之計，他只說「另有安排（已別有旨）」。當時負責長江中游防務的荊州將領擔心下游京師安全派遣精銳部隊援助抗秦，謝安以「京城不缺甲兵」為由將其打發回去。

謝安在戰前的所作所為與東晉軍隊在淝水之戰的勝利沒有直接關係，但謝安卻因戰事的勝利以及其對待勝利的平淡態度獲得巨大聲望，以致皇帝有意疏遠他。當東晉軍隊取勝的捷報傳到謝安手中時，他正在下棋，閱後面無喜色，繼續對弈。客人問及，謝安淡然地說：「孩子們打贏了（小兒輩遂已破賊）。」

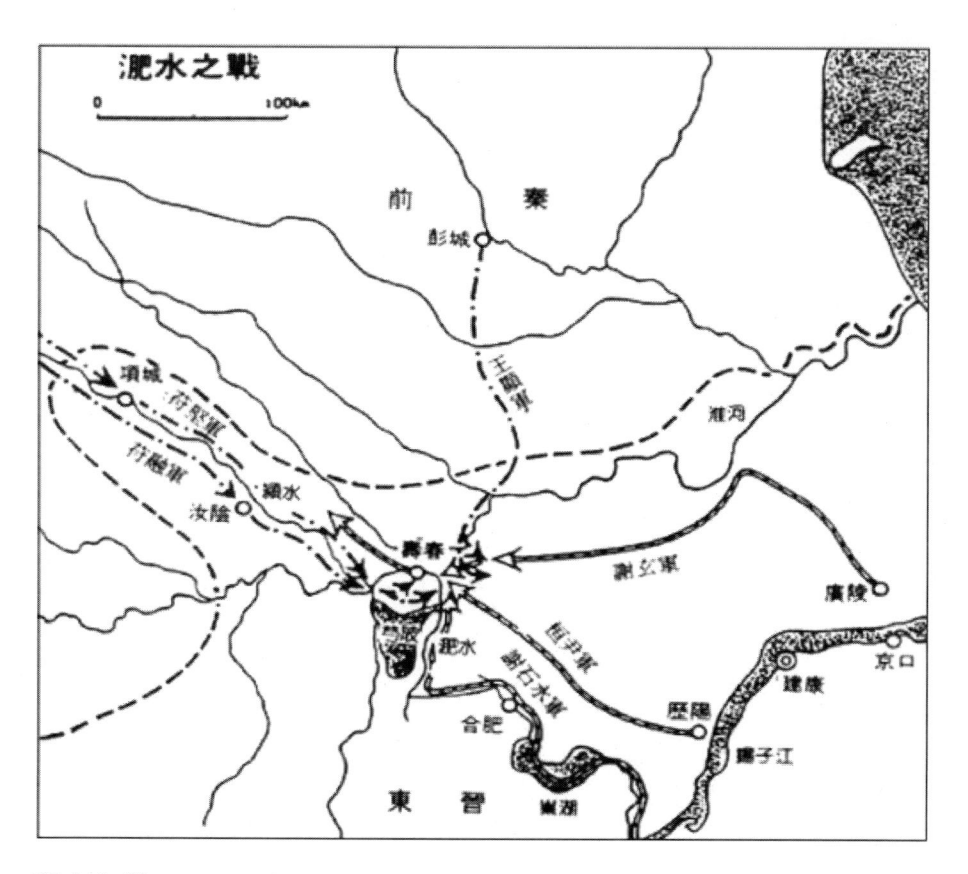

淝水之戰

　　前秦傾全國之力的伐晉戰爭，非但沒有形成擊卵之勢，反而出人意料地一敗塗地，原因何在？

　　首先，前秦兵力過多，戰線過長，在戰役發生的局部地區反而沒有軍隊的數量優勢。開戰時前秦進駐前線（壽春及其附近）的軍隊不過10萬左右，而當地迎戰的晉軍則超過8萬，前秦軍隊數量未明顯占優。且秦軍多為「每十丁遣一兵」的新徵士兵，訓練不夠，而以「北府兵」為代表的晉軍則是多年訓練、久經沙場的僱傭兵，戰力強悍。

　　其次，前鋒苻融缺乏經驗，誤判形勢。苻融是苻堅的弟弟，雖

然有文武盛名,「聰辯明慧,下筆成章」,「膂力雄勇,騎射擊刺,百夫之敵也」,但是他缺少指揮重大戰役的經驗。作為前鋒,他在抓住晉將向東晉主帥求救的使者後,未加慎重分析就馳報苻堅:「賊少易擒,但恐逃去,宜速赴之!」致使作為一國之君的苻堅輕率趕赴前線,只帶8000輕騎,而留大軍於後,未能在戰場對晉軍形成壓倒性優勢。

第三,苻堅用人不當導致洩露軍機,擾亂軍心。秦軍攻陷湖北襄陽後,鎮守襄陽的東晉名將朱序被俘至長安,後又企圖潛逃未遂,苻堅保持其寬大作風,不予追究,還委以重任。伐晉時苻堅親至一線指揮,要求軍隊嚴守機密,有敢洩露其親臨前線者割掉舌頭,結果苻堅自己卻派朱序去勸誘東晉速降。朱序本就一心報國,到了晉營就將一切都告知晉將,並獻策說:「若堅百萬之眾悉到,莫可與敵。及其未會,擊之,可以得志。」於是晉軍改變以逸待勞的策略,先派北府兵主動進攻秦軍,斬殺秦將,挫敵士氣。在淝水之戰中更是因朱序在陣中高呼「秦軍敗了」,使後撤的秦軍不明就裡,以為前面已經戰敗,軍心崩潰,一敗塗地。朱序在秦軍敗後也重新歸晉,重新成為東晉邊境的大將,但他只是主張防守,並不積極北伐。

第四,前秦整軍不嚴,軍心不穩。前秦與東晉軍隊於383年11月在淝水(今安徽省壽縣)隔河相望。晉軍主帥遣使說:你如想速戰速決,不如稍稍後撤,我軍渡河與你一決勝負,好不好?苻堅認為可以稍稍後撤,等晉軍渡河一半時,用前秦騎兵截殺,即可取勝。苻融同意。卻不料秦兵一退竟不可復止。晉軍渡水發動攻擊。苻融騎快馬在陣前阻止秦軍後退,不小心坐騎摔倒,為晉兵所殺,秦兵徹底潰散。

實際上的苻堅失敗後並不像後世史書描寫得那樣狼狽,他仍然能夠保持英雄本色,但壞運氣確實一直伴隨他,直到他兩年後遇

害。

　　淝水戰敗後苻堅為流矢所中，單騎逃至淮北。在洛陽收集了10餘萬殘兵敗將，回長安準備重整河山。到了長安附近的行宮，苻堅哭祭陣亡的將領，表示後悔不用朝臣之言，犯了決策錯誤，告罪太廟。

　　回長安後，他厲兵課農，存恤孤老，對陣亡或失蹤士卒的家庭予以國家贍養，各種舉措深得民心。但此時政治形勢已經大變，淝水戰敗後，以鮮卑和羌族降臣為主的將領紛紛反叛前秦，割據復國，並且聚眾擁軍進攻長安。

　　苻堅在長安受到多方敵軍夾攻的不利形勢下，親自率軍迎戰，「身貫甲冑，督戰拒之，飛矢滿身，血流被體。」此時關中民眾堅定支持苻堅，冒死送糧，並自發組織敢死隊赴敵營縱火，讓人感受到苻堅德治的威力。無奈運氣實在不好，送糧的被敵軍截殺，縱火的反倒被火燒到自己。敵人沒打退，長安已發生了嚴重饑荒，出現了「人相食」的悲慘景象，苻堅軍隊的戰力受到極大削弱。史載當時苻堅好不容易殺隻羊設宴款待群臣，大臣們也分不到幾片肉，塞進嘴裡不敢嚥下，回到家趕緊吐出來餵給饑餓的妻子兒女。

　　兩晉時期頗流行民謠預言（讖言），其中有一句是「堅入五將山長得」，這是苻堅在處於極度困境期間在長安流行的預言，字面意思是苻堅進入五將山才得長生。苻堅原本不信預言，但因此前諸多流傳的預言多已應驗，此時也就對此深信不疑，認為長安已不可久留，到了五將山即可久安，便對太子說：這個預言大概是上天對我的指導。

　　於是苻堅在數百名騎兵的護衛下，逃出長安，到了五將山。但被姚萇（苻堅曾經解救而此時已經反叛的羌族將領）俘獲，始覺「堅入五將山長得」是預言苻堅進入五將山被姚萇（「長」與

「萇」同音）所得。

此前不久，苻堅曾親自率軍討伐姚萇，姚萇屢敗後，更遭苻堅軍斷絕水源。然而苻堅運氣不好，就在姚萇軍中有人渴死而陷入恐懼時，天降大雨，營中水深三尺，姚萇軍軍心復振，得以反擊而去。

苻堅在五將山被俘後押解到新平佛寺，姚萇又派人向苻堅索要傳國玉璽。苻堅大罵：「國璽已送晉朝，怎能送給你這個忘恩負義的叛賊！」姚萇又讓苻堅把帝位禪讓給他，苻堅又罵：「禪代是聖賢之間的事。姚萇什麼東西，敢自比古代聖人！」羞憤的姚萇派人把苻堅縊死。苻堅死時，姚萇手下的羌族將士「皆為之哀慟」。當然，國璽並未真的送與晉朝，但巧合的是，苻堅遇害當月，東晉謝安也病死。

前秦君主苻堅因伐晉失敗結束了其輝煌的統治。當初他最信任的丞相王猛臨終前曾叮囑他萬萬不可伐晉，而且要重點提防鮮卑和羌族降將：「晉雖僻陋吳越，乃正朔相承。親仁善鄰，國之寶也。臣沒之後，願不以晉為圖。鮮卑、羌虜我之仇也，終為人患，宜漸除之，以便社稷。」[15]苻堅沒有聽從王猛的建議，結果伐晉果然失敗，也正是鮮卑人紛紛反叛瓦解了前秦版圖，羌人最後一擊則結束了苻堅的生命。

英雄功敗誰之過

淝水之戰爆發前，東西萬里戰線前秦大軍壓境，其聲勢與百年前西晉大軍討伐東吳何其相似！然而當年西晉完成了國家統一，為什麼龐大的前秦卻瞬間解體？

關鍵是苻堅發動統一戰爭的時機尚不成熟，也就是「勢」還沒到，政治形勢和統一條件不充分，表現就是苻堅伐晉的一系列壞運氣。

深層原因是前秦還需要用足夠長的時間來解決政權認同問題，畢竟這是中國歷史上第一次由一個少數民族政權對長期擁有更先進文明的漢族政權發起的國家統一戰爭，此前近百年間北方地區胡漢之間的民族仇殺造成的民族對立尚未化解，東晉民眾對異族政權的認同還遠遠不夠，由此導致東晉軍隊保家衛國的鬥志高昂，而北方各少數民族剛剛統一於氐族政權，也還沒有建立起牢固的政權認同，大量手握兵權的將領各懷異志，一有機會就可能興風作浪，在這樣的背景下發動大規模戰爭有很高的政治風險。

　　如果苻堅能將伐晉戰爭推遲10年，利用這段時間堅持德治，繼續鞏固社會基礎，擴大政治影響，增強國內外對其政權的認同，捕捉東晉政權內部混亂的時機，那麼西晉伐吳時摧枯拉朽的局面完全可能再現。苻堅急於伐晉的結果，是將這一局面推遲了200年，直到隋朝伐陳時才得以實現。

　　因此，總的說來，前秦雖有政治、經濟、軍事等方面的優勢，但在社會、文化和政府意志方面還需要時間鞏固，以實現政權認同。

　　淝水之戰爆發前，前秦的政治影響力高於東晉。前秦疆域「東極滄海，西並龜茲，南包襄陽，北盡沙漠」[16]，周圍62個國家都進貢臣服，「鄯善王、車師前部王來朝，大宛獻汗血馬，肅慎貢楛矢，天竺獻火浣布，康居、于闐及海東諸國，凡六十有二王，皆遣使貢其方物。」[17]前秦朝中也是佈滿各族大臣將領，北方各族均臣服於前秦政權。

　　前秦君主苻堅的個人魅力也遠在東晉君主孝武帝司馬曜（yào）之上。當時執掌東晉實權的謝安雖有冷靜風度，卻少機謀權變。而苻堅幾乎具備各種大國明君的素質和特點，尤其是善用賢能。苻堅的信條是「王者勞於求賢，逸於得士」[18]。而且即位初始，苻堅便對振興儒學，興辦學校傾注了極大熱情，制定了「開庠

序之美，弘儒教之風」的德治政策。苻堅很頻繁地親臨太學，考學生經義優劣，因其自身儒學深厚，有時考得博士張口結舌。這樣的君主歷史上也是不多見的。

　　淝水之戰爆發前，前秦經濟實力優於東晉。前秦統治人口約2000萬，其中漢族人口約1600萬。東晉統治人口約600萬，其中在籍人口（非流民）約350萬。前秦勞動力是東晉的近3倍。當然，江南地區自然條件較好，雨量充沛，氣候溫潤，土地肥沃，加之北方戰亂，北人南遷，使南方勞動力技術迅速提高，農業產出與北方的差距可能不似人口差距那麼大。白壽彝主編的《中國通史》認為從財政上看，淝水之戰前是東晉財力較為充足的時期。晉帝曾下詔說：京師已有足夠消費一年的儲備，暫停一年向京師運米、布。[19]但這是建立在高稅賦的基礎上的，王羲之稱其為「重斂以資奸吏」。[20]有東晉官吏在淝水之戰後五年上疏揭弊說：「今政煩（苛）役殷（眾），所在凋敝，倉廩空虛，國用傾竭，下民侵削，流亡相屬。略計戶口，但鹹安已來，十分去三。」[21]（可見若淝水之戰推遲5年東晉將處於財政困難。）無論東晉在戰前的年景有多好，其經濟實力肯定是無法與前秦比肩的。

　　淝水之戰爆發前，前秦軍事動員力強於東晉。前秦伐晉動員兵力約為東晉的10倍。苻融等人率步騎25萬為前鋒，苻堅又發長安戎卒60餘萬，騎兵27萬，計112萬；而東晉動員兵力約8萬多。有學者（翦伯贊）認為，苻堅發動南征的總兵力是90萬，而參加淝水之戰的實際兵力是25萬[22]。也有人（王仲犖）認為，苻堅南征的總兵力是100萬，參加淝水之戰的實際兵力是30萬，而東晉北府兵不滿10萬[23]。當然，如前所述，淝水之戰局部地區雙方兵力應該相差不大。

　　另一方面，淝水之戰爆發前，前秦的社會控制力是相對薄弱的。主要是因為北方地區長期戰亂，民族矛盾嚴重，統一局面更多

是維持在表面上，社會融合步履艱辛。苻堅下令把氐族人分散到全國各地去居住。氐族人悲歌：「遠徙種人留鮮卑，一旦緩急當語誰！」可見氐族人對鮮卑人的敵視和提防心理還很嚴重。由於苻堅一貫寵任降秦的鮮卑、西羌等貴族，大臣多有建言多加防範，其最親信的弟弟苻融也勸說：前燕降秦的慕容氏父子兄弟，「森然滿朝，執政履職，勢傾勳貴」，對前秦政權絕對是一大隱患。苻堅未能重視這一問題，以致後來在淝水之戰中，前秦的多民族士兵互相產生消極影響，一退百退，而在氐族政權遭受重創後，異族反叛勢力忽成星火燎原之勢，不可遏制。與之相比，東晉的門閥制度雖然也有較嚴重的階級對立問題，甚至後來爆發大規模五斗米教的農民起義，但內部較少民族矛盾。

　　淝水之戰爆發前，前秦的文化凝聚力略遜於東晉。之所以當時南北多數人均以東晉為正朔，很大程度上是其繼承了中華文化的主要衣鉢，文化人才輩出，文化之風濃厚，有較強的文化凝聚力。其實苻堅本人的底蘊也相當深厚，只是從國家層面看尚未全面趕超東晉。苻堅8歲的時候突然向爺爺苻洪提出請個家庭教師的請求，身為氐族酋長的苻洪驚奇地望著孫子說：我們這個民族從來只知喝酒吃肉，如今你想求學，實在太好了。苻堅學習非常刻苦，潛心研讀經史典籍，很快成了朝野享有盛譽的佼佼者。其執政後又開始禮治建設，設立學校辦教育，提高民眾的文化素質，扭轉氐族普遍輕視文化知識的落後觀念，廣修學宮，強制公卿以下的子孫入學讀書。苻堅定期到太學親自考問諸生經義，品評優劣，挑選品學兼優的學生到各級權力機構任職。同時規定俸祿百石以上的官吏，必須學通一經，才成一藝，否則一律罷官為民。在苻堅的大力倡導下，前秦統治階層的文化素質大有提高。但文化修養畢竟不是一朝一夕的事，更不能只看少數幾個人，前秦的文化凝聚力若想趕超東晉尚需時日，甚至要幾代人的時間。

　　淝水之戰爆發前，由於統治集團內部意見嚴重不一，前秦政府

意志力弱於東晉。當初西晉伐東吳前內部雖然也有分歧，但主流意見支持，而前秦伐東晉前內部主流意見持反對態度。淝水戰前，苻堅曾與他的王公大臣們討論伐晉問題。他說：「今欲起天下兵以討之，略計兵仗精卒，可有九十七萬。吾將躬先啟行，薄伐南裔，於諸卿意何如？」參與朝議的王公大臣幾乎全部反對伐晉。朝會散後，苻堅獨留最信任的弟弟苻融商議。他說：「自古大事，定策者一兩人而已。群議紛紜，徒亂人意，吾當與汝決之。」苻融說：「歲鎮在鬥牛，吳越之福，不可以伐，一也。晉主休明，朝臣用命，不可以伐，二也。我數戰，兵疲將倦，有憚敵之意，不可以伐，三也。諸言不可者，策之上也，願陛下納之。」苻堅很不高興，批評說：「汝復如此，天下之事吾當誰與言之！今有眾百萬，資仗如山。吾雖未稱令主，亦不為闇劣。以累捷之威，擊垂亡之寇，何不克之有乎？吾終不以賊遺子孫，為宗廟社稷之憂也。」苻融哭泣勸諫：「陛下寵育鮮卑，羌羯布諸畿甸，舊人族類，斥徙遐方。今傾國而去，如有風塵之變者，其如宗廟何？監國以弱卒數萬留守京師，鮮卑羌羯攢聚如林，此皆國之賊也，我之仇也。臣恐非但徒返而已，亦未必萬全。臣智識愚淺，誠不足采，王景略（即王猛）一時奇士，陛下每擬之孔明，其臨終之言，不可忘也。」苻堅仍堅持說：「今四海事曠，兆庶未寧，黎元應撫，夷狄應和，方將混六合以一家，同有形於赤子，汝其息之，勿懷耿介。」[24]在前秦朝野普遍厭戰的情緒下，伐晉並未形成前秦統治集團的共識，與東晉上下同心抵禦強敵的情緒相比，前秦在對待國家統一戰爭的問題上，政府意志力其實弱於對手，也是國家統一形勢未到的重要表現。

玉樹庭花

　　苻堅伐晉失敗後，中國北方重新陷入分裂和混戰局面，南方的東晉雖趁機將版圖向北推進，但也無北伐統一的意願和能力。後來，鮮卑族拓跋部從山西、內蒙一帶崛起，建立北魏政權，並擊敗周圍勢力，重新統一了北方中國。南方東晉將領劉裕則憑藉其滅二國、收長安、鎮壓農民起義軍的一系列軍事勝利樹立起極高的威望，最終取代東晉政權建立劉宋政權，於是中國進入南北朝時期。南北雙方互有征伐，均未能消滅對方。後來北魏分裂為東魏和西魏，東魏政權由高氏家族把持，後來取而代之建立北齊政權，西魏政權由宇文家族把持，後建立北周政權。北齊政權的經濟、軍事實力原本明顯優於北周政權，但因君主無道，國力日漸衰微，最終被北周所滅。北周權臣楊堅稱帝建隋，一個當時世界上最強大的國家出現於北方。隋文帝楊堅調動50餘萬軍隊，一舉滅亡了東晉以來偏安了近300年的江南政權。

　　隋文帝調兵遣將

　　與苻堅伐晉時不同，中國特別是北方地區又經過200年的民族融合，民族矛盾的尖銳程度已經大為緩解，為國家統一戰爭的順利推進鋪平了道路。這與北方統治者有意識推動民族融合也有直接關係。

　　北魏是鮮卑族拓跋部建立的國家，統治著從蒙古草原到江淮平原之間的北部中國。其北部是柔然政權，南方是劉宋政權，中國當時雖稱作南北朝，但也可看作是三國鼎立。流傳千古的花木蘭的故事就是發生在北魏與柔然的戰爭時期。為更好地統治人數眾多的漢人，孝文帝時期北魏政權將都城由平城南遷至洛陽，並進行了徹底的漢化改革。

中原地區的內遷鮮卑人有了較高程度的漢化，但北方邊境地區的鮮卑人卻較少漢化，且反對漢化態度強烈。最終釀成內亂，嚴重削弱了北魏的國力，並導致國家分裂為東、西兩個政權。

花木蘭

東魏的實際執政者高歡是漢人，是一個典型的窮苦邊民，由於世代所居住的六鎮地區均以鮮卑族為主，所以高歡在文化上徹頭徹尾是一個鮮卑人，能說流利的鮮卑語。六鎮起義時高歡應運而起，幾經跳槽，政治行情漸漲，最終成為東魏和北齊政權的實際開創者。面對鮮卑人和漢人的矛盾，高歡採取的措施是：對鮮卑人說，漢民是你們的奴隸，男人為你們耕田，婦人為你們紡織，送給你們粟帛，讓你們溫飽，你們為什麼欺壓他們；對漢人說，鮮卑是你們

的雇客，受你們的粟帛，替你們打仗，讓你們安居，你們為什麼仇恨他們。

　　高歡還為後世留下一首大氣磅礴、粗獷雄放的敕勒族民歌《敕勒川》，史載是其戰爭失利後與群臣眾將宴會時「哀感流涕」之歌：

　　敕勒川，陰山下，

　　天似穹廬，籠蓋四野。

　　天蒼蒼，野茫茫，

　　風吹草低見牛羊。

　　西魏的實際執政者宇文泰是鮮卑人，但屬於宇文部，不同於北魏政權的主體拓跋部。由於宇文部勢力弱小，宇文泰需要依靠漢族士族對其支持。與孝文帝時期的政策相反，宇文泰想用漢人鮮卑化的方法來抵消鮮卑人的漢化，包括改姓易服，客觀效果上仍有助於民族融合。

隋文帝楊堅

後來宇文家族取代西魏建立北周，並滅掉取代東魏的北齊，這使漢族勢力更大有增加，也為漢族大臣楊堅奪取宇文氏的政權創造了有利條件。

　　楊堅出身名門貴族，其家族曾被賜鮮卑姓「普六茹」。楊堅自幼雖不善讀書，但頗具政治頭腦，兼有治國之才。他將當朝賢士聚集在自己周圍，同時利用姻親關係，老婆是鮮卑大族，大女兒是當朝皇后，在仕途上平步青雲，最後被封為隋王。

　　因為楊堅勢大，北周皇族對其頗有疑忌，不斷有人向皇帝說楊堅有「反相」（南朝皇帝陳叔寶曾讓人畫楊堅像，看後「大駭」，說「我不欲見此人」）。前任皇帝（宇文邕）曾對周圍的人感嘆：如果楊堅篡位真的天命所定，那有什麼辦法啊。後任皇帝（宇文贇）在皇宮內埋伏甲士準備找碴幹掉楊堅，但楊堅不管別人怎麼激他都不說不合規矩的話，屢屢化險為夷。後來7歲的皇帝（北周靜帝宇文闡）即位，楊堅用計一舉除掉北周宗室五王，再出兵擊敗擁護北周皇室的叛軍，而後迫使小皇帝禪讓帝位。

　　隋文帝楊堅是被後世評價甚高的開國明君，實施了很多開創性的政治經濟舉措，取得良好效果，史稱「開皇之治」。在糧食豐足、國庫充實的強大國力的支撐下，他將目光轉向盤踞江南的陳朝。

　　平陳戰名將如雲

　　隋文帝楊堅善於用人。隋朝滅陳戰爭中湧現出來的名將各具傳奇色彩，成為這一時代國家統一進程中的精彩畫卷人物。

　　高熲（jiǒng）是隋文帝的心腹之臣，官拜尚書左僕射（相當於宰相），在長達二十年的時間裡，高熲輔佐隋文帝，為隋朝在政治、經濟、軍事各方面做出了重要貢獻。

伐陳之前，高熲獻策說：江南農作物成熟早，我們可以在北方農作物成熟前一再大造南征聲勢騷擾南方，減少他們的農業收成，再利用南方不用地窖而將糧食儲藏在地面倉庫的特點，不斷差人前去縱火焚燒，幾年下來，陳朝財力就被耗盡，也對北軍南征不再敏感，此時可趁機出兵，一戰可定。[25]隋文帝依計而行。

開皇八年（588年）十月，隋文帝集中水陸軍52萬，分8路攻陳。高熲時任元帥長史，是隋軍軍事行動的實際總指揮。高熲進建康後，收圖籍，封府庫，資財一無所取，回來後也不爭功，隋文帝將其與另一隋將賀若弼比功勞，高熲謙虛說賀若弼是大將，自己只是文官，怎麼比得上呢。隋文帝對其晉爵賜物，並將告狀中傷高熲的大臣全部罷官，公開稱讚高熲說：你像一面鏡子，每被磨一次就更明亮了。

然而就是這樣的心腹重臣，在後來因為得罪了隋文帝的獨孤皇后以及反對廢長換儲，遭受讒言而最終失去信任。對其懷恨在心的隋煬帝繼位後將其誅殺。

隋文帝曾與高熲談論的伐陳功臣賀若弼是位隋初猛將。他父親受人陷害被殺，臨刑前把賀若弼找來說：我一心要平定江南，沒能實現心願，你要完成我的志向。然後將賀若弼的舌頭用錐子刺出血，說我是因為多言惹禍，你一定要記住管住自己的嘴。

當時有個大臣（上柱國烏丸軌）曾對賀若弼說太子能力不行（「必不克負荷」），賀若弼深以為然，認為應該告訴皇帝。皇帝聽說後忙召問賀若弼，賀若弼牢記父親臨終遺言，恐禍及其身，於是回答說沒看到太子有什麼過失（「未睹其闕」）。後來太子繼位，那位大臣被殺，賀若弼卻免受其禍。[26]

伐陳前，高熲向隋文帝推薦說：「朝臣之內，文武才幹，無若賀若弼者。」賀若弼受命率軍將要渡江時，酹酒發誓要平定江南，

「如事有乖違，得葬江魚腹中，死且不恨」。過江後所向披靡，降者甚眾，賀若弼對俘眾給予優待，發給資糧，盡皆釋放。並且軍令嚴明，秋毫無犯，有軍士拿民間一物者，立斬不赦。進建康後，賀若弼令陳後主來見，陳後主惶恐流汗，股慄再拜。賀若弼對陳後主說：「小國之君當大國卿，拜，禮也。入朝不失作歸命侯，無勞恐懼。」

平陳之後，賀若弼與韓擒虎爭功相罵，甚至挺劍而出。隋文帝為避免兩敗俱傷乾脆兩個人都厚賞。但賀若弼一直認為自己在平陳戰爭中居首功，屢屢攻擊和輕視其他大臣，後來隋文帝責備其怨氣太重，免了他的官，但還經常宴請和賞賜他，對他也不錯。隋煬帝上臺後喜歡炫耀，賀若弼私下非議終於惹來口舌之禍，與高熲等人一起被殺。

與賀若弼爭功的韓擒虎得以善終。韓擒虎是俘獲陳後主的隋朝名將，以膽略雄威見稱。隋軍伐陳時，韓擒虎任先鋒，乘陳軍歡度年節、疏於守備之機，率500銳卒夜渡長江，襲占重要據點。隋軍主力過江後，陳軍因懼韓擒虎勇猛善戰紛紛投降。賀若弼軍猛攻陳軍時，韓擒虎利用建康城內空虛，率精騎500奔襲建康，兵不血刃，占領南都，生俘後主，滅亡陳朝。當夜，賀若弼軍也從北門入城。

二人在回京後，在隋文帝面前爭功。賀若弼說：「臣在蔣山死戰，破其銳卒，擒其驍將，震揚威武，遂平陳國。韓擒虎略不交陣，豈臣之比！」韓擒虎也說：「本奉明旨，令臣與弼同時合勢，以取偽都。弼乃敢先期，逢賊遂戰，致令將士傷死甚多。臣以輕騎五百，兵不血刃，直取金陵，降任蠻奴，執陳叔寶，據其府庫，傾其巢穴。弼至夕，方扣北掖門，臣啟關而納之。斯乃救罪不暇，安得與臣相比！」隋文帝無奈，只好「二將俱合上勳」。

統一戰爭中提出平陳之策的重要大臣還有楊素。楊素在隋朝建

立前就憑藉纍纍戰功深受隋文帝信任，受封上柱國。由於楊素曾多次上奏平陳之策，伐陳前楊素受命在巴東郡（今重慶市奉節縣東）建造大型戰船，船上樓高五層，可載近千士卒。訓練水師，積極為伐陳做準備。

戰爭開始，楊素作為行軍元帥之一，率領隋朝水師從重慶沿江順流而下，水軍突襲夜戰，兩岸步騎兵協同攻擊，不斷突破陳軍防線。每次取得作戰勝利，都實行優待俘虜政策，不殺不辱，慰勞後全部釋放，並且沿途秋毫不犯，陳人大悅。最後與已經攻取南京的長江下游隋軍會師武漢，為進軍嶺南擴大平陳戰爭做好準備。

平陳之戰勝利後，楊素還曾北伐突厥，平叛楊諒，為隋朝穩定立下赫赫戰功。在協助楊廣篡奪帝位後，更是成為權傾一時的宰相。在與隋煬帝楊廣出現疑忌之後，憂鬱而亡，享年66歲。

隔江猶唱後庭花

南朝經歷宋、齊、梁三朝後，進入了最後一個朝代—陳朝。陳朝歷經四帝，大體用心治國，江南因之富庶，而後迎來了陳朝的末代皇帝—陳叔寶。

陳叔寶是陳宣帝的長子，宣帝去世後他正在靈柩前大哭，他的弟弟陳叔陵趁機用磨好的刀砍他腦袋，雖擊中頸部，卻沒砍死。大難不死的陳後主即位頭兩年還有些勵精圖治的舉措，但很快就顯露出缺乏事業心的本性，耽於詩酒，專喜聲色。

陳朝後宮有一個美人，名叫張麗華，本為貧家之女，父兄以織席為業。張麗華入宮時年僅十歲，為陳後主最寵愛的孔妃的侍女。有一天，被後主偶然遇見，後主大驚，端視良久，對孔妃說：「此國色也。卿何藏此佳麗，而不令我見？」孔妃說：「妾謂殿下此時見之，猶嫌其早。」後來陳後主正式即位後冊封張麗華為貴妃。為示寵愛，後主為其建造三座閣樓，閣高數十丈，袤延數十間，窮土

木之奇，極人工之巧。窗牖欄檻均以沉檀木為材，以金玉珠翠裝飾。裡面服玩珍奇，器物瑰麗，皆近古未有，張麗華居於閣樓，有如仙子臨凡。

張麗華像

　　史料記載，張麗華不僅人長得漂亮，髮長七尺，黑亮如漆，臉若朝霞，膚如白雪，目似秋水，而且吹彈歌舞，詩詞曲賦，均有所長。更難得的是，張麗華還很聰明，記憶力特別好。曾經啟奏百官的宦官忘記了奏章內容，張麗華卻能逐條裁答，無一遺漏。以致陳後主對國家大事也「置張貴妃於膝上共決之」。

　　陳叔寶熱衷於詩文聲樂，聚集了一批文人騷客和才色兼備的宮

女（女學士）宴會作詩，特別艷麗的詩詞譜上新曲子，令聰慧的宮女們學習。陳後主曾作《玉樹後庭花》被後人視為亡國之音：

麗宇芳林對高閣，新裝艷質本傾城；

映戶凝嬌乍不進，出帷含態笑相迎。

妖姬臉似花含露，玉樹流光照後庭；

花開花落不長久，落紅滿地歸寂中！

北方的隋文帝本有削平四海之志，又聽說陳後主不務正業，民生凋敝，就下詔數後主20大罪，寫了幾十萬份詔書遍諭江南。有人勸隋文帝說兵行宜密，不必如此張揚。文帝說：「若他懼而改過，朕又何求？我將顯行天誅，何必守密？」

陳朝沿邊州郡將隋兵即將入侵的消息飛報入朝，後主卻笑著對侍從說：「齊兵三來，周師再至，無不摧敗而去，彼何為者耶？」大臣也奉迎說：「長江天塹，古以為限，隔斷南北，今日隋軍，豈能飛渡？邊將欲作功勞，妄言事急。臣每患官卑，虜若渡江，臣定做太尉公矣。」後主深以為然，君臣上下耽於歌妓縱酒，賦詩如故。

後主不僅對隋朝發動的統一戰爭認識不足，而且肆意妄為，自毀長城。陳朝北部邊防最重要的著名將領蕭摩訶喪偶，續娶夫人任氏。任氏貌可傾城，與張麗華結為姊妹。蕭摩訶不在京城，任氏進宮被張麗華留住，而與後主私通。不難想像自幼勇冠三軍的蕭摩訶是何心情。

588年10月，隋朝下達戰爭攻擊令，8路隋軍，東至大海，西到巴、蜀，旌旗舟楫，橫亙千里。而陳軍因長期被迷惑，並未準確察覺到此次是真的「狼來了」。

此時陳朝宮廷正忙著籌備一年一度的元旦大典，沿江戰船隨皇

室子弟調往京師附近，造成江防空虛。雖然主要大臣和大將都向陳後主建議須重兵戍守要津，以防北軍來襲。後主卻認為隋朝只是虛張聲勢，此時若大規模調動軍隊，必致驚擾百姓。

趁陳軍不備，隋軍賀若弼從江蘇揚州、韓擒虎從安徽合肥突然渡江，同時楊素按照滅陳作戰部署發動長江上游的攻勢作戰。在湖北宜昌擊毀陳軍百餘艘大型戰船，一舉突破陳軍的第一道防線。

這時陳後主終於確信隋軍是動真格的，召集大臣，下詔鼓舞士氣說：「犬羊陵縱，侵竊郊畿，蜂蠆（chài）有毒，宜時掃定。朕當親御六師，廓清八表，內外並可戒嚴。」[27]然後分兵扼守要害，同時大肆擴兵，連僧尼道士也悉數徵召入伍。

在陳朝上下的動員下，楊素水軍在歧亭（今長江西陵峽口）遇到陳軍有力阻擊。陳軍將領呂忠肅將自己私產全部捐出充軍，激勵士氣。陳軍在兩岸岩石上鑿孔，繫三條鐵索橫截江面，攔截隋軍戰船。隋軍猛攻陳軍岸上營壘，呂忠肅率軍據險抵抗，激戰40餘次，隋軍傷亡慘重，死5000餘人。

但在隋軍持續的猛烈攻擊下，呂忠肅最終被迫放棄營柵，連夜退據荊門（今湖北枝江附近），憑藉險要地形，再次阻遏隋軍。楊素派大型高樓戰艦4艘，用艦上拍竿擊碎陳軍戰船10餘艘，俘2000餘人，再次大破陳軍。屯守公安（今湖北公安）的3萬陳軍燒掉儲糧，千餘艘戰船順流東撤，企圖入援建康，被中游隋軍阻於漢口。

在援軍受阻、建康也陷入隋軍包圍的情形下，陳朝慌亂。驃騎大將軍蕭摩訶建議：「賀若弼懸軍深入，聲援猶遠，且其壘塹未堅，人情惶懼，出兵掩襲，必大克之。」[28]鎮東大將軍任忠建議：國家足兵足食，應當固守，不與北兵交戰，分兵截斷江路，使他們彼此音信不通，然後精兵深入敵後，斷彼歸路，則敵軍必不擊自去。待來春水漲，上游陳軍必沿流赴援，如此可保陳朝江山。後

主對這些建議猶豫不決。

直到合圍隋軍立足已穩，陳後主才下定決心與隋軍交戰。陳朝將領率建康城中的10萬大軍出城列陣20里，但各部分首尾進退互不相知。陳軍先鋒部隊被賀若弼軍擊退。陳將魯廣達等軍繼進力戰，賀若弼軍曾被迫4次後退。賀若弼仔細觀察陳軍隊伍，集中兵力猛攻陳軍薄弱部分，將其擊潰後陳軍其他各部受到影響也發生混亂，導致全線潰退，互相踐踏，死5000人。隋軍俘獲陳軍大將蕭摩訶，賀若弼下令斬首，蕭摩訶神色自若，於是賀若弼下令免罪，以禮相待。

另一個為後主出主意的大臣任忠也歸降了隋軍。他見前軍潰散，先回宮對後主說：陛下請勿再戰，臣已無力報國了。後主給他兩袋金子，讓他趕緊再去募兵。任忠說：為今之計，陛下唯一的出路就是準備舟楫，到上流去與我軍會合，臣當捨死保駕。後主說那你趕緊去部署吧，我們一同出發。不過任忠出來後並未找船，而是直接投降隋將韓擒虎，領隋軍直奔朱雀門（今南京市中華門）。任忠對反抗的陳軍大呼說：「老夫尚降，何況爾等！」眾軍一哄而散，韓擒虎率500騎兵入城，占據了府庫。

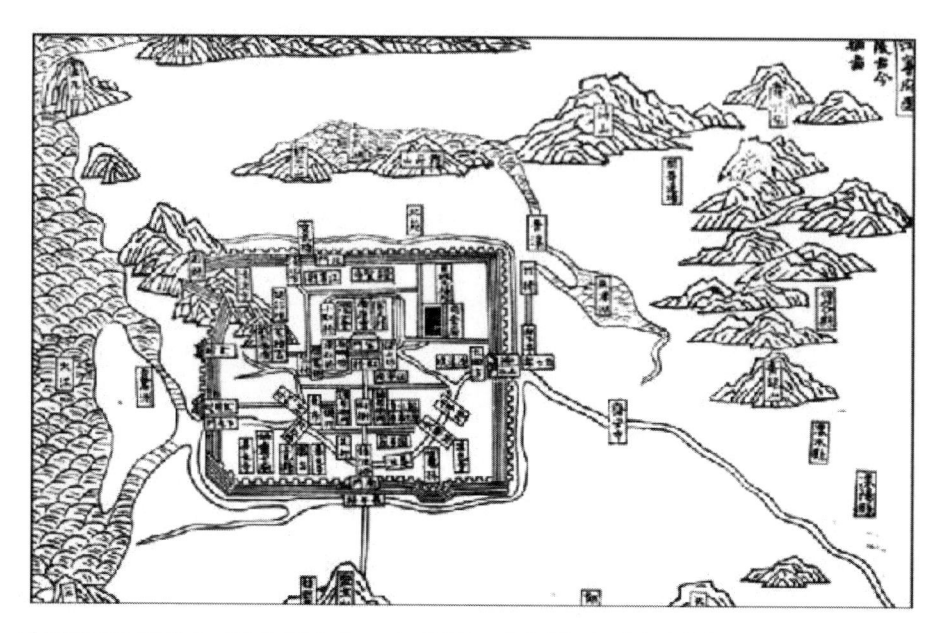

南唐江寧府圖（明正德十一年版的《金陵古今圖考》，陳沂編繪）

　　隋軍攻入南京後，有陳朝大臣勸後主「不若正衣冠，御正殿，依梁武帝見侯景故事」。後主不從：「鋒刃之下，未可兒戲，朕自有計。」隋兵入宮果然找不到後主，抓了內侍盤問，內侍指井。隋兵對井下呼之不應，威脅要往下扔石頭，才聽到裡面有求饒的聲音。用繩子拉上來，隋兵奇怪後主甚重，出來後才發現後主與張、孔二妃同束而上，隋兵皆大笑。檢查後主寢室，尚有前線告急文書根本沒有拆封。

　　賀若弼軍乘勝推進至南京玄武湖南側時，只有魯廣達還督餘兵苦戰不息，殺隋兵數百人。直到日薄西山，才面對宮闕慟哭再拜，解甲就擒，賀若弼遂從北掖門入城。降隋的蕭摩訶聽說陳後主被擒，對賀若弼說：「願得一見舊主，死無所恨。」得到許可後蕭摩訶見到後主，伏地號泣，向後主進獻食物後辭訣而出。

　　陳後主的井下之計並未保住張麗華的性命。晉王楊廣（後來的隋煬帝）素慕張麗華之美，私囑負責伐陳戰事的隋臣高熲：「進入

建康，必找到張麗華，勿害其命。」

高頴至，召張麗華來見，感嘆說：想當年商紂王寵愛妲己以致亡國，姜太公率周軍滅紂後，妲己之美竟令周兵無人忍心殺之，最後太公下令蒙面行刑，張麗華也像妲己一樣啊。於是斬之於青溪。楊廣聞之大怒，發誓報仇，後來繼位登基，找個藉口處死了高頴。

陳後主投降後，隋文帝赦其罪，給賜甚厚。他依舊過著飲酒作詩的日子，愛吃驢肉，15年後病逝，52歲。對亡國一直不以為意。隋文帝後來嘆息說：「陳叔寶全無心肝。」

陳朝統治集團顢頇腐敗，雖從個人角度來講沉迷詩詞歌賦並沒有什麼不對，但如果忘記自己是一國之君而荒廢國政，就不僅會亡國，還會給南國朝野帶來災難。

陳叔寶有一妹（樂昌公主），才色冠絕。隋朝伐陳時她丈夫預言說：未來幾年陳朝必將亡國，你才貌俱佳，國亡必入權豪之家，我們可能再也見不到了。但念及我們的感情，我會尋你再見，需要先找個信物。於是兩人將一面銅鏡破開，各執一半，相約一旦分開每年正月十五執鏡在鬧市相尋。

古銅鏡

　　後來陳亡，公主果然被置入隋臣楊素之家，受到優待。駙馬流離辛苦，來到京城。正月到市場中發現有個老僕在賣半片銅鏡，要價很高，行人都笑話他。駙馬取出自己收藏的半片銅鏡正好可以相合，在上面題了一首詩（鏡與人俱去，鏡歸人不歸。無復嫦娥影，空留明月輝。）讓老僕帶回去。公主得詩，涕泣不食。楊素知道這件事後，不但沒動怒，反而將公主還給了流落的駙馬，並給了他們一大筆錢，讓他們可以終老江南。這就是「破鏡重圓」的故事。

　　席捲江南為一家

　　陳朝無法抵擋隋朝的統一戰爭，體現出「勢、力、策」三方面的全面落後。與200多年前的淝水之戰時相比，北軍進行統一戰爭時君臣齊心，政治形勢改善，經濟軍事實力有壓倒優勢，社會安定，策略正確，而對手較之淝水之戰時更差，故一戰克捷。

　　「勢」的方面。一是形成於東漢、極盛於魏晉的士族階層到南

北朝後期已經衰落，分裂割據的主要社會基礎受到削弱，為統一局面的形成創造了有利條件。二是長時間的民族交往，使北方地區各族人民在政治、經濟、文化、社會生活、風俗習慣乃至血緣等方面都大體融合，各族間的對抗情緒大大降低。三是南北朝後期，南北平衡的局面被打破，北強南弱的局面形成。[29]四是追求統一日漸成為世人的要求。

先看政治形勢方面，隋朝政治清明，國家統一意志堅定，有強大民意支持。隋文帝勵精圖治，上下齊心，北擊突厥後，君臣都認為平陳戰爭時機已到，而後向陳朝民眾散發數十萬份討伐檄文，對瓦解江南民心造成作用。陳朝疏於防備，後主沉溺歌舞，敗亡之兆，朝野可見，破鏡重圓故事中的駙馬預言將亡國即是一例。

楊堅本人頗有明君風範。其從輔政時開始便提倡節儉生活，積久成為風習。他也非常注重民生。關中饑荒，楊堅派人去看百姓所用食品，是豆粉拌糠。他拿食品給群臣看，流涕責備自己無德，命撤銷常膳，不吃酒肉。他率領饑民到洛陽就食，令衛士不得驅迫民人，遇見扶老攜幼的人群，自己引馬避路，好言撫慰。道路難走處，令左右扶助挑擔的人。楊堅利用其總攬軍政大權的重臣身份滅周建隋後，令漢人各複本姓，廢棄宇文泰所給鮮卑姓。同時恢復漢、魏官制，輕徭薄賦，改革律法，減輕罰則，開創在中國沿用1300多年的科舉制度，選賢任能，這些都符合各族尤其是漢族人的願望，深得民心，為其統一事業奠定雄厚的執政基礎。

社會文化方面，北朝地區的統治者和人民基本上完全漢化，皇帝楊堅本人就是漢族，南朝再以「犬羊」等言辭激發民族情結來抵拒北方軍隊已經難以奏效。在執政者意志方面，隋文帝楊堅對統一戰爭意志堅定，其與前秦天王符堅的充滿責任感的理由沒什麼區別：「我為百姓父母，豈可因限一衣帶水而不拯救江南百姓！」陳叔寶卻明顯缺乏堅定的政治理想，亡國之後還在向隋文帝討要官

職,理由是和人打交道可以方便一點。總體社會矛盾方面,北朝也較南朝緩和。[30]

實力對比方面,隋朝人才濟濟,隋朝開皇七年(587年),尚書左僕射高熲、信州總管楊素、吳州總管賀若弼、光州刺史高勱、虢州刺史崔仲方等人紛紛向隋文帝獻平陳之策。在戰爭拉開之前,隋朝就已顯示出政治和人才優勢。戰爭期間,高熲、賀若弼、韓擒虎、楊素等名將均一時之人傑。陳朝也有蕭摩訶、魯廣達等名將,卻未能充分發揮其才能。從政治角度講,唯有清明之治,方能人才濟濟,唯有政治清明,才可人盡其能。

軍事實力方面,隋軍戰力明顯優於陳軍。淝水之戰時東晉有由北方人組成的戰鬥力強悍的「北府兵」,在淝水前線一舉擊潰了前秦軍隊;陳朝時沒有了這種以北方兵為主的部隊,戰鬥力下降。正如南宋初年由北方人組成的岳家軍、韓家軍、吳家軍曾大敗金軍,但到南宋後期也沒有了北方兵一樣,會對南方整體軍事力量造成影響。隋朝在平陳戰爭中動員50餘萬軍隊,陳朝約有20餘萬水陸士兵,隋軍數倍於陳軍,而且局部戰役看隋軍往往能發揮以少勝多的更強戰鬥力。

經濟實力方面,隋朝有360餘萬戶,人口2900萬,陳朝只有50萬戶,人口200多萬。隋朝開墾土地激增,統一陳朝後的全國墾田數量(1944萬頃)及全國人口數量(4600多萬人)均為後來的盛唐時期所不及(唐玄宗開元時期全國4100萬人)。

隋朝統治下的黃河流域當時比陳朝統治下的長江流域及其沿海地區經濟更為發達,尤其是手工業方面,北方要遠比南方先進。[31]隋文帝進一步推行均田,幾次減賦,縮短服役年限,緩和階級矛盾。史載隋朝賦稅富饒,官方文書稱府庫都滿,不能再藏,只好堆積在廊庑下。而陳叔寶治下卻賦稅繁重,刑法苛暴,加之自耕農民的破產逃亡和豪強大族的兼併土地戶口,小農大量破產,人民怨

聲載道。

　　為成功推動統一戰爭，隋朝做了充分的準備工作，內外建設取得豐碩成果，包括安頓內部、集權中央、平服外患等，費時約七、八年，實現了文化認同與中央集權、平服突厥與收並後梁、南北交戰轉守為攻、秘密進行軍事部署等。[32]

　　隋軍的軍事策略和戰術運用也很成功。戰爭打響前，長江下游隋軍大量購買陳朝船隻，藏匿起來，又將幾十艘破舊船隻泊於小河，使陳軍以為隋軍沒有戰船。同時，頻繁換防士兵，大張旗幟，營幕遍野，還使士卒沿江射獵，人馬喧噪，以迷惑陳軍，使之習以為常，不加戒備。戰爭展開後，隋軍突然大兵壓境，陳軍猝不及防，完全陷入被動。

臥榻之側

　　隋唐盛世迎來了中國歷史上政治、經濟、文化、軍事方面的發展高峰，但在「安史之亂」後，唐朝走向衰落，藩鎮割據的局面最終導致國家分裂。軍閥朱溫結束了唐朝統治後，中國進入五代十國時代。在這段不到百年的時期裡，中原政權先後經歷了後梁、後唐、後晉、後漢、後週五個朝代，但每個中原政權都無力實際控制大大小小的周邊政權。直到後周時期，君主有為，政權綜合實力迅速增強，國力明顯強於周邊政權，於是拉開了國家統一的序幕。然而大體完成這一歷史進程的卻是後周將領趙匡胤，他建立了長達300年的宋朝。

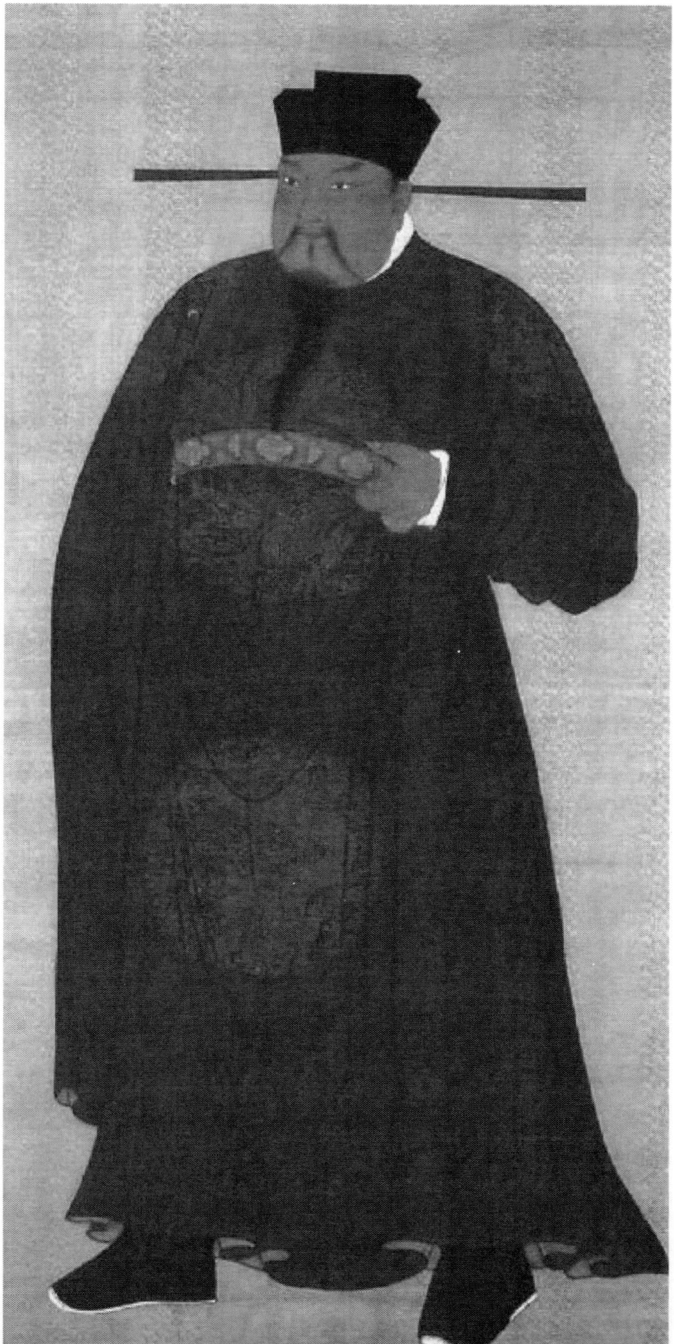

趙匡胤

　　趙匡胤陳橋兵變

　　趙匡胤由普通士兵成長為君臨天下的皇帝，這種經歷頗具傳奇色彩。但他並不是這種經歷的開創者。此前有個叫郭威的人也是從普通一兵透過黃袍加身的兵變成為一國之君，創建了後周政權，而趙匡胤所取代的，正是這個後周政權。事實上，如果不是因為郭威父子均英年早逝，統一江南政權的很可能是國力迅速膨脹的後周政權。

　　趙匡胤出身軍人家庭，從小習武，武術功底相當不錯。也正是因為武藝精湛，受到了軍隊主管將領郭威的賞識。當時郭威還只是後漢政權的一員大將，由於勇武善戰，成為擁有較強軍事實力的重要大臣。

　　有一天，忽然傳聞契丹軍隊南下，年幼的後漢皇帝與太后母子命郭威率軍北上抗敵。軍隊開出不遠，包括趙匡胤在內的諸多將領將黃袍披在郭威身上，要求他做皇帝。郭威於是率軍返回汴梁（開封），正式登基稱帝，改國號大周（史稱後周）。

　　郭威出身貧苦人家，深知民間疾苦。做了皇帝後，象隋文帝楊堅一樣節儉勤政，興利除弊，使後周國力迅速增強，其繼任者柴榮得以有力量拉開國家統一戰爭的序幕。

　　柴榮被史家稱為「五代第一明君」，作為郭威的養子，他15歲從軍，24歲拜將，33歲稱帝，不僅精明強幹，而且節約簡樸，志向遠大，贏得了廣泛的擁戴。在位短短的5年間，他清吏治，選人才，均田賦，整頓禁軍，限制佛教，獎勵農耕，恢復漕運，興修水利，刻印古籍，大興文教，糾正科舉弊端，修訂刑律曆法，做出了許多超越前人、啟迪後世的非凡之舉。南奪江淮之地，北退契丹之兵，由於連年征戰，積勞成疾，柴榮年僅39歲病逝，將已經開

啟的國家統一進程留給了後人。

　　事業的繼承者正是趙匡胤。柴榮病逝後由7歲的幼子繼位，軍隊實權掌握在節度使趙匡胤手中。某一天，同樣忽然傳聞契丹軍隊南下，年幼的後周皇帝與太后母子命趙匡胤率軍北上抗敵。

　　軍隊開出不遠（陳橋驛，今河南封丘東南陳橋鎮），趙匡胤的一些親信在將士中散佈議論，說「今皇帝幼弱，不能親政，我們為國效力破敵，有誰知曉！不若先擁立趙匡胤為皇帝，然後再出發北征。」第二天，趙匡胤的弟弟（即宋太宗趙光義）和親信（趙普）率眾將士將一件事先準備好的黃袍披在趙匡胤身上，擁立他為皇帝，拜於庭下，高呼萬歲，聲音幾里外都能聽到。趙匡胤說：「你們自貪富貴，立我為天子，能從我命則可，不然，我不能為若主矣。」擁立者們一齊表示「惟命是聽」。趙匡胤回軍，兵不血刃占領開封，稱帝建宋。

　　歷經兩次黃袍加身的兵變，趙匡胤當然要考慮如何防止這類事件的再次發生，避免政權的得而復失。他認為兵權集中於強將是發生兵變的客觀條件，於是採取了「杯酒釋兵權」的辦法消除了這一隱患。

　　一天，趙匡胤在後花園設宴款待主要將領。酒過三巡，趙匡胤嘆息說：我要不是靠你們出力，到不了這個地步，但做皇帝太艱難了，實在不如做節度使快樂，我整個晚上都不敢安枕而臥啊！諸將忙問其故，趙匡胤說：這不難知道，誰不想做皇帝呢？眾將驚恐表白：陛下何出此言，今天命已定，誰還敢有異心？趙匡胤說：你們雖無異心，然而倘若你們部下希求富貴，一旦以黃袍加你之身，儘管你不想做皇帝，能辦到嗎？眾將嚇得離席叩頭，請求皇帝指條生路。趙匡胤勸說：人生如白駒過隙，求富貴者，不過想多積金錢，多多娛樂，使子孫免遭貧乏而已。你們不如釋去兵權，出守地方，多買良田美宅，為子孫立永不可動的產業，同時多買些歌兒舞女，

日夜飲酒相歡，以終天年。朕再同你們結為婚姻之家，君臣之間，兩無猜疑，上下相安，這不很好嗎？眾將拜謝，第二天都稱病辭職。

趙匡胤運用政治手段，而非軍事手段，解決了唐朝中期以來藩鎮割據、擁兵自重導致的政權更迭頻繁、國家實質分裂的主要問題，改以文官掌軍，加強中央集權，使宋朝延續300年沒再發生過藩鎮割據的問題。趙匡胤為子孫後代定下規矩：「不得殺士大夫及上書言事人」，「子孫有渝此誓者，天必殛（jí）之。」宋朝重文輕武、大興儒學的政策使得社會比較安定，文學、哲學、美術、科技、教育等也空前發達，弊端是導致宋朝軍事力量不足，和外族戰爭多以敗仗收場。當然，這是後來的事，在宋朝初年，其軍事力量還有朝氣蓬勃的慣性，對南唐的渡江統一戰爭也是在這個時期發生的。

趙匡胤登基的第三年（962年）開始，宋朝連續進行大規模的消滅各地割據勢力的統一戰爭。用了10年時間，剿滅群雄，周圍只剩下兩個漢族政權還沒有徹底臣服：北方的北漢政權和南方的南唐政權。趙匡胤考慮到北漢政權有強大的契丹（遼）政權支持，一時不易攻取，而南唐政權軟弱，於是制定了「先南後北」的統一策略。

李後主悽險奉宋

南唐是南方大國，地大物豐，帶甲數十萬，在當時政權林立的政治環境中，其軍事力量僅次於契丹和宋朝，水師尤其先進。君主雖姓李，但與唐朝皇室並無關係，以大唐為國號也是附會已滅亡的唐朝。歷任三代君主，先主時期尚能開疆拓土，中主時期被北方的後周政權奪去了江淮之地，完全退縮江南，後主時國庫不豐，還要不停地向北方上貢，並且向宋朝稱臣，去帝號改稱「江南國主」。

南唐第三任國君李煜（yù），在位15年，史稱李後主、南唐後主。他並非皇室長子，本無心爭權奪利，一心嚮往歸隱生活，登上王位完全是個意外，因為他的哥哥們都死光了。他被立為太子前就有大臣向他父皇上奏認為他不適合做一國之君，但他父皇很生氣，殺了這個大臣。李後主繼位後，果然對治國和用人極不在行，史載「性驕侈，好聲色，又喜浮圖，為高談，不恤政事」。天生仁懦，體恤臣民，從不妄加殺戮，草菅人命。這些既是優點，也有缺陷。

李煜

　　李後主精書法，善繪畫，通音律，工詩文，其中詞的成就最高，是被後人千古傳誦的一代詞宗。同時李後主也是感情豐富的性情中人。皇后（大周後）生病，李煜朝暮看望、餵食，藥要親口

嘗，幾天不解衣。皇后死後，李煜哀痛至極，親自寫了悼念文章，下筆千言，焚燒祭奠，極其痛楚。

李後主與被隋朝滅亡的陳朝國君陳後主有很多相似之處。例如他們都長於深宮，沉於詩歌，然而李後主的造詣遠高於陳後主。陳後主獨寵孔、陳二妃，李後主專情大、小周後，最後兩個後主都未能保住江南政權，成了亡國之君。李後主因擅寫懷舊詩詞被宋太宗毒殺，陳後主雖無明顯證據，但也有史家懷疑其被隋煬帝毒殺。

李後主在宋朝國力日益增強的壓力下採取了「事大策略」，宋朝每次出兵，李後主都會遣使犒師，趙匡胤每次取得征討勝利後南唐都要進表祝賀。宋滅南漢之後，李後主再次上表，將南唐各種制度進行降格改名，自己的命令由「詔」改「教」，以示自己對大宋的尊奉。李後主還派其弟李從善前往汴京，向趙匡胤表達順從誠意，希望卑辭求和，但趙匡胤竟把李從善軟禁起來，並且利用李從善除掉了南唐朝中嶽飛式的大將林仁肇。

林仁肇是南唐名將，剛毅沉穩，勇氣過人，膽識超群，而且善於撫卹士兵，與士兵吃同樣的伙食，穿同樣的粗布衣服，深得軍中擁護，他帶領的軍隊特別驍勇善戰。在和宋朝及其前朝後周的多次交戰中，戰績突出，屢有勝績。唐周之戰時他曾率敢死隊沖上前去逆風舉火焚橋力阻周軍進擊。面對宋朝統一的趨勢，林仁肇提出主動突擊、占領淮南重鎮壽春的建議，「假臣兵數萬，出壽春，渡肥、淮，據正陽」，可以收復江北全境。

林仁肇此計的考慮是：宋朝連年征戰，軍隊疲憊，淮南防務空虛，南唐軍隊渡江北上突襲，占領淮南重鎮壽春為據點，收復淮河失地，在長江以北留下對宋朝的軍事緩衝地帶。一旦壽春固守，南唐對宋就不再是單純防守，而是進可攻、退可守的有利形勢。為避免給李後主惹麻煩，林仁肇奏稱可在自己起兵之日，將眷屬拘捕下獄，然後再向宋朝皇帝趙匡胤上表報告林仁肇違命叛亂。事成，國

家或可受益；事敗，李後主可將其殺身滅族給宋朝一個解釋，可保南唐無禍。如此忠貞智勇的將領千古少有，可惜未遇明君。

　　李後主沒有接受林仁肇建議，他的想法是：宋軍強，唐軍弱，宋軍以步騎兵為主，南唐以水軍為主，要攻占淮南，是以弱擊強，風險很大。不如依靠長江天險，以守代攻，挫敵自保。因此，李後主要求林仁肇「無妄言」，說這可是亡國滅族的事情啊。

　　但林仁肇獻策的事情被趙匡胤知曉。宋朝於是設反間計，派人秘密潛入南唐林府，將林仁肇畫像偷回開封，私下讓被拘禁在開封的南唐王爺李從善看，假裝不經意地透露此人欲歸降宋朝，已經先將畫像送來，宋朝已準備好賞賜給林的府第。李從善中計，派遣親信秘密返回南唐稟報李煜。李後主大怒，以毒酒賜死林仁肇。

　　李後主自毀長城，讓趙匡胤加快了統一的步伐。趙匡胤在開封為李後主修建了精美的園林宅第，兩次遣使讓李煜到開封面聖，均被拒絕。宋使責備說：「朝廷兵甲精銳，物力雄富，南征北伐，所向披靡，尚無一國能為其鋒刃。但願國主明智，切莫以卵擊石，還是權衡輕重，及早入朝為好。」李後主回答說：「臣年來體弱多恙，不禁風寒，眼下更艱於長途跋涉，實難入朝。」宋使以出兵威脅，李後主慷慨表示要「親督士卒，背城一戰，以存社稷」，戰敗也要「聚室而焚，終不做他國之鬼」。趙匡胤聽了笑稱：「徒有其口，必無其志。」

　　李後主果然被說中。宋軍攻破南京時，李煜本來堆好了柴草，準備自焚殉國，到最後一刻卻放棄了，隨著大臣肉袒出降，不過這種情形畢竟強於陳後主被隋軍從井裡搜出來。

　　當然，李後主還是盡了全力爭取避免與宋朝進行一場實力不對稱的戰爭。他派學識淵博、能言善辯大臣（徐鉉）到開封遊說趙匡胤，大臣說「煜以小事大，如子事父，未有過失，奈何見伐？」趙

匡胤反問「你說父子能分為兩家嗎？（爾謂父子為兩家，可乎？）」後來被勸煩了，乾脆回答：「不須多言！江南亦有何罪！但天下一家，臥榻之側，豈容他人酣睡耶！」

浮橋渡江滅南唐

趙匡胤為出兵南唐做了精心準備。在北宋軍隊一舉克敵平定了以廣州為中心的南漢之後，宋朝已對南唐形成包圍之勢。但趙匡胤並沒有急於南征，而是命人在荊湖地區準備物資，修建大型戰艦，日夜訓練水軍，三年後水軍訓練基本完成。然後趙匡胤先與遼國議和，解決後顧之憂；再聯合吳越，分兵五路進攻南唐。

宋軍中路主力由曹彬、潘美率十萬精銳，渡江進攻金陵（南京）。曹彬利用當時的先進技術，指揮大軍在長江上搭起了浮橋。這座浮橋應該是中國歷史上第一座長江大橋。後來數十萬宋軍正是憑藉此橋，陸續過江，如履平地，突破天險，兵入金陵。這是繼晉滅吳和隋滅陳後，第三次大規模的渡江作戰，宋軍在長江下游成功地架通浮橋，是中國古代戰爭史上的一個創舉，南唐朝野均對此認識不足。

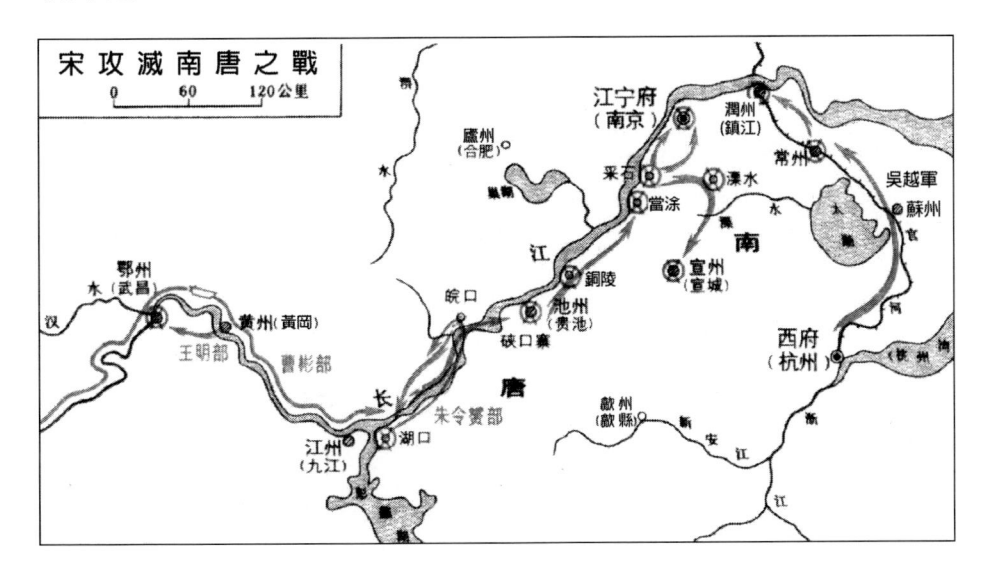

宋滅南唐之戰

　　李後主聽說宋軍在長江搭建浮橋後對大臣說：曹彬此舉近於兒戲，江上架橋，亙古未聞，怎麼可能會成功呢！李後主過分依賴長江天險，欲「堅壁以老宋師」，卻坐失利用宋軍渡江時反擊的時機。南唐守將（皇甫繼勛）自恃水軍強大，又有長江天險，且十月江水寒涼，水流湍急，難建浮橋，於是放鬆警戒。宋軍大部隊突然渡江後，李煜怒斬守將。

　　面對宋軍兵臨城下，李後主緊急下令調來附近守軍10萬餘眾，在金陵城下佈陣，企圖依託秦淮河背城一戰，挽回危局。他下達了戒嚴令，宣布全國進入緊急狀態，動員群眾出錢出力保衛國家。同時，他還下令，在各種公私的文書上停止使用北宋年號，改用天干地支紀年，以此來表示不再接受趙匡胤的領導。

　　李煜本以為宋軍只有前鋒一萬餘人渡江，勢必不能立即發動總攻，因此南唐的軍隊集結速度也比較慢。可沒想到宋將潘美見南唐軍佈陣未完備，下令不等渡河船隻到達，率部強涉秦淮河，包圍南京。

　　李後主再次下令緊急徵調長江中游10萬水師東下救援。但南唐援軍遭到宋軍的阻擊。南唐軍火攻宋軍，宋軍稍退，後因風向改變，火焰反燒南唐軍，南唐軍不戰自潰，被宋軍殲滅。

　　宋軍在圍城多日後，發動了總攻。此時的金陵，外無援軍，內無後繼，死傷慘重。絕望中的李煜終於作出了投降的決定，但南唐的開國元老（陳喬）將降書扔到水溝，勸李後主拚死一戰：「自古無不亡之國，降亦無由得全，徒取辱耳，請背城一戰。」可是李煜已經毫無鬥志，拉著這位重臣的手直哭。這位重臣無奈之下回到自己家中自縊。

　　宋朝第一名將曹彬在接受李煜投降時，後主率領諸王公大臣緩

緩自宮中步出。他們一律免去冠服，只穿著貼身白衣，戴著青布小帽，以示「肉袒」請降。後主自捧皇印玉璽，宰相等大臣跟在後面。不待他們走近，潘美和曹彬都起身迎上前去。後主誠惶誠恐地先向走在前面的潘美施禮，潘美馬上施禮以還。後主再向曹彬施禮，曹彬微笑說道：「在下甲冑在身，不及答拜。」後主惶恐地答道：「待罪之身，豈敢有勞元帥答禮？今率子弟僚屬45人，恭候元帥發落。」

　　曹彬接過御璽和降表，和顏悅色地安撫後主說：「閣下化干戈為玉帛，免使生靈塗炭，正合天心民意。這也是你的功勞，過去的事就休再提它了。」李後主作為俘虜，隨宋軍離開了南唐故都。臨別時留下「江南江北舊家鄉，三十年來夢一場」的詩句。

　　南唐滅亡後，李煜被帶到了開封。趙匡胤責備他沒有奉命面聖，封其為「違命侯」，但對他還算不錯。有一次宋太祖趙匡胤宴請群臣，也請他前去吟詩，聽到李煜唸到「揖讓月在手，動搖風滿懷」，趙匡胤笑道：滿懷的風能有多少？又讓李煜與群臣談論他所擅長的詩詞、音律，李煜旁徵博引，趙匡胤讚道：「好一位翰林學士。」

　　趙匡胤逝後，繼任的宋太宗趙光義表面對李煜還算寬容，但卻屢屢傷其自尊。有一次，趙光義帶李煜去看新落成的圖書館（崇文院），指著館內藏書說：「據說你在江南喜歡讀書，這些書大多是你的藏書，不知你自歸順以來，是否經常來這兒讀書？」李煜極其尷尬。李煜身邊的南國第一美女小周後還時常被趙光義強留在宮，每次回來小周後痛哭和大罵李煜之聲聞於牆外。元朝尚有趙光義強暴小周後之圖。

　　在失意的心情下李煜寫下一些深懷亡國之痛的詞曲，並後悔沒有聽從以前忠臣的建議遠離奸臣努力治國，這些情況傳到宋太宗趙光義那裡，趙光義對李煜牢騷滿腹而沒有對自己感恩戴德的做法勃

然大怒。於是在李煜42歲生日時命人以祝壽為名送來毒酒，將其毒死。李煜死後，江南人聞之，「皆巷哭為齋」。小周後也隨之自盡。

李後主筆下令人痛徹心扉的詞句成為傳統漢文化的千古絕唱：

浪淘沙

簾外雨潺潺，春意闌珊。

羅衾不耐五更寒。

夢裡不知身是客，一晌貪歡。

獨自莫憑欄，無限江山。

別時容易見時難。

流水落花春去也，天上人間。

虞美人

春花秋月何時了，往事知多少？

小樓昨夜又東風，故國不堪回首月明中。

雕欄玉砌應猶在，只是朱顏改。

問君能有幾多愁？恰似一江春水向東流。

春花秋月映刀光

從政治形勢、實力對比、策略運用三方面看，宋政權均有南唐政權所無法比擬的優勢，宋滅南唐即使在當時看來也沒有懸念。

趙匡胤具備推動統一的政治意志和手段。與此前推動渡江統一的君主一樣，趙匡胤也有旺盛的企圖心、權力慾和責任感，這一點從他們大多透過兵變方式獲取政權就可見一斑。例如西晉的司馬氏透過兵變奪取曹魏政權，再渡江統一孫吳；前秦符堅透過兵變除掉

暴君符丕奪取政權，後發動對東晉的統一戰爭；隋朝楊堅透過兵變奪取北周政權，進而渡江統一陳朝；趙匡胤也是透過兵變奪取後周政權，才發動對南唐的渡江統一戰爭。

政治的核心是民心。趙匡胤是中國古代皇帝中比較寬容和不愛殺大臣的。他運用「杯酒釋兵權」的辦法不但鞏固了中央集權，還贏得了朝野的讚譽和社會的穩定。對外征討趙匡胤也秉持爭取人心的懷柔政策。每次出兵之前都要強調，天下戰亂頻繁已久，採取武力征討是迫不得已，將領們要爭取做到戰爭中不殺人或少殺人。

平定南唐前，趙匡胤對大將曹彬當面交代：「破城日，不可妄殺一人。朕寧不得江南，不可輒殺也！」後來曹彬率軍快要攻克金陵時忽然臥床不起，眾將探望，曹彬說自己的病不靠吃藥，「以克城之日，不妄殺一人，則自癒矣。」眾將焚香發誓不亂殺人，他才下令破城進軍，完成了趙匡胤的交代。滅掉南唐後，趙匡胤流淚說：「宇縣分割，民受其禍，必有橫罹鋒刃者，此實可哀也！」下令出米十萬斛賑濟城市饑民。這些舉措無疑對爭取民心大有助益。

宋初，趙匡胤已被儒生官僚們視為真命天子，相信必將統一。後蜀官員（孫光憲）對蜀主（孟昶）說：「中國自周世宗時，已有混一天下之志。聖宋受命，凡所措置，規模益宏遠。今伐文表，如以山壓卵爾。」[33]南漢大臣（邵廷琄）也告誡君主：「幸中國多故，干戈不及，而漢益驕於無事。今兵不識旗鼓，而人主不知存亡。夫天下亂久矣，亂久必治。今聞真主已出，將盡有海內，其勢非一天下不能已。」[34]

趙匡胤的政治吸引力影響到南唐士人。有個南唐讀書人（樊若水），認為宋朝平定南唐是遲早的事，自己以垂釣為名，在採石磯一帶勘察丈量江面寬度，繪製測量圖紙潛往開封，向宋朝獻平唐之計。宋朝眾將認為架設浮橋沒有先例，而趙匡胤以為可行。宋軍進至採石後，曹彬命他主持架橋。時值長江枯水季節，採石一帶浪平

灘淺，浮橋十分順利，竟「三日而成，不差尺寸」，宋軍渡江，若履平地。

南唐李煜在政治號召和用人方面則明顯闇弱。一位南唐開國元老（陳喬）曾斷言有林仁肇主外、自己主內即可保住南唐江山：「令仁肇將外，吾掌機務，國雖蹙，未可圖也。」當聽說李煜鴆殺林仁肇後驚嘆：「事勢如此，而殺忠臣，我不知道自己將要葬身何方了（國勢如此，而殺忠臣，吾不知所稅駕也）。」

韓熙載夜宴圖（局部）

另一位南唐忠臣（潘佑）八次呈上奏疏，要求李煜遠離奸臣，避免亡國：「臣終不能與奸臣雜處，事亡國之主。陛下不必以臣為罪，則請賜誅戮，以謝中外。」李後主對這樣的批評很生氣，將他投入監獄。他在獄中懸樑自盡。他的好友（李平）也對李煜萬念俱灰，同樣自縊於獄中。幾十年後，身為俘虜的李煜對舊臣傾訴錯殺此二人的悔意，並由此招來殺身之禍。

凡此種種均可看出李煜之亡國在政治上已世人皆知，很多人只是出於忠貞理念以死報國，有些人看出南唐必亡而明哲保身。有個被李煜父子都很器重的大臣（韓熙載）故意在生活上放縱，蓄養40多名妓妾，每日縱情歌舞，尋歡作樂，他背地裡對心腹說：「我這樣做是故意搞壞名聲，以免被任為宰相。國事如此，我已無

能為力。」

文化方面，雖然南唐李後主才情難以匹敵，但北宋趙匡胤在推動文化建設方面絕對不遑多讓。趙匡胤尊孔崇儒，完善科舉，創設殿試，知人善任，厚祿養廉等一系列重大舉措，成為中國歷史上最受推崇的一代文治之君，徹底扭轉了唐末以來武夫專權的局面，使宋代的文化空前繁盛。

趙匡胤本人亦非純粹武夫，他不僅自己手不釋卷，也倡導手下大臣讀書。南唐李後主曾遣人（徐鉉）在趙匡胤面前誇讚李煜如何博學多才，憐民惜民，不該征討。趙匡胤問他能不能背誦一二首李煜的詩來聽聽，大臣朗聲念道：「月寒秋竹冷，風切夜窗聲」，並說這篇《秋月》詩天下傳誦。趙匡胤笑道：「此寒士說，朕不為也。」大臣反譏道：「陛下有高明之篇，微臣願聞玉音。」趙匡胤說自己還不是皇帝時，也曾有一句詠月詩：「未離海底千山暗，才到中天萬國明。」詩句氣魄之大令南唐大臣也暗自折服。

經濟實力方面，南唐最盛時幅員35州，大約地跨今江西全省及安徽、江蘇、福建和湖北、湖南等省的一部分。但被後周軍隊擊敗（958年）後，被迫割讓長江以北領土，失去江蘇產鹽區，從以前的食鹽出口國，迅速跌落為食鹽進口國，這對南唐經濟是個極為沉重的打擊。南唐不得不每年由北周供給南唐30萬石食鹽，需要支付銅錢60萬貫以上，加上此外每年必須支付的數十萬貢納，南唐財政已是捉襟見肘。

宋滅南唐那一年（975年），北宋與南唐的戶口分別為244萬戶和66萬戶，人口分別約為1200萬和400萬。但南唐東側的錢氏吳越政權還有55萬戶約300萬人，在宋滅南唐的戰爭中堅定地站在宋朝一邊，協同出兵進攻南唐，因此交戰雙方的人口對比接近4：1。

北宋經濟實力雄厚，趙匡胤也很注意經濟與政治和軍事的關係，他曾經從經濟角度探討制服契丹之策：「我以20絹購一契丹人首。其精兵不過10萬人，止費200萬絹，則敵盡矣。」

　　軍事實力方面，宋太祖時北宋禁軍不過20萬，禁軍廂軍合計不過40萬，對南唐發動軍事進攻大約動用了20餘萬的兵力，曹彬、潘美率水軍、步軍、騎軍10萬作為攻唐主力。南唐全國大約有20萬士兵，幾乎全部調動抵抗宋軍南下，其中保衛南京的兵力有10萬人，因此在宋滅南唐的統一戰爭中雙方的兵力基本是在伯仲之間，但宋軍的戰力和士氣明顯更強。

　　北宋開始發動統一戰爭後，南方各國在趙匡胤政權的威懾下無一具有抵抗宋軍堅定信念的心理基礎。各國棄春秋戰國時代合縱連橫傳統於不顧，多討好宋朝以自保，最終被各個擊破。一個重要的原因是，隋唐幾百年統一和穩定的社會環境，使大一統觀念深植於漢民族心理，在分裂割據的亂世裡，軍事力量強大的王朝往往成為一統天下的符號，多數對手聞風喪膽，會失去抵抗的勇氣和力量。
[35]

金戈鐵馬

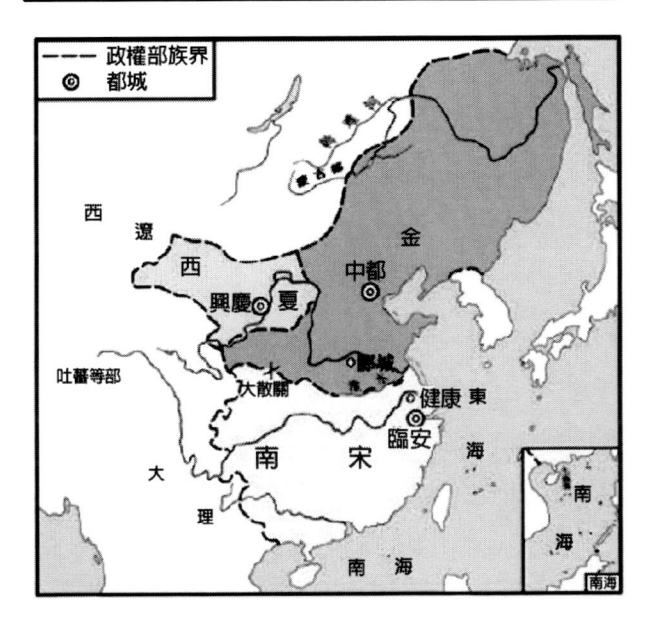

金、南宋對峙形勢圖

　　北宋時期，崛起於中國東北的女真人建立金政權。金兵一路南下，亡遼滅宋，占領北宋都城，俘虜北宋皇帝。幸運的是，皇室趙構逃跑到南方居然重新受到擁戴，繼續維持相對獨立的趙宋漢人政權，史稱「南宋」。南宋與金大體以江淮為界，金兵幾次南征，雖曾跨越長江，卻始終未能滅亡南宋。

　　海上盟約共滅遼

　　宋政權在與遼政權戰爭失敗後就一直延續軍事孱弱的特點，對外戰爭敗多勝少，因此才有宋神宗時期推動的旨在富國強兵的王安石變法。然而變法並未改變北宋重文輕武的傳統，戰鬥力始終不強。靖康年間，滅亡遼政權的金朝出兵北宋，宋神宗的第11個兒子宋徽宗（趙佶，中國歷史上出色的書畫家、金石家、收藏家）與其子宋欽宗二人一起被金兵俘虜，北宋滅亡。

金國是女真族政權，興起於黑龍江一帶，原被遼朝統治。直到女真族出現了一個叫完顏阿骨打（漢名完顏旻，金太祖）的傑出領袖，率領女真士兵所向披靡，戰無不勝，不但建立了金政權，還滅亡了統治包括女真人在內的中國北方長達200餘年的遼政權。

完顏阿骨打強硬剛猛，有勇有謀。早前遼朝皇帝（天祚帝）在視察時，要求女真族酋長跳舞助興，完顏阿骨打拒絕，雙方不歡而散，險弄刀兵。事後完顏阿骨打以此激發女真族人的恥辱感，起兵反遼，並逐步統一女真各部，建立金政權。

完顏阿骨打率領的女真兵戰鬥力極其強悍，與遼軍作戰以少勝多是家常便飯。最著名的有兩次會戰：一次是出河店之戰，完顏阿骨打以不到4000人打敗遼軍10萬人；另一次是護步達岡之戰，完顏阿骨打率各族聯軍2萬人擊敗了70萬遼軍，當然，這次勝利很大程度上與遼政權內訌有關，但遼軍死屍枕籍百餘裡卻是金軍的戰績。

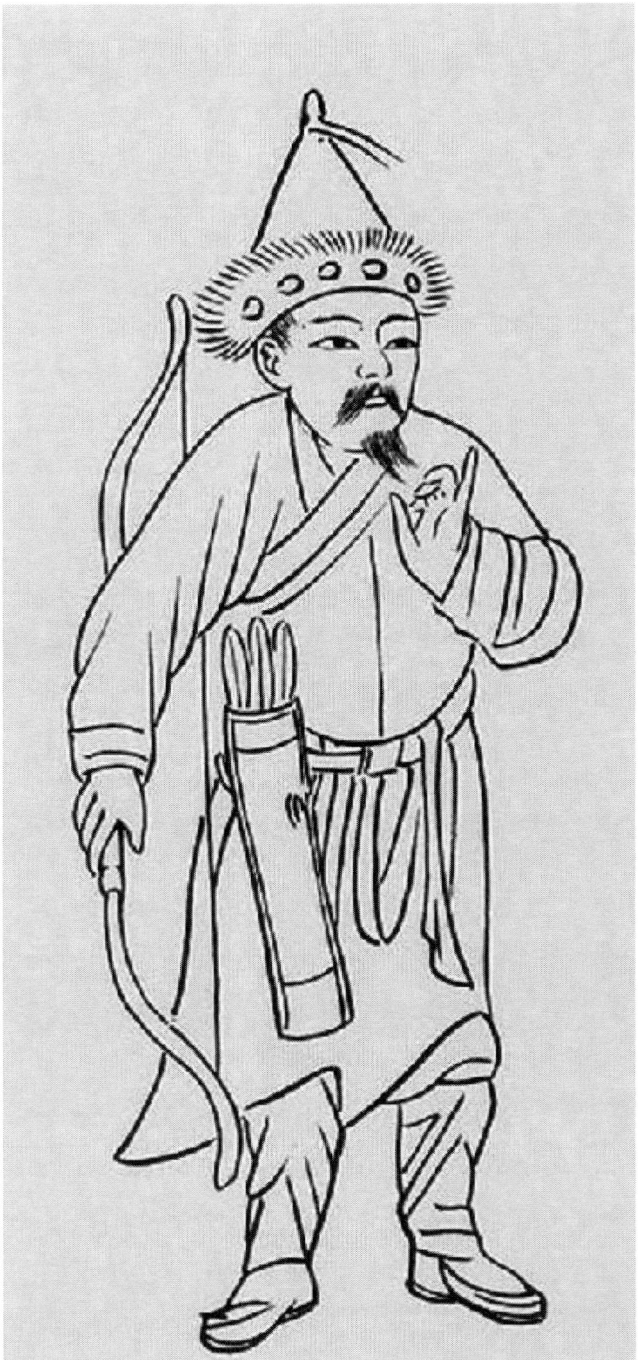

女真人畫像

　　金軍以破竹之勢一路從黑龍江打到燕京，將遼朝五京一一攻克，一舉滅遼（1125年）。遼朝皇室除一部分（耶律大石）遷至中亞建立地方強權西遼外，大部分契丹族人成為金朝臣民。

　　在滅遼前後，金、宋曾為對付遼國這一共同敵人結成聯盟。最早是宋朝得知金政權崛起並多次敗遼，宋徽宗正式派遣使節（馬政、呼延慶）從山東蓬萊出發，登陸遼東後又前行20餘日到達金朝上京（今黑龍江哈爾濱阿城白城子）。完顏阿骨打親自接見，宋使提出宋金聯合攻遼的計劃，完顏阿骨打等人商議兩天後同意該策略。

　　當金國使節（李善慶）隨宋使返回開封後，宋徽宗並沒有接見金使，只是派了蔡京、童貫談判。童貫提出攻遼成功後燕雲十六州應歸還宋朝，金使稱完顏阿骨打對此未授權。宋使（趙有開）隨金使返回上京途中病故，宋朝又聽到遼國冊封完顏阿骨打為東懷國王、遼金講和的消息，就取消了再派正使的打算，讓副使（呼延慶）赴金。

　　因宋徽宗沒見金使，這次完顏阿骨打也沒見宋使。金人（粘罕）質問呼延慶宋朝為何中止談判，呼延慶回答：我朝聽說貴國已受遼封為東懷國，與遼修好，故未遣使。粘罕說：與金修好是遼單方面的意思，遼冊封金為東懷國是對大金的侮辱，金並沒有接受；如果宋朝想繼續聯金攻遼，要送正式國書。因為此前金使在宋朝滯留了8個多月，金國也扣留了呼延慶幾個月才放回。

　　出於瓜分遼地的考慮，宋朝還是遣使帶著宋徽宗的親筆信赴金結盟。當雙方為盟約的名字叫宋金聯盟還是金宋聯盟僵持不下時，宋使提出此盟是從渡海開始的，不如就叫「海上之盟」，金方表示

同意。

海上之盟包括如下條款：

一、宋金南北出兵夾攻契丹。兩國軍隊均不許越過長城。這期間雙方不許單方與遼講和。

二、宋朝將每年貢給遼國的歲幣，按舊數轉貢金國。金國出兵，宋朝給予一定的糧餉軍費補貼。

三、戰後（如果勝利），金原則上同意將燕（北京）雲（大同）十六州交給宋朝。

四、雙方不許招降納叛。

五、雙方共同遵守盟約，若不如約，則難依已許之約。

六、平州（秦皇島周邊）不屬燕京舊漢地，不在歸還之列。此外，金軍為捉拿遼天祚帝暫住西京（大同）。

盟約簽訂後，完顏阿骨打率領金軍很快攻下了遼中京（今內蒙古赤峰寧城），同時派兵占領了遼西京（今山西大同），完成了盟約任務。宋朝卻因派兵鎮壓南方方臘起義，北上攻打燕京（北京）比約定日期遲了三年零八個月。更糟糕的是，遼軍雖然被金軍打得潰不成軍，但遇到童貫所率宋軍竟屢戰屢勝，致使宋軍始終攻不下燕京，只好向完顏阿骨打求助。應宋軍要求，完顏阿骨打揮師跨越長城，南下居庸關。遼軍震恐而降，金軍兵不血刃地占領了燕京城。

按照金宋之間的約定，金軍押解著幾萬燕京的各類工匠、年輕女子、青壯勞力，滿載金銀財寶、圖書典籍歸去，宋朝收復燕京等空城。儘管如此，宋徽宗仍然非常興奮，他認為自己完成了歷代祖宗都沒有完成的收復燕雲十六州的偉業，值得慶祝，宣詔全國大赦，同慶三天。

靖康之變北宋亡

拿下燕京後，完顏阿骨打部署完追擊遼帝事宜，在返回上京的途中病逝（1123年）。其弟金太宗（完顏吳乞買）繼位後，用了兩年時間追擊遼軍餘部，俘獲遼帝。而後迅速由滅遼戰爭轉為滅宋戰爭，又用了兩年時間攻滅北宋。

發動對宋戰爭的理由是宋朝不遵守盟約。先是宋朝沒有如約對遼進行南北夾擊，請金軍攻下燕京還向金朝索要土地，後來又接納金朝漢人將領（張覺）獻地投降，公然違背盟約。宋朝雖斬殺該降將以求平息爭端，但金朝還是以此為藉口發動戰爭。宋朝為討好金朝斬殺降將的舉動大失人心，後來前遼朝漢人將領郭藥師（「常勝軍」統帥）等人的降金即有擔心宋朝隨時會犧牲自己的考慮。

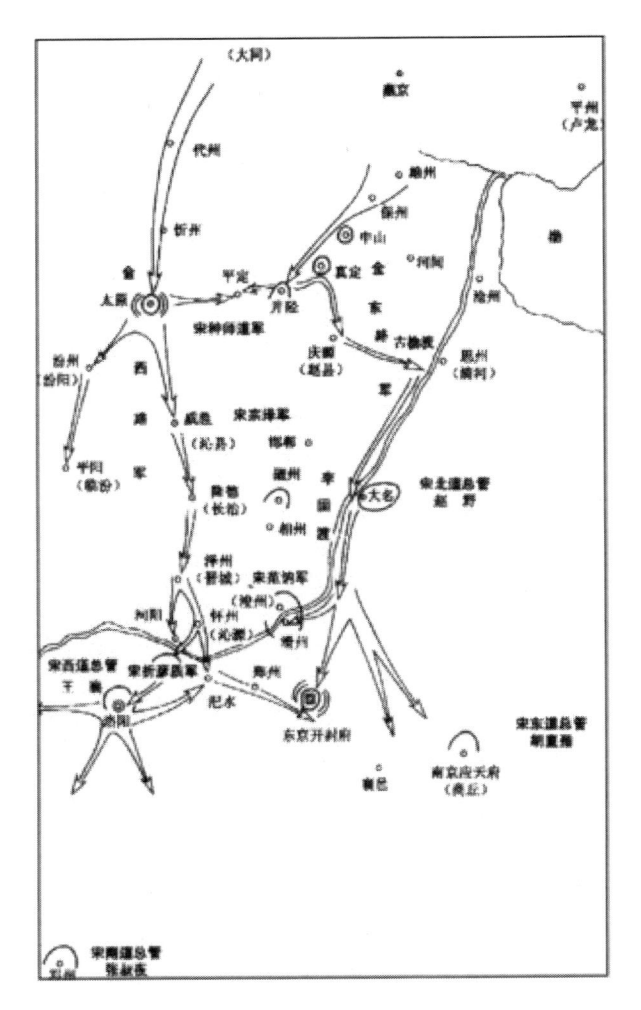

金滅北宋之戰

金軍兩路南下：西路軍由金朝開國第一功臣粘罕（女真名粘沒喝，漢名完顏宗翰）率領，自山西大同攻太原；東路軍由金國「二太子」（金太祖第二子，女真名斡離不，漢名完顏宗望）率領，自河北秦皇島附近出兵攻燕京。東路軍因宋朝守將郭藥師投降而輕取北京，並以郭藥師為嚮導直撲宋朝東京汴梁（今開封）。西路軍圍攻太原遭遇宋軍頑強抗擊，無法與東路軍會師汴梁。

宋徽宗見形勢危急，令各地宋軍入援，同時遣使向金求和，並傳位宋欽宗（趙桓），自己南逃。宋欽宗也欲棄城西走，國防部副部長李綱力諫，認為「今日之計，莫如整勵士馬，聲言出戰，固結民心，相與堅守，以待勤王之師」。[36]宋欽宗才決定留在東京，但始終在戰與和之間猶豫不決。

　　面對金朝東路軍6萬兵的包圍，李綱率軍民日夜堅守。不久，各地勤王宋軍20餘萬來援，包括宋朝最精銳的西軍（征討西夏的邊防軍）。但宋欽宗最後還是倒向主和派，與金人議和，甚至將一名擅自向金軍發炮的霹靂炮手梟首處死以示誠意，並嚴格限制主戰派的軍事行動，比如不準對撤退的金軍半渡攻擊、不準在黃河兩岸加強戰備等。

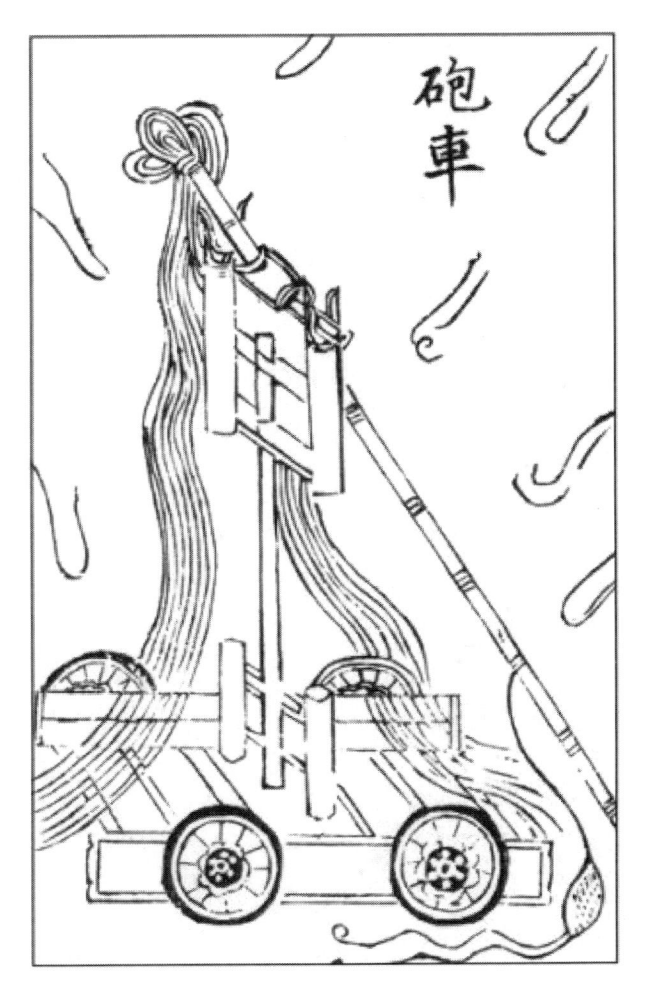

宋代炮車

　　金軍要求宋朝割讓太原等北方三鎮，又要賠償黃金五百萬兩、白銀五千萬兩，牛馬各一萬匹，絹一萬匹。宋欽宗先行答允，待金兵退卻後密詔太原等三鎮守將不要讓金人接收，又聯絡西夏抗金。

　　金人在接收北方三鎮時發現被騙，對宋人屢屢爽約大為惱火。宋欽宗又以蠟丸密書策反原為遼朝貴族的金朝將領，約其反金。金太宗得知宋朝正鼓動金朝內外勢力顛覆金政權後，立刻再次發兵攻

宋。

　　同樣是粘罕（完顏宗翰）率西路軍出山西，二太子（完顏宗望）率東路軍出河北，這次終於會師於汴梁城下。宋欽宗驚恐，急許與金劃黃河為界。金不理會，繼續進攻，直至破城。

　　在攻下外城後，金軍並未立即攻城，通知宋欽宗可以議和退兵，但要宋欽宗親自來談。粘罕放話說：「自古就有南北之分，今之所議，在割地而已。」宋欽宗於是拒絕了汴梁軍民巷戰抗金的請求，親自到金營跪拜稱臣求和。金人在齋宮裡向北設香案，令宋朝君臣面北而拜，以盡臣禮，宣讀降表。

　　宋欽宗對金軍提出的割地賠款條件都一一答應。為滿足金人提出的對金銀、絹帛、少女的勒索，宋朝派出大批官員在皇親國戚、官吏、僧人、百姓家查抄財物人口20餘天，開封城內十室九空，自殺者甚眾，負責搜刮的4位大臣被斬，仍難達到金人要求。

　　金人要求宋欽宗再次到金營商談。宋欽宗到達金營後立刻被囚禁，金帥根本不與他見面，只把他安置到有可供睡覺的土炕的小屋內，完全失去了活動自由。金人扣留欽宗後，聲言金銀布帛數一日不齊，便一日不放還欽宗，並要宋徽宗來見。宋徽宗不得已至金營，與宋欽宗一起被金人廢為庶人。金軍攜二帝北還，北宋遂亡。

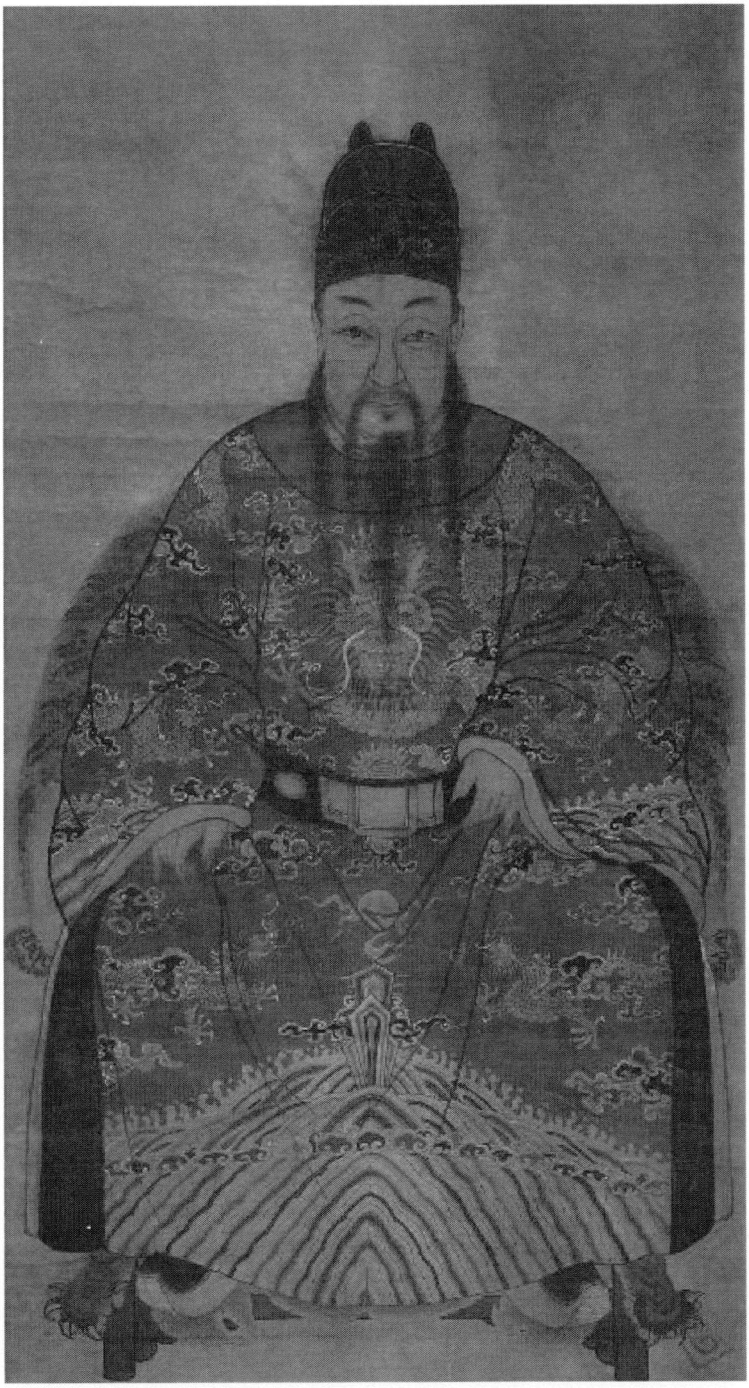

宋徽宗

宋朝二帝被押至黑龍江後，金人舉行了獻俘儀式，皇后等人不堪受辱自盡，二帝受盡折磨後也客死他鄉。宋徽宗被押解途中寫詩道：

徹夜西風撼破扉，蕭條孤館一燈微。

家山回首三千里，目斷天無南雁飛。

精忠報國阻大江

金兵俘虜宋徽宗、宋欽宗等宋朝皇室3000餘人北歸，北宋滅亡。此後金朝向南宋發動了旨在徹底滅亡宋朝的渡江戰役，主要有兩次，卻均未實現統一南北的戰略目標。

第一次是為懲罰和消滅趙氏政權。北宋康王趙構逃過劫難，跑到南方稱帝建國，延續趙氏政權，史稱「南宋」。這一局面違背了金朝的初衷，因為金朝希望南方的漢人政權應由自己指定皇帝。例如金朝廢徽、欽二帝後，冊封張邦昌為帝，國號「大楚」，統治宋境，以及後來冊封劉豫為帝，國號「大齊」，統治華北地區。宋高宗趙構未獲金朝批準就取代張邦昌為帝，金政權頗感惱怒，以「推戴趙構，妄稱興復」為罪名發動了旨在滅亡南宋的跨越長江之戰。

金兵依舊兵分兩路，西路軍統帥還是後來權傾一時的粘罕，東路軍因為統帥二太子（完顏宗望）已死，後來很快由四太子兀朮（完顏宗弼）實際率領。兀朮作戰神勇，曾大敗宋朝名將宗澤、韓世忠，在山東地區屢破宋軍，此次出兵迅速平定河北。

金太宗指示：要對趙構窮追不捨，滅宋後另立他人。[37]1129年，兀朮率軍一路南下，所過州縣，一擊即破，或不戰而降，一直打到長江北岸。在採石磯渡江遭到宋軍阻擊後，轉向馬家渡大敗南宋守軍，渡江攻下建康（南京），而後一路進至南宋都城臨安（杭

州）。

　　趙構派使者致書金帥粘罕說：「古之有國家而迫於危亡者，不過守與奔而已，今以守則無人，以奔則無地，此所以然惟冀閣下之見哀而赦己，前者連奉書願削去舊號，是天地之間皆大金之國而尊無二上，亦何必勞師以遠涉而後為快哉。」

　　金軍對趙構一再表示願意削去帝號、甘為金朝藩臣的請求置之不理。趙構趕緊向浙江寧波撤退，兀朮派兵4000追趕。趙構登船逃入海上，金兵追到舟山島上。得知趙構已取道溫州逃往福州，金軍又入海追擊，「遂行海追三百餘裡」，不及而還。

　　次年兀朮帶著從江南各地掠奪的大量金銀財物沿運河北還，臨行前將具有幾百年文明的臨安古城付之一炬。沿途燒殺搶掠，激起江南人民強烈反抗。至鎮江遭到宋將韓世忠的阻截。

　　韓世忠水師戰船高大，扼守江口，金軍無法透過，又不善水戰，損失慘重，雙方相持48日，兀朮仍不能渡江，只好溯江西上到黃天蕩，循老鸛河故道，開鑿30里長的大渠，通到秦淮河，才得以逃回建康（南京）。

中興四將圖（局部）（右三為岳飛）

　　韓世忠追至建康，以戰船封鎖江面，金軍再次受困。兀朮張榜立賞，招人獻破船渡江之策，一王姓福建人貪賞獻策：海船無風不動，以火箭射其篷帆，不攻自破。兀朮連夜趕製火箭，在無風之日令將士駕小船以火箭射篷帆，宋軍大敗，金軍渡江北歸，放火焚燒了建康城。

　　北歸途中金兀朮軍又遭到宋將岳飛所率軍隊的襲擾和截擊，金軍損失慘重。兀朮開始認識到滅宋的困難，由積極的主戰派變成了消極的務實派。「自江南迴，初至江北，每遇親識，必相持泣下，訴以過江艱危，幾不免」。當金朝令他「再征江南，兀朮皇恐推避，不肯從之」，總之是被江南的水戰打怕了。

　　接下來的10年間，金、宋圍繞江淮之地展開反覆爭奪，戰鬥艱苦而激烈。期間守城抗金的南宋軍民常常面臨內無糧草、外無軍援的困境。宋將韓世忠的夫人梁紅玉率軍鎮守淮安時，親自用蘆葦「織蒲為屋」，並在尋找野菜充饑時，在湖邊發現一種水草數量眾多，戰馬愛吃，嘗後發現人亦可食，遂發動軍民採食充饑，堅持戰

門，竟使金兵鐵騎無法跨越淮河。後來，這種被民間稱為「抗金菜」的水草成為一道清脆鮮嫩、爽滑可口的淮揚名菜─開洋蒲菜。從斜陽下的萋萋水草到舌尖上的菜系佳餚，飲食之間飽含歷史滄桑。

在長期的拉鋸戰中，岳飛率領的宋軍屢勝兀朮率領的金軍。兀朮在戰場上無法取勝，就利用宋高宗趙構畏戰求和的心理，透過南宋宰相秦檜殺害了主張北伐的重要將領岳飛，宋廷接受稱臣、賠款的議和條件，於1142年簽署和約，史稱「紹興和議」（也稱「皇統和議」）。南宋成為金朝的附屬國，金朝被視為當時中國名義上的中央政權，西夏、高麗等國均對其臣服。

第二次渡江戰役是在20多年後的1161年，金朝出兵的理由是索取淮南地區，實則企圖消滅南宋。

「紹興和議」後，由於金朝皇帝更迭以及權臣意見不一，金政權內部對處理與南宋的關係存在不同意見。當主和派占上風後，金朝決定將已經占領的陝西、淮南部分地區送與南宋，以獲取對方政治上的好感。不料宋朝並未對此感恩戴德，反而在收復故土後加強戒備。

有南宋大臣（吳玠）說，金雖將這些土地讓與大宋，但陝西等地均具有重要的戰略意義，日後金必後悔。金朝後來果然反悔，主和派首領被殺，主戰派占上風，提出要收復淮南等地。

隨後，一個有名的荒淫皇帝登上了歷史舞臺，他就是金朝第四位皇帝海陵王完顏亮（女真名迪古乃，也稱海煬王）。

完顏亮是金太祖完顏阿骨打之孫，在許多方面很像隋煬帝楊廣。他文武雙全，廣交名士，神情閒逸，態度寬和，多才多藝，精通漢學，志向遠大。《金史·海陵記》中稱其「智足以拒諫，言足以飾非」。在登基前善於偽裝，曾經深得金熙宗信任，並借金熙宗

之手除去了金熙宗的幾個親兄弟。在金熙宗孤立後，他發動政變，自行稱帝。

完顏亮好大喜功，曾對大臣說：「吾有三志，國家大事，皆我所出，一也；帥師伐遠，執其君長問罪於前，二也；得天下絕色而妻之，三也。」因此，完顏亮一上臺，除了聲色犬馬外，在政務上進行了大刀闊斧的改革，包括將都城由黑龍江遷到北京，大大加速了女真族的漢化。北京也正是在他的主政時期開始成為有全國影響力的都城。

同時，完顏亮積極著手攻伐南宋以統一中國。徵調牲畜，戰馬多達56萬匹。囤積糧食，在北京通州大造戰船。對百姓預徵5年稅賦，凡年20歲以上、50歲以下的猛安謀克（相當於清朝的八旗）民眾，一律納入軍籍，聽候調遣。

準備了兩年後，完顏亮不顧大臣們的反對，執意南征。1161年，金使赴宋要求重劃國界，收回淮南等地。南宋朝野群情激憤，迫使宋高宗沒有答應割地議和，並開始備戰。

於是完顏亮率大軍兵分四路南征，除陸上三路分別準備從長江上、中、下游渡江外，還組織7萬人的海軍準備沿海路進攻杭州（這7萬海軍被岳飛部將李寶以3000宋軍運用火藥箭毀船圍殲）。《宋史》稱：「金主自將，兵號百萬，氈帳相望，鉦鼓之聲不絕。」雖然號稱100萬（一說60萬）大軍，實際可能沒有那麼多。完顏亮從軍中挑選了5000名強健能射者，親自閱試，號為「硬軍」，說：「簽兵數十萬，只是強大聲勢。取江南，有這五千人足矣。」

1161年秋，完顏亮親率17萬大軍長驅直入，抵達長江北岸，準備從採石（今安徽馬鞍山附近，南京上游）對岸渡江。當時江南宋軍主將不戰自退，新任負責防禦長江的將領還沒趕到，散兵游

勇，士氣低落，而金軍已經挾渡淮之威準備一舉渡過長江。南宋岌岌可危！

這時一個被毛澤東稱為「千古一人」的白馬書生出現了。

虞允文，南宋四川人，作為軍事參謀赴長江前線犒師。發現宋軍群龍無首，形勢危急，毅然在金軍渡江的前一天召集採石宋軍，鼓舞士氣，部署作戰方案。

他向當時軍心散漫的士兵說：若金軍成功渡江，你們又能逃往哪裡？現在我軍控制著大江，憑藉長江天險，為何不能死裡求生？何況朝廷養兵三十年，為什麼諸位不能與敵血戰以報效國家？

這番演說奇蹟般地扭轉了軍心，重獲士氣的1.8萬採石宋軍決心與10倍於己的金軍拚死一戰。虞允文將陸軍列陣江邊，水軍分五隊，一隊在江中，兩隊在岸邊，兩隊作為後備隱蔽。

第二天金軍發動渡江攻擊，70艘戰船抵達對岸，在金軍衝擊下宋軍開始後撤。虞允文親自在陣中鼓舞將領士氣，宋軍與金軍展開了殊死搏鬥，消滅了成功登陸的金軍。

宋軍水軍也開始對半渡之敵發動攻擊，戰鬥十分激烈，宋軍後備水軍也投入戰鬥。當時宋朝水軍裝備優於金軍，甚至在水師艦船上已經裝備有霹靂炮等火器，對金軍發射霹靂炮時，「自空而下，其聲如雷，紙裂而石灰散為煙霧，瞇其人馬之目，人物不相見。」金軍死傷過半，但仍力戰不退，展示出優良軍紀。水面戰鬥直到天黑還沒結束。

這時有從其他地方過來的南宋敗兵經過採石，虞允文令其整好隊形，搖旗吶喊，擊鼓而進，從山後至江邊，金軍以為宋軍援兵到，開始後退。虞允文組織宋軍用當時世界上最先進的武器、也是金兵最害怕的神臂弩射擊敵船，大批遠距離且身穿甲冑的金兵被射死於江中。逃回去的金軍將士也被完顏亮以兵敗失職「悉敲殺

之」。

第三天,完顏亮又督兵渡江,虞允文命事先埋伏好的兩隊水軍夾擊金軍,金軍被宋軍焚燬戰船300餘艘,大敗而去。完顏亮又向宋軍施用反間計,也被虞允文識破。

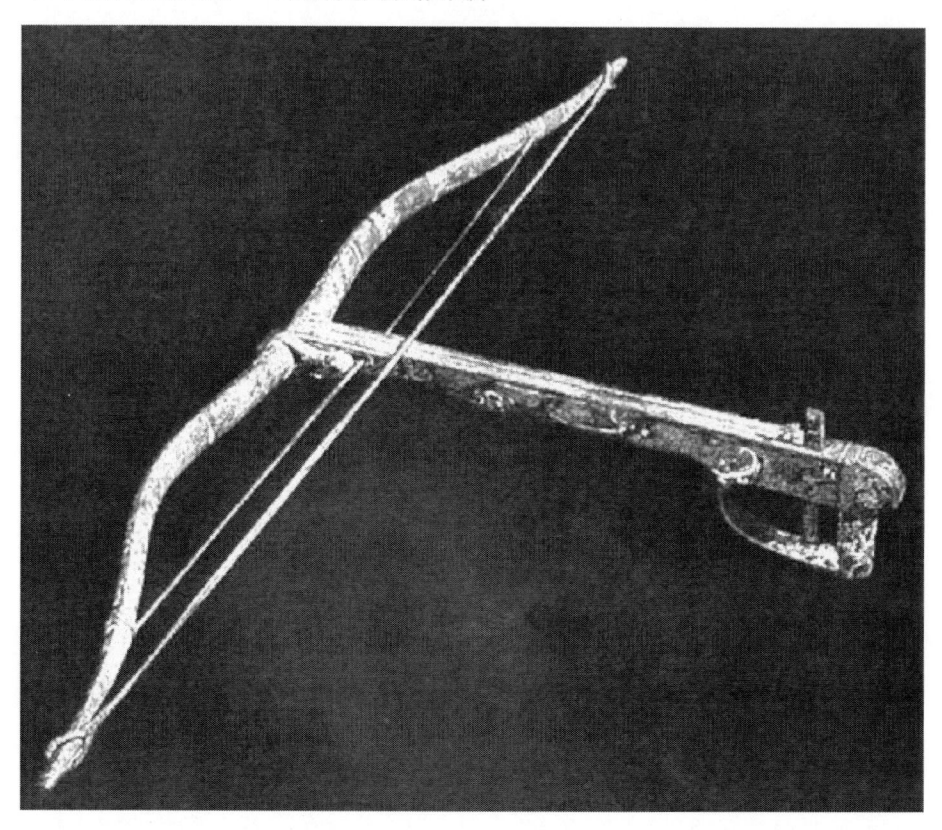

神臂弩復原圖(裝有機關,可由一人發射,射程也可達370多米,可貫穿重甲)

完顏亮被迫率部轉至江蘇揚州渡江,虞允文率萬餘軍隊赴京口增強防禦。完顏亮發佈「實行連坐法」的軍令:軍士逃亡則殺部將,部將逃亡則殺主將。金軍人心浮動,此時金朝內部發生政變,金世宗(完顏雍)在遼陽稱帝,金軍嘩變,完顏亮在帳中為部將所

殺，金軍北退。

「採石之戰」是南宋唯一的一次擊敗金軍渡江的戰役，此戰過後，金軍再未能渡過長江，在宋金戰爭史上具有重要的歷史意義。

金朝南征失敗，提出議和。宋朝也發生皇帝更迭，並一度發動北伐，同樣失利。這樣，在1164年，金、宋重新議和，史稱「隆興和議」。內容包括：

一、南宋對金不再稱臣，改叔、侄關係；

二、維持紹興和議規定的疆界；

三、宋每年給金的「歲貢」改稱「歲幣」，銀絹從25萬兩、匹改為20萬兩、匹；

四、宋割商州（今陝西商縣）、秦州（今甘肅天水）予金；

五、金不再追回由金逃入宋的人員。

隆興和議簽訂後，金宋兩國近40年沒有發生戰事。雙方在這段時間都出現了社會穩定繁榮的局面。然而，70年後，新崛起的蒙古政權滅亡了金政權，又過了45年，宋政權滅亡，南北始得再次統一。

在南宋統治的152年間，南北均有統一的志向，卻只能劃江而治。

金朝完顏亮曾作詩雲：

萬里車書一混同，江南豈有別疆封？

提兵百萬西湖側，立馬吳山第一峰。

宋朝陸游亦有詩雲：

死後元知萬事空，但悲不見九州同。

王師北定中原日，家祭無忘告乃翁。

金、宋兩朝雖都有統一南北的主張，卻終未能成為現實。

遙望天塹人斷腸

為什麼金朝沒能渡過長江實現中國的南北統一？簡單講，還是勢、力、策三方面沒有到位。

政治形勢中最重要的是南北民意對金政權的認同程度遠遠不夠。雖然金朝被視為當時中國名義上的中央政權，但它和前秦政權一樣，是由北方少數民族建立起來的政權，當時女真族文明程度遠低於漢文明，金政權也不易得到南宋民眾的認同。更何況，原屬北宋的中原地區民眾剛被征服，也未建立起對金政權的認同和效忠，金朝在消化和鞏固華北地區的統治之前，還不具備統一南方的政治形勢。

當初金軍剛占領曲阜，有士兵挖孔子墓，金軍統帥粘罕問「孔子何人？」漢人告訴他：「古之大聖人。」粘罕說：「大聖人墓豈可發？」並殺了亂挖墓的士兵。[38]到了金朝第三代皇帝的時候，金熙宗已經完全漢化，能賦詩染翰，雅歌儒服，分茶焚香，弈棋象戲，盡失女真故態。金熙宗視開國舊臣為「無知夷狄」，金朝老臣視金熙宗「宛然一漢戶少年子也。」[39]金熙宗修復孔廟、提高孔子後人待遇的做法也得到漢人的認同。女真人與漢人不斷融合，百年後蒙古滅金時已不分金、漢。

可見，金政權很早就在著手構建漢地民眾對女真政權的認同，尤其是尊孔漢化，以文化認同促進政權認同，只是時間還不夠長。假以時日，形勢會朝向有利於金政權完成統一的方向發展。

從當時宋政權的政治影響力來看，時人大多並不認為北宋滅亡是趙氏之罪，因此張邦昌雖受金人指定為帝卻不敢真做皇帝，趙構跑到南方卻立即被臣民擁立為帝。這大概與宋朝的德治政策有關。

開國皇帝趙匡胤定下的「不殺士大夫」的祖訓以及科舉考試中舉直接授予官職的做法深受天下讀書人擁戴，趙氏因此頗得民心。

宋高宗趙構的指導思想又是極力爭取妥協，這讓金政權內部出現和與戰的兩種聲音，軍事統一併未成為金朝的共識性政府意志。趙構個性特點是好死不如賴活著，要什麼我都肯給，但如果把我往死裡打，我就拚命反抗一下。因此當金軍無視他的求饒一路追擊時，他就命令各路宋軍對金軍發動圍困打擊。金軍被打疼了，要求趙構處死最能打的岳飛就可以停戰，趙構馬上用岳飛的人頭去換取和議。這幾乎是宋朝皇帝的通病，後來宰相韓侂（tuō）冑北伐失敗，宋朝毫不猶豫地將他的人頭送給點名要殺韓的金朝。金朝並無決心消滅這樣的政權。

從軍事實力來看，雖然金兵勇猛善戰，但南宋軍隊也不是可以輕易吃掉的一盤嫩豆腐。宋軍在數量和局部質量上都不可小視。

北宋初年軍隊約40萬，但因政府財力雄厚，採用僱傭軍制度，至宋仁宗時已經膨脹到140萬的頂峰。[40]至北宋滅亡時的徽宗朝及欽宗朝，宋軍隨著政治腐敗而日趨瓦解，軍隊空額頗多，實際數量降至約30萬。南宋初期的紹興四年（1134年），「內外大軍凡十九萬四千餘，而川陝不與」[41]，若加上川陝軍隊，宋軍總數仍應有40萬人。宋高宗趙構逝時，宋軍總兵力已經多達70萬人，並大體保持至南宋滅亡。

宋軍不僅規模比金軍龐大，同時也不乏勁旅。南宋軍中，不少隊伍令金軍膽寒，如岳飛軍、韓世忠軍、張俊軍、吳玠與吳璘軍等，金軍甚至感嘆「撼山易，撼岳家軍難」[42]。

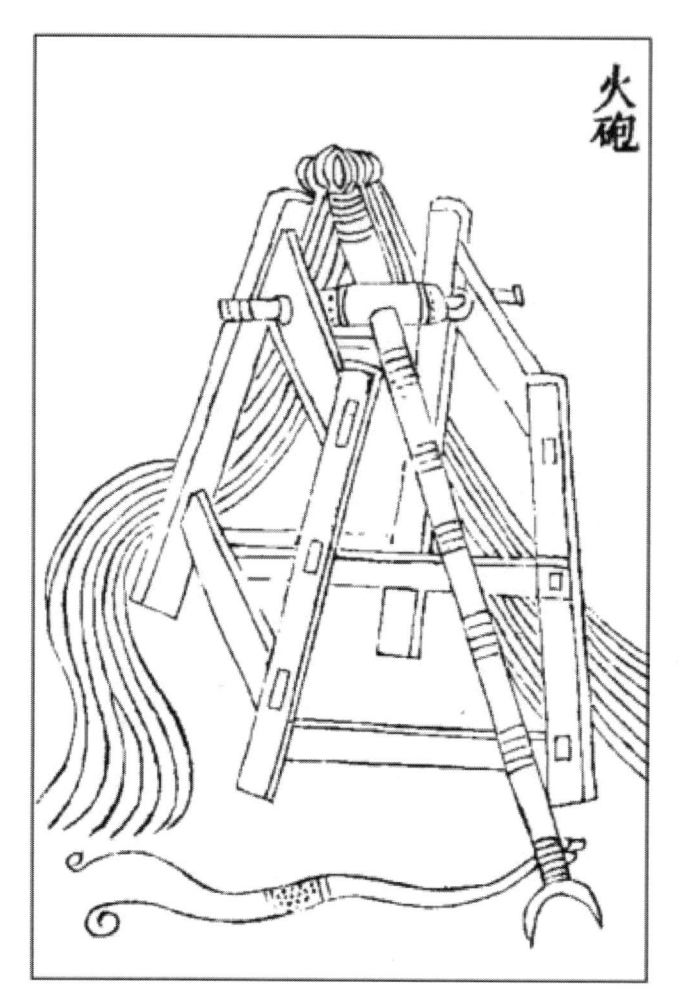

火炮

宋軍武器裝備也領先於金軍。宋朝重視軍事裝備生產，規模龐大。京師有「南北弓坊」和「弓弩院」，地方諸州也設置有軍器作坊。據《宋史·兵志》記載，每年宋朝製作的弓弩，中央作坊有1650萬件，地方作坊有620餘萬件。鐵甲每年3.2萬件。不僅冷兵器的製造規模空前龐大，製作工藝有所提高，更引人注目的火器的製造和運用。[43]火器自宋朝開始登上戰爭舞臺，並在很多戰役中

令金軍大吃苦頭。

然而宋軍屢敗，主要弱在不能團結協同作戰。宋朝的軍事體制和官場文化，造成諸大將之間互不統屬，互相猜忌，互不配合，互不支援。同是抗金名將，張俊卻依附秦檜陷害岳飛致死。即使在抗金態度最堅決的宋將岳飛被冤殺後，很長時期內朝廷中也沒幾個人鳴不平。

宋軍弱勢的其他原因還包括：一是在治國方略上，積極推行「重文抑武」的國策，致使文官隊伍迅速膨脹，軍人地位急遽下降，同一品級的官吏，文職官員的位置在武職官員之上。二是在軍事戰略上，嚴守「守內虛外」的消極防禦戰略，一些「老於邊事、洞曉敵情」的戰將往往不受重用，且沒有好下場，諸如楊業戰死以明志，狄青鬱鬱而病終，李綱被貶，岳飛被殺。三是宋朝軍事指揮系統分立與相互牽制及皇權對作戰的干預，嚴重干擾了作戰指揮及戰場決斷。宦官作為內臣，很少能有軍事指揮才能，更不要說去實地參與戰鬥，因此，派宦官監督作戰，無異於讓外行指揮內行。四是兵源把控不嚴與歧視政策打擊士氣。宋代士兵社會地位十分低下，臉上還要刺字，招募士兵稱為「招刺」。當士兵帶著壓抑甚至怨恨的情緒進行戰鬥時，很難說會有殺敵立功的激情。五是騎兵匱乏直接導致了士兵戰鬥力的低下。宋代是漢族各個朝代中騎兵最少的，北宋僅有10多萬，不到唐朝的1/3，因此其使始終建立不起強大的騎兵部隊，在與北軍對抗時處於先天劣勢。[44]

當然，金宋戰爭初期金軍勢如破竹離不開早期善戰，後期受挫也與金軍戰鬥力下降有關。

金初之兵能征善戰自無異議。「金興，用兵如神，戰勝攻取，無敵當世，曾未十年遂定大業。」[45]完顏父子兄弟出兵打仗必躬當矢石，身先士卒，常常以少擊眾，橫行無敵。南宋名將吳璘也說「金人用兵，更進迭退，忍耐堅久，令酷而下必死，所以能制

勝。」金軍作戰,「將勇而志一,兵精而力齊」,每次南征,完顏宗翰與完顏宗望各率大軍協同作戰,衝擊力強悍。

金軍亡遼滅宋,勢如破竹,同時也滋生輕敵之心。金軍破汴梁戰役中,某金軍將領在成功渡過黃河天塹後感慨:「南朝可謂無人矣,若有一二千人守河,吾輩豈能渡哉!」[46]南朝並非無人,乃是所用不當。南下金帥曾問:「聞南朝有兵八十萬,今在何處?為何不迎戰?」宋官(沈琯)回答「散在諸路。」[47]金兵一旦深入南宋境內,即陷入其所不擅長的水戰,且進入中原後,金將有輕敵之意,金兵也貪圖安逸,銳氣削減,戰鬥力不如從前,不具備消滅宋軍的壓倒優勢。

金朝滅北宋後,生活舒適也導致金軍戰鬥力迅速下降。至金世宗時期,所選拔的侍衛親軍「其中多不能弓矢」。[48]而在金宋兩國使節往來時所舉行的射弓宴中,金前期往往是金人勝多負少,但到了世宗以後就轉為宋人勝多負少。[49]而金兵遇蒙古兵,則是每戰輒敗,「與遼天祚、宋靖康時之奔降,如出一轍。」[50]以此實力,自難滅宋。

至於經濟實力,金朝更無法與宋朝相比。由於宋朝是歷史上最重視商業發展的朝代(70%財政收入來自商業),宋朝是中國古代最富的朝代,後來的明、清兩代都遠未達到宋朝的財政收入水平(如果完全折算成銀兩比較,明朝財政收入約為宋朝的1/8,清朝財政收入在鴉片戰爭前約為宋朝的1/2)。

宋朝經濟發達的兩大特色,一是海外貿易,二是消費經濟。宋朝出口貨物包括絲綢、瓷器、糖、紡織品、茶葉、五金,進口貨物包括象牙、珊瑚、瑪瑙、珍珠、乳香、沒藥、安息香、胡椒、琉璃、玳瑁等幾百種商品。南宋時每年透過市舶司獲得的稅收已經達到200萬貫,占到了全國財政收入的6%。這只是官方的收益,民

間也有許多人從事海外貿易，獲利頗豐。

北宋磁州窯白釉瓜棱式執壺

北宋龍泉窯青釉蓮瓣紋蓋罐

北宋汝窯青釉洗

　　汴梁城內皇族、官員、軍人、商人雲集，人口達百萬之眾，這些人的吃穿用不是附近州縣能夠充足供應的，於是北宋依靠運河漕運，從日漸富庶的江南地區運送大量的物資到汴梁。一船船送抵汴梁的貨物，不僅有糧食，還有絲綢、茶葉、瓷器、木器等。汴梁城龐大的消費力和強大的購買力，刺激了全國各地的生產力。[51]

　　看一下金滅北宋時從汴梁皇宮裡搶走的東西可見宋朝之富：靖康二年，「虜人（金人）入內逕取諸庫珍珠四百二十三斤，玉六百二十三斤，珊瑚六百斤，瑪瑙一千二百斤，北珠四十斤，西海夜珠一百三十個，硃砂二萬九千斤，水晶一萬五千斤，花犀二萬一千八百四十斤，象牙一千四百六十枚，龍腦一百二十斤，金磚一百四十

葉、王先生燒金、陳摶燒金、高麗進奉生金、金甲、金梳、頭盔各六副，金鞍、金馬杓、金杵刀、金作子四百二十五副，玉作子七百副，花犀帶、扣金帶、金束帶、玉帶、鍍金帶、金魚袋等，上皇合分金錢四十貫，皇后合分金錢十一貫，銀錢二十二貫，銀火爐一百二十只，金火爐四只，金棹子面二十只，銀交椅二十只，金合大小四十只，金水桶四只，金盤盞八百副，金注碗二十副，金銀匙箸不計數，金湯瓶二十只，琉璃盞一千二百只，琉璃托子一千二百只，玳瑁托子一千二百只，珊瑚托子四百只，瑪瑙托子一千三百只，珍珠扇四百合，紅扇一百合，藍扇一百合，行鸞扇三百五十合，大扇六十合，扇車一百輛。」①

　　反觀金朝，早期根本沒有財政觀念，「稅賦無常，隨用度多寡而斂之」。[52]立國後受遼、宋政治制度浸染，始建立財政制度。[53]在開國皇帝阿骨打時代，金國財物甚少，戰利品大多平均分配。君臣衣食住行都差別不大，阿骨打住的地方四周栽些柳樹就是君臣營帳的區別。史載：「阿骨打之徒為君也，粘罕之徒為臣也，雖有君臣之稱，而無尊卑之別。樂則同享，財則同用。至於舍屋、車馬、衣服、飲食之類，俱無異焉。虜主所獨享，唯一殿名曰乾元殿。此殿之餘，於所居四外栽柳行，以作禁圍而已。」[54]以這樣的經濟實力統治新徵服的華北廣大地區，同時與富庶的南宋進行生死之戰，能打成平手就已經不錯了，並不具備消滅南宋的經濟實力。

　　此外，金軍攻下北宋都城汴梁後，對宋朝君臣及民眾採取殘酷迫害的態度，後來的幾次南侵也是沿途暴行，這對統一戰爭而言均是完全錯誤的策略運用，南宋民眾因此無法接受金朝的統一。野蠻掠奪和殘酷屠殺完全不能使南宋軍民放棄抵抗，反而會激起南宋民眾的拚死抵抗，而金朝的軍事實力又不足以擊潰這種抵抗，以致金軍雖屢屢南犯，卻少有渡江的勝利。

策略運用上的另一個失誤是忽略了長江上游在渡江戰役中的作用。在中國古代史上，北方政權發動統一南方的渡江戰爭時，能否在長江上游先取得勝利，往往影響到統一成敗。「赤壁之戰」、「淝水之戰」以及金軍滅宋之戰都是在北軍尚未控制長江上游的條件下發動的，均未取得成功。相反，秦國先據有四川再渡江滅楚，西晉先有蜀漢再渡江滅吳，北宋先滅後蜀再渡江滅南唐，元朝攻占四川後才渡江滅南宋，這些歷史經驗顯示出先取長江上游、共享制江權應是渡江統一戰爭的成功的有效作戰策略。

彎弓射舟

彎弓射獵的蒙古騎兵從漠北草原風馳而下，立國119年的金朝滅亡，南宋門戶洞開。完成了三次西征的蒙古軍隊做好充分準備後，分路進擊，對南宋展開滅亡之戰。南宋忠臣與士兵對北軍做了拚死抵抗，但節節敗退，數十萬人被迫泛舟海上。被俘一君，再立一君，一君病亡，又立一君，最後無奈之下，大臣背負宋室幼君投海自盡。

蒙哥戰死釣魚城

南宋最終被元朝滅亡。正式發動滅宋戰爭的蒙古大汗是蒙哥（蒙語「長生」之意）。此前蒙古對南宋發動的戰爭主要還是以擄掠人口、財物為目標，並無消滅南宋的計劃。

到蒙哥執政時，蒙古帝國已經滅亡了西夏和金國，征服了高麗，其西征軍隊不僅控制了中亞，還打敗了歐洲聯軍，蒙古帝國正處於蓬勃擴張的黃金時期。南方的大理國和南宋則處在蒙古的威脅陰影中。

蒙哥是成吉思汗的孫子（拖雷長子），繼位時43歲，頗有才幹，史學家們認為如果他活得更長久些，或者他的繼承者貫徹他的政策，蒙古帝國後來就不會分裂為四個汗國，而是一個橫跨歐亞的統一國家。

蒙哥志向遠大，初登汗位，就開始著手籌劃蒙古的軍事擴張，包括征服南中國。一些將領反對南征，認為南方氣候炎熱，疾疫流行，蒙古軍隊會因為不適應陌生的環境而陷入戰爭泥潭。蒙哥則堅持要完成先人的未竟事業，並為此派遣其弟忽必烈先行消滅雲南大理國，準備對南宋進行南北夾擊。

1257年，蒙哥前往成吉思汗舊殿舉行了祭奠儀式，而後親自率軍分三路（也可說四路，第四支軍隊由寧夏基地直攻襄陽）伐宋。第一路由蒙哥親率，從西北基地出發，經過寧夏，攻占四川，準備從西向東進攻南宋。第二路是其弟忽必烈率領的軍隊，從蒙古據點開平出發，從北向南進軍湖北武漢。第三路是從雲南來的蒙古軍隊（由蒙古大將兀良哈臺率領，其時雲南的大理國已被蒙古滅亡），從南向北，準備會師武漢。

蒙哥親率4萬軍隊攻陷了蒙宋軍隊曾經反覆爭奪的四川重鎮成都，然後進軍合州（重慶附近）。

宋將（王堅）在合州調集屬縣17萬人增築釣魚城，設防堅守。當蒙哥派人（晉國寶）到釣魚城勸降時，宋人將勸降者押到練兵場斬首示眾，軍心大振。此後擊退了蒙軍的數次進攻。

蒙哥召集眾將重新討論東進的軍事策略。有將領和幕僚主張放棄東進，認為此地和蒙古人以前占領的地區有很大不同，尤其是面臨疾病和酷熱的威脅。蒙哥堅持繼續原定計劃，不惜一切代價占領合州。

蒙哥在合州打了五個月，雙方的傷亡都很慘重。蒙古軍隊不斷

發動進攻,但是南宋軍隊頑強抵抗。蒙古軍隊縱橫歐亞從未遇到如此強勁的對手,蒙哥情急之下親自督戰,鼓舞士氣,卻被宋軍強弩射殺。

宋代的拋石機

關於這位蒙古大汗的準確死因,歷史上有不同說法。大部分史籍都持「中矢說」。現存釣魚城舊址的石碑碑文,也明確刻有蒙哥「中飛矢而死」的字跡。《元史》則稱其死於痢疾。還有史料稱蒙哥被城內宋軍的炮石轟擊震倒,不久死去。清代《古今圖書集成》

與民國《合川縣誌》有這種記載。另有《釣魚城史實考察》說，宋軍炮風震倒蒙哥，守城宋將命人把從釣魚城天池裡撈起來的30斤重的大魚和幾百個麵餅送到蒙哥營中，附書一封，說城裡水和糧食都很充足，蒙哥再有十年也攻不破釣魚城。蒙哥傷病無奈，退兵溫湯峽而死。

蒙哥的死訊秘密傳到當時正在試圖突破武漢長江天險的忽必烈那裡，為了與其弟（阿里不哥）爭奪汗位，忽必烈匆匆撤軍北返。南路蒙軍也隨之撤退。撤兵前忽必烈答應南宋的求和條件：以長江為界，宋每年奉獻蒙古銀二十萬兩、絹二十萬匹。

蒙哥之死不僅暫時中止了蒙古的攻宋戰爭，正在橫掃阿拉伯半島的西征蒙軍也停止了軍事行動，將注意力轉向蒙古大汗的王位爭奪。蒙古帝國在世界範圍內的擴張第一次遇到重挫，也因此蒙古軍隊未能繼續擊敗埃及進入非洲。

忽必烈建元滅宋

蒙哥暴斃（1259年），他的三個親弟弟成為蒙古汗位的最強有力的競爭者：44歲的忽必烈、42歲的旭烈兀和40歲的阿里不哥。

元世祖忽必烈

　　得知老大的死訊，老二忽必烈和老三旭烈兀分別停下對南宋和

敘利亞的進攻，向蒙古草原折返。老三在幾年前已經受封「波斯汗」（1256年），對爭奪蒙古大汗汗位並不積極，後來表態支持老二。老四阿里不哥則一直駐守著老巢，準備近水樓臺先得月，恢復蒙古以前的幼子繼承製，承接汗位。

但老二忽必烈搶先一步，不等老四召開推舉大汗的蒙古貴族大會（庫裡勒臺），就在漠南（開平）逕自宣布繼位，詔告天下自己已成為新的蒙古大汗。

此舉激怒了老四，他也在漠北（阿勒泰）召開宗親大會，並被推舉為蒙古大汗。兩強爭鬥，勢不可免。

在當時蒙古的四大汗國中，有兩個（察合臺汗國、窩闊臺汗國）支持老四，一個（伊兒汗國）支持老二，一個（欽察汗國）保持中立。蒙古貴族中大多也支持老四，老二忽必烈並無政治優勢。

但忽必烈長期經營漢地，主張以漢文化治國，得到中國北方的漢人地主的支持，擁有精銳而龐大的蒙軍和漢軍武裝。老四主張以蒙古傳統習俗征服天下，更倚重蒙古貴族，因此得到包括陝西和四川等漢地蒙軍將領們的支持，不過忽必烈後來靠漢族大臣出謀劃策將這些軍隊都爭取了過來。

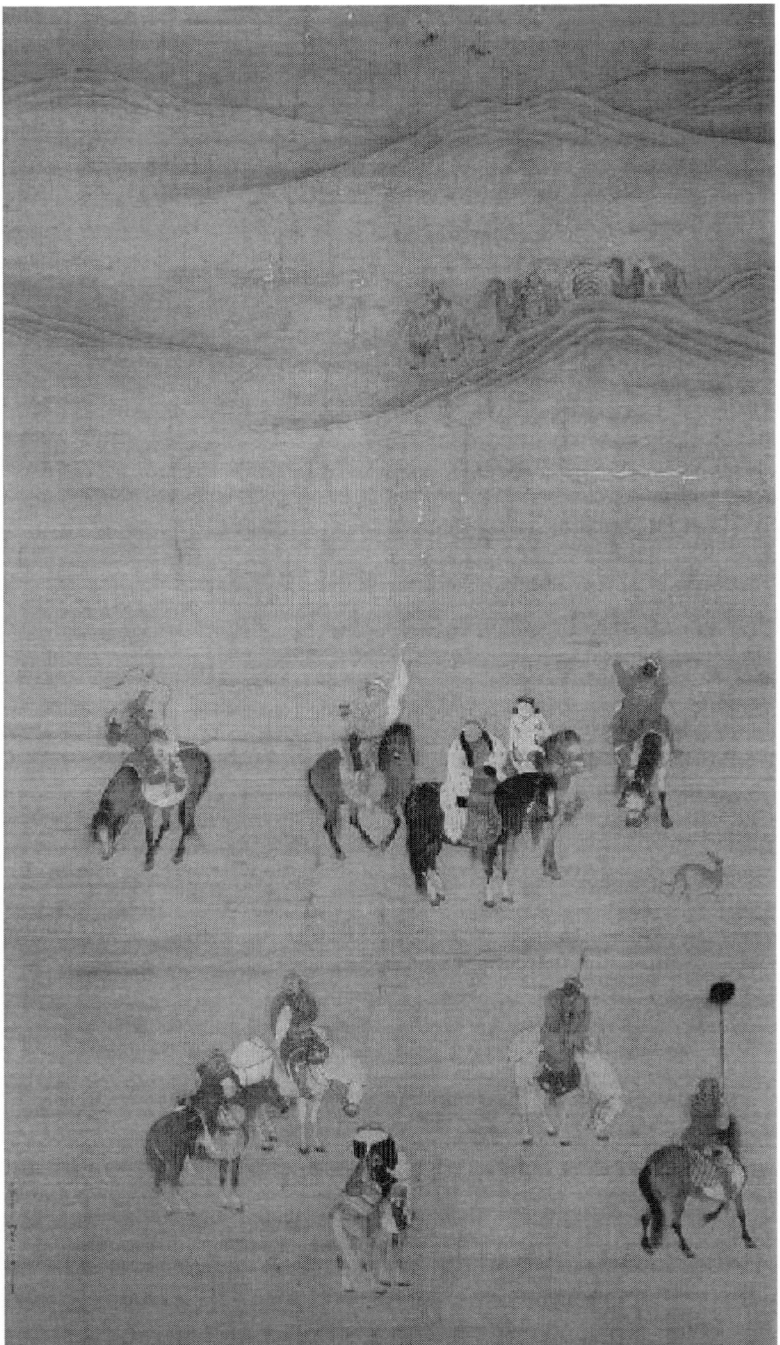

元朝畫家劉貫道於至元十七年（1280年）二月繪製的《元世祖出獵圖》，其中騎著黑馬、身穿白裘的男子是元世祖忽必烈。

老二忽必烈和老四阿里不哥之間最終爆發大戰，一打就是5年，老四屢敗屢戰，老二屢戰屢勝，最後俘虜了老四，把他囚禁起來，直到去世。

忽必烈雖贏得汗位，其他四大蒙古汗國卻先後趁機實現實際獨立，不再受蒙古大汗的統一指揮。

自從1206年成吉思汗建國以來，一直以族名為國名，稱大蒙古國，而沒有像北魏和遼、夏、金那樣建立國號。忽必烈稱汗後，年號「中統」，但也沒有另立國名。在建國十多年之後（1271年）才依據漢族的古代文獻《易經》正式建國號為「大元」。升原來的建國基地開平為上都，改中都（北京）為大都（1272年），北京成為政治中心。

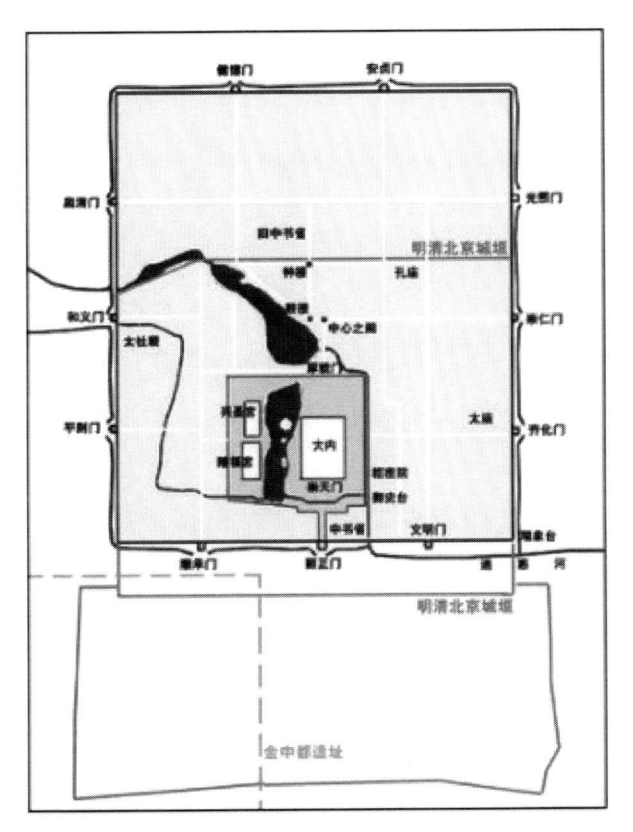

元大都平面佈局地圖，左下角為金中都舊城

建立元朝後，元世祖忽必烈將消滅宋朝作為首要目標。

在較短的時間內，元軍造戰艦五千艘，練水兵七萬，完成作渡江滅宋的準備。隨著越來越多的宋人降元，南下的元軍也開始以漢軍為主力，而不只是不習水戰的蒙古騎兵，加上訓練，使元朝水軍戰力迅速提升，宋朝水軍優勢不再。

忽必烈任用各族優秀將領共同完成軍事行動，終於完成南北統一。

蒙古族的傑出將領伯顏和阿術承擔了滅宋的主攻任務。伯顏是被後人稱為「智、信、仁、勇、嚴五者俱全」的元朝丞相，阿術是

蒙古開國名將速不臺之孫、兀良哈臺之子，《元史》稱其「南征北討四十年間，大小百五十戰，未嘗敗績」。後來伯顏和阿術二人互相謙讓滅宋之功，均位列丞相。

維吾爾族將領阿里海牙，自幼以「大丈夫當立功朝廷」為理想，多謀善戰，不嗜殺戮，率軍從湖南一路打到安南，並平定海南島。

金朝著名漢族降將張柔之子張弘範是第一個作為元帥指揮蒙古軍隊的漢人將領。張弘範善於用兵，屢戰屢勝，重視人才，不好錢財。曾俘獲南宋宰相文天祥，並一直以禮待之。張弘範最後率軍消滅了南宋十餘萬殘餘勢力，還在廣東崖山海戰的亂軍之中救出了一位準備跳海自殺的南宋大臣（鄧光薦），禮聘其作為兒子的家庭教師，使其子（張珪）後來成為一代名相。

南宋漢族降將劉整向忽必烈獻滅宋策，完整地提出「先取襄陽、由漢水渡長江滅宋」的清晰戰略。劉整受南宋權相賈似道迫害歸降蒙古，賈似道因懼其驍勇，一直迴避與其交兵，直到聽說劉整死後才高興地稱「吾得天助也」。但劉整為元軍制定的滅宋戰略卻成為了日後的現實。文天祥和後代史家均稱「亡宋賊臣，整罪居首」。

在這些出色將領的率領下，元軍對南宋展開了殲滅戰。

按照「先取襄陽、沿江滅宋」的戰略，元軍先對襄陽和樊城這兩個漢水下游的城市進行了持續5年（1268—1273年）的圍攻戰。援襄宋將範文虎（後降元）坐擁10萬大軍，熱衷享樂和內鬥，貽誤戰機，被阿術率軍擊敗。

襄陽城被圍5年，外無援軍，內無糧草，猶自堅守。

襄陽以南的郢州宋將（李庭芝）造輕舟百艘，招募民兵3000人，由張順、張貴兄弟二人率領，乘船去襄陽。船上裝備火槍、火

炮、巨斧、勁弩，順流而下。元舟軍封鎖江口，無隙可入，張順等斬斷元軍設下的鐵鏈、木筏，轉戰120里，黎明到達襄陽城下。但張順在戰鬥中失蹤，數日後發現屍體浮於江面，身中四槍六箭，仍手執弓矢。

　　城中宋軍見到援軍，勇氣百倍，商議主動出擊。張貴派善潛水的兩名民兵，泅水去範文虎處聯絡，相約發兵夾擊元軍。襄陽守軍到期舉炮發舟出戰，而範文虎軍爽約不至。張貴將前來進攻的元兵誤認為範軍，倉促接戰，身被數十創，戰敗被俘，不屈遇害。

　　阿術出兵斷絕襄陽和樊城間的聯絡，水陸夾攻樊城。元軍又從中亞調派著名的穆斯林工程師（阿拉丁和伊斯邁爾）進行攻城支援，最終用回回炮攻破樊城。宋朝守將（範天順）力戰不屈，城破後自縊而死。殘部（牛富等）百餘人巷戰，身被重傷，投火自盡。

　　元軍乘勝移攻襄陽，仍發炮擊之，聲如雷霆，摧陷建築，守軍驚亂。南宋降將劉整至襄陽城下勸降，被伏弩所傷，因此主張摧毀襄陽城，俘虜守將呂文煥。

元代火炮

　　元將阿里海牙不同意，親至城下再次勸降，折箭為誓，擔保不殺呂，並勸呂說：你能以孤城抵禦我大軍這麼些年，已經為宋朝皇帝盡忠了。現在襄陽城連鳥都飛不出去，你如投降，我朝會繼續給

你官職尊榮，不會記仇殺你。呂文煥本來就被南宋朝廷的內部政治鬥爭整得焦頭爛額，面對樊城失守、襄陽被困，實在無心戀戰，最後舉城投降。

元軍得襄樊後，忽必烈召阿術等還朝。阿術上奏：宋兵虛弱，不如以前，現在不滅宋，時不再來。忽必烈聞之振奮，調動元兵20萬，水陸並進滅宋。由伯顏統領，分兩道進軍：伯顏、阿術一路，由襄陽入漢水過長江，以南宋降將呂文煥為先鋒；另一路由自東道取揚州，以南宋降將劉整為先鋒。同時命駐蜀元軍進攻四川宋軍，阻其東援。

元軍的兩個先鋒都是南宋名將，所經之處不少宋軍均是其以前部將，望風而降。伯顏和阿術沿長江而下，兵鋒直指臨安。有南宋降將挑選兩名宋朝宗室美女，精心打扮，獻與伯顏，伯顏怒斥：「吾奉聖天子明命，興仁義之師，問罪於宋，豈以女色移吾志乎！」

也有很多南宋守城將士軟硬不吃，焦土作戰，節節抵抗，寧死不屈，對元軍造成很大殺傷。蒙古軍隊縱橫歐亞大陸未曾遇到如此頑強的對手，對宋戰爭時間之長超過蒙古軍隊征服的任何一個政權。元宋兩軍都在戰爭中損失慘重，雙方均有議和意願（元朝希望勸降對手）。

元朝特使（廉希賢）出發前希望元帥伯顏給他一些士兵保護自己的安全，伯顏說你的使命是靠言語而不是靠武力，你帶著士兵在路上反倒不安全。元朝特使堅持要兵，伯顏只好給他。特使及所帶軍隊在路上果然遇到襲擊，被宋朝軍隊殲滅。

南宋特使很快趕到，向伯顏道歉，說元使被殺完全是宋朝邊將所為，皇帝和太皇太后均不知情，一定會將肇事者殺掉謝罪，再多加貢賦，請求議和。伯顏認為南人狡詐，需再派使者到南宋看看情

況再談，不料元朝使者一入宋境再次被殺。

元軍集中力量猛攻堅守的常州城，城破後進行屠城，但伯顏禁止對逃走的宋兵追擊，說這些潰兵所過之處宋軍都不會再堅守城池了。

1276年，元軍逼近南宋首都臨安（杭州），南宋再次遣使議和，伯顏以南宋屢屢拘捕蒙古人和殺害元朝使者為由，拒絕議和：「爾宋昔得天下於小兒之手，今亦失於小兒之手，蓋天道也，不必多言。」

無奈之下，5歲的宋恭帝和太皇太后，以及南宋宗室和大臣，奉表請降。伯顏回覆說：「爾國既已歸降，南北共為一家，王勿疑，宜速來，同預大事。」

忽必烈下詔免宋恭帝繫頸牽羊之禮，令其北上。宋恭帝至北京通州，忽必烈命賜大宴十日、小宴十日，然後赴上都。全太后及宮嬪等在大都，日支羊肉1600斤，其他物品也供應充足。

宋恭帝至上都受封瀛國公。18歲時忽必烈賞其許多錢財，叫他去西藏出家。於是當年的小皇帝宋恭帝成了高僧，為佛教界做出了許多貢獻，翻譯了不少佛教經文。53歲時因詩作觸犯文字獄，被後來的元朝皇帝賜死。

有後人感慨天道報應[55]：宋朝開國皇帝趙匡胤削平諸國，未嘗殺一降王，其嫡系子孫宋高宗趙構開創南宋，未死於金人之手，南宋滅亡其宗室也免於屠戮。

趙匡胤傳位給其弟趙光義後，宋太宗趙光義違背約定，沒有傳回趙匡胤子孫，而是傳給自己子孫，還對趙匡胤子孫及南唐後主李煜等大開殺戒。北宋滅亡時遭金人虐待致死的趙宋皇室多為宋太宗子孫。

金朝攻入汴梁後對待北宋皇室殘酷虐殺，後來蒙古興盛，金朝也遷都汴梁。被蒙古兵攻克後，金朝宗族男女500餘口也像北宋徽、欽二帝一樣受到折磨。

元世祖忽必烈對待投降的南宋皇室不薄，至元朝滅亡時，元朝末代皇帝元順帝遁歸沙漠後，子孫雄長邊外數百年，免受滅族之禍。

君臣無力存社稷

蒙哥發動滅宋戰爭時，南宋的當政者是第5任皇帝宋理宗（趙貴誠）。他本非皇子，而是南宋皇室的一個親戚，前任皇帝（宋寧宗）死後，宰相（史彌遠）因與太子關係不好，矯詔廢太子，立其為帝。

因此宋理宗繼位後，前10年對政務完全不過問，將權力完全交給宰相，宰相死後宋理宗才開始親政。初期採取一些改革措施，任用不少賢良，政局稍有起色。但親政第二年（1234年）與蒙古聯手滅金後，宋理宗頭腦發熱做了個錯誤決策。

開始南宋朝野對於是否應該與蒙古聯合滅金意見不一，宋理宗剛剛親政，欲立功業，就不顧金朝「唇亡齒寒」的哀求，同意了「聯蒙擊金」的戰略，加速了金朝的滅亡，還將金朝皇帝骨頭帶回臨安祭祖。

南宋君臣為一雪靖康之恥狂喜過後，宋理宗見蒙軍北撤，中原空虛，竟然派兵偷襲，以為可以收回故土，光復三京（東京開封，西京洛陽，南京應天）。這就打破了與蒙古的盟約，就像當年北宋主動違約引來金兵攻擊一樣，南宋此舉也為蒙軍出師伐宋提供了充分的藉口。他沒有細想：南宋如果有收復中原的綜合實力早就北伐成功了，既然不能打敗金兵，憑什麼可以打敗消滅了金朝的蒙古軍隊呢？

1235年蒙古軍分三路大軍南下，分別攻占成都、襄陽、郢州（今湖北鐘祥）等城市，擄掠而歸，以示對宋朝的懲罰。而後蒙古與宋朝議和，集中力量開始進行（1236年）歷時7年的第二次西征，一直打到歐洲多瑙河畔，因大汗窩闊臺去世（1242年）才結束。

蒙古第二次西征結束後10年，新大汗蒙哥派旭烈兀率軍進行第三次西征，征服了波斯（伊朗）和黑衣大食（伊拉克），並一度占領敘利亞和土耳其東部。

此次西征進入第二年（1253年）時，蒙哥同時派兵攻陷了位於雲南的大理國，並繼續向東南進軍，滅亡了位於越南的安南國（1258年）。在完成了對南宋的包圍後，蒙哥發動了滅亡南宋的全面戰爭。

收復中原之舉的迅速失敗使宋理宗意志消沉，沉浸在聲色之中。1259年，忽必烈率軍攻武漢，南宋朝野震動。宋理宗命右丞相賈似道領兵救援。賈似道擅自派使求和，許諾可以稱臣割地進貢。恰在此時忽必烈聽說大汗蒙哥在重慶被宋軍擊斃，自己需要立即北上爭奪汗位，於是同意議和撤軍。

賈似道隱瞞了求和內情，向宋理宗謊報他抗蒙得勝，上表稱：「諸路大捷，鄂圍始解，江漢肅清，宗社危而復安。」南宋朝野都認為賈似道有再造國家的蓋世功勳，稱其為當世「周公」。賈似道凱旋返都之時，宋理宗命全體文武官員到郊外迎接，並予加官晉爵。賈似道趁機清除朝中異黨，把持政權。

為隱瞞求和真相，騙取權位，賈似道對抗蒙有功的將士，陸續給予打擊。有的被排擠至死（如保衛釣魚城的王堅），有的被貶竄殺死（如勇截涪州浮橋阻擊蒙軍的曹世雄），有的被治罪逼死（如抗蒙立功的向士璧、印應飛等）。就這樣，賈似道在宋理宗、宋度

宗兩朝獨專朝政15年。

沒有處理好宋蒙關係的宋理宗自己結局也不好，病重時下詔徵求全國名醫為自己治病，但無人應徵，不治而亡。病逝後不過十五年，被盜墓，理宗的屍體因為入殮時被水銀浸泡，所以還未腐爛，盜墓者便將其屍體從陵墓中拖出，倒懸於陵前樹林中瀝取水銀。隨後將理宗頭顱割下，並製作成飲器，送交大都元朝統治者，軀幹被焚燬。理宗的頭顱直到朱元璋攻占大都後，才在元大都的皇宮中被找到。

宋理宗繼任者宋度宗（趙禥）更加荒淫昏庸，在做太子時就以好女色出名。做皇帝後，整天沉溺於酒色，史載其曾一夜臨幸30餘宮妃。[56]宋度宗稱賈似道為「師相」，由賈似道獨攬朝政。

宋度宗的好日子也不太長。忽必烈奪得蒙古汗位、穩定內部之後，立即派兵回攻南宋。襄樊被圍攻了三年，形勢十分危急，賈似道卻隱匿不報。宋度宗從某宮女處聽說此事，賈似道一面否認，一面迅速把該宮女處死。襄樊失守的第二年（1274年），宋度宗因酒色過度去世。

繼位的宋恭帝趙㬎（xiǎn）是南宋第七位皇帝。由於只有4歲，由祖母謝太皇太后、母親全太后垂簾聽政。但軍國大權依然在賈似道之手。武漢失守，群臣紛紛上疏請求賈似道親自出兵抗元，賈似道被迫出兵。賈似道先給元丞相伯顏送上禮品，請求割地賠款，但伯顏責他不守信義，拒絕議和。隨後賈似道的13萬水陸大軍和數千艘戰船在蒙軍大砲的猛烈轟擊下迅速潰敗，南宋水陸軍主力頓時瓦解。

賈似道乘小船逃走，元兵直逼臨安，南宋朝野一片震恐，要求殺之以謝天下。在強大的壓力下，太皇太后將賈似道免職，後來又把他貶到廣東。流放的路上，押解人員（鄭虎臣）勒逼折磨，讓賈

似道自盡，賈最後被迫服冰片自殺，竟然未死，只是肚泄，押解人員將其摔死在廁所內。

面對元軍逼近，太皇太后下詔，要各地起兵「勤王」。各地官員見元軍攻勢凌厲，大多不予響應。立即起兵勤王的是文天祥和張世傑。

狀元出身的文天祥此時在江西任贛州知州，接到詔書後，立即在當地募集兵士兩萬人，入衛臨安。當權派（陳宜中）稱其「猖狂」，要他留屯隆興府，不準來臨安。文天祥就領軍在江西與元軍交戰，一度打得有聲有色，頗有復興的氣勢。

張世傑原是金將張柔部下，張柔戰敗降元後，張世傑率部投宋。有意思的是，在元宋戰爭的最後階段，元軍的統帥是張柔之子張弘範，宋軍的統帥是張柔部下張世傑，命運決定了兩個同鄉同宗的統帥必須各為其主展開你死我活的決戰。

張世傑因降將身份不被南宋當權派信用，不許其帶所部人馬進京。張世傑只好結集戰船萬餘艘，在海上與元軍水戰。命令以十船為一方，非有號令，不得起錨。元軍發動火攻，宋軍大潰。

文天祥、張世傑請皇室三宮（太皇太后、太后、皇帝）入海與元軍決戰，但南宋皇室已經喪失鬥志，決意投降，並向元軍送上傳國玉璽和降表。

南宋皇室讓文天祥擔任丞相，去元軍大營議降。文天祥與伯顏爭辯不屈，又怒斥南宋降將，結果被扣留在軍營，隨後又押解北去。元軍入臨安，宋恭帝和太皇太后率大臣出降，也被押送大都。

此時南宋尚有不少城市堅持抵抗。南宋皇室被元軍俘虜北上途中，宋兵（姜才）數千人還企圖截奪皇室，被元兵擊退。元軍派使者以太皇太后手詔招降。揚州守將（李庭芝）在城上對使者說：奉詔守城，沒有聽說以詔諭降。元軍斷揚州糧道，揚州城中糧絕，兵

士以牛皮作食物，仍然拒戰不屈，直到城池被攻破，將士戰死。

南下廣東的南宋將領張世傑等人又立了一個南宋皇室的小皇帝，組織了上千艘戰船和20餘萬兵民，在海上與元軍對陣。宋軍把戰船結成一字陣，用繩索將船隻連接設防。

此時前來進攻的元朝水軍只有戰船三百艘。元軍以奇兵切斷宋軍供給線，點燃載滿茅草膏脂的小船，乘風衝向宋軍。張世傑已有準備，戰船都塗滿灰泥，綁著水桶，火勢雖旺，卻始終無法燒及船身。

元軍派張世傑的外甥三次勸降，張世傑給元軍主將回信曆數古代忠臣作為答覆。宋軍被困，被迫飲未經處理的海水，大多上吐下瀉，困頓不堪。元軍向當地士民喊話勸降，士民不為所動，無人背叛。

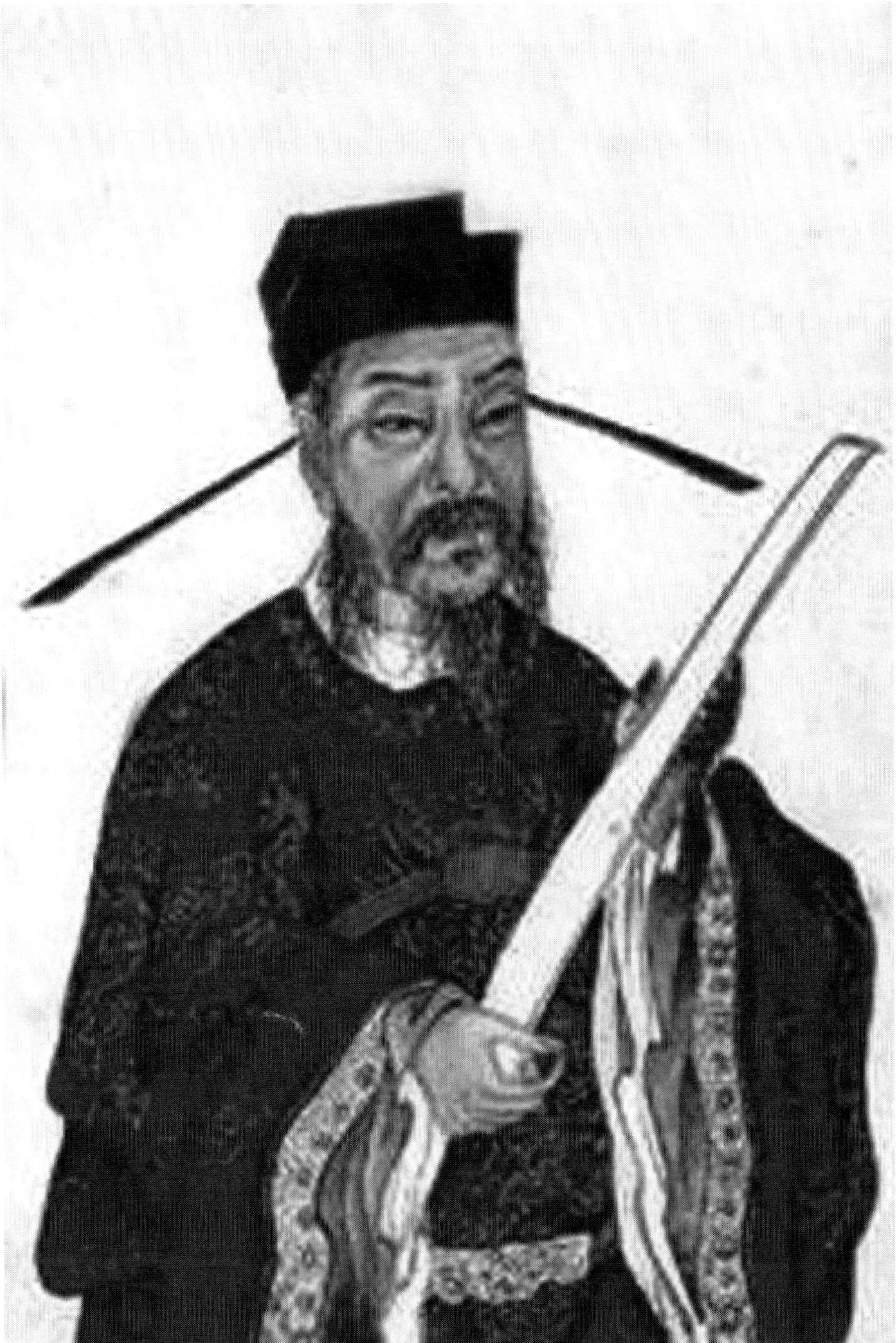

張世傑

　　元軍發動進攻，宋軍多面迎戰，雙方傷亡慘重。戰至中午，元軍奏樂，宋軍以為元軍將進午餐（聞樂進食是元軍的慣例），稍稍懈怠。元軍伏兵四起，一鼓作氣連奪宋軍七艘戰艦，士氣大振，宋軍不敵。

　　日暮時分，張世傑派人來接小皇帝逃走，形勢紛雜，保護小皇帝的陸秀夫難辨來人真偽，既怕被人出賣，又怕被俘受辱，堅決不肯登船。小皇帝的乘船很大，且與諸舟連在一起，難以逃脫，陸秀夫將自己的妻兒推入大海，背著9歲小皇帝，跳入茫茫深海。後宮諸臣，萬念俱灰，紛紛跟著跳入海中。張世傑見大勢已去，率領餘部潰去。

　　戰爭過後，10餘萬宋人的屍體浮於海面。元軍發現其中一具屍體，幼小白皙，身著黃衣，懷帶詔書之寶，遂將小皇帝溺死情況上報元廷。張世傑聞之絕望，恰遇颱風，墜水溺死。

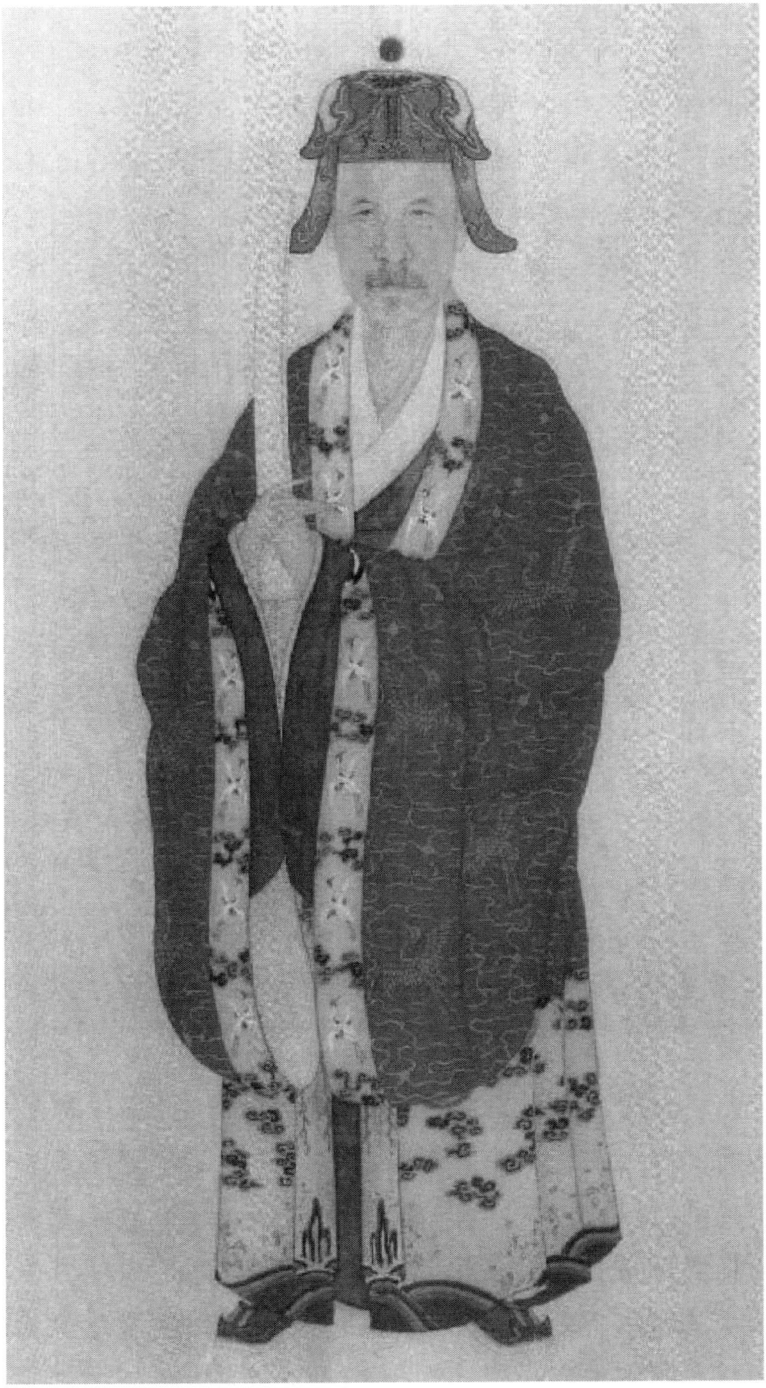

文天祥

　　元朝水軍大舉進攻南宋殘餘水軍時，把文天祥也押到船上。張弘範要文天祥寫信勸降張世傑，文天祥拿出元軍艦隊經過珠江口外的零丁洋時自己的詩作《過零丁洋》：

　　辛苦遭逢起一經，干戈寥落四周星。

　　山河破碎風飄絮，身世浮沉雨打萍。

　　惶恐灘頭說惶恐，零丁洋裡嘆零丁。

　　人生自古誰無死，留取丹心照汗青。

　　張弘範感慨作罷。戰爭結束後，文天祥被押回大都，元朝又派俘虜來的亡國皇帝（宋恭帝趙　）去勸降，文天祥只是連聲說：「聖駕請回。」文天祥被關押三年餘，在獄中作《正氣歌》：

　　天地有正氣，雜然賦流形。下則為河岳，上則為日星。

　　於人曰浩然，沛乎塞蒼冥。皇路當清夷，含和吐明庭。

　　時窮節乃見，一一垂丹青。在齊太史簡，在晉董狐筆。

　　在秦張良椎，在漢蘇武節。為嚴將軍頭，為嵇侍中血。

　　為張睢陽齒，為顏常山舌。或為遼東帽，清操厲冰雪。

　　或為出師表，鬼神泣壯烈。或為渡江楫，慷慨吞胡羯。

　　或為擊賊笏，逆豎頭破裂。是氣所磅礡，凜烈萬古存。

　　當其貫日月，生死安足論。地維賴以立，天柱賴以尊。

　　三綱實系命，道義為之根。嗟予遘陽九，隸也實不力。

　　楚囚纓其冠，傳車送窮北。鼎鑊甘如飴，求之不可得。

　　陰房闃鬼火，春院閟天黑。牛驥同一皁，雞棲鳳凰食。

一朝濛霧露，分作溝中瘠。如此再寒暑，百沴自辟易。

哀哉沮洳場，為我安樂國。豈有他繆巧，陰陽不能賊。

顧此耿耿存，仰視浮雲白。悠悠我心悲，蒼天曷有極。

哲人日已遠，典刑在夙昔。風檐展書讀，古道照顏色。

由於不斷有抗元起義民眾以營救南宋宰相文天祥為號召，忽必烈親自對文天祥勸降，許以宰相等職位，文天祥拒絕後被殺，各地抗元起義漸息。張世傑與陸秀夫、文天祥並稱「宋末三傑」。

北南一統大勢趨

漢唐亡於內，兩宋亡於外。這與兩宋「守內虛外」、「安內重於攘外」的國策有關。宋太宗明確表示：「國家若無外憂，必有內患，外憂不過邊事，皆可預為之防。惟奸邪無狀，若為內患，甚為可懼，帝王合當用心於此。」[57]故兩宋無政變，卻多外患。

不過，南宋政權何以不亡於金卻亡於元？是南宋衰落了，還是元朝比金朝更強大？元朝如何能成為中國歷史上第一個完全由少數民族建立的南北統一的全國性政權？

與百年前的金宋戰爭時相比，南宋國力未必弱於當初。

一是人口規模迅速增加。南宋初年（1159年，宋高宗紹興二十九年），其統治人口約1684萬。但經過高宗、孝宗兩朝（1190年，宋光宗紹熙元年），人口的統計數達2850萬，接近於北宋神宗時版圖內人口總數。人口快速增加很大程度上是由於北方漢人大量南遷，南宋經濟發達也有利於人口繁衍。

二是財政收入繼續增長。宋朝稅賦主要有錢、金、銀、谷、布五種形式，北宋後期將這些項目加在一起折合每年財政收入大約8000多萬兩白銀。南宋初年收入銳減，但經過三四十年的發展很快又達到了同等財政收入水平。南宋隨著版圖的縮小，可徵稅的土

地也隨之減少，但北方大量人口南渡，再加上人口的自然增值使南宋人口仍然維持在一個較高水平。有人就有稅。南宋政府基本沿襲了北宋的財稅制度，對茶、鹽、酒等最為重要的生活必需品實現官方專賣制度，稅源極其穩定，占據了財政收入的半壁江山。再透過增創新稅及擴大舊稅的徵斂額而增加稅收，使南宋財政收入比之北宋還更寬裕。

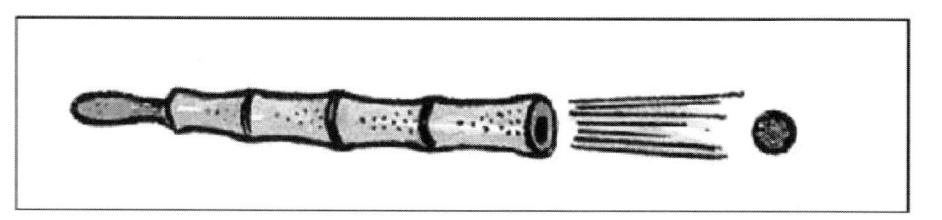

南宋突火槍

三是軍事力量有所壯大。南宋初期軍隊總數近40萬人，後增至70萬人，南宋末年隸於兵籍的仍有70餘萬人。南宋軍隊軍事裝備日益先進。宋代兵書《翠微北征錄》說：「軍器三十有六，而弓為稱首；武藝一十有八，而弓為第一。」南宋將領杜杲（gǎo）創造三弓弩，「可及千步（1550米）」。裝上火藥的連弩當時已廣泛裝備各軍之中。

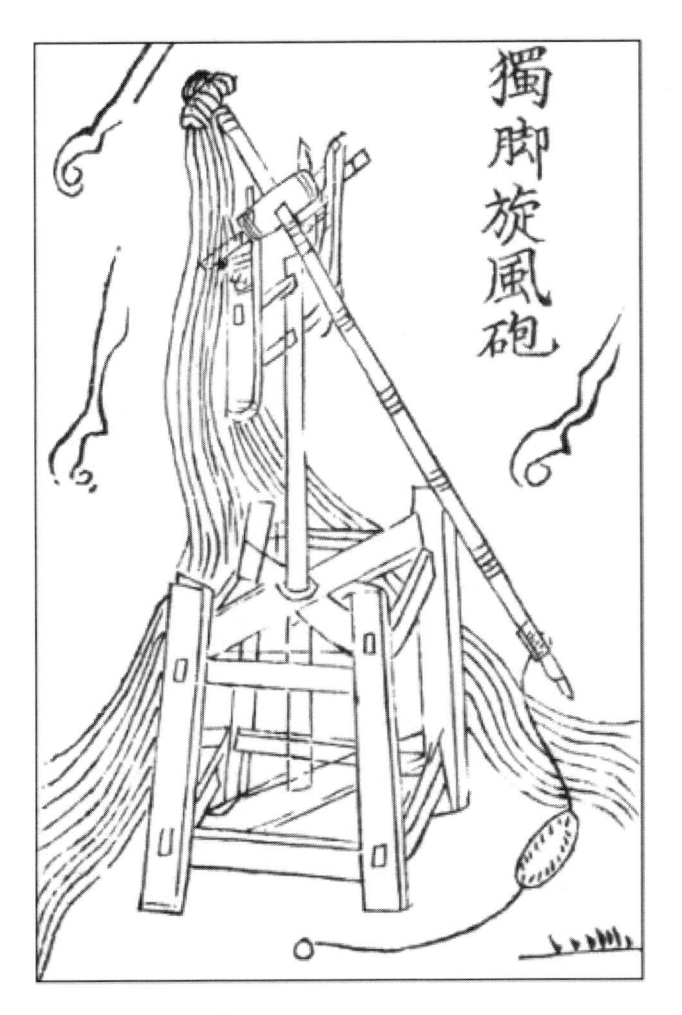

宋代獨角旋風炮

宋軍使用霹靂炮、震天雷、引火毬、鐵火炮、火箭、火毬、火槍、火炮等火器，投石機方面有車行炮、單梢炮、七梢炮與旋風炮等[58]。《金史》對震天雷做過描述：「火藥發作，聲如雷震，熱力達半畝之上，人與牛皮皆碎並無跡，甲鐵皆透。」南宋火器使用遠多於北宋。

在元宋戰爭中宋軍還不斷推出新的軍事器械。例如杜杲在對抗

133

元軍的攻城戰役中，發明出堅固度是普通城樓三倍的移動箭樓，還有攔截拋石器投射的巨石的排杈木網罩，以及一種專門射擊蒙軍眼睛的特製小箭，用來對付身披十餘層牛皮厚甲、只露雙眼的蒙軍敢死隊。

雖然南宋不弱北宋，但其對手元朝卻較金朝更為強大。元朝與金朝相比，有以下幾個制勝特點：

其一，強調少殺戮的政治攻勢比金朝高明。元軍在攻宋時一改原來蒙古軍隊征戰時頻頻屠城的做法，強調力爭少殺人，這比金軍南下一路燒殺而激發南宋軍民強烈抵抗意志的做法有效。

忽必烈滅亡南宋統一中國，在中國自秦漢以來的歷代王朝更替重建統一帝國的戰爭中，有人甚至認為是戰事最少，殺戮最少，破壞最小的案例。[59]這與元朝君主日漸接受契丹及漢人的仁義勸誡有關。忽必烈重視儒生與漢法，也較多地聽取了「行仁政，不嗜殺」而取天下的建議。

忽必烈前期尤其重視尊儒學、用漢人。他曾向蒙古貴族說：「考諸前代，北方之有中夏者，必行漢法，乃能長久。」「若今日形勢，非用漢法不可。」[60]金朝名儒元好問（「問世間情為何物，只叫人生死相許」的作者）甚至向忽必烈奉上「儒教大宗師」尊號。元使（郝經）對南宋君臣說：「大元皇帝忽必烈愛養中國，寬仁愛人，樂賢下士，甚得夷夏之心，有漢唐英主之風，其為天下主無疑。」[61]

忽必烈「不嗜殺」的做法與前幾任蒙古大汗不同。成吉思汗在進攻西夏時去世，去世前留下「先勸降西夏政權，再對久攻不下的中興府（銀川）屠城」的遺言，蒙軍遵命行事，西夏党項族人幾乎滅絕。蒙哥汗去世前也曾留下遺言：「日後攻下釣魚城，當盡屠城中之民。」但南宋滅亡後釣魚城降元，忽必烈卻赦免了城內軍民，

沒有屠城。

在元軍出發平宋之前，忽必烈對主帥伯顏引用宋初大將曹彬滅南唐不亂殺人的故事進行曉諭：「昔曹彬以不嗜殺平江南，汝其體朕心，為吾曹彬可也。」[62]伯顏因此作詩《奉使收江南》，作為南征的指導方針：

劍指青山山欲裂，馬飲長江江欲竭。

精兵百萬下江南，干戈不染生靈血。

元朝君臣的不殺聲明雖有明顯的政治宣傳意味，因為在元宋戰爭中還是出現了幾次屠城，但與蒙古軍隊以往征戰時動輒屠城的做法相比的確收斂了許多，客觀上有利於爭取江南民心。

伯顏不僅三令五申嚴禁擾民，而且在建康（南京）駐軍時，還開倉賑濟饑民，派軍醫深入民間為百姓治病。在南宋首都臨安（杭州）投降之後，伯顏嚴禁軍士入城擾民，僅遣宋降將持黃榜安撫城內外軍民，使整個受降交接過程井然有序。後來臨安百姓自發為伯顏立祠祭祀，伯顏祠堂（忠武王廟）裡至今還有一塊杭州人為其所立的勛德碑。

南宋（汪元量）有詩贊曰（當然這首詩拍馬屁的嫌疑也是有的，從其詩句為讓蒙古人易懂而過於口語化可見一斑，但應不致說謊）：

伯顏丞相呂將軍，收了江南不殺人。

昨日太皇請茶飯，滿朝朱紫盡降臣。

在湖南戰場上，攻下潭州後元將阿里海牙謹守忽必烈不殺的命令，而兩個參政卻主張按照蒙古舊俗屠城，雙方各遣使者向忽必烈告狀。忽必烈力挺阿里海牙，而怒斥屠城之議：「國家征南，非貪其國，欲使吾德化均及其民人爾。今得土地而空其城，政復何

為？」

　　二是經濟實力較金朝更為雄厚。元朝土地廣袤，人口眾多，經濟實力較之金朝更為雄厚。忽必烈稱汗時，實際管轄的政治版圖包括中原地區、東北地區（包括整個黑龍江流域）、吐蕃地區（包括今青海、西藏等地）、蒙古草原全境，西伯利亞南部地區以及今新疆東半部。雖不包括蒙古四大汗國所統治的中亞和歐洲地區，但也相當遼闊，經濟規模足以支撐元朝的滅宋戰爭。

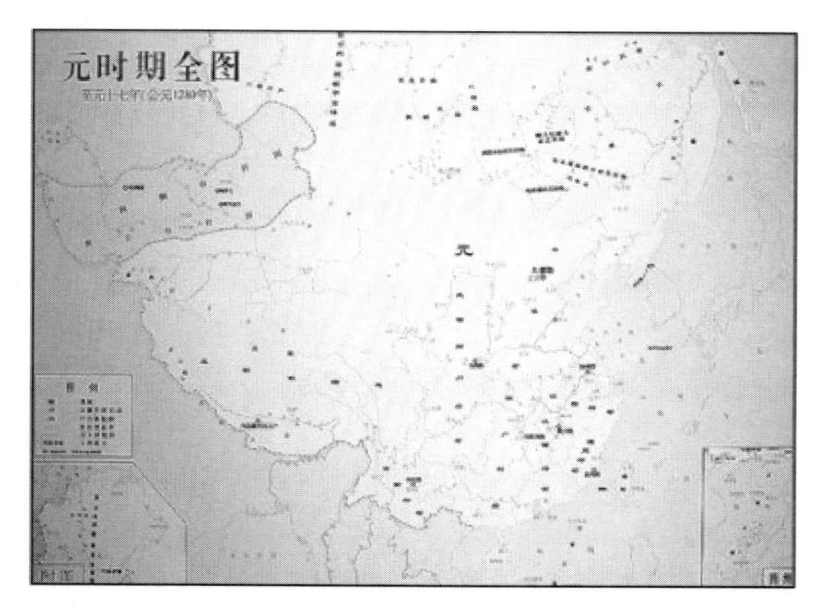

元時期全圖

　　元朝採取「重農不抑商」的政策使北方經濟得以較快恢復和發展。蒙古人初占華北之際，很多蒙古貴族主張將農田全部變為牧場，「漢人無補於國，當悉空其人以為牧地」。將農業區變為牧業區，肯定會造成生產力的巨大破壞。以耶律楚才為代表的漢地官員極力反對，並給蒙古政權算帳說，保留漢地農業生產，每年可得「銀五十萬兩，帛八萬匹，粟四十萬石」，如實行遊牧經濟，則不會有這麼高效益。後來元政府多次下詔：「禁以民田為牧地。」

[63]

　　元朝皇帝模仿中原皇帝祭祀神農后稷，耕起籍田，並明詔天下：「國以民為本，民以衣食為本，衣食以農桑為本。」同時開挖河渠，為發展農業和商業大興農田水利。據不完全統計，元朝興修的水利工程多達260處，其中工程最大的有兩項：一是修治黃河，疏濬了幾十條故道;另一項是鑿通南北大運河。[64]此外元朝更將商業傳統發揚光大。這樣，元朝的經濟實力已經大大超越了其所滅亡的金朝。

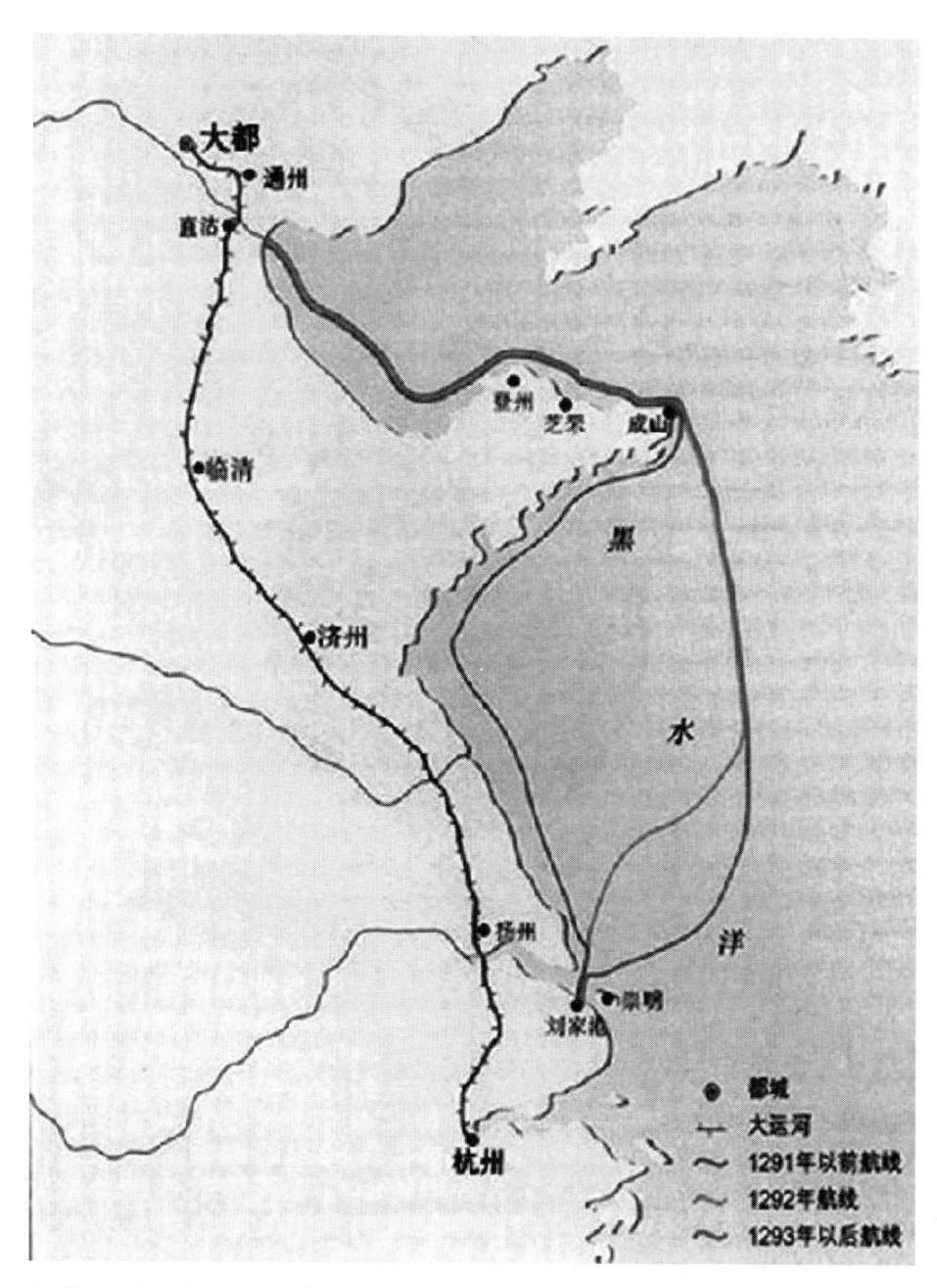

元代京杭大運河與海運略圖

三是軍事實力更加強大。完全遊牧生活的蒙古人比半農半獵的女真人具有更強的攻擊性和運動縱深。金初兵力強悍，遼軍「每遇女真，望風奔潰」。元初軍隊基本也是如此。據《蒙韃備錄》記載，「韃人生長鞍馬間，人自習戰，……故無步卒，悉是騎軍。」蒙古諸部族「男子十五以上，七十以下，無眾寡，盡簽為兵。」而且蒙古不但全民皆兵，每名騎兵均有馬數匹，可輪流換乘，故長途奔馳，馬不疲睏。

元軍又比金軍多了漢人部隊，該部隊的戰鬥力與滅宋功績怎麼說都不為過。江北地區民眾失去對宋政權的忠誠為元朝滅宋創造條件。

在金與南宋的戰爭中，北方雖被金朝占領，但民眾心向南宋。給金軍以重創的宋軍將領多為北方漢人：岳飛、牛皋河南人，韓世忠、張浚、張宗顏陝西人，吳玠、吳璘、郭浩甘肅人，王彥山西人，李寶河北人，等等。統計諸名將，無一不出自北方。其他不甚著名而守城殉節的將領也多是北方人。[65]

蒙古騎射

而在元與南宋的戰爭中，北方被元朝占領，民眾歷經金朝百餘年的統治，已經沒有了當初對宋朝的那種文化認同。在元宋戰爭中能戰之將多出北方，如元宋兩軍統帥張弘範和張世傑均是河北範陽人。原金朝治下的民眾對宋政權也不再有南宋初期的那種文化認同和忠誠，反而在元朝占領北方後迅速建立起對元朝的忠誠，使元朝在滅宋戰爭中沒有後顧之憂。

最後，在軍事策略上，蒙古軍隊的軍事指揮藝術高於金軍。元軍有積極主動、靈活機動的戰略戰術。元軍為揚長避短，儘量減少攻堅戰，充分利用騎兵機動性強的特點，進行運動戰。對堅固設防城邑，一般採取誘敵出城或圍城打援戰法。如敵不中計，則留部分兵力監視，主力繞道前進。對必須攻取的城池，用火攻、水淹、掘地道等方法實施強攻。此外蒙古軍善用心理戰，常驅俘虜攻城，渙散守城軍心。元軍之敏捷機智，金軍很難望其項背。[66]

總之，漢唐盛世的繁榮穩定讓大一統觀念在中國深入人心，以致後來南北分裂時期，不斷有人呼籲及投身國家統一事業，民意也一直有國家統一的要求。有宋一代，宋政權無力擔負起國家統一的重任，這一事業就只能由綜合實力更強大的北方政權完成。在北方政權中，遼朝缺乏統一意願，金朝缺乏統一能力，而元朝既有意願又有能力，更重要的是，遼金300餘年的少數民族統治加速了北方各民族的融合及漢人對少數民族統治的認同，為蒙古政權入主中原奠定了統治基礎，國家統一形勢與條件日益成熟，因此最終由元朝完成國家統一。

註釋

[1].《晉書·帝紀第一·宣帝》。

[2].《晉書·帝紀第一·宣帝》。

[3].《晉書·羊祜傳》。

[4].張大可：《三國鼎立形成的歷史原因》，《青海社會科學》1988年第3期。

[5].《資治通鑒》卷七十。

[6].《三國志·吳志·孫皓傳》。

[7].周紅：《曹魏西晉統一方略的財政經濟分析》，《中國社會經濟史研究》2002年第3期。

[8].林曉虢：《晉滅吳之戰》，http : //lt.cjdby.net/archiver/tid-1390057.html。

[9].施丁：《論赤壁之戰的幾個問題》，《史學月刊》1981年第6期。

[10].袁延勝：《論西晉統一的歷史經驗》，《中州學刊》2009年7月第4期（總第172期）。

[11].《資治通鑒》原文：「天下大亂，爾夷狄禽獸之類猶稱帝，況我中土英雄，何為不得稱帝邪！」

[12].《資治通鑒》卷一百二。

[13].《資治通鑒》卷一百一。

[14].《資治通鑒》卷九十九。

[15].《晉書·王猛傳》。

[16].《高僧傳·釋道安》。

[17].《晉書·苻堅傳》。

[18].《資治通鑒》卷一百四。

[19].《晉書·簡文帝紀》。

[20].《晉書·王羲之傳》。

[21].《晉書·劉波傳》。

[22].翦伯讚：《中國史綱要》（第2冊），人民出版社1965年版。

[23].王仲犖：《魏晉南北朝史》（上冊），上海人民出版社1979年版。

[24].《晉書·苻堅傳》。

[25].《隋書·高熲列傳》。

[26].《資治通鑒》卷第一百七十二。

[27].《資治通鑒》卷一百七十七。

[28].《陳書·蕭摩訶列傳》。

[29].樊廣平：《楊堅建隋以及對全國的統一》，《文科教學》1996年第1期。

[30].韓國磐：《簡論隋朝的統一》，《歷史教學》1962年第5期。

[31].魏明孔：《隋唐手工業與中國經濟重心的南北易位》，《中國經濟史研究》1999年第2期。

[32].高明士：《隋代中國的統一——兼述歷史發展的必然性與偶然性》，《唐史論叢》（第七輯）1998年。

[33].《續資治通鑒長編》卷四，乾德元年二月。

[34].《續資治通鑑長編》卷五，乾德二年九月戊子。

[35].章深：《宋朝統一嶺南的戰爭——兼論古代「合縱連橫」傳統的湮沒》，《學術研究》2007年第10期。

[36].《宋史·李綱傳》。

[37].「康王構當窮其所往而追之。俟平宋，當立藩輔如張邦昌者」。（《金史》卷七十四）

[38].〔宋〕洪皓：《松漠紀聞》，上海古籍出版社點校本2001年版，第2803頁。

[39].〔金〕宇文懋昭：《大金國志》卷十二，熙宗孝成皇帝四。

[40].程明生：《宋代軍隊數量考》，《社會科學戰線》2009年第5期。

[41].〔宋〕李心傳：《建炎以來朝野雜記》甲集卷十八。

[42].《宋史·岳飛傳》。

[43].蘇光：《北宋時期軍隊兵器發展研究》，《搏擊（武術科學）》2011年09期。

[44].周寶硯：《北宋軍事衰弱的原因探析》，《世紀橋》2009年第12期（總第190期）。

[45].《金史》卷四，中華書局1975年版，第99頁。

[46].《三朝北盟會編》卷二。

[47].《宋史·周執羔傳》。

[48].《金史》卷八十八。

[49].賈淑榮：《金朝武將與金代國運的興衰》，《黑龍江民族叢刊》2012年第1期（總第126期）。

[50].〔清〕趙翼：《廿二史箚記》卷二十八。

[51].波音：《透過錢眼看中國歷史》第六篇 別說宋朝不差錢，北京航空航天大學出版社2011年版。

[52].《大金國志校證》，上海古籍出版社1985年版。

[53].王明前：《遼金二朝財政體系初探》，《長春金融高等專科學校學報》2012第2期（總第108期）。

[54].《三朝北盟會編》卷一百六十六，上海古籍出版社影印本1987年版，第1197頁。

[55].〔清〕趙翼：《廿二史箚記》卷三十。

[56].《續資治通鑒·宋紀一百八十》。

[57].〔宋〕江少虞：《宋朝事實類苑》。

[58].《中華文明史》第六卷 宋遼夏金，第三章 積弱的軍事和繁榮的兵學，河北教育出版社1994年版，第376頁。

[59].潘修人，《元朝統一中國過程中的殺掠問題辨析》，《內蒙古民族師院學報·哲社版》1993年第3期。

[60].《元史·許衡傳》。

[61].蘇天爵：《元朝名臣事略》卷十五《國信使郝文忠公》。

[62].《元史·伯顏傳》。

[63].《元史·世祖紀》。

[64].王麗英：《試論元初「重農不抑商」政策思想及其對社會經濟的積極影響》，《廣州師院學報（社會科學版）》1998年第10期。

[65].〔清〕趙翼：《廿二史箚記·金史》。

[66].何平立：《蒙金戰爭略論》，《軍事歷史研究》1994年第2期。

跨海揚帆——臺灣的故事

　　面積3.6萬平方公里的中國第一大島臺灣是中國東南海疆的重要屏障，自古與大陸多有聯繫。吳王孫權、隋帝楊廣均派兵將對臺灣土著進行征服，宋、元、明時期，中央政府在澎湖派兵駐防，元、明還設立澎湖巡檢司，管理包括臺灣在內的附近島嶼。

　　明朝永樂年間鄭和還曾率船隊入臺降服不肯向中央政權納貢的「東蕃」[1]。明末清初，中國大陸政權更迭，亡明故臣退守臺灣，與定鼎中原的清朝政權展開了跨越臺灣海峽的統獨較量，最終以鄭氏的歸降完成了版圖的統一。

臺灣赤嵌樓

鄭氏集團

明末鄭氏政權的祖孫四代領導人對臺灣與清朝的態度迥然不同。

第一代領導人鄭芝龍以海商及海盜起家,有後人稱其為「最瞭解臺灣在亞太戰略地位的創業家」[2],降明後曾經權傾朝野,獨霸東南,但對清軍望風而降。

第二代領導人鄭成功儒生出身,誓死抗清,並從荷蘭人手中收復臺灣建立政權,宣告「臺灣早為中國人所經營,中國人之土地也」。

第三代領導人鄭經企圖在臺灣裂土自立,稱「況今東寧(臺灣)遠在海外,非屬版圖之中」,並兩次反攻大陸,均失敗而歸。

第四代領導人鄭克塽執政不久,兵敗降清,臺灣復歸統一。

故事還要從鄭芝龍說起。鄭芝龍早年名叫鄭一官,後來做海盜自立門戶後,將部下分為十八先鋒,稱「十八芝」,並從此改名為「芝龍」。

明朝晚期,鄭芝龍出生在中國對外貿易大港泉州。少時「性情逸蕩,不喜讀書,有臂力,好拳棒」,多才多藝,通曉多種語言。18歲時至澳門跟舅父學習經商,之後往來東南亞各地,到日本九州時結識並娶了17歲的田川氏為妻,第二年生了鄭成功,據載是田川氏在海邊撿貝殼時突然腹痛,倚著巨石分娩的。

鄭成功出生的前兩年,荷蘭人占領澎湖,後在明軍的壓力和得到貿易權的誘惑下撤出澎湖,轉移到臺灣大員(今臺南安平),並

建築「熱蘭遮」和「赤嵌城」兩個要塞,再透過擊敗西班牙獨占了整個臺灣,這也是歷史上臺灣第一次為外國人占領。

熱蘭遮城前的商船

鄭成功出生那年(1624年),鄭芝龍從日本來到了臺灣。在日本時鄭芝龍既經營合法生意,也走私貨物。但日本長崎管理貿易的官員對包括華商在內的海商盤剝勒索非常嚴重,於是包括鄭芝龍在內的28個中國海商密謀奪取長崎。這個暴動計劃被一個醉酒的兄弟泄露了,於是鄭芝龍等人分乘13艘大船逃到臺灣北港。

到臺灣後,鄭芝龍先為荷蘭人擔任大約一年的翻譯,而後專心從事自己的海盜及經商事業。不久,20歲出頭的鄭芝龍脫穎而出成為諸海盜首領,擁有當時福建沿海實力最強大的武裝力量及商業團隊,部眾3萬餘人,船隻千餘艘,橫行於臺灣海峽。

鄭芝龍海上勢力的日益擴張強盛,引起明朝擔憂,多次派兵追剿,但均失敗,只好施行綏撫。鄭芝龍歸附明朝後,擁有了在大陸的牢固基地,在多次擊潰荷蘭東印度公司艦隊、並將中國南海上的海盜集團逐一消滅後,鄭芝龍確立了海上霸主地位,幾乎整個遠東

水域的中國商船都懸掛著鄭氏令旗，連荷蘭人也需要每年向鄭芝龍繳納12萬法郎的進貢，才可以保證荷蘭東印度公司在遠東水域的安全。

1644年，中國政治版圖劇變，清軍入關，明帝自縊。次年鄭芝龍擁明皇子朱聿鍵在福建登基，建立南明隆武政權。鄭芝龍官拜太師平國公，權傾朝野，成為南明的支柱，這也是他人生最輝煌的時期。

隨著清軍向南推進，鄭芝龍見局面不利，歸順清朝。清軍將領先是在福州設宴歡迎鄭芝龍，卻在半夜將其移送到北京軟禁。在此期間利用鄭芝龍的聲望招降其舊部，據《清世祖實錄》記載，奉芝龍之命降清的兵將達11.3萬人。7年後為安撫和招降其子鄭成功，清朝晉封鄭芝龍為同安侯。又過了8年，順治駕崩，輔政大臣蘇克薩哈矯詔斬鄭芝龍與其親族於北京菜市口（一說寧古塔）。

鄭芝龍在獲取民心方面有其獨到之處。做海盜時雖事劫掠，但對百姓卻相當仁慈，不但不濫殺人，甚至救濟貧苦，威望比官家還高。他在福建大旱災時，招饑民數萬，每人給銀三兩，每三人發給一頭耕牛，用海船送至地曠人稀的臺灣，開墾荒地，豐衣足食之餘，向其納稅，結果人心大快。在臺灣歷史上，鄭芝龍是組織大規模移民的第一人。

然而因臺灣而彪炳史冊的卻是鄭芝龍之子、鄭氏集團的第二代領導鄭成功。鄭成功早年名鄭森，明隆武帝賜其國姓「朱」，鄭後為表示抗清復明決心易名「成功」，也稱「朱成功」，中外又稱「國姓爺」。鄭成功生於日本，6歲時回中國學習，20歲時入南京國子監太學，受名師錢謙益教導，儒學功底深厚。

1645年6月，清軍攻克南京，南明弘光政權覆滅，鄭芝龍等在福州擁立唐王朱聿鍵為帝，建號隆武。隆武帝非常看重鄭成功，雖然沒有女兒，但給鄭成功駙馬的待遇，授官御營中軍都督，賜尚方

寶劍。隆武帝因其勤儉賢明頗受鄭成功等大臣愛戴。但不久，清軍入閩，鄭芝龍不戰而降，44歲的隆武帝被俘，絕食不屈而亡。

　　鄭芝龍降清前曾與鄭成功有一次深談。鄭芝龍說：「識時務為俊傑。今（清廷）招我重我，就之必禮我。苟與爭鋒，一旦失利，搖尾乞憐，那時追悔莫及。豎子渺視，慎毋多談。」

　　鄭成功牽其衣跪哭道：「虎不可離山，魚不可脫淵；離山則失其威，脫淵則登時困殺。吾父當三思而行。」

　　鄭芝龍不顧鄭成功苦諫北上福州降清，清兵趁機進劫泉州安平，鄭成功的母親田川氏未及逃出，恐受辱，自殺而死。此時年僅22歲的鄭成功公開與其父決裂，焚燬儒服，招募人馬，誓師抗清。

鄭成功

　　鄭成功後半生的16年中,一直堅持與清朝對抗,雖有和談,

也是以談促戰，趁和談的機會，派兵前往福建、廣東沿海地區招兵買馬、徵取糧餉。期間一度指揮海陸兩軍北伐至南京，全國震動，但因中計，未能在清軍援兵抵達前攻下南京而功虧一簣。此後因戰事不利敗退臺灣，接著其父鄭芝龍和南明的永曆帝先後被清朝殺害，鄭成功自嘆「進退無據」、「忠孝兩虧」，38歲含恨病逝臺灣。

鄭成功一生最大的功績在於收回臺灣。為開拓抗清基地，1661年4月21日鄭成功親率2萬餘人的軍隊，乘船200餘艘，從金門起航，30日上午登上臺灣島。

占據臺灣的荷蘭軍隊與鄭軍在海陸展開交戰。鄭軍約60艘戰船基本消滅了荷蘭艦隻，取得制海權。陸上作戰的180名荷蘭士兵則全部被鄭軍消滅。鄭軍將荷蘭人在臺灣的兩座城堡團團圍住，兩次派人去向荷蘭人招降。

荷蘭人自恃城堡堅實，城內儲糧豐富，水源充足，拒降待援。鄭成功為儘量減小部隊傷亡為日後抗清保留實力，未全力攻安平城，而是先迫降另外一城，再對安平城進行圍困。

8月荷蘭東印度公司派出的700名援兵來到臺灣，荷蘭人籌備了一個月後裡應外合對鄭軍發動主動進攻。結果荷蘭3艘小艦被鄭軍奪取，2艘大艦擱淺，1艘被鄭軍擊毀，荷軍傷亡130餘人，不得不向鄭軍投降。鄭成功使臺灣結束了荷蘭的殖民統治，重回中國版圖。

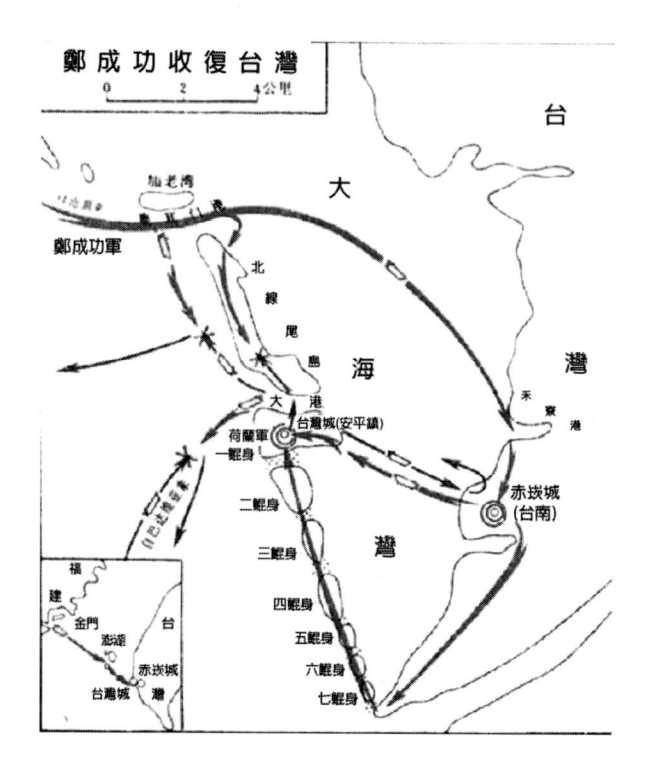

鄭成功收復臺灣

　　1662年6月鄭成功去世後，他的長子鄭經接班，成為鄭氏集團第三代領導人，但鄭經接班前差一點被其父殺掉。

　　鄭經曾經多次參與鄭成功的戰事。鄭成功率師取臺灣時，命19歲的鄭經鎮守廈門，調度沿海各島。夫妻感情不好的鄭經與四弟的乳母私通，生下一子。這惹惱了鄭經的部長級岳父，他寫信給在臺灣的鄭成功，說「治家不嚴，安能治國？」鄭成功羞愧震怒，命令其兄鄭泰到廈門把鄭經等人都殺掉。鄭泰僅處死該乳母及其與鄭經生的兒子，而沒敢殺鄭經及其生母。鄭成功不久病逝，在臺鄭軍擁立鄭成功的五弟鄭世襲護理國事，廈門鄭軍則擁立鄭經。鄭經率軍攻臺，鄭世襲逃至大陸降清，鄭經繼位。

　　鄭經一度雄心勃勃，欲揚先父的雄姿收復中原，然而心有餘而

力不足，雖兩次渡海出師西征福建，卻均大敗而歸。此後鄭經意志消沉，不理政事，飲酒賦詩，圍棋射獵，39歲時病逝臺灣。

　　鄭氏集團的第四代、也是最後的領導人是鄭經次子鄭克塽。本來繼承人應該是長子鄭克𡒉，鄭經率師西征時，命16歲的鄭克𡒉監國。鄭克𡒉明敏果斷，方正有為，有祖父鄭成功之風。為避免其繼任對己不利，侍衛馮錫範夥同鄭經的弟弟鄭聰等人，待鄭經一死就擒殺鄭克𡒉。11歲的次子鄭克塽繼承延平王位，鄭聰輔政，諸事均由權臣馮錫範和劉國軒決定。兩年後清軍大兵壓境，鄭克塽降清，後死於北京。

清軍入關

　　清政權集團由一個遊牧在白山黑水間的不起眼的小部落，迅速崛起為可以征服朝鮮半島與蒙古草原、並向龐大的明帝國發起挑戰的強大勢力，在短短三代領導人的時間裡，入關進京，定鼎中原，朱明山河破碎，遺臣困守東南，清軍風暴四起，兵鋒直指臺灣。清政權集團四代領導人的開拓故事相當精彩，如與鄭氏集團四代領導人相比，政府效能與成敗形勢顯而易見，故簡述如下。

　　「清」指滿族人建立的「大清」政權。大清的第二代皇帝皇太極漢學素養相當高，富有文化創意。「滿洲」與「大清」就是他發明的兩個詞彙，表示以水克火、以清代明的朝代興替。

　　清政權的第一個皇帝是努爾哈赤，他開國時的稱呼是「大金」的「大汗」。這是一個勇武善戰、並在成長中逐步萌生統一志向的政治人物。他的全名是愛新覺羅・努爾哈赤（滿語，愛新覺羅意為金族，努爾哈赤意為野豬皮），女真貴族，祖上世代受明朝冊封，

其祖父、父親都曾任明朝官職，母親在他10歲時病逝，繼母為人刻薄，分家後努爾哈赤得到的產業不夠維持正常生活，就帶著弟弟去外祖父那裡謀生。

　　努爾哈赤的外祖父是女真族中實力最強的部落首領之一，曾被明朝官員帶至漢區學習漢文和武藝，文武兼備，是努爾哈赤崇拜的偶像。後來因起兵反叛明朝被明軍擊敗殺死。明軍在努爾哈赤外祖父家裡俘虜了努爾哈赤兄弟，16歲的努爾哈赤此時表現出驚人的演技，儘管外祖父被殺讓他滿懷仇恨，但他跪在明軍遼東軍區總司令李成梁的馬前，痛哭流涕，用漢語請賜一死。此舉不但留下活命，還使他做了名震東北的李成梁的隨從，此後形影不離，關係密切，情同父子。

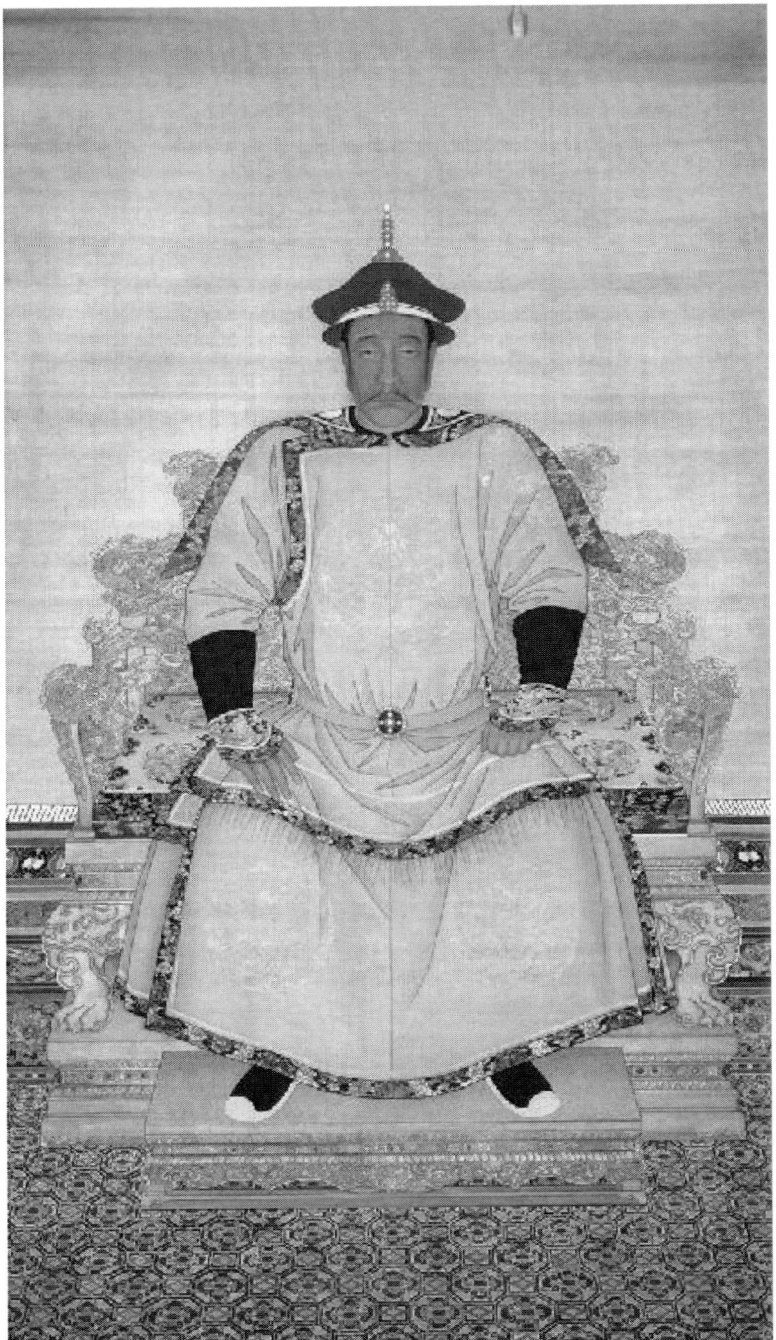

努爾哈赤

　　19歲時努爾哈赤以父親讓他回家成親為由，離開李成梁的明軍，回到女真部落，廣交朋友。25歲那年是努爾哈赤人生的轉折點。當時明軍在追殺努爾哈赤外祖父餘部的時候，包圍了大本營，並將寨子裡的人全部屠殺。受難者裡面有兩個不該殺的人：努爾哈赤的爺爺和父親。這兩個人都是忠順於明朝的女真族人，進寨是為了幫明軍勸降敵人，卻遭誤殺。於是努爾哈赤就找明朝官吏評理。明朝為表歉意，讓他襲任其祖上世襲的官職，並賜敕書30道，戰馬10匹。在此基礎上，努爾哈赤又整理出祖上遺留的13副鎧甲，組建了不足百人的隊伍，開始東征西討。

　　努爾哈赤先從部落仇人下手，逐一征服各部，29歲時就統一了建州女真部落。此後志向遠大的努爾哈赤不斷發動對外戰爭，同時為排除內部的反對聲音，先後處死了曾跟自己同甘共苦的弟弟和大兒子，維持了統治集團的團結，終於在56歲那年統一了女真各部落，建立了後金國，登基稱汗。兩年後徹底與明朝決裂，宣布對明朝的「七大恨」，並用生命中最後的10年與明朝展開殊死搏鬥，勝多敗少，為清軍打敗明朝「奠定帝業之基」。

　　清的第二個皇帝是努爾哈赤的第8個兒子皇太極。他是個富有遠見和謀略、以問鼎中原為畢生追求的政治人物。為爭取民眾的擁護，他不僅創造了前面說過的「滿洲」與「大清」，避開了刺激漢族人歷史記憶的「女真」和「金」，還將自己的名字「黃臺吉」（意為統領黃旗軍的貝勒）改為「皇太極」（意為始皇帝），並在稱帝那年改年號為「崇德」，為的是與明朝的「崇禎」相區別，顯示自己更重視德治。

　　努爾哈赤去世後，35歲的皇太極繼承汗位，先是與另外三大貝勒實行集體領導制，在接下來的4年間利用政治手腕將其他三個

領導人先後打掉，完成了個人的極權領導。他比其父更重視籠絡人心，爭取民意，廣收明臣漢將，安定四方百姓。

祖大壽是袁崇煥手下的猛將，袁死後祖率軍修復大凌河城以守衛錦州一線，皇太極認為不能「坐視漢人開拓疆土」，引軍圍城。圍困兩個月，援軍被多次打退，城內糧草斷絕，人骨當柴，死者為食。皇太極給祖大壽寫三封信勸降，祖假意歸降，皇太極給予其高規格禮遇。祖大壽要求回錦州做內應，皇太極當即答應，結果祖卻一去不回，皇太極卻並不因此難為祖大壽留在清軍中的家屬和部下。10年後，皇太極再次圍困祖據守的錦州，仍待祖如舊，祖才真心投降。

另一個典型例子是收服明朝將領洪承疇。洪承疇是一度幾乎肅清李自成等農民起義軍的名將，但在對清軍作戰中由於受其他官僚掣肘，兵敗被俘。他的家臣向明帝匯報說他不屈盡忠而死，崇禎對其表彰嘉獎。而據清史記載，洪承疇被俘之初確實表現忠烈，每天不梳頭不穿鞋，只是對著來勸降的人大罵，直到皇太極親自來看他，問他「先生不冷嗎」，並解下身上的貂皮大衣給洪穿上，讓洪感慨「真命世之主也」，於是歸順清朝。

類似的例子很多。明將孔有德、耿仲明、尚可喜降清後，皇太極不但為他們營建府第，封王封賞，還讓其繼續統兵，「故其將卒皆用命」，使之成為追擊南明政權、鎮壓李自成軍隊的強勁力量。

為充分調動各族武裝力量，皇太極在滿洲八旗的基礎上，創建了蒙古八旗和漢軍八旗，既壯大了滿清的軍事實力，又緩解了滿、蒙、漢三族間的民族矛盾，是有政治遠見的軍事舉措。

皇太極還積極採取有助於獲取漢人民心的經濟、社會舉措：

一是保證農業生產。以「三丁抽一」政策保證每家有三分之二的勞力從事生產，並禁止滿人搶奪漢人財物和放鷹糟蹋莊稼。

二是制止對漢人的歧視和迫害。強調滿、蒙、漢「視同一體」。放寬對漢族逃跑人員的懲治，並對漢族讀書人進行考試，選拔錄用。重視學習漢族文化，命人將《三國演義》翻譯成滿文給清軍將領做教材，後來到順治時更是頒發全軍。

三是改革落後風俗，有助扭轉漢人對滿族矇昧未開化的印象。禁止娶繼母、嫂子、伯母、叔母、弟媳、侄媳。

皇太極繼續開疆拓土，先後征服蒙古與朝鮮。在與明朝的戰爭中，贏得了關鍵性的松錦之戰。努爾哈赤一生中最輝煌的戰役是薩爾滸之戰，使明朝徹底失去在遼東主動作戰的能力；而皇太極一生中的最重要戰役應屬松錦之戰，此役使明朝完全被壓制在山海關內。清朝人稱前者是「王基開」，後者是「帝業定」。

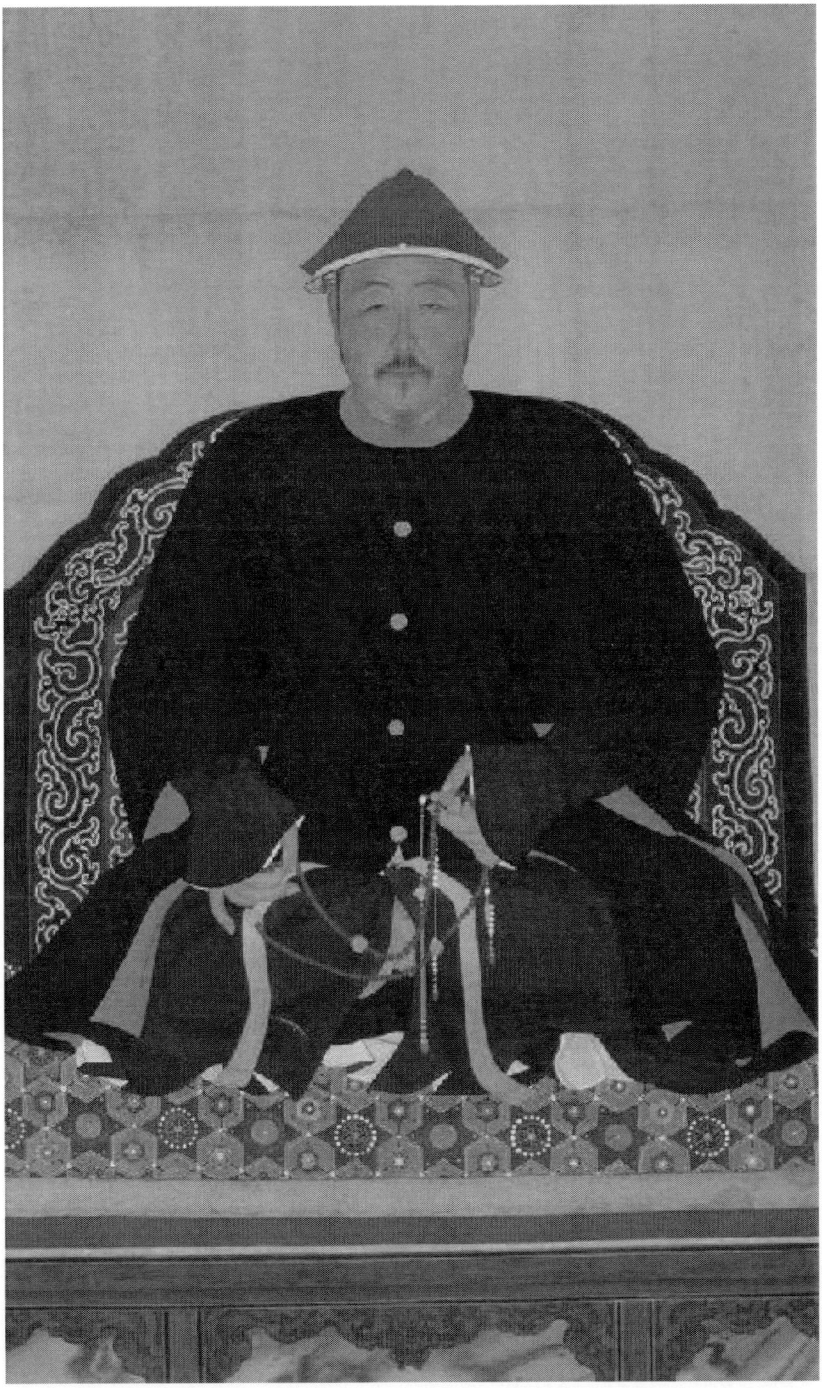

皇太極

　　在這場關鍵戰役中，明將洪承疇一度打得清軍幾乎崩潰。皇太極聞訊不顧有病，親自帶兵助戰。路上鼻血不止，用碗接著，晝夜兼程500餘裡，6天急行軍趕到松山。清軍聞皇太極親征，士氣大振；明軍卻因缺乏統一指揮，被各個擊破。大批降清明將成為日後清軍在關內作戰的主力。

　　皇太極一生雖未突破山海關，但卻為日後清軍入主中原掃清了道路。清軍入關的前一年，52歲的皇太極突然駕崩。

　　清朝第三個皇帝是皇太極的九兒子福臨，年號順治。他是一個思想和情緒都有較大波動、對國家政務缺乏執著追求的政治人物。親政前期勵精圖治，奮發圖強，後期則萬念俱灰，一心出家。

　　皇太極在瀋陽暴病逝後最有力的皇位繼承人有兩個競爭者：一個是皇太極的長子35歲的豪格，「英毅，多智略」；另一個是皇太極的弟弟32歲的多爾袞，「聰慧多智，謀略過人」，是努爾哈赤生前最喜歡的兒子，也受到皇太極重用。兩方勢力僵持不下，多爾袞提出折中方案：由皇太極6歲的兒子福臨登基，多爾袞攝政。

　　福臨即位第二年，李自成進北京，吳三桂引清軍入關，7歲的福臨在北京舉行登基大典，改元順治，實現了滿清兩代領袖未能實現的「入關定鼎」的夢想。然而此後7年內，滿清政權的實權卻一直掌握在攝政王多爾袞的手中，順治只是傀儡，且受到多爾袞的輕慢。

　　多爾袞病逝後，14歲的順治宣布親政，並對多爾袞進行清算，誅其黨羽，毀墓掘屍。重整八旗，兩黃旗與正白旗合稱上三旗，體制高貴，為順治親轄；其他五旗稱下五旗，改由皇帝任命，成為定製。順治仿明制，設內閣，強化中央集權。還改變了以前由八旗王公大臣共議新君的制度，改為由皇帝立儲。第四位滿清皇帝

即由順治指定。

順治親政10年對鞏固和擴張滿清政權頗有建樹。經過十幾路清軍7年多的征討,到順治親政時全國只有兩大反清武裝力量:一路是西南的李定國軍,另一路是東南的鄭成功軍,被後人稱為南明的「擎天雙柱」,曾在南中國掀起轟轟烈烈的抗清高潮。順治透過「剿撫並用」的策略,在其去世那年將李定國軍趕到緬甸,並迫使鄭成功軍退守臺灣,基本上統一了中國大陸。當年12月,在緬的永曆帝被俘遇害,南明滅亡,李定國與鄭成功聞訊相繼絕望病逝。

順治染天花去世,臨終前指定已出過天花的第三子8歲的玄燁繼位。滿清的第四位皇帝,中國歷史上少有的既具定國安邦的雄才大略、又多才多藝通曉自然與人文科學及多民族語言的康熙正式登場。

康熙自幼志向遠大。順治曾問兒子們的志向,老二(老大早夭,老二有傳位優先權)說「願做個賢王」,6歲的老三康熙說要「傚法皇父」。即位後祖母孝莊太皇太后問他想有什麼作為,康熙說「惟願天下乂安(即安定),生民樂業,共享太平之福而已」。

雖然對鄭氏集團的鬥爭自順治就已開始,但真正收復臺灣的工作仍是從康熙開始,並在其指揮下用了22年的時間最終完成。

康熙棋局

康熙元年(1662年),鄭成功病逝,距其收復臺灣僅4個月。但臺灣,開始進入滿清統治集團的視野。

少年康熙面對的是天下初定的變局時代,未來局勢的發展誰也

不知道：既可能因局部失控使全國再陷戰火紛飛的動盪，也可能因人口是滿族人上百倍的漢族人[3]的團結反抗使滿清政權退回東北，但繼位不久的康熙很快就展現出少有的堅定意志。他要安定天下，掃除隱患，開創強盛帝國。

在康熙的眼中，當時滿清政權雖已趨於穩固，但隱患四伏。

康熙戎裝像

　　首先是三藩勢大,足以抗衡清廷。三個降清的明將分別鎮守雲

貴、廣東、福建，擁有重兵，互通聲息，每年清廷還需向他們提供大量餉銀，漸成尾大不掉之勢。

其次是南明殘餘勢力。最大的武裝部隊應屬距守臺灣的鄭成功部，擁兵數萬，為精銳水師，而雲南、四川、湖北也有反清武裝力量。

再有是沙俄不斷蠶食東北，在黑龍江流域不斷占領土地，掠奪財物人口，還策動少數民族頭目叛逃滿清。據報漠西蒙古的準噶爾部正在壯大，不斷侵擾其他各部。

此外，內政方面還要考慮如何剪除權臣、治理水患、疏通漕運這三大要務。

因此，對登基不久的康熙而言，最重要的事情是將這盤嶄新的棋局分清主次，有序佈局。康熙的策略是將穩固皇權放在首位，開始著手籌劃除權臣、振朝綱，安內以後再攘外，底定天下。按照這個思路，後來康熙擒鰲拜、平三藩、治黃河、通漕運、收臺灣、退沙俄、征西北，弈出其精彩紛呈的人生棋局，也開創了國家鼎盛的政治偉業。

康熙早期的臺灣，只是帝國棋局中的一角。

在當時來看，臺灣問題的重要性和緊迫性並不居首。因為鄭氏雖能侵擾沿海，卻無力撼動清廷，且清軍當下並無可以與其匹敵的水師，剿滅不成，最好的辦法是招撫，至少可以穩住次要敵人。

剛好傳來消息說鄭成功去世，鄭氏內部發生繼承權之爭。招撫的機會來了。在輔政大臣商議下，康熙元年清廷派使者到福建，企圖說服鄭成功之子鄭經歸降清朝。

此時鄭經也面臨內憂外患。

本來自己駐守廈門，父親鄭成功經營臺灣，一旦父親去世，自

己作為長子順利接班。偏偏在父親去世前有人告發自己通姦生子的事情，差點被老爹殺掉。雖在廈門將士同心的保護下保住了性命，但臺灣那邊卻在父親逝世後擁立自己的五叔主持政務，這豈能容忍！

可是，自己如果出兵臺灣，爭奪繼承權，萬一滿清乘虛而入攻打廈門怎麼辦？正在此時，探報清廷來人和談。

鄭經為表和談誠意，一見面就向清朝交出了南明皇帝賜給的敕書、印璽，表示自己不想再替朱家賣命了，但我還是有實力的，所以如果要招撫，總得談談條件吧。

鄭經開出的條件是：照朝鮮例，不剃髮，僅稱臣納貢而已。

在與清廷談條件的同時，鄭經率師從廈門進攻臺灣，斬殺了舉兵相抗的將領，在臺灣接班主持政務的鄭世襲後來跑到泉州降清。鄭經肅清了內部反對勢力、確立了其在鄭氏集團的領導地位後，以不能接受清朝提出的「遷回內地、剃髮易服」等必要的招撫條件為由，中止了談判。

後來（康熙六年）兩岸議和時鄭經又補充了拒絕招撫的理由：第一，鄭氏有能力在臺灣建立不隸屬大清的獨立政權，「萬世之基已立於不拔」；第二，臺灣軍力足以與清軍周旋，甚至可以在沿海反守為攻，「風帆所指，南極高瓊，北盡登遼，何地不可以開屯，何地不可以聚兵？」第三，統一缺乏足夠的吸引力，臺灣經濟足以自立，物產豐富，荒地眾多，外貿發達，「又何慕於藩封，何羨於中土哉？」[4]

清朝早已防備和談不成的結果，因此在雙方和談的同時，就已開始著手組建大清第一支水師部隊，並於當年建成。海戰即將開始。

水師提督

　　清朝海軍的第一任水師提督是後來指揮清軍平定臺灣的將領施琅。35年後他病逝在水師提督任上，他的傳奇一生使其獲得各種褒貶評價。即使同樣出自康熙之口，也有「才略夙優，忠誠丕著」[5]和「粗魯武夫，未嘗學問，度量褊淺，恃功驕縱」[6]兩種評價。

　　但正是在這位兩次降清、頗受爭議的將軍手中，臺灣與大陸重新統一。

　　施琅早年是鄭芝龍的部將，鄭芝龍降清時也就跟著降了清。而後以總兵身份到廣東招降明將。廣東被清軍占領後，因人事任命方面偏向滿人，清軍漢人將領發動兵變，反清歸明。施琅在逃離廣東時受困，鄭成功聞訊親自去說服他歸順鄭軍。

　　鄭成功起初對施琅特別器重，情同手足。施琅也竭力報效，戰功赫赫，其所率部隊成為鄭軍中最強悍的精銳部隊。施琅本人不僅武藝超群，還頗有計謀。他為鄭成功獻計智取廈門是其經典戰例。

　　當時占據廈門的是鄭成功的族兄，鄭成功很想襲擊而後將其吞併。但其族兄的戰艦數倍於己，強將又多，並無勝算。施琅為鄭成功獻上「智取荊州」之計。鄭成功先是以極為短缺的糧食作見面禮，謙卑地請族兄接納。族兄見鄭成功率兵很少，於是放鬆警惕。鄭成功一面密令戰艦進港，一面設宴款待族兄。當晚派刺客於回家途中殺死酒後的族兄，鄭成功得到消息後立即領兵進入廈門，大喊捉拿兇手：「是誰殺我兄長，此仇不共戴天！」並以保護族兄家屬安全為名，軟禁族兄親屬及部下，同時安撫百姓，族兄餘部盡皆歸順鄭成功。

　　施琅在鄭成功的戰爭中獻計獻策，親身參與，功不可沒。但隨

著其勢力日益壯大，與鄭成功不同意見增多，二人漸生嫌隙。最後導致施琅叛鄭投清的關鍵是鄭成功決心剷除對其構成挑戰的施家勢力。

先是施琅極力勸阻鄭成功南下廣東勤王，鄭認為其擁兵自重，臨陣閃避，解除其兵權。鄭成功南下期間，廈門被清軍偷襲，賦閒在家的施琅率60餘名部下擊退近千名清軍，在收復廈門的戰鬥中立了大功。鄭成功回師後，對施只是賞銀，而不復職。施琅的一個部下見其失勢就擅自轉投鄭成功帳下（一說因姦淫民女後戴罪逃離），施琅大怒，將其捉回，置鄭成功「勿殺」之令於不顧將其處斬。

鄭成功認為施氏勢大且張狂，已對其治軍造成威脅，必須剷除。於是先讓同為鄭軍重要將領且深得軍心的施琅之弟安撫施琅，而後待時機來臨，一併捉拿施琅及其在鄭軍中效力的兄弟和父親。施琅設計逃脫，鄭成功派人追殺未果，將施琅的兄弟和父親處斬。施琅憤而降清。鄭成功聞訊長嘆：「楚國之患，其在子胥矣！」[7]

果不出鄭成功所料，正是施琅，最終成為鄭氏政權的終結者。32年後，施琅率軍登上臺灣島，鄭氏子孫匍匐投降。施琅並未如很多人擔心的那樣對鄭家血債血償，大肆屠戮，而是傾心安撫，秋毫無犯。受降一週後，施琅來到鄭成功廟前祭祀，親手撰寫祭文：

我是從當兵的幹起，跟隨您如魚得水，但相處的過程中有些誤會，最終釀成大錯。我和您後來雖斷絕關係成為仇敵，但感情上就像臣子對主公一樣。因此從道義上我不會像伍子胥那樣（報復洩憤）。於公講求正義，於私講求恩情，不過如此而已。（原文：「獨琅起卒伍，於賜姓有魚水之歡，中間微嫌，釀成大戾。琅於賜姓剪為仇敵，情猶臣主；蘆中窮士，義所不為。公義私恩，如是則已。」）

兵臨城下

施琅降清後一度不被信任，後在大量降清的鄭軍將領的推薦下開始受到清朝重用。康熙二年（1663年），清朝組建第一支海軍並以施琅為首任水師提督後，施琅就向清廷提出進攻廈門的方案《密陳進攻廈門疏》。恰好此時鄭氏集團內訌，鄭經確立接班後排斥異己，大量鄭軍降清，軍心浮動，清朝出兵攻取廈門，並乘勝奪取金門。

鄭經退至臺灣，清朝採納施琅意見，出兵臺灣。但運氣實在不好，兩次東征都在海上突遇颱風，船隻沉沒或受損，均無功而返。滿清武力攻臺的計劃暫時擱置。

此時，朝中招撫之聲再起，清朝對臺工作方向調整為以撫為主的和平統一政策。施琅也改任閒職在北京混日子，主要是看書、交朋友。

清朝對臺灣問題的思考角度不同於現代。當時人與自然條件的關係是地廣人稀，大陸還有大量荒地無人開墾，清朝根本不在乎多一個臺灣島的土地和資源。正如康熙十七年（1678年）清軍將領賴塔給鄭經的信中所說：「本朝何惜海外一彈丸之地。」

能讓滿清重視解決臺灣的根本原因，是這裡有一支尚未臣服清廷的武裝政權，清朝要考慮這個政權會不會對自己造成威脅。

康熙五年到十三年的8年間，清朝一度認為臺灣鄭氏沒有能力危及大清政權，而自己又無足夠的海軍力量跨海作戰，因此採取和平統一策略。但後來發生的一件事使清朝放棄幻想、重新採取武力統一臺灣的方針，這個事件就是「三藩之亂」。

康熙十三年（1674年）「三藩之亂」期間，鄭經乘機反攻大陸，占領廈門與漳州、泉州、潮州、惠州等地，聲勢浩大，且屢敗清軍。康熙十六年，「三藩」基本平定，清軍各路聚集福建。清廷再派人到廈門與鄭氏談判，清方一度做出重大讓步，只要鄭經退出金、廈等沿海島嶼，可允其仿照朝鮮之例，稱臣納貢即可。鄭經此時認為形勢於己有利，於是提高談判要價，非但不肯讓出金、廈，還要求清朝將漳、泉、潮、惠四府的糧餉讓與鄭氏養兵。談判破裂，鄭軍主動出擊，一度攻城略地，但在清朝換將之後，康熙十九年（1680年）鄭經再次失掉沿海所占地區，敗退臺灣。

「三藩之亂」期間鄭經出兵大陸的舉動，改變了清朝對臺灣問題的看法。臺灣鄭氏政權的存在，並不是少一點土地和稅收的問題，而是隨時會威脅滿清在大陸的政權。這對清朝來說是心腹之患，而非疥癬之疾。因此，「三藩之亂」後，康熙調整了對臺灣鄭氏政權的認識，將其提升到滿清政權的隱患的高度，雖未放棄對臺招撫工作的努力，但政策重點已由和平統一轉向武力統一。

在康熙開始為武力統一臺灣積極進行籌劃和準備時，鄭經病逝，出兵臺灣的機會來了。然而在清廷內部意見並不一致，反對武力攻取臺灣的人仍然很多。時任福建水師提督的萬正色深得康熙重用，但他即使在金、廈擊敗鄭軍之後，仍然堅持要和平統一，反對武力攻臺，認為對臺「徐行招納，必自歸誠」。此前福建總督李率泰也堅決主張招撫，臨終前還再次上疏清廷反對軍事解決臺灣。

康熙最終還是排除了眾多反對意見，決定採取「剿撫並用、以剿為主」的方針底定海疆。

在北京閒居了13年的施琅重新擔任福建水師提督一職，於康熙二十二年（1683年）率兵兩萬餘人，乘戰船二百餘艘出征。

戰場選擇在澎湖，鄭軍守澎湖的將領是勇敢善戰的名將劉國

軒，早先曾為清將，被鄭成功收降後成為鄭軍中赫赫有名的戰將，地位和影響甚至超出當年的施琅。劉所率兵將戰船與施琅相當。

　　兩軍在澎湖展開激戰，歷時七晝夜。施琅右眼負傷，清軍將領蘭理中炮「腹破腸流出，為掬而納諸腹，持匹練縛其創。理呼殺賊，麾兵進。」[8]。澎湖大戰，鄭軍大敗。清軍擊沉敵船159艘，鄭軍死傷12000人，浮屍遍海，劉國軒僅率31艘船逃回臺灣。

　　臺灣鄭克塽聞知澎湖戰敗極為恐慌。施琅在殲滅鄭軍後，立即安撫當地居民群眾，對鄭軍將領以禮相待，給士卒銀米，負傷的人也代為醫治，有欲見妻子兒女的則派小船將他們送到臺灣。投降的士兵把這一切在島內輾轉傳述，島內人心更加渙散，毫無鬥志。1683年10月施琅率軍登上臺灣島，迫於形勢，鄭經的兒子鄭克塽只好上表求降。自此結束了鄭氏在臺灣的22年統治。

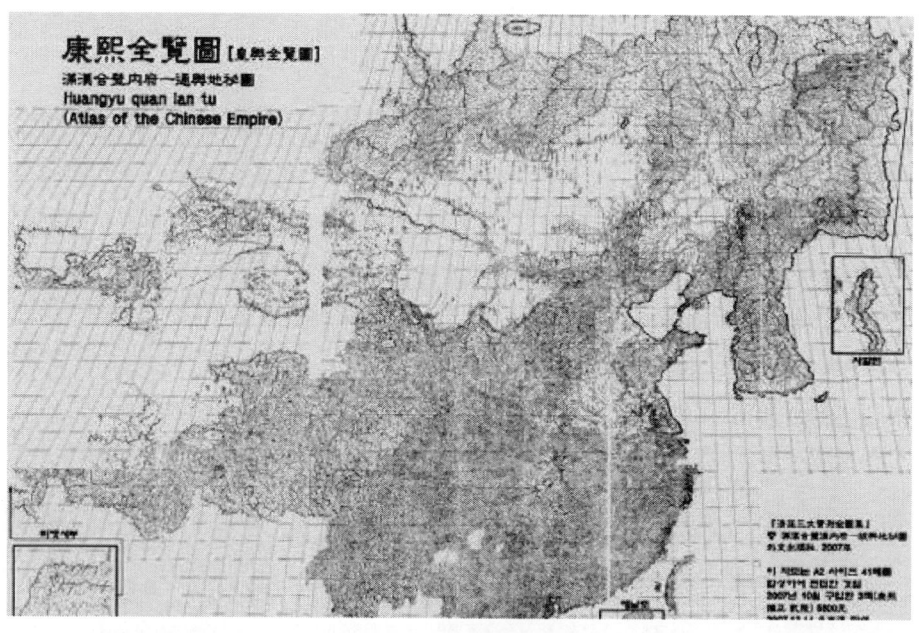

康熙皇輿全覽圖（1708年由康熙帝下令，聘請西洋傳教士經過經緯度測量繪製而成的「康熙皇輿全覽圖」是中國第一幅繪有經

緯網的全國地圖，圖中臺灣島與朝鮮半島形狀與今差異較大。）

康熙二十三年（1684年），清朝接受施琅的建議，將臺灣收入中國版圖稱為臺灣府，下設三縣，由福建省巡撫管理。在臺澎分別駐兵1萬人，設官治理、築城戍守，臺灣寶島得以統一於清朝政府之下。

攻防得失

康熙朝國力強盛，順勢而為，以戰逼和，統一臺灣。

首先，清朝軍事上是成功的。一是正確用將。以力主武力平臺且精通海戰的施琅為清軍統帥，並賦予專征權。二是策略靈活。不指定攻臺日期和路線，由施琅相機而動，把握好了海戰中最重要的天時地利。三是鼓舞士氣。康熙敢於大膽任用鄭軍降將，並在朝廷內部和戰爭議不絕中堅定支持攻臺方案，穩定軍心，振作士氣。施琅為鼓舞士氣，令家族中30餘人隨船出征，包括其4個兒子。四是戰術得當。施琅在澎湖海戰中採用集中兵力以多打少的「五點梅花陣」，多艘戰船圍攻一艘敵船，大獲成功。

值得一提的是，康熙在外交方面也較成功。不但多次利用荷蘭海軍共同與鄭軍作戰，還避免了鄭氏集團向日本借兵抗清的複雜局面。

其次，康熙總體上堅定的統一意志在政治上是成功的。長期以來在中國人的觀念中，統一優於分裂。康熙在尊儒學、用漢臣、使滿清政權在大陸的合法性與正統性逐漸取得多數漢人的認可後，臺海統一的主張再次獲得多數國人的認同。在清廷與鄭氏的前後13次談判中，鄭經多次提出希望保留分裂政權，但最終康熙守住了維

持兩岸統一不能分裂的底線。

期間清廷也發生過動搖。康熙五年（1666年），清朝一度宣布放棄武力征臺的計劃，並於次年派官員赴臺和談。同時，為表誠意，將駐守廈門的海軍撤至漳州、海澄等港口，並大規模裁撤福建、廣東的沿海駐軍。後來乾脆取消水師提督的職務，把施琅留在北京做閒職的內大臣，解散海軍，燒燬戰船，將海軍士兵分散到其他各省種地。

康熙六年清廷派人赴臺灣和談，答應鄭經如歸順可封「八閩王」。清朝赴臺官員雖帶回來鄭經贈送的檀香、鹿肉、魚、銀等禮品，卻只得到鄭經「和議之策不可久，先王之志不可墜」的回話。康熙八年清廷加大招撫力度，做出重大讓步，允許鄭氏封藩，世守臺灣。鄭經則提出：「苟能照朝鮮事例，不削髮，稱臣納貢，尊事大之意，則可矣。」[9]統一意志益發堅定的康熙此時的答覆是：「若鄭經留戀臺灣，不思拋棄，亦可任從其便。至於比朝鮮不剃髮，願進貢投誠之說，不便允從。朝鮮係從未所有之外國，鄭經乃中國之人。」[10]

鄭氏集團的政治主張和對抗意志也多有變化。鄭成功曾對世人一再宣告：「臺灣早為中國人所經營，中國人之土地也。」鄭經則稱：「況今東寧（臺灣）遠在海外，非屬版圖之中」，「萬世之基已立於不拔」[11]。可見自鄭經起，明鄭與滿清爭天下的鬥爭已經轉變為康熙與鄭氏的統一與分裂之爭。

鄭氏集團內部，支柱將領劉國軒則出現了由「主戰派」向「主和派」的轉變。鄭軍主帥劉國軒精通海戰，曾屢敗清軍。在得知清軍將至的消息後，堅決主戰，並迅速組織在澎湖的佈防，搶修工事，集結軍隊，其行動之快捷，籌備之周密，出人意料，體現出名將的素質。但在與清軍進行澎湖海戰的過程中，過度相信經驗，以為風浪將至，清軍必受重創，以致幾次錯失戰機。甚至在接到清軍

將發起總攻的消息後，劉國軒看到天邊有黑雲，就不做禦敵準備，而讓部下擺酒筵，飲酒自若。後來雷聲大作，劉國軒才大驚失色。原來當地海洋氣候的規律是有烏雲則有颶風，雷聲作則烏雲散。因此聽到雷聲後，劉國軒踢翻筵席，長嘆道：「天意如此，非人力能勝也。」此役失敗後劉國軒轉為堅定的主和派。

最後，清朝在爭取民心方面取得一定成果。清朝利用強大的軍事壓力和鄭軍將士對故土親人的眷戀之情招降納叛，並對來降的鄭軍予以重用，在交戰時效果明顯，一旦戰事不利，鄭軍往往不戰而降。鄭軍首失廈門時，留守銅山的10萬兵民降清，後來鄭經第二次反攻大陸時，鄭軍在銅山又有300艘艦船、2萬餘將士降清[12]，零星降清的鄭軍更是不計其數，對雙方軍事力量的消長造成重要作用。施琅在澎湖海戰勝利後對臺灣本島的攻心戰更直接促使鄭氏不戰而降。

但在經濟領域，清朝的對臺政策很有問題，甚至是失敗的，這延緩了清朝統一臺灣的進程。

清朝以禁海遷界政策對臺進行經濟封鎖，但並未造成預期效果。早在順治十三年（1656年），清朝對鄭氏集團即開始實施「禁海令」，嚴令「寸板不許下海、片帆不許入口」，不但禁止漁船、商船出海捕魚和貿易，也禁止外來船隻進入港口停泊，企圖將鄭軍困死海上。順治十八年（1661年），清朝頒布更為徹底的「遷界令」。從山東至廣東，所有沿海各處居民一律內遷50里，所有沿海船隻悉數燒燬，片板不許留存，以此堵絕臺灣鄭軍與大陸的聯繫。康熙元年（1662年），清廷再次頒布「遷界令」，勒逼廣東24州縣居民再內遷50里，除澳門外的附近海島洲港，都禁止居住。界外地區房屋全部拆毀，田地不準耕種，漁民不準出海捕魚，出界者立斬不赦。康熙三年（1664年），清廷又下令再次內遷30里。直到康熙八年（1669年）康熙親政後清朝才允許復界。

禁海遷界政策並未如清廷預期困住鄭氏集團和臺灣軍民，反而迫使鄭經集中力量開發臺灣，並從大陸沿海招納大量流亡人口，增強經濟和軍事實力。同時鄭經繼續發揮鄭氏集團的對外貿易傳統和優勢，從日本和英國等地換來大量日用品和軍事物資，使清廷的封鎖政策對臺灣沒造成顯著效果。

另一方面，對臺經濟封鎖的禁海遷界令清廷在沿海大失民心。實施遷界令的時限僅有3天，不願遷走的居民無分男女老幼一律砍掉腦袋。屈大均在《廣東新語》中稱：「自有粵東以來，生靈之禍，莫慘於此。」中國最富饒的沿海地區商賈絕跡，居民生計斷絕，被迫內遷或遠逃海外謀生，留下來的很多參加抗清隊伍。

相比較而言，鄭氏集團在康熙早期採取了優於清朝政府的民心政策，實力大大增強，在臺灣開創了鄭氏集團最為鼎盛的繁榮時期，並在大陸發生「三藩之亂」時採取戰略主動，反攻沿海，縱橫東南。

一是利用清朝錯誤政策，廣泛吸納歸附軍民。清朝一度將鄭軍投降將士及家屬押送異地墾荒，多為閩籍且習慣海上生活的降清將士極為反感被分散至外省種地的安排，不少人重又叛清降鄭。鄭經一律好言相慰，使沿海兵民的民心天秤向鄭軍傾斜。

二是加強政治與文化宣傳，增強臺灣軍民凝聚力。在臺灣建孔廟，辦學堂，興科舉，倡儒學，將明朝政治文化制度移到臺灣，以漢人正朔自居，得到東南不少人的認同。

三是全面開發臺灣，吸引大陸居民赴臺。實行屯田政策，令士兵及家屬大量開墾土地，興修水利，退臺次年即獲農業大豐收，扭轉了糧食極度匱乏的局面。同時鼓勵種植經濟作物，發展手工業，擴大對外貿易，臺灣經濟日益富足。

不過，臺灣畢竟版圖狹小，當時經濟開發程度不高，又無強

援，與已經統一中國大陸的清廷相比實力懸殊。只要清朝無大的內亂，鄭氏毫無反守為攻的軍事能力，而清朝一旦下定決心收復臺灣，則可以源源不斷對臺用兵，這種人力和資源的消耗戰臺灣是無法抗衡大陸的。因此鄭氏集團的失敗最主要的因素還是與清朝的實力差距明顯。

當然，古代戰爭中運氣也很重要。元朝征日本每次均遇颱風，清朝攻臺雖也曾因颱風失利，但後來施琅的澎湖海戰卻占盡天時。據說澎湖6月多颱風巨浪（筆者見到的6月澎湖海面卻是罕見的清澈平靜），很難有連續5天的無風日，而清軍進攻時竟連續10多天無風無浪，因此施琅在澎湖大捷後上奏說：「莫非上天垂佑。」

註釋

[1].連橫：《臺灣通史》，九州出版社2008年版，第6頁。

[2].陳文德：《鄭芝龍大傳》，（臺）遠流出版社1998年版，第1頁。

[3].葛劍雄：「萬曆二十八年（1600年）應有1.97億人。萬曆二十八年以後，總人口還可能有緩慢的增長，所以明代的人口峰值已接近二億了。」《中國人口發展史》，福建人民出版社1991年版。

[4].《康熙統一臺灣檔案史料選輯》之《鄭經復孔元章書》。

[5].1698年康熙為施琅立碑並親作《敕建碑文》內容。

[6].《清聖祖實錄》卷一百三十六，康熙二十三年七月丙戌條。

[7].陳萬策：《施襄壯公家傳》。

[8].《清史稿·藍理傳》卷二百六十一。

[9].江日昇：《臺灣外記》。

[10].《明清史料·丁編》第三本。

[11].《康熙統一臺灣檔案史料選輯》。

[12].安然：《施琅大將軍平定臺灣傳奇》，新華出版社2006年版。

雪域狼煙——青藏的故事

　　西藏位於世界上海拔最高、面積最大的青藏高原，其特殊的地理位置使其具有較為獨特的宗教、政治和文化。西藏與漢地政權的關係幾經變化。清朝的藏區分四部分：藏（後藏，今西藏西部）、衛（前藏，今西藏中部）、康（喀木，今西藏東部及川西）、青（今青海省）。在康熙、雍正、乾隆三代清朝皇帝的統治時期，分別發生了蒙古族準噶爾部入侵西藏、和碩特部青海獨立以及廓爾喀人侵擾後藏的事件，清朝中央政府用兵西藏，以軍事手段維護統一和穩定，同時運用尊重宗教信仰和強化中央管理的方式使西藏得以保持較長時期的寧靜。

西藏布達拉宮

高原神話

　　青藏高原總面積250萬平方公里，自然環境獨特，生存條件艱困，然而遠古時代即有人類活動。按照西藏佛教故事裡的傳說，藏族人是由獼猴和羅剎女（岩魔女）結合繁衍的人種[1]。其後裔生成藏族最原始的六個氏族（或六大姓氏，也有四姓說和十八姓之說）。很多人認為藏族人有名無姓，那其實是自佛教在西藏廣泛傳播後，平民百姓逐漸略去姓氏之故。

　　青藏高原上存在的眾多部落有的融合，有的分化，有的走下高原，向北至黃土高原及黃河中下游，向南至雲貴高原及緬甸，在相當長的時期內青藏高原上沒有形成統一的政權。漢語文獻稱這些部落為「發羌」、「西羌」（羌是牧羊人的意思，也有人認為華夏族最早起源於羌族）等。羌人即使不是藏族的主要來源，其在藏族形成過程中的作用也是無可懷疑的。[2]這種分裂狀態直到6至7世紀吐蕃（bō）王朝統一西藏才得以改變，藏族也隨著吐蕃王朝的興起正式形成。藏族人自稱為「博（bod）」或「博巴」（bod-pa），中文譯作「吐蕃」、「唐古特」、「土伯特」、「烏斯藏」等，滿語、蒙語中稱「圖波特（tübat）」。

　　一個發源於雅魯藏布江中下游的部落大約在6世紀開始崛起，並不斷向外擴張，在拉薩河流域建立了一個統治中心，其統治者被尊稱為「朗日倫贊」。也許是擴張速度過快，朗日倫贊被反對者毒死，他的13歲的兒子松贊乾布（617—650年）繼位。

　　松贊乾布一上臺立即採取堅決而嚴厲的措施鎮壓各種反叛勢

力，並鞏固和擴大吐蕃王朝的疆域和影響，使吐蕃王朝進入了嶄新的強盛階段，因此他雖為吐蕃王朝第33任贊普（即君主），但被後人視為吐蕃王朝的立國之君。

松贊乾布的雄才大略體現在：

一是統一了大部分青藏高原。

二是制定法律並建立了一套軍政、軍民結合的行政體制。

三是創製了通行至今的藏文。松贊乾布派遣了16名西藏兒童前往印度學習，其中一名後來以梵文為藍本而創製了採用拼音的藏文，改變了西藏沒有文字的歷史（一說西藏早有文字，但尚不完備），將西藏文明推進到一個嶄新階段。

松贊乾布

　　四是有高超靈活的外交手段。吐蕃向東北方向擴張的過程中，占領了青海吐谷渾王國的大片領土後，又首次與保護吐谷渾的唐朝開戰。在不能取勝的情況下，轉而向唐朝求親。唐太宗將宗室女文成公主嫁給松贊乾布，同時松贊乾布還迎娶了尼泊爾王國的赤尊公主。由於赤尊公主和文成公主都是佛教信徒，並都為西藏帶來了前

所未有的佛像，松贊乾布為兩位公主在拉薩興建了大昭寺和小昭寺，成為西藏最早興建的佛教寺廟。松贊乾布外交上的成功不但避免了吐蕃國力損耗，還增進了吐蕃和南亞及中原地區的政治、經濟和文化的交往，有利於吐蕃文明的發展。

　　松贊乾布開始的吐蕃與唐朝和親政策帶來了邊境的安定，也密切了唐蕃的政治關係。唐太宗去世後，唐高宗即位，遣使入蕃告喪，並封松贊乾布為駙馬都尉西海郡王；松贊乾布派專使到長安弔祭，並上書表示對唐高宗即位的祝賀和支持。唐中宗將養女金城公主許嫁吐蕃贊普赤祖德贊後，赤祖德贊上表說：「外甥是先皇帝舅宿親，又蒙降金城公主，遂和同為一家，天下百姓，普皆安樂。」後來唐憲宗時期由白居易起草的給吐蕃宰相的信中曾提及：「朕與彼蕃，代為甥舅。」唐穆宗時期，唐蕃雙方達成「唐蕃甥舅和盟」，會盟碑共有三塊，其中一塊立於拉薩大昭寺前。

　　在松贊乾布奠定的政治、經濟基礎上，赤松德贊在位時吐蕃的國力達到鼎盛，幅員萬里，疆界西至中亞的大食，東臨唐朝川隴、還多次進到寶雞，北到寧夏賀蘭山與回紇相接，南以南詔為屬國，並一度占領印度恆河北岸。

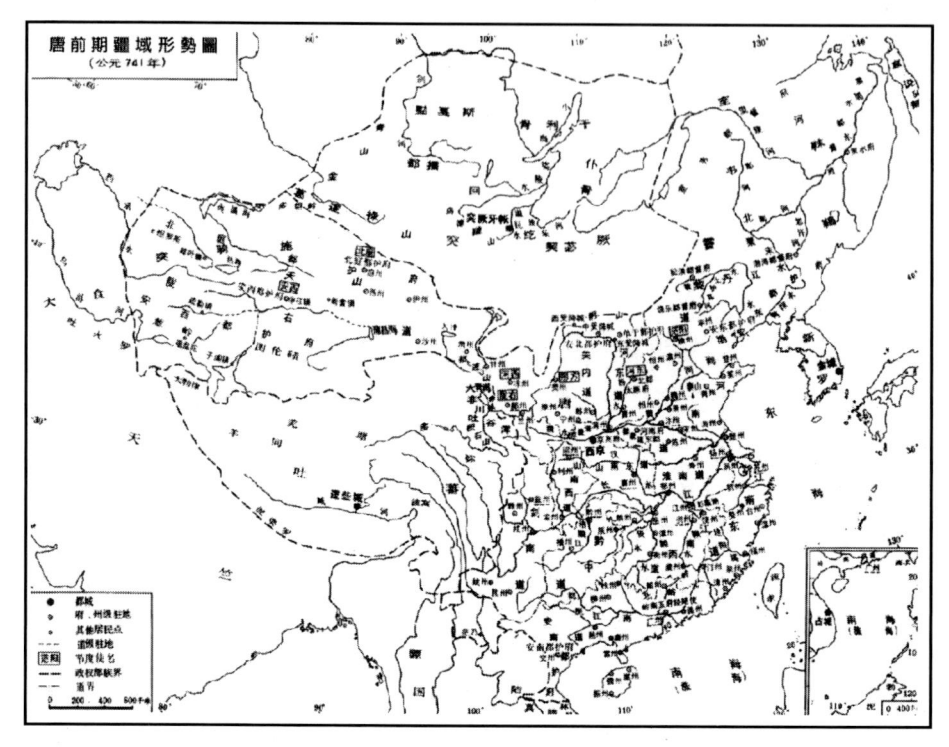

唐前期疆域形勢圖

　　赤松德贊是唐朝金城公主之子，松贊乾布的來孫（曾孫之孫）。755年13歲的赤松德贊繼位，吐蕃內亂平息。就在這一年，唐朝發生「安史之亂」，唐朝中央政府抽調大量對付吐蕃的軍隊去平亂，使得西部防務大為減弱。唐代宗繼位以後，停止向吐蕃繳納每年5萬匹的歲絹，赤松德贊極為惱怒，趁唐朝安史之亂尚未完全平息，集中約20萬軍隊東進，攻占長安。15天後，由於不適應長安秋季的酷熱，吐蕃軍中疾病流行，加上唐朝勤王之軍逼近，吐蕃軍自動退出長安。

吐蕃武士

　　赤松德贊死後吐蕃國力日衰。869年吐蕃爆發奴隸平民大起義，8年後起義軍挖掘贊普王陵，逐殺王室和貴族，松贊乾布之後大約經歷10代贊普的吐蕃王朝徹底崩潰。

　　位於青藏高原的吐蕃王朝和統治漢地的大唐王朝有兩個很有意思的相似之處：

　　它們分別大體是西藏政權與中原政權中最強盛的時代，軍事交戰互有勝負，吐蕃略優，而興起和滅亡的時間又差不多。松贊乾布出生的第二年唐朝建立，吐蕃滅亡30年後朱溫滅唐建梁，開啟五代十國。吐蕃與唐朝滅亡後都進入了長期的分裂割據時期。直到13世紀蒙古軍南下，西藏和中原才先後歸入元朝統一的管轄版圖之中。

　　它們同時面對佛教的迅速傳播階段，而執政者的態度也是弘佛

與滅佛交替。在唐朝的歷代皇帝中，有的尊崇本土的道教，有的弘揚西來的佛教，士大夫與民間也存在激烈的爭論。在吐蕃的歷代贊普中，有的堅持本土的苯教，有的推動新興的佛教。大力推廣佛教的贊普赤祖德贊被反對佛教的大臣暗殺，堅持強力滅佛的贊普朗達瑪被佛教僧人射死。但佛教最終在兩個地區都站穩了腳跟，在藏區影響尤大。

佛教不但有深邃的哲理和辯證的思維，還有眾多的神話吸引著人們的樸素的精神寄託，加上吐蕃統治者的大力推廣，得以在西藏迅速傳播，形成與漢傳佛教、南傳佛教並稱「佛教三大體系」的藏傳佛教。但自此，藏族人不再有明顯的尚武精神。

13世紀上半期，興起於蒙古高原的蒙古汗國向四周積極擴張。出於以大迂迴、大包抄戰略進攻南宋時要確保西部側翼安全等方面的考慮，蒙軍對西藏採取了軍事征服行動。由於西藏分散的教派和家族勢力無法組織有效的抵抗，蒙軍很快就打到拉薩北面，控制了西藏主要地區，並設立驛站供應物資。

此時西藏各地大多採取政教合一的體制，宗教領袖有最高權力。於是有一個聲望較高的佛教領袖代表西藏地區主要僧俗首領與蒙軍高層談判，議定了西藏歸附蒙古汗國的辦法：主要是西藏各僧俗首領向蒙古降附納貢，承認是蒙古汗國的臣民，接受蒙古的統治，而蒙古則維持原來的各地僧俗首領的職權，並正式委任給相應的官職。

隨後，蒙古派人進藏清查戶口，以萬戶為單位，大體分為13個萬戶，分封給一些蒙古王子。這些蒙古王子往往會將封地的宗教首領奉為自己的上師，將當地首領委任為自己的官吏。

忽必烈建立元朝後，在中央政府中設立總制院（1288年改名為宣政院），掌管全國佛教事務和藏族地區的行政事務，並命藏族

國師八思巴負責，這表示著忽必烈對西藏的管理是政教結合、僧俗並用的行政體制。宣政院使作為朝廷重要官員，是由皇帝直接任命的，這就確定了西藏的行政體制是元朝行政體制的一部分。此外，元朝在西藏屯駐軍隊，設立各級官府，以保證對西藏的統治和政令的推行。

元朝對西藏的管轄有恩威並舉的特點：一方面，元軍以軍事力量進駐西藏，形成威懾；另一方面，元朝皇帝給予西藏宗教領袖以極高的榮耀和相當大的權力，並以宗教認同令藏人心悅誠服。

元世祖忽必烈對西藏佛教高僧八思巴極為尊崇，封為帝師。這不僅因為八思巴本人學識淵博，能解答忽必烈的各種疑問，還能治好蒙古貴族的病，更重要的是藏傳佛教已經在蒙古族中迅速傳播。

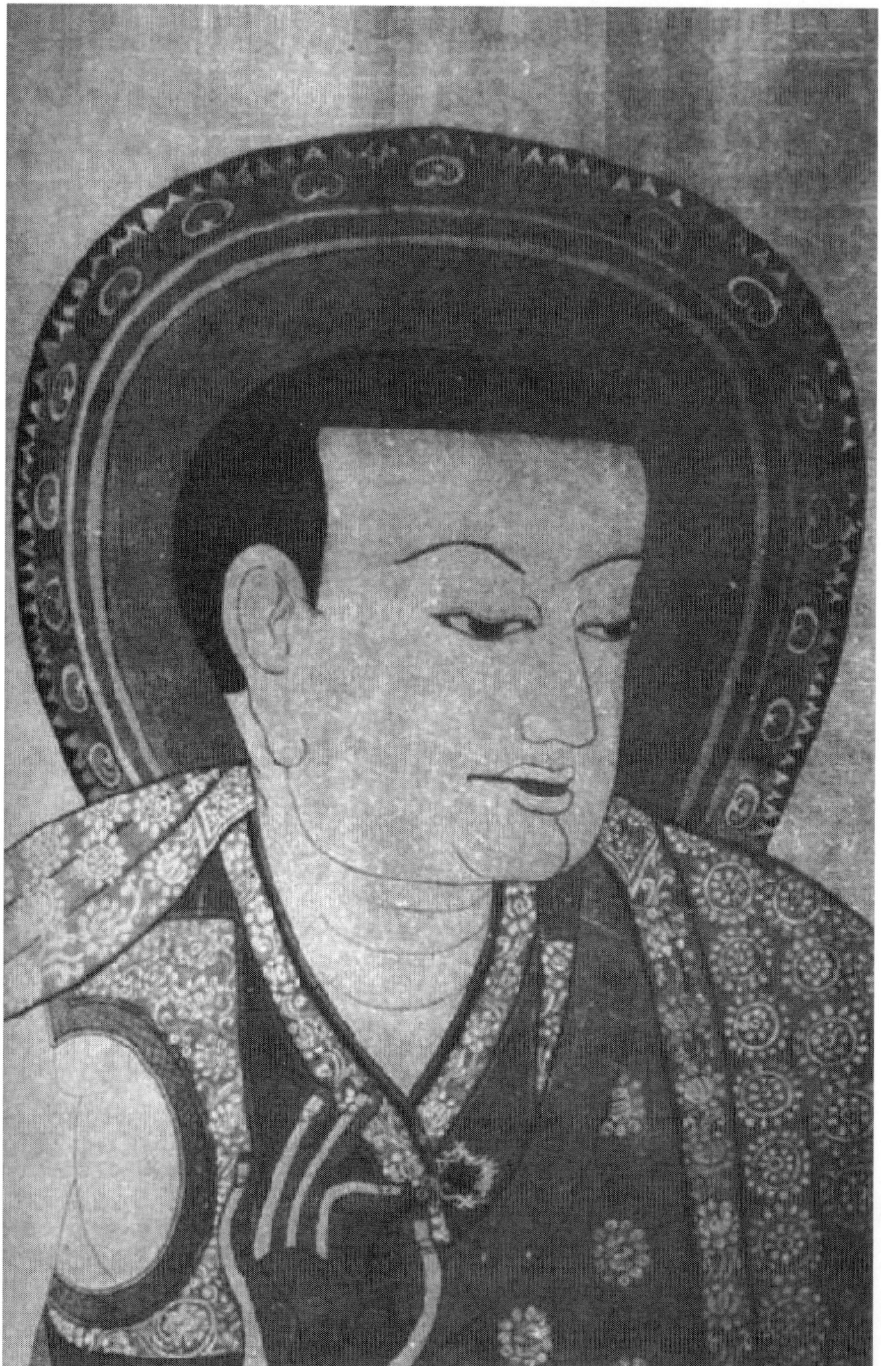

八思巴

　　蒙古大汗起初並未獨尊佛教，成吉思汗建立蒙古汗國以前，蒙古地區占支配地位的宗教是薩滿教。從成吉思汗到忽必烈時期，蒙古統治者對薩滿教、佛教、道教、伊斯蘭教、基督教等採取了兼容並蓄的態度。成吉思汗西征途中，還詔請道教的丘處機為其講道，兩人在西域軍中相處一年，交談甚歡。

　　為了給蒙古族尋找一種較為先進、文明而實用的宗教，蒙古貴族做了多方面的考察工作。1258年在上都的宮殿裡還隆重舉行了佛道辯論會，由忽必烈主持，兩派各參加17人，佛教辯論隊以時年23歲的八思巴為首，獲得勝利。道教辯論隊承認失敗，17名道士削髮為僧，少許道觀也隨之改造成佛教寺院。藏傳佛教於是大行其道，成為蒙古族最為流行的宗教信仰。

　　蒙古人追求宗教信仰的熱情是虔誠的，忽必烈還曾請歐洲教會派遣100名教士來北京參加辯論，但教廷只派了2個人，而且還因路途遙遠半途而返，失去了一次向東方傳教的絕好機會。

　　明朝建立後，明太祖朱元璋派人深入藏區招撫政教首領。包括元朝帝師在內的大批藏族首領歸降明朝，並赴南京朝見了明太祖。對前朝所封的灌頂國師，明太祖下詔仍封給他灌頂國師之號，並遣使賞賜，而該國師次年正月即遣使入朝。

　　明朝在確定藏族地區的都指揮使司、衛、所的行政體制後，陸續委任了不少藏族首領擔任都指揮使司和衛所的官職。在西藏不同教派與政治勢力的爭執與衝突中，明朝中央有決定如何處理的權力，如明成祖曾經下旨令西藏某主要地方政權將一座有爭議的寺廟讓給勢力較弱的一個教派，並得到完全落實。

　　與元朝相比，明朝對西藏的政策更突出懷柔和安撫政策。明朝沒有對西藏地方政權進行直接扶持和支撐，也未在西藏駐軍以形成

軍事威懾。明朝在西北駐軍佈防主要是為對付北方的蒙古勢力。明朝主要是推行朝貢制度以彰顯中央政權的權威，但從某個角度講，對西藏的控制是弱化了。

就在滿清的皇太極率領清軍與明朝軍隊激烈廝殺的同時，一個叫固始汗的蒙古部落首領從新疆出發，率兵從青海一路打到日喀則，成為全藏族地區的新的統治者。但他繼承了元明時期的傳統，即尋求中原中央政權的承認與支持。

固始汗一入藏就主動和清朝聯繫朝貢之事。清朝定都北京後，固始汗派其子赴京上書順治帝，表示對清政府的諭旨「無不奉命」。清政府給固始汗送去金冊金印，承認他的統治藏族地區的汗王的地位。自此之後，西藏蒙古貴族與藏族宗教首領幾乎年年必遣使蒞京，通貢不絕，清朝也厚給回賜。

但在康熙時期，準噶爾部從新疆突襲西藏，將整個青藏高原併入自己的版圖。清軍入藏擊潰準軍後，沒有讓原來的蒙古首領繼續統治西藏，而是建立了對西藏的直接統治，在拉薩設立了駐藏大臣，直接監督地方政權，留駐藏清軍數千人，歸駐藏大臣指揮。另外清朝還劃定了西藏和青海、四川、雲南的地界，確定西藏的行政範圍。

清朝中央政府對西藏的統治和管轄，較之明朝是大大加強了。除軍隊入藏外，宗教信仰仍是最重要的聯繫紐帶。清朝透過尊奉藏傳佛教，與蒙、藏民族建立了強有力的共同精神信仰，進而成為控制華北、西北、西南廣大地區的重要力量。在蒙古和西藏地區對藏傳佛教採取了利用、保護和鼓勵的政策，透過撥款修建寺廟、免徵喇嘛賦稅、差役和兵役等政策措施，積極在蒙、藏地區推廣藏傳佛教。

達賴喇嘛

　　由於清朝和準噶爾部在西藏的鬥爭涉及達賴喇嘛，且達賴喇嘛在西藏影響力頗大，因此故事還要先從達賴喇嘛和藏傳佛教說起。

　　達賴喇嘛是藏傳佛教中的黃教教主。藏傳佛教是結合了印度傳入的密教、漢地傳入的大乘佛教以及西藏原有的苯教而形成的以大乘佛教教義為主的宗教，也稱喇嘛教，在西藏有政教合一的特點。其下分成密教與顯教傳承。傳承方式既有師徒傳承方式，也有家族傳承方式。藏傳佛教從對佛祖的崇拜演變為對本派祖師的崇拜，視師為佛，因此達賴等教主對信眾的影響極大。

　　藏傳佛教在西藏的傳播分為「前弘期」和「後弘期」。以吐蕃贊普朗達瑪滅佛運動及其影響時期為界，之前的佛教傳播稱為「前弘期」，之後稱為「後弘期」。後弘期根據佛教傳入路線的不同，分為上路弘傳和下路弘傳。此後，佛教逐漸在西藏復興，並發展成獨具高原民族特色的藏傳佛教，而且因不同師承、所據不同經典和對經典的不同理解等佛教內部因素和不同地域、不同施主等教外因素而陸續形成各種支派，最主要的包括：

　　寧瑪派（rnying-ma-ba）是藏傳佛教最古老的一個派別。由於該教派僧人只戴紅色僧帽，因而稱「紅教」。

　　薩迦派（sa-skya）因該派的主寺——薩迦寺建寺所在地呈灰白色而得名，曾經是藏傳佛教中影響力最大的教派。由於該教派寺院圍牆塗有像徵三個菩薩的紅、白、黑三色花條，故稱「花教」。

　　噶舉派（bkav-rgyud）是藏傳佛教支派最多的教派。「噶舉」藏語意為「口授傳承」。因該派僧人按印度教的傳統穿白色僧衣，故稱「白教」。

　　格魯派（dge-lugs-pa）中的「格魯」一詞意為善規，指該派

倡導僧人應嚴守戒律。該派雖是後來興起，卻一舉發展成為藏區最有影響力的教派。由於此派戴黃色僧帽，故又稱為「黃教」。

14世紀，黃教的創始人宗喀巴（1357—1419年）出生在青海西寧附近的一個藏民部落中。他7歲出家，16歲到拉薩學佛，20歲時提出宗教改革主張，52歲時在拉薩發起正月祈願大法會，建立格魯派。為與紅教區別，改穿黃衣黃帽，禁止教徒娶妻生子，以便全心全意宣揚佛法。隨著宗喀巴聲望的提升，明成祖朱棣幾次召請其赴北京弘法，宗喀巴以身體狀況為由派其弟子進京面聖。格魯派真正走向全盛的轉折點是活佛轉世制度的採用。然而在宗喀巴去世時，格魯派還沒有採用活佛轉世的辦法來解決教主繼承人的問題。

活佛轉世制度，是說教主是永不死亡的活佛，肉體雖然毀壞，但靈魂卻立即再轉生世界，永遠不滅。他在死前就預言他的靈魂要到某個方向或某個地方重生，死後由法師尋覓他轉世的靈童。找到之後，迎回拉薩，經過一段時間的宗教教育，等年齡稍長舉行坐床大典，成為正式教主。

清代格魯派形成達賴（前藏）、班禪（後藏）、章嘉活佛（內蒙古）、哲布尊丹巴（外蒙古）四大活佛轉世系統。達賴與班禪開始同在前藏的拉薩。後來黃教統一前藏、後藏後，班禪移到日喀則，達賴留在拉薩。四大活佛中，達賴對藏人的影響力最大，但最初並不如此。更有意思的是，一世達賴和二世達賴在生前並無此榮譽稱號。

宗喀巴有135名弟子，主要的弟子除接班主持工作的賈曹傑外，還有克珠傑和根敦珠巴，這兩人後來分別被追認為第一世班禪[3]和第一世達賴喇嘛。達賴與班禪個人之間互為師徒，6位班禪曾為達賴師，4位達賴曾為班禪師。班禪被視為「無量光佛（阿彌陀佛）」的化身，達賴喇嘛被視為是「觀世音菩薩」的化身，班禪地

位原本是高於達賴的。但在二世達賴的任內，達賴轉世系統的影響和實際地位超過了班禪系統，成為黃教的實際領袖。

宗喀巴圓寂後，格魯派受到權勢貴族的壓制，根敦珠巴就到別的地方建寺院講佛法，相當有影響力，後來被追認為第一世達賴喇嘛。根敦珠巴死後，一個叫做根敦嘉措的佛學造詣很高的僧人繼承了根敦珠巴的事業，一些人認為他是根敦珠巴的轉世，因此他後來被追認為第二世達賴喇嘛。

達賴喇嘛的稱號真正出現在三世達賴索南嘉措身上。公元1576年，被認為是根敦嘉措轉世的索南嘉措，應蒙古部落首領俺達汗的邀請到青海弘揚佛法。

俺達汗出於仰慕之心贈給他尊號：「聖識一切瓦齊爾達喇達賴喇嘛」。「聖」表示超出世間；「識一切」是在藏傳佛教顯宗方面取得最高成就的人；「瓦齊爾達喇」是在藏傳佛教密宗方面取得最高成就的人；「達賴」是蒙語裡的「大海」（幾乎所有達賴的名字中都有的「嘉措」在藏語裡也是「大海」的意思）；「喇嘛」是藏語裡的「上師」。整個稱號的意思是：在顯教、密教兩方面都取得最高成就，佛學知識淵博猶如大海一樣的大師。

這是達賴喇嘛名號的開端。當然，那時的達賴喇嘛還只是一個有學識的僧人而已，遠沒有後來那麼有地位和權勢。

但三世達賴索南嘉措應該很有政治頭腦。他與蒙古及明朝的關係都很好。在他受明朝邀請赴北京途中去世後，蒙古首領俺達汗的曾孫雲丹嘉措成為他的轉世。當時黃教在西藏立足未穩，將自己的宗教領袖轉世為蒙古貴族，可使黃教依靠蒙古的政治和軍事力量擴大自己的影響。四世達賴雲丹嘉措帶著蒙古軍隊和貴族到西藏坐床，確實對格魯派在西藏的發展給予極大的支持。

五世達賴時期，達賴喇嘛的聲望扶搖直上，逐漸超越了其他活

佛，最主要是因為蒙古的軍事支持和清朝中央政府的政治支持。1642年，信奉黃教的蒙古部落首領固始汗率兵統一西藏，奪取了紅教信徒占據的日喀則，並在該城舉行盛大儀式，將西藏十三萬戶獻給五世達賴，五世達賴成為西藏至高無上的宗教和政治領袖。1652年，五世達賴動身到北京朝見，清朝政府正式封他為「西天大善自在佛所領天下釋教普通瓦赤喇怛喇達賴喇嘛」的封號，並賜金印金冊。從此達賴喇嘛的封號以及其在西藏的宗教地位，為其他活佛所不能比擬。

66歲的五世達賴去世後，最受爭議的六世達賴倉央嘉措登上了歷史舞臺。他的所作所為和人生經歷與其他達賴喇嘛完全不同，他多情且很有文學修養，他的抒情詩集在西藏民間廣為流傳，並為後來歷代文人津津樂道。一首著名的「不負如來不負卿」的情詩很能反映他對佛學與愛情的看法：

美人不是母胎生，應是桃花樹長成，

已恨桃花容易落，落花比汝尚多情。

靜時修止動修觀，歷歷情人掛目前，

若將此心以學道，即生成佛有何難？

結盡同心締盡緣，此生雖短意纏綿，

與卿再世相逢日，玉樹臨風一少年。

不觀生滅與無常，但逐輪迴向死亡，

絕頂聰明矜世智，嘆他於此總茫茫。

山頭野馬性難馴，機陷猶堪制彼身，

自嘆神通空具足，不能調伏枕邊人。

欲倚綠窗伴卿卿，頗悔今生誤道行。

有心持鉢叢林去，又負美人一片情。

靜坐修觀法眼開，祈求三寶降靈臺，

觀中諸聖何曾見？不請情人卻自來。

入山投謁得道僧，求教上師說因明。

爭奈相思無拘檢，意馬心猿到卿卿。

曾慮多情損梵行，入山又恐別傾城，

世間安得雙全法，不負如來不負卿。

六世達賴生於西藏南部的一個農民家庭，儘管在2歲時就被秘密認定為五世達賴的轉世靈童，但在15歲之前，他像普通孩子一樣同父母生活在一起。被迎進布達拉宮坐床後，六世達賴並不喜歡深宮裡的出家修行和黃教領袖的生活，於是經常微服夜行，甚至在外面尋芳獵艷，並且用一些美麗的情歌來表達自己的感受。後來他的政權靠山被政敵擒殺，他也被奏稱是「耽於酒色，不守清規」的「假達賴」。清朝政府將其廢黜，並解送北京。六世達賴在赴京途中病逝青海。

雖然當時的西藏實權人物又立了一位新的六世達賴，前後達11年之久，但西藏民眾多認為已故的倉央嘉措才是真達賴。倉央嘉措生前有一首詩歌：「潔白的仙鶴，請把雙羽借我；不到遠處去飛，只到理塘就回。」根據詩中提到的「理塘」，一些西藏僧人和貴族在西康理塘寺附近找到倉央嘉措的轉世靈童格桑嘉措，秘密保護起來，9歲時被青海蒙古僧眾迎至塔爾寺供養。後來清朝出兵趕走入侵西藏的準噶爾軍，直接統治西藏，中央政府正式冊封其為六世達賴（後乾隆朝又冊封其為七世達賴），並任命其主管西藏地方政權，達賴喇嘛自此開始真正執掌西藏的政教大權，成為西藏政教合一制度的開端。

在康熙、雍正、乾隆三代清朝皇帝的經營下，西藏局勢由亂而治，民眾安樂。八世達賴時期是清朝中央政府治理西藏的全盛時期[4]。

康熙出兵

康熙時期，中國西北的準噶爾部突襲拉薩，吞併西藏。前來救援的清軍卻因準備不足在藏北草原全軍覆沒，清廷朝野震動。

當時西藏的政治形態是三駕馬車：宗教領袖達賴，行政主管藏王（藏語稱「第巴」，是西藏地方政府最高政務官的稱呼），軍事首領和碩特首領（此時西藏由漠西蒙古四大部落中的和碩特部軍事占領）。

五世達賴在當時的西藏無論是宗教還是政治領域都有最高的影響力，對藏王有提名權，因此其去世時，藏王（桑結嘉措）為保持自己的權力地位，秘不發喪，偽稱達賴閉關靜坐，借達賴之名發佈命令長達15年。

期間，藏王以達賴名義向清朝邀封自己「法王」稱號，又稱「土伯特國王」。為將和碩特部逐出西藏，藏王還暗中支持準噶爾部的噶爾丹，但噶爾丹敗亡後清朝從其降卒中得知五世達賴早已圓寂的消息。康熙派人嚴詞責問，藏王派密使赴京解釋，辯稱主要是為維持藏區社會安定，且達賴轉世已經認定。清朝接受了藏王的解釋，並同意藏王尋找的轉世靈童倉央嘉措繼任六世達賴。

新的和碩特部首領拉藏汗繼位後，與藏王矛盾迅速激化，雙方爆發戰爭，藏王被擒殺。拉藏汗取得勝利後，立即向清朝報告事變經過，奏稱倉央嘉措是假達賴，平日耽於酒色，不守清規，請予廢

黜,並另找了一個僧人立為達賴。清朝同意了拉藏汗的奏請,並批準新達賴為六世達賴。但藏區很多人不承認這個新達賴,以致西藏局勢不穩。

準噶爾汗策妄阿拉布坦抓住這一機會,康熙五十五年(1716年)發動了旨在吞併西藏的突然襲擊。他本來娶了拉藏汗的姐姐,又將女兒嫁給拉藏汗的兒子,關係非常親密。但當他聽說拉藏汗改立達賴導致西藏很多人反對,覺得有機可乘,於是制定了奇襲西藏的計劃。

策妄阿拉布坦派出兩支軍隊,一支以護送女兒、女婿回拉薩的名義突襲西藏,另一支奔赴青海西寧塔爾寺,企圖劫持已故六世達賴的轉世靈童格桑嘉措,以號令藏區民眾。

塔爾寺

當準噶爾的精兵到達藏北草原時,拉藏汗發現形勢不對,匆忙

召集人馬抵禦。但準噶爾軍宣稱他們已經從青海接到了真正的達賴喇嘛，將送到拉薩來，拉藏汗軍心渙散。事實上，派去塔爾寺的準噶爾軍隊已被清軍擊潰，並未劫持到轉世達賴，但消息難辨真假，拉藏汗倉促撤回拉薩城，立即請求清朝派兵救援。

康熙五十七年（1718年）康熙收到拉藏汗的信：「懇求皇上聖鑒，速發救兵。並青海之兵，即來策應。」[5]此前康熙早已意識到西藏局勢存在危險，特派人入藏協同拉藏汗辦理西藏事務，並警告他要提防策妄阿拉布坦的野心，但未引起拉藏汗的重視。

康熙還曾搶在策妄阿拉布坦迎請原六世達賴倉央嘉措到準噶爾之前，命護軍統領將倉央嘉措擒解至京。當時諸皇子及大臣對此不甚理解：「一假達賴喇嘛，擒之何為？」康熙答：「朕意以眾蒙古俱傾心皈向達賴喇嘛，此雖系假達賴喇嘛，而有達賴喇嘛之名，眾蒙古皆服之，若為策妄阿拉布坦迎去，則西域、蒙古皆向策妄阿拉布坦矣。」[6]

對一直忠順的拉藏汗的求援，清朝不能置之不理，但路途遙遠訊息不暢，康熙又低估了入藏準軍的實力，導致清軍出師不利。

西藏這邊，拉藏汗的求救信還未送到北京，準噶爾軍已經在不滿拉藏汗的僧俗人眾的配合下，攻破拉薩，拉藏汗在突圍時被殺。準軍廢黜拉藏汗立的新達賴，並處死「護送」來的拉藏汗的兒子，將西藏全境納入準噶爾部的版圖。準軍扶植傀儡，委派官員，向僧俗勒索財物，對不服從的寺院和地方則派兵燒殺搶劫，使藏區民眾大失所望。

康熙很快也接到西藏淪陷的報告，迅速派兵進藏，這是清朝第一次出兵西藏。

由於此前不久清軍曾在新疆哈密以200人擊退準噶爾軍2000多人，因此康熙樂觀地認為：（入藏準軍）疲敝已極，未必滿二

千……（清軍）二百餘人，便可破之矣。」[7]在此輕敵思想指導下，清軍將領率軍2400名輕騎急進，孤軍深入，在藏北草原被準噶爾軍圍困，結果糧食斷絕，「為賊所困，全軍餓斃」。

清軍出兵西藏不利的消息傳回，朝廷震驚。康熙力排不宜用兵的意見，史載：「滿漢大臣鹹謂不必進兵」，但康熙從穩定西部邊疆的局勢考慮，決意再次出兵。

入藏前先冊封青海的轉世靈童格桑嘉措為六世達賴，以護送其到拉薩坐床的名義出兵西藏。分三路進軍，一路進剿駐藏準軍，攻取拉薩；一路攻擊準噶爾本部，使準軍無法向西藏增援；一路邊戰邊進，護送達賴抵達拉薩，並將拉藏汗立的達賴解送北京，以防後患。

半年後，西藏準噶爾軍被清軍徹底擊潰，大部分被殲。

清軍進入拉薩，撤銷了原來的「土伯特」國號，改稱「西藏」，開始了清朝對西藏的直接統治。不但開始駐軍西藏，還改由中央政府任命5位當地王公組成西藏地方政府，聯合執政。

雍正平叛

雍正時期，西藏內亂未平，青海戰火又起，青藏高原依然動盪不安。

清初，蒙古族和碩特部落首領固始汗曾軍事統一青海和西藏，並服從清朝中央政府的領導。他去世後，諸子爭位，四年沒有結果，最後青海和西藏分頭領導。

西藏這一支，到固始汗的曾孫被入侵的準噶爾軍消滅政權。

青海這一支，缺乏統一領導，大體上各部獨立為政，但都接受清朝的冊封，固始汗的孫子羅卜藏丹津就承襲清朝冊封其父親的親王爵位，並曾隨同清軍進藏驅逐準噶爾勢力。

從地位來說，羅卜藏丹津是青海蒙古族和碩特部中的唯一親王，算是青海地區的一把手，但他不滿清朝將政治權力分散給青海蒙古各部，他企圖在其集中領導下恢復和碩特蒙古曾經一統青藏的輝煌。

1722年，康熙去世，鎮守西部邊疆的皇十四子回京奔喪，也有與親哥哥雍正爭奪帝位的意思，這讓羅卜藏丹津看到了造反的機會。

他先聯繫策妄阿拉布坦，希望一起出兵反清，但策妄阿拉布坦不敢輕舉妄動，只是慫恿羅卜藏丹津叛清。於是羅卜藏丹津召集青海蒙古各部，公開發動武裝叛亂，企圖將青海從清朝的管轄下獨立出去。

羅卜藏丹津下令各部恢復原來的稱號，不再稱清朝冊封的王、貝勒、貝子、公等爵號，不受清王朝導，並集結兵力進攻西寧。雖然沒有把西寧攻下，但中原通往西藏的道路卻被切斷，沿邊震動。

雍正做出迅速而強烈的反應，任命年羹堯當總司令（撫遠大將軍），岳鐘琪當副總司令（奮威將軍），從陝甘調兵往青海平定羅卜藏丹津的反叛。青海各部蒙古首領有不少本就不情願鬧獨立，只是受羅卜藏丹津的脅迫，聽說清軍將至，紛紛投降。

年羹堯

　　1724年，年羹堯根據有利形勢，下令「分道深入，搗其巢穴」。岳鐘琪抓住春草未長、叛軍人畜乏糧、分散屯駐牧養的時機，長驅直入，奇兵奔襲叛軍總部。率五千精兵，均是一人兩騎，換馬不換人，冒雪晝夜兼進，直撲羅卜藏丹津營帳。叛軍遭遇突如

其來的猛攻，頓時潰不成軍。羅卜藏丹津見大勢已去，趁亂換上蒙古婦女的衣飾，帶了二百多人投奔準噶爾。其母、弟、妹、妹夫一併被俘。岳鐘琪率軍乘勝追擊，一晝夜馳三百里，直到見不著敵人才還師。

反叛事件使青海大量蒙古族人被殺和逃散，人口由康熙時期的20多萬減至10多萬。而清將岳鐘琪兵不過萬，只用了15天時間，平定了面積約60萬平方公里的青海叛亂，創造了歷史上著名的成功戰例。大將軍年羹堯也憑藉此役名揚朝野，震懾西陲。

至於羅卜藏丹津，後來在乾隆二十年（1755年），清軍在平定準噶爾、攻占伊犁時將其俘獲。但乾隆對他寬大處理，免去死罪，軟禁北京，後來和他的親屬一起，被安置到內蒙古監視居住。

平定叛亂後，清朝採納了年羹堯的《青海善後事宜十三條》和《禁約青海十二事》，對青海行政建制進行重大改革，青海完全置於清朝中央政府直接管轄之下。例如根據「宜分別遊牧居住」原則，將青海蒙古族仿照內蒙古分編為29旗，各旗劃定遊牧界限，規定不得強占牧地，不得互相統屬，不得互相往來，這就從制度上杜絕了青海出現挑戰中央的政治強人的可能。

乾隆安藏

清朝在驅除侵藏準軍後，沒有像準噶爾占領西藏之前那樣，讓青海蒙古首領統治西藏，而是由清廷直接任命5個西藏貴族，組成管理西藏的領導團隊（類似政治局常委），實行集體決策。

但這5個常委不久就起了內訌，為爭權奪利而互相廝殺，親中央政府的常委獲得勝利，清廷肯定其功勞，封其為第一常委（首席

噶倫），後又晉升為王（郡王），使西藏行政體制又出現一人獨大的局面。

郡王一生對中央政府忠心耿耿，但其子承襲郡王之位後卻開始圖謀獨立。清廷在西藏實施集體領導制度時，還於1727年設置了駐藏大臣負責監督管理。由於雍正裁撤了康熙設置在西藏的清朝駐軍，清朝在西藏的震懾力減弱，新郡王排擠駐藏大臣，企圖以準噶爾部為外援驅逐清朝勢力。

1751年，駐藏大臣見形勢危急，又因交通不便無法及時請示中央，就仿照漢朝出使西域的使者作為，採取先下手為強的策略，誘殺了新郡王。但隨後被新郡王的黨羽殺害，拉薩發生暴亂。

七世達賴派人將殺害駐藏大臣的兇手捕獲，安定了拉薩局勢，等待清朝派員處理。

乾隆元年八月吉日

乾隆

　　清軍再次入藏，調查暴亂事件，認為問題出在西藏「地廣、兵

強、事權專一」。乾隆以此次平亂為契機，改革西藏地方政制，廢除郡王專政，建立由達賴喇嘛領導的一僧三俗的四常委（噶倫）制度。常委之間地位平等，遇事秉承駐藏大臣和達賴喇嘛的指示，共同處理地方各項事務。由於達賴轉世長大期間需要有人攝政，因此後來又逐漸演化成達賴、駐藏大臣和攝政王三駕馬車的政治體制。

乾隆77歲時又發生了廓爾喀侵藏的事件。

廓爾喀人屬尼泊爾部落，民風彪悍，至今印度還將廓爾喀人僱傭軍作為精銳部隊。

廓爾喀與後藏緊密相連，經濟關係密切，也存在一些經濟糾紛。1788年，廓爾喀以錢幣兌換問題和西藏地方「商稅增額」等爭端為藉口，出動三千人馬入侵後藏三地。

乾隆發兵火速馳援西藏，又命一個副部級官員（理藩院侍郎）巴忠赴藏與清軍領軍將領會商一切善後事宜。巴忠到拉薩後，一方面與清軍將領會商，讓紅帽活佛勸廓爾喀投順，退回所占地方；另一方面，又自遣使者與廓爾喀講和，許諾西藏每年向其賠款300個元寶。廓爾喀拿到字據後撤出了占領的後藏地方。巴忠隱瞞實情，向朝廷謊報已經收復失地，「奏凱班師」，為廓爾喀第二次入侵西藏留下了禍根。

藏族的佛教聖地——扎什倫布寺

　　1790年廓爾喀派人入藏討取「贖地」銀，達賴喇嘛和地方政府拒絕支付，遣使與之談判，要求「撤回合約」，遭到廓爾喀拒絕。事情報告到朝廷，乾隆皇帝才知道巴忠報告的功勞都是假的。次年廓爾喀以西藏方面爽約為由，悍然發動了第二次侵藏戰爭。在短短的十幾天內迅速占領了多處地方，並洗劫了著名的扎什倫布寺。

　　消息傳來，清廷大為震動，巴忠自知罪責難逃，投湖自殺。乾隆朝第一名將福康安受命大將軍，立即率領一萬七千餘人的大軍，分三路進藏討伐。1792年5月，清軍收復全部失地，將廓爾喀軍驅除，並乘勢長驅直入廓爾喀境內，打到其首都近郊。廓爾喀投降，交出了從前「賄和」的合約，退還了所有搶去的扎什倫布寺的財物，放回了所抓西藏貴族。

　　乾隆考慮到當地節氣較早，天氣驟冷，若大雪封山，後果不堪設想，指示福康安接受廓爾喀的乞降及請罪，令其簽寫「永不犯

藏」的保證，並定期納貢。廓爾喀接受了全部條件，清軍班師。

　　福康安等人擬訂了有關治理西藏的章程，並報經中央政府核準頒布實施，即著名的《欽定藏內善後章程》。根據該章程，駐藏大臣地位與權力有所提升，其地位與達賴、班禪平等，督辦西藏行政人事，負責每年兩次檢閱三千名西藏正規軍，並發放糧餉。一切西藏外事交涉權，統歸駐藏大臣負責辦理。西藏地方與外國行文，須以駐藏大臣為主與達賴喇嘛協商處理。外藩所獻貢物，給達賴喇嘛等人的信函須呈駐藏大臣查閱，並代為酌定回書，交來人帶回。所有噶倫不得私自向外藩通信，當外藩行文噶倫時，必須交駐藏大臣並達賴喇嘛審閱處理，不得私自回信。外國來藏商旅，必須登記、造具名冊呈報駐藏大臣衙門，按其路線簽發路證，並由駐紮軍隊檢查路證。《欽定藏內善後章程》顯示清朝中央政府對西藏行使完全主權。

宗教力量

　　自從藏傳佛教在西藏地區廣泛傳播，藏族人便不再有吐蕃時期的尚武精神，加之青藏高原生存條件艱苦，人口稀少，交通通訊困難，因此無論從軍事還是經濟等方面對比實力，西藏政權都無法與中央政權相抗衡，是以元朝以後西藏很少尋求獨立。

　　軍事實力的相對薄弱使蒙古騎兵可以長驅直入地打到拉薩或日喀則，占領西藏，這在歷史上出現過三次：1239年蒙古大汗窩闊臺之子闊端率軍征服西藏、1642年蒙古和碩特部首領固始汗率兵占領西藏、1716年蒙古準噶爾部首領策妄阿拉布坦發兵吞併西藏。甚至尼泊爾的廓爾喀軍隊都可以在1788年入侵西藏。

但中央政權對西藏的實力優勢並不是確保西藏維持穩定的統一局面的充分條件，清朝中央政府是以軍事實力為後盾，憑藉對西藏僧俗首領的尊重與控制來影響西藏民心的。

西藏民眾受藏傳佛教影響深刻而久遠，且藏傳佛教更崇拜自己的祖師，加上後來活佛轉世制度的採用，使宗教領袖對民眾的影響遠比其他地區強大。

清朝透過尊奉藏傳佛教、撥款修建寺廟、免徵喇嘛賦稅、差役和兵役等政策措施，與西藏民眾建立了強有力的共同精神信仰，使西藏宗教領袖樂於配合中央對西藏的管轄。

但清朝後期對達賴喇嘛的待遇明顯下降，如慈禧太后一度褫奪達賴封號並在達賴覲見時要求跪拜等，應是達賴有獨立之心的重要影響因素。在清朝滅亡後中央政府不再像元、明、清時期一樣尊奉藏傳佛教，有的西藏宗教領袖就會產生分裂傾向。

因此，中央政權的統治集團不僅要有堅定的統一意志，還需要有靈活的政治手段，透過發揮宗教領袖的作用引導和贏取西藏民心。

歷史經驗來看，康熙五十五年（1716年）準噶爾軍突襲西藏之所以勢如破竹，很大程度上是利用西藏民眾對拉藏汗更換達賴喇嘛懷疑和不滿的心理，謠傳接到已故六世達賴的轉世靈童格桑嘉措，得以號令藏區民眾配合其進攻拉薩，而拉藏汗方面則因宗教問題上沒處理好導致軍心渙散，無法抵擋準噶爾軍的進攻。

同樣，康熙五十七年（1718年），清軍兵分三路、由皇十四子允禵為撫遠大將軍統帥諸師進藏，也是以護送青海的六世達賴格桑嘉措到拉薩坐床的宗教名義出兵西藏，贏得西藏民眾的歡迎和支持。

註釋

[1].藏文《弟吳宗教源流》和《智者喜宴》記載說,西藏地區在人類出現之前曾經由十種(或十二種)非人統治過。

[2].費孝通主編:《中華民族多元一體格局》,中央民族大學出版社1999年版,第28頁。

[3].班禪稱號始於1645年。蒙古固始汗贈給黃教羅桑曲結「班禪博克多」的尊稱,「班禪」意為「大師」。1713年,清朝康熙皇帝冊封班禪為「班禪額爾德尼」,「額爾德尼」是滿語,意為「珍寶」。從此,班禪這一封號就成為班禪系統的專用名稱。

[4].自九世達賴起,連續4位達賴均原因不明地暴卒,小的11歲,大的22歲。有說法認為,達賴是統治西藏的政教領袖,可攝政王是不希望達賴親政而使自己失去權力的,因此有加害達賴的動機。但並無證據可以證實這種說法。目前在世並流亡在外的是十四世達賴。

[5].《清聖祖實錄》卷二百七十七,康熙五十七年二月庚寅條。

[6].《清聖祖實錄》卷二百七十七,康熙四十五年十月乙巳條。

[7].《清聖祖實錄》卷二百七十五,康熙五十六年十一月甲戌條。

鐵血天山——新疆的故事

　　中國西北邊陲有一片160多萬平方公里的地區，占中國國土面積六分之一，現在稱「新疆維吾爾自治區」，古稱「西域」，意為西部疆域，清朝平定該地區叛亂後，乾隆二十四年（1759年）改稱「新疆」或「西域新疆」，意為新歸西部疆域。「新疆」的稱呼沿襲至今。清朝前期新疆地區圍繞和平和統獨議題發生清朝中央政府與準噶爾政權為主的分裂勢力近百年的軍事鬥爭，最終確保新疆保留在中國版圖。

新疆石頭城

西域之民

　　新疆自古以來是一個多民族聚居和多種宗教並存的地區。據歷史記載，先後在這一地區居住的民族主要有塞、月氏、烏孫、羌、匈奴、漢、柔然、高車、吐谷渾、突厥、吐蕃、回鶻（原稱回紇）、契丹、蒙古、滿、錫伯、索倫（達斡爾）等。

　　有確切記載的史料中，最早統一管轄新疆的政權應是匈奴和西漢政權。秦漢之際，匈奴日益成為中國北方草原地區的實力強盛的遊牧民族，勢力逐漸延伸至西域，西域各國臣服於匈奴，結束了該地區長期以來諸遊牧部落不相統屬的分割局面。漢武帝為擊敗匈奴，通使西域，聯合西域諸國共同對付匈奴。其後多次征戰，漢軍大敗匈奴，威震西域，各國轉而臣服漢朝，漢朝中央政府開始在西域設置地方官員，進行屯田，後來擴大到全疆各地。公元前60年天山南北諸地均歸漢朝中央政府統屬，漢朝設「西域都護府」管轄整個西域。

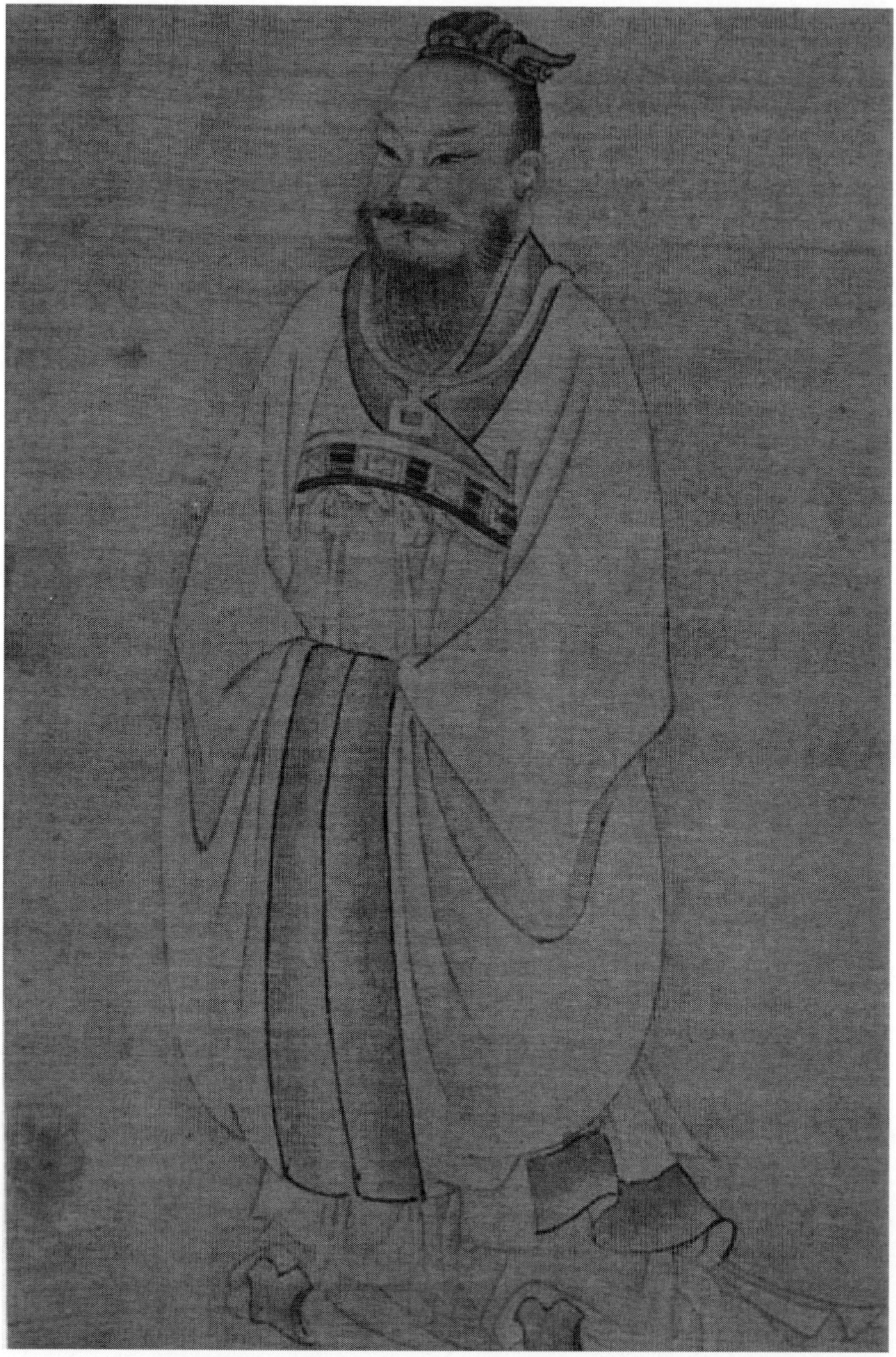

漢武帝劉徹

　　隋唐時期，中原政權恢復了對西域地區的統治，唐朝先後在西域設「安西都護府」和「北庭都護府」，完成了對天山南北的收復和統一。唐朝版圖西達波斯邊境，曾設「波斯都督府」[1]。波斯受阿拉伯帝國（黑衣大食）入侵後曾向唐太宗求援，波斯王子及大批隨行波斯人在長安定居。高宗時征服波斯的黑衣大食派使團向唐廷貢獻方物。

　　唐玄宗時期中國邊疆政權發生了一個重要變化。西北新崛起的回鶻（原稱回紇）政權與唐朝聯合消滅了在中國北方雄強一時的突厥汗國，建立了包括新疆北部地區、東到興安嶺的強大的回鶻汗國。

　　回鶻人（一說是突厥人）是現代新疆主要民族——維吾爾族的祖先。由於「維吾爾」的意思本就是「聯合」（或「團結」），因此民族誕生時也可能是多個部落聯合而成，關於其起源有多種說法也不足為奇。維吾爾人使用屬於突厥語系（阿爾泰語系）的維吾爾語言，文字幾經變化，現在使用以阿拉伯字母為基礎的維吾爾文。

　　回鶻汗國與唐朝關係友好，歷代可汗受唐朝冊封，曾派兵助唐朝平定安史之亂和擊敗吐蕃。後來回鶻被另一個北方少數民族（黠戛斯，其首領自稱是中國西漢名將李陵的後裔）擊敗，回鶻部落開始分成若干支遷移，並與新疆地區各族融合為「畏兀兒」族，即後來的維吾爾族。另一個與維吾爾族宗教信仰相同的民族——回族的名稱也來源於回紇，但其民族起源、居住地區、宗教信仰歷史、相貌、民族服裝、語言、宗教用語等方面均與維吾爾族有顯著不同。[2]

　　維吾爾人主要集中在新疆地區，現在多信仰伊斯蘭教。早期薩

滿教、祆教、佛教、道教、摩尼教、景教等多種宗教曾在新疆各地流傳，後來又有基督教、天主教等宗教傳入，但隋唐時期逐漸傳入新疆的伊斯蘭教對後來的維吾爾人影響最大。

唐玄宗時期（751年），唐帝國與阿拉伯帝國曾在中亞（怛邏斯，今哈薩克境內）有一次歷史性碰撞。戰爭的起因是唐朝軍隊攻陷了中亞的一個小國（在今烏茲別克斯坦境內），王子在途中逃走，向阿拉伯帝國和中亞諸國求救。正處於擴張期的阿拉伯帝國派出二十萬人的軍團出征，唐朝名將高仙芝率軍三萬餘人西進。由於高仙芝指揮有方，在兩軍數量懸殊的惡劣條件下血戰五日，不分勝負。但由於唐軍中有一支少數民族部隊（葛邏祿部）突然叛變，唐軍大敗，死傷二萬餘人。

這場戰爭唐軍雖然失敗，但其作戰能力讓新興的阿拉伯帝國打消了對中國進行「聖戰」的念頭，轉向其他地區擴張。與此同時，阿拉伯人信奉的伊斯蘭教卻開始迅速在中亞和西域地區傳播。

唐朝滅亡後的二百多年裡，西域出現三國對峙的局面，三國的首領都認為自己與中國皇帝是外甥關係，但因信仰宗教不同，爆發了伊斯蘭教與佛教國家間的數十年的宗教戰爭。

一個是蔥嶺以西的中亞草原上的喀喇汗王朝（也稱「蔥嶺西回鶻」或「黑汗王朝」），由一支西遷的回鶻部落與當地的葛邏祿部落匯合而成，以伊斯蘭教為國教。

一個是天山以北的西州回鶻（也稱「高昌回鶻」），是一支西遷的回鶻部落以吐魯番盆地為中心建立的政權，主要信奉佛教。

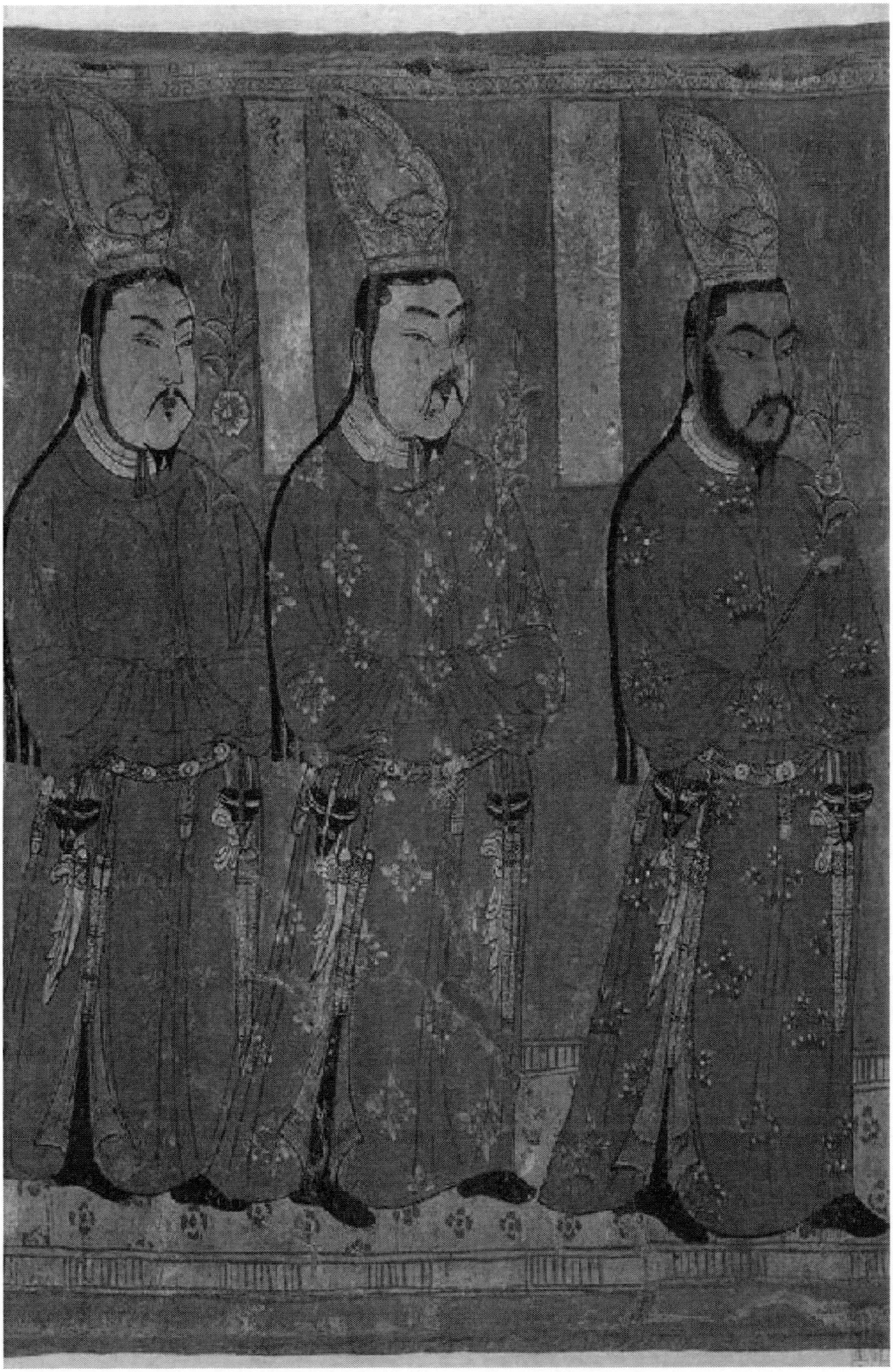

回鶻貴族

　　還有一個是天山以南的于闐國（也稱「新復州回鶻」），是存在了至少1300年的西域古國，一直臣服於中原王朝，唐朝時是安西四鎮之一，後與一支西遷至此的回鶻部落融合，以佛教為國教。

　　喀喇汗王朝是歷史上第一個接受伊斯蘭教的突厥語民族的王朝，並向東進行「聖戰」，重點進攻佛教中心于闐。于闐在進行了頑強抵抗後向長期關係友好的中原政權求救，但當時北宋建立未久，無力西顧。于闐被消滅後，伊斯蘭教也推行到該地區。喀喇汗王朝又乘勝進攻西州回鶻，對其佛教徒進行殺戮，但因西州回鶻的激烈反擊使其武力傳教無果而終。

　　後來喀喇汗王朝分裂為東西兩個汗國，先後被西遼征服。西遼是女真部落滅亡遼朝後，契丹貴族耶律大石西遷後建立的政權。由於耶律大石具有出色的指揮才能，西遼很快崛起為中亞強國，先後征服了西州回鶻、喀喇汗王朝、乃蠻部落和中亞大國花剌子模，管轄範圍包括大部分新疆地區。在漢化程度較深的耶律大石的領導下，西遼對宗教信仰持開放態度，各宗教均可在西域地區傳播。

　　13世紀，蒙古鐵騎縱橫亞歐大陸，建立起世界歷史上幅員最廣的汗國。成吉思汗消滅乃蠻汗國、西遼和花剌子模後，將該地區大部分土地封給次子察合臺，在察合臺汗國的強制推行下，伊斯蘭教逐漸成為該地區民眾信仰的主要宗教。

　　明朝時期，藏傳佛教在該地區有重大發展，成為與伊斯蘭教並列的新疆兩大主要宗教。明朝政府還承襲元朝對新疆地區的宗主權，設立哈密衛（1406年），任用哈密當地的世族首領為各級官吏統轄當地軍政事宜，維持中西商貿通道安全，並對西域其他地區實施控制。

　　清朝平定了長期割據西北的準噶爾政權以及新疆境內伊斯蘭教

大、小和卓的叛亂，鞏固了對西域各地的軍政統轄，維護了國家統一。乾隆時期開始在新疆各地置官立府，行使中央政府對天山南北各地的管轄治理。光緒十年（1884年），清政府發佈新疆建省上諭。

喇嘛汗國

本篇故事講述的是在以上歷史背景下，清朝初期有一個喇嘛在西北經營起一個強大政權，控制地域約為中國版圖的1/3，並企圖獨立於清朝中央政府。這個人熱心宗教，多有權謀，長於軍事，戰功赫赫。曾經兵鋒所至，距北京僅350公里，震驚朝野，牽動中俄。

他的名字叫噶爾丹，是準噶爾政權的一個著名首領。

準噶爾政權是由一支叫做「準噶爾」的蒙古族部落建立的，該部落屬於漠西蒙古。蒙古族歷史上曾以西部、東部分為「草原百姓（斡亦剌惕）」和「林中百姓（不裡牙惕）」，清初蒙古族分為漠西蒙古（大體今新疆和中亞草原）、漠北蒙古（外蒙古）和漠南蒙古（內蒙古）。

漠西蒙古即明朝的「瓦剌」，曾統一東西蒙古並大舉攻明，敗明軍於土木堡，俘獲明英宗。清朝稱瓦剌為衛拉特、厄魯特、漠西蒙古等。清初，漠西蒙古分為和碩特、準噶爾（綽羅斯）、土爾扈特、杜爾伯特四大部落。

漠西蒙古的四大部落出於共同抵禦外敵和協調各部之間關係的需要，很早就組成了聯盟，定期舉行首領會盟。這種聯盟稱為「呼拉爾」或「丘爾干」，其盟主稱為「丘爾干·達爾加」，由各部首領推舉產生，原本長期由出自成吉思汗族系、在四部中最高貴的和

碩特部（該部清初軍事征服青海、西藏）首領擔任。

在滿清崛起於東北之際，四部中的準噶爾部也日益強大，不僅西征哈薩克地區，還連續兩次擊退俄國的進攻，並將過去的蒙文改造而制定成準噶爾政權的統一新文字，在漠西四部中聲望日隆。其活動地區也逐漸成為漠西蒙古的政治中心，「四部雖各有牧地，而皆以伊犁為會宗地」。

在四部的內部紛爭中，失利的土爾扈特部則被迫西遷至烏拉爾河與伏爾加河之間，建立了卡爾梅克蒙古部落，蘇聯革命領袖列寧的祖母即為該族人。

清朝順治年間，準噶爾部已成為雄踞於天山北路並為伏爾加河流域（土爾扈特部）、青藏高原（和碩特部）、中亞草原（杜爾伯特部）等蒙古部落事實盟主的一個強大勢力。

漠西蒙古中最早與清朝建立聯繫的是和碩特部首領固始汗（青藏高原征服者），清朝順治帝承認了他在漠西蒙古中的盟主地位。此時清帝尚未認識到準噶爾部的崛起。直到噶爾丹（1644—1697年）的出現。

噶爾丹的父親是準噶爾政權的首領，父親去世後長兄繼位。噶爾丹小時候被藏傳佛教格魯派（黃教，達賴這一支）認定為四世班禪老師（三世溫薩活佛）的轉世，12歲左右赴西藏拉薩大昭寺接受五世達賴灌頂，此後又去日喀則拜四世班禪為師。四世班禪去世後，他又回到大昭寺追隨達賴，極受達賴器重，經常與其密語。噶爾丹也曾對藏僧笑曰：「安知護法不生今日。」可見其自我期許甚高。在藏期間噶爾丹與藏王（第巴．桑結嘉措）結為好友。

噶爾丹雖在西藏做喇嘛，但並未認真學習佛經，卻對新式武器很有興趣，「不甚學梵書，唯取短槍摩弄」。由於他是漠西蒙古的

實際盟主之子，格魯派上層很重視，也不太約束他，五世達賴還親為其師，並授其呼圖克圖（藏語「活佛」之意）名號。在藏期間，噶爾丹並未脫離漠西蒙古的政治生活，常返回準噶爾參與其兄的政治外交活動。

噶爾丹之兄遇刺後，達賴五世準許噶爾丹還俗，支持他返回準噶爾部奪權。臨行「達賴喇嘛多密語，膜拜別」。噶爾丹日夜兼程返回準噶爾，以活佛身份招集兄長舊部，在和碩特部首領支持下，擊敗暗殺者，奪取準噶爾部統治權。康熙十一年（1672年），噶爾丹宣布還俗，繼位為準噶爾部落首領，號「琿臺吉」，並遣使向清朝政府朝貢，要求其承認自己的統治權。康熙確認了其繼位的合法性。

奪取準噶爾部統治權後，噶爾丹開始進攻鄰近諸部，並擊敗曾助其奪取政權的和碩特部首領，兼併其部眾，首領之妻率部逃往伏爾加河畔的土爾扈特部。擊敗和碩特部表示著漠西蒙古四部聯盟的徹底崩潰和噶爾丹軍事集權統治的建立，「噶爾丹因脅諸衛拉特奉其令」。

康熙十七年（1678年），五世達賴表彰噶爾丹統一漠西蒙古，授予其「博碩克圖汗」（蒙語，意為「持教受命王」）稱號，噶爾丹成為兩個多世紀以來準噶爾部自稱「汗」的唯一首領（以前稱「臺吉」，意為貝勒、皇太子、皇太弟），準噶爾汗國正式宣布建立。次年噶爾丹遣使向清朝進貢鎖子甲、鳥槍、馬、駝、貂皮等物，並稟告已接受達賴喇嘛所授之博碩克圖汗號，請求承認。康熙收受其進貢方物，但不承認其汗號，拒絕授予汗印。不過，由於未採取任何反制措施，在事實上默認了噶爾丹是漠西蒙古諸部首領。

統獨方略

噶爾丹「有大志，好立奇功」，野心勃勃，企圖仿效祖輩建立一個龐大的蒙古汗國，獨立於清朝中央政府之外。為此，他在政治、經濟、外交、軍事、文化等多方面進行積極準備。

政治路線：遠交近攻，擴張版圖。

噶爾丹臣服和結交清、俄兩強，將戰爭目標鎖定周邊，意圖先控制漠西四部，再侵入南疆地區，最後征服漠北和漠南蒙古。

為此，康熙二十七年（1688年）噶爾丹侵入漠北蒙古之前，幾乎每年遣使向清朝進貢，並上奏準噶爾部重大事宜。同時，一改前任與俄國的對立態度，1672年噶爾丹在給沙皇的信中表示願意為沙皇服務，還稱對俄國人向自己的屬民徵收實物稅一事「目前並不為此苦惱」。1682年西征哈薩克之前，噶爾丹幾乎年年遣使赴俄。

另一方面，則是集中力量吞併了與其面積相仿的伊斯蘭教政權葉爾羌汗國（在今南疆），又出兵哈薩克、青海和面積同樣廣闊的漠北蒙古，戰略核心是與已定鼎中原的清政府爭奪對相關地區的控制權，實現其「聖上（清朝）君南方，我長（掌控）北方」的戰略目標。

經濟路線：立足自給，加強商貿。

當時西域社會經濟的大致格局是：天山北路以畜牧業為主，局部地區有農業；天山南路以農業為主體經濟。從事農業的勞動者來源有三個途徑：一是戰爭中擄掠，二是從被征服地區脅迫遷徙，三是招募人口。為加強自給能力，以各種貢賦、租稅作為準噶爾部軍事征服活動的重要經濟來源，噶爾丹採取一些發展農業和手工業生產的措施，「招徠歸附，禮謀臣，相土宜，課耕牧，修明法令，信賞罰，治戰攻器械」，一時準噶爾「資用報備，不取給遠方」。

儘管準噶爾部的手工業已有一定的規模和水平，但無論其產品

的種類或數量都還不能滿足本部的需要，尤其是一些生活用品，必須透過貿易來換取。準噶爾部長期與中亞和內地保持著貿易關係。與內地的貿易以兩種形式進行：一是在甘肅和青海特定市場交易；二是以貢使的名義赴北京，商隊把攜帶的牲畜和畜產品等貨物在沿途或北京出售，向清朝進獻方物的同時，領取賞物賞金，併購買綢緞、布匹、茶葉、藥材等貨物後返回。

與內地貿易不僅對包括準噶爾在內的廣大草原牧區的生活非常重要，也是噶爾丹個人的需要。史載噶爾丹有一件內地產的絲織綵衣，繡了很漂亮的金色蟒蛇圖案，噶爾丹故意穿在外面見其他蒙古部落與國家的首領，首領們都羨慕得不肯離去。[3]因此，當清朝限制與準噶爾的貿易規模時，噶爾丹大怒，並對清廷發出戰爭威脅：「四厄魯特與漢人貿易之事，如仍復舊制，則事皆歸好矣。」

外交路線：依附俄國，征服周邊。

噶爾丹之前的準噶爾首領一直與俄國不睦。俄國本是烏拉爾山以西的歐洲國家。明朝萬曆年間，一個俄國富商招募組織哥薩克（突厥語，意為「自由人」，是居無定所的閒散牧民，類似「盲流」）軍隊越過烏拉爾山，侵入並於次年（1582年）滅亡了蒙古人建立的西伯利亞汗國。接著，哥薩克軍隊在俄國政府支持下開始蠶食準噶爾部及其屬民吉爾吉斯人的牧地。明朝崇禎年間和清朝順治年間，準噶爾軍多次武力阻止俄軍的入侵。準噶爾部首領在接見俄使時，堅持不按俄使提出的「禮儀程序」，站起來接受沙皇的書信和禮物。

但噶爾丹不再堅持其父兄原來的對俄強硬立場。早在噶爾丹繼位前，據俄國檔案記載，噶爾丹在自己的帳蓬裡設宴招待了正在準噶爾訪問的俄國使者，並不顧當時準噶爾首領要求俄國歸還屬民的強硬立場，表示那些屬民「在任何地方都不應發動對皇上陛下的戰爭」，準噶爾也沒必要保護那些已經遷至俄國領土的屬民。噶爾丹

上臺不久，立即派出信使把他已經控制準部局勢的情況告知俄國，並準備犧牲部分土地和稅收來鞏固與俄國的友好關係，而且，俄國人判斷，「他還想與俄國結成軍事同盟」。

在穩住俄國之後，康熙二十年（1681年）噶爾丹開始向西擴張，進攻哈薩克。哈薩克人用計突襲準噶爾騎兵，準軍馬匹陷入雪坑，死傷過半。但噶爾丹「喪師返國，未嘗挫銳氣，益徵兵訓練如初」，並遣使警告哈薩克首領：「汝不來降，則自今以往，歲用兵，夏蹂汝耕，秋燒汝稼，今我年未四十，迨至於髮白齒落而後止。」次年，噶爾丹果然再發兵，攻下一些城市，還擒獲哈薩克王子作為人質，押往西藏。

噶爾丹還於康熙二十一年（1682年）征服南疆，使天山北路的「準部」和天山南路的「回部」統一在準噶爾政權之下。明末清初，察合臺後裔建立的葉爾羌汗國政權統治著天山南路的大部分地區。隨著伊斯蘭教在天山南路的傳播和發展，代表伊斯蘭教的和卓（波斯語，意為「主子」、「聖裔」，也譯作「火者」）勢力日益強大。和卓勢力中分成了白山派和黑山派，彼此利害衝突，嚴重對立。噶爾丹在當地白山派教徒的響應下，派出12萬準噶爾騎兵，橫掃南疆，扶植親準噶爾的和卓為王，要求其「總理回地各城，為準噶爾辦理回務」，每年向準噶爾上繳大量貢賦。

軍事路線：重視武器，激勵士氣。

噶爾丹重視使用新型武器裝備，在掌權前就愛玩短槍等火器，曾在部眾逡巡不前時以此激勵士氣：「進！汝等視吾槍所向。」噶爾丹還為準噶爾士兵配備先進武器，每人都持有鳥炮短槍，腰挎弓矢佩刀。作戰時，駱駝馱回回大炮，先炮轟敵軍，然後依次用鳥炮短槍和弓箭射擊，再用刀劍擊刺。另為士兵配備小連環鎖甲，輕便得像平時穿的衣服一樣，但非常堅固，如能被弓箭射穿，就殺掉製作的工匠。這些裝備使準噶爾騎兵的戰鬥力大大增強。噶爾丹還將

準噶爾部分成三部分，輪流出兵對外作戰，確保軍隊不會衰竭，周邊各國均感畏懼。

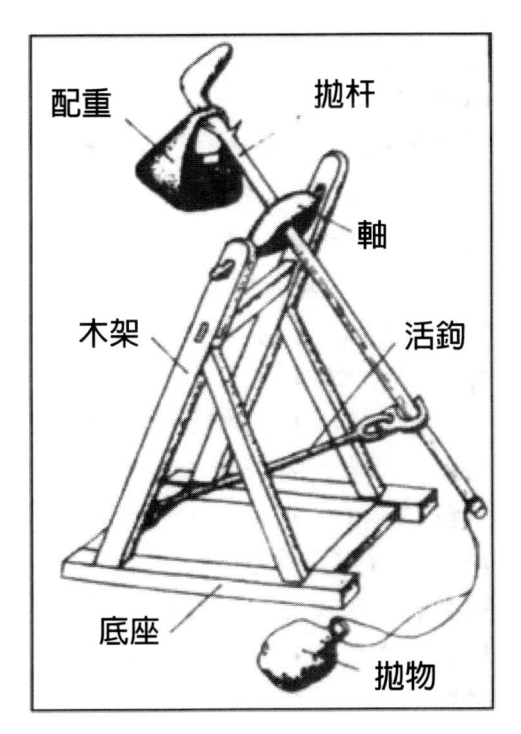

元代回回砲

　　噶爾丹還身先士卒以激勵士氣。在其繼位前與反對勢力作戰時，噶爾丹面對敵方上萬騎兵，「獨當先，躍馬挺槍，最深入，斬殺百十騎，潰其軍，身不著一矢」。登山仰攻時，親冒雨石，身率二十騎先登，己方呼聲震天。最後衝到敵方首領的車內，親手活捉。「左右皆走散，莫敢當。皆大驚異以為神，棄弓矢，下馬趨拜降」。[4]

　　文化路線：弘揚黃教，以教領政。

　　噶爾丹以當時在蒙古族盛行的喇嘛教為國教，極力向各地推廣，甚至武力傳教。其征服哈薩克後要求當地民眾改教、交稅，即

令哈薩克人改以黃教為本民族宗教信仰,並將賦稅交給準噶爾部。後來噶爾丹將這些賦稅獻給了黃教的宗教領袖達賴,以顯示其對達賴的虔誠。

噶爾丹從小接受藏傳佛教,又在藏傳佛教聖地拉薩生活十年左右,黃教領袖達賴喇嘛承擔了他親人、師長、良友等角色,所以達賴對噶爾丹的個人生活和政治生涯有深遠影響。噶爾丹出兵天山南路,也是接受達賴喇嘛旨意而為,其能順利接手,同樣得益於達賴直接插手天山南路黑山派與白山派爭鬥。

再看清朝方面的工作重點和政策思路。

清朝面對噶爾丹和準噶爾的崛起,採取了先禮後兵、後發制人的策略。康熙在噶爾丹擴張之初按兵不動,靜觀其變,一是尚不清楚噶爾丹的真實意圖,二是忙於鞏固滿清政權,三是並無領土擴張之意。

康乾時期,清朝鼎盛,經濟繁榮,國力強大,清軍完全有實力也有機遇突破傳統疆域、擴大中國領土面積。但清帝多以中原正統政權自居,在領土方面謹守分際。乾隆明確提出:「既不無理強取他國之寸土,亦決不無故輕讓我寸土於人。」[5]即使後來清朝完全平定準噶爾叛亂後,清帝仍只要求收復漢唐故地,「與漢唐史傳相合,可援據者」[6],並無擴張領土之野心。因此當大軍橫掃西北之餘,八旗驍勇即在哈薩克邊境勒馬收韁。這從康熙堅持不給臺灣鄭氏政權以朝鮮待遇的政策底線也可見一斑。

滿清對蒙古透過和親政策凝聚在一起,但與三部分蒙古的關係遠近也有所不同:漠南蒙古已歸屬清朝,漠北蒙古恭順友好,漠西蒙古與清廷的關係稍疏一些,準噶爾還未歸順清朝。儘管如此,雙方爆發衝突之前,噶爾丹對康熙也還較為恭順。康熙二十一年(1682年),清朝遣使赴噶爾丹處賞賜,「噶爾丹俯身兩手受

之」。

但雙方經濟關係的惡化影響到政治關係。清朝對蜂擁而至、與日俱增的準噶爾商隊加強了管理，改變了對噶爾丹「所遣之使不限人數，一概俱準放入邊關」的常例，1682年規定「限二百名以內，放入邊關，其餘俱令在張家口、歸化城等處貿易」，凡「沿途搶掠，殃民作亂，即依本朝律例……罪之」。

清朝此舉是否與噶爾丹接受五世達賴授予的「博碩克圖汗」稱號有關不得而知，但在噶爾丹看來明顯是不友好的舉動，因此在覆奏中以「向有舊制」為由要求清廷取消200人的限令，未得獲準。

清朝需要關心和處理的事情很多，對噶爾丹崛起還看不出有太大的威脅。平定「三藩之亂」（1681年）後的南方地區需要鞏固整治，針對沙俄侵擾黑龍江流域的情況親自赴關東巡視（1682年），並部署預防方案，剛剛收復的臺灣島（1683年）也需要考慮如何處置，整治黃河和編修《大清會典》（1684年）需要挑選人才和佈置工作，這涉及如何完善康熙需要親自面試的科舉制度。

此時最令康熙重視的情況是：俄國人正在不斷侵擾東北。

事實上俄國東侵西伯利亞已經進行了100多年。自從蒙古人建立的統治俄羅斯的金帳汗國衰落後，俄羅斯人就開始了長達幾個世紀的領土擴張步伐。由於俄國人有歐洲先進的火槍和火炮，又對西伯利亞寒冷的草原與森林地帶有無限的興趣，他們在越過並不算高的烏拉爾山後就迅速地向東擴散。

清軍入關前後，沙皇俄國分三路侵入中國北部邊陲。西路是沿額爾齊斯河而上，侵入準噶爾部遊牧地區；中路是沿葉尼塞斯河而上，侵入貝加爾湖和漠北蒙古地區；東路是沿勒拿河而上，侵入黑龍江流域。在西路和中路，俄國主要是派殖民官吏對世居當地的中國少數民族諸部落交替使用政治誘騙和武裝蠶食的兩面手法；在東

路，則組織哥薩克殖民軍，對中國黑龍江流域各族人民進行屠殺和掠奪。

清朝雖多次對沙俄侵略軍予以武力反擊，但這些殖民軍採取游擊戰術，敵進我退，敵退我進，清朝不堪其擾。清帝雖多次警告沙俄，都無濟於事。

若非「創以兵威，則罔知懲畏」，因此康熙決定征剿雅克薩（今牙克石），徹底解決沙俄造成的邊患。

康熙二十四年（1685年）春，清軍約3000人攜戰艦、火炮和刀矛、盾牌等兵器，分水陸兩路抵達雅克薩城下，向侵略軍頭目發出通牒。沙俄駐守雅克薩城的士兵有450人，炮3門，鳥槍300支，拒絕撤離。清軍發動攻擊，俄軍傷亡慘重，被迫乞和。清軍獲得俄軍不再侵犯的保證後，允許俄軍撤至尼布楚（今涅爾琴斯克）。

清廷剛獲捷報不久，當年秋天，莫斯科派兵600人增援尼布楚。趁清軍撤走，俄軍再次侵入雅克薩。康熙對俄軍這一背信棄義的行為極為憤慨，下令反擊。

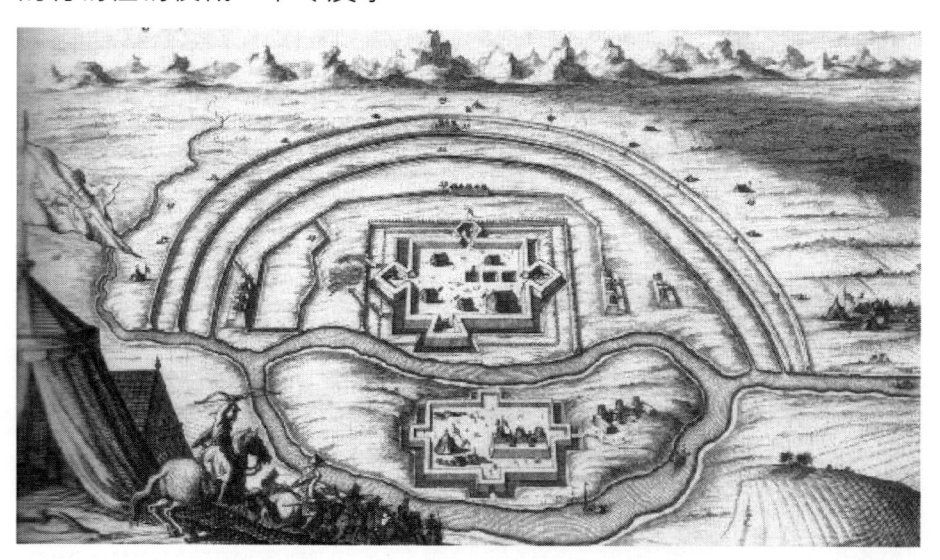

清朝軍隊攻雅克薩城

次年夏，清軍2000多人圍困雅克薩城，並開始強攻，雙方均有較大傷亡。清軍考慮到俄軍死守雅克薩，必待援兵，於是在雅克薩城的南、北、東三面掘壕圍困，在城西河上派戰艦巡邏，切斷守敵外援。俄軍被圍困近年，826名俄軍最後只剩66人。雅克薩城旦夕可下，俄國攝政王（此時彼得大帝尚未親政）急忙遣使請求清朝撤圍，議定中俄邊界。清朝答應所請，準許俄軍殘部撤往尼布楚。

中俄邊界談判一談就是3年，此時噶爾丹的威脅才暴露出來。

東進決戰

以康熙二十七年（1688年）噶爾丹進軍漠北蒙古為界，此前其對清朝採取恭順和平的態度，此後則爆發激烈的軍事衝突。衝突的實質是對漠北蒙古控制權的爭奪和軍事實力的較量。

噶爾丹在完成統一新疆和征服中亞之後，將目標鎖定為對清朝保持臣附關係的漠北蒙古，意圖透過兼併戰爭建立統一的蒙古帝國。

但噶爾丹深知進攻漠北蒙古會激怒清朝中央政府，因此想將俄國拉進來給自己撐腰。噶爾丹的使者對俄國代表說：希望沙皇軍隊與噶爾丹的兵力會合，共同打擊漠北蒙古，將其徹底殲滅。作為交換條件，本應屬於自己的雅克薩（噶爾丹稱「阿爾巴津」）可以讓給俄國。

俄國也支持噶爾丹進攻漠北蒙古，因為俄國雖然同時在蠶食漠西蒙古和漠北蒙古，但前者對俄友好，後者堅決抗俄。加之中俄尼布楚談判正在緊張進行，俄國希望借噶爾丹之手，重擊漠北蒙古，

減少清朝籌碼，使俄國在談判中處於有利地位。因此俄國全權大使向噶爾丹保證：沙皇可根據噶爾丹的進攻形勢，從一些城市發兵進攻蒙古人，「沙皇陛下官兵永遠不會停息干戈」。

在得到俄國的支持後，噶爾丹認為東進時機已趨成熟。康熙二十七年（1688年），噶爾丹藉口兩年前漠北蒙古不尊敬達賴使者，率軍3萬，越過杭愛山，大舉進攻與其屢有摩擦的漠北蒙古。

事實證明噶爾丹被俄國代表忽悠了。

噶爾丹發動侵略漠北蒙古的戰爭後，參加尼布楚談判的清朝使團中途撤回。為集中精力應對這一重大事變，清廷最後決定在談判中對俄國作重大讓步，不再堅持收回尼布楚。康熙指示尼布楚談判的中方代表：俄國「若懇求尼布潮（即尼布楚），可即以額爾古納為界」。這一決策調整雖使清朝在中俄雅克薩之戰中的勝利未能充分轉化為實質利益，但策略上有利於中方擺脫在邊境問題上與俄國的糾纏，贏得了外交上的主動，可以全力對付咄咄逼人的準噶爾騎兵。

俄國從《尼布楚條約》中獲得實利後，不再急於與噶爾丹建立聯盟，而採取口頭上支持、行動上敷衍的策略，並對噶爾丹的軍火供應持消極態度。

噶爾丹卻仍按計劃進攻漠北蒙古。漠北三部本來正在抗擊俄軍侵擾，且有內部矛盾，突然陷入腹背受敵、兩線作戰的不利境地，加上此前噶爾丹派遣的千餘名喇嘛做內應，在與噶爾丹騎兵混戰三日後，大敗而退，舉部內附。清朝出使俄國的使者經過時，看到漠北蒙古「潰卒佈滿山谷，行五晝夜不絕」。

康熙先安頓潰逃的漠北蒙古牧民，調糧賑濟，再從內蒙古北部劃出部分水草地，暫供其遊牧。同時，一邊派出國防部長帶清軍接應漠北蒙古，並監視噶爾丹動向；一邊派外交大使赴噶爾丹處與之

談判，嘗試和平解決漠西蒙古與漠北蒙古的紛爭。

雙方和談未能達成一致意見。噶爾丹認為錯在漠北蒙古，堅持要康熙交出漠北蒙古投降清朝的僧俗首領，並得到西藏方面的支持。康熙認為他不能偏袒任何一方，作為統領天下的保護者絕不能交出受困依附的漠北蒙古僧俗首領，並斥責支持噶爾丹的西藏僧俗領袖。

此時康熙得到情報：噶爾丹的侄子帶兵偷襲了他的後方老巢，且向清朝政府表示「噶爾丹若逼近我土，必竭力進剿」。

噶爾丹在後方生變的情況下，急於平息漠北蒙古的局勢，竟冒險率軍進入清朝管轄的漠南蒙古，追捕依附清朝的漠北蒙古兩位主要僧俗首領，但沒有抓到。

對這種大膽的入侵舉動，康熙決心嚴懲，於是立即籌劃在最短的時間內彙集主力部隊，在漠南蒙古境內一舉殲滅噶爾丹軍隊。

清軍先頭部隊與噶爾丹軍隊在烏爾會河（內蒙古烏珠穆沁左翼旗）遭遇後，在援軍未至且沒有火器部隊、裝備的情況下，貿然發動滿洲、漠南和漠北輕騎兵主動進攻配有強大火器的準噶爾軍。

清軍戰術是先派少量軍隊進攻準噶爾軍輜重，引起混亂，再以大軍趁機而入，一網打盡。由於所遣700名漠北蒙古騎兵不守紀律，先去爭搶被準噶爾軍搶掠的子女和牲畜，以至陣形大亂，加上清軍將領指揮有誤，陷入包圍，被鳥槍四射的噶爾丹騎兵完全擊潰。噶爾丹首次與清軍交戰，看到清軍戰鬥能力不過如此，遂率軍繼續南下。

康熙果斷派出左、右兩路軍，夾擊噶爾丹。右路軍與噶爾丹相遇交戰，清兵又敗。噶爾丹乘勝再進，逼近北京。消息傳來，店鋪關門，米價飛漲，京師戒嚴，朝野震動。

清朝右路軍雖敗,左路軍繼續前進,和噶爾丹相遇烏蘭布通峰,次日一早展開決戰。

河對岸噶爾丹早已擺好了歷史上著名的「駱駝陣」:利用較高地勢,將一萬多匹駱駝捆住腳,臥在地上,駝背蓋堆箱,用土覆蓋,士兵藏在後面,發射弓弩槍炮。噶爾丹軍隊經常在沒有屏障掩體的草原作戰,這種陣法有利於抵擋對方弓箭、騎兵和輕火器的進攻,保存己方實力,而後反守為攻,贏得勝利。這也是噶爾丹重要的常勝之法。

果然,清兵發起銳利的攻勢,但噶爾丹軍隊利用駝城堅守不退,清軍死傷慘重,無法渡河。但此次有備而來的清軍不是漠北蒙軍,也不是中亞軍隊,他們配備有重炮在內的先進火器,在騎兵衝鋒受阻的形勢下,清軍架起重炮猛轟,從黎明一直轟到傍晚,噶爾丹的駱駝基本都被炸死。

清軍分左右兩翼再次出擊。右翼渡河選擇地點不好,騎兵為泥沼所阻,好不容易到了對岸,又發現河岸高出河床數尺,無法登岸。

左翼成功渡河。由於清軍炮火煙炎閉日,又近黃昏,噶爾丹軍隊沒有及時發現清軍渡河,致使清軍左翼殺入駱駝陣。噶爾丹士兵驚潰,清軍左右衝突,殺傷無算。噶爾丹見難以取勝,利用天黑北遁。

清軍雖勝,卻也死傷枕藉,連康熙的舅舅(佟國剛)也戰死了,況且其他援軍仍未趕到,所以沒有追擊。

噶爾丹被迫遊牧於科布多(今蒙古西部),撫傷恤亡,以圖再舉。噶爾丹致清廷的誓文中曾說:「自此不敢犯中華皇帝之所屬之眾」。但經過數年的休養,1695年,噶爾丹在藏王的支持下,再次進軍漠北。

噶爾丹此次敢於再犯，是自恃北方大漠是清軍難以踰越的天然屏障，其士兵的武器裝備仍優於漠北蒙軍。但他沒想到，康熙為絕後患，不但驅兵大漠，而且御駕親征。

康熙三十五年（1696年），康熙發兵10萬，分東、中、西三路進擊。康熙親率中路軍先期抵達噶爾丹駐紮的克魯倫河附近。西路軍穿越大漠時遇連日大風雨，未能及時趕到。

噶爾丹得知康熙親征，大出意料，來不及進行作戰準備。他立即登山遙望，見清軍營壘遍野，自忖不敵，棄帳而逃。

康熙命西路軍火速趕到噶爾丹西逃必經之地昭莫多（今蒙古烏蘭巴托南），進行決戰。西路清軍先以400騎兵誘敵，噶爾丹中計，以為是走散清兵，於是窮追不捨，誤入清軍伏擊圈。清軍發起總攻，噶爾丹部展開激烈抵抗，其妻亦冒矢舍騎而戰，自中午至黃昏，難分勝負。清軍加強火力，又出奇兵襲準軍側後，準軍大亂，噶爾丹妻中槍而亡，噶爾丹率數騎逃亡，清軍斬首2000餘，獲決定性勝利。

昭莫多戰後，噶爾丹的處境十分困難，欲劫清軍的貯米倉站，卻又兵敗。四處流竄，以躲避清軍追剿。噶爾丹因連年征戰，四處樹敵，連他長期依靠的俄國和西藏也拒絕接納他。藏王（第巴桑結嘉措）與他雖為好友，但遭到康熙遣使痛斥：對達賴喇嘛五世之死秘不發喪，又唆使噶爾丹興兵啟釁，「其罪甚大」，要求其按清朝要求做到幾點，否則興師問罪。藏王一一照辦。

1697年，康熙率大軍抵狼居胥山（霍去病北征匈奴處），擺出軍事圍剿的姿態。當時留在噶爾丹身邊的已不到百人，「掘草根為食」。噶爾丹自知無力回天，但不甘心投降。噶爾丹埋怨「初不欲來克魯倫地方，為達賴喇嘛煽惑而來，是達賴喇嘛陷我，我又陷爾眾人矣」。

有一則西方記載這樣描述：「（康熙）皇帝後派去了兩個準噶爾人，他們也被（噶爾丹）接見了，他們向他報告了帝國的實力以及被俘人員等如何在中國得到了一個舒服的收容所。當然，所有這些話，那個驕傲的首領，是聽不進的。據說，他一言不發地中斷了接見。」

走投無路之下，噶爾丹服毒自盡。隨從當天即「夜焚其屍」，而後攜噶爾丹屍骸及其女兒前往西藏欲託付給達賴喇嘛，途中被噶爾丹姪子的軍隊劫獲。清朝要求噶爾丹姪子擒拿在漠西的噶爾丹後人及要人，並以斷絕關係、停止貿易來威脅，噶爾丹姪子雖不情願，但最後還是按照清朝的要求把這些人都交到了京師。

復仇王子

噶爾丹的姪子發動政變偷襲其後加速了噶爾丹的失敗。這位姪子的名字叫策妄阿拉布坦，他先上演了一齣蒙古版的「王子復仇記」。

策妄阿拉布坦是準噶爾部首領的長子，父親被暗殺後，本應由他繼承王位，但他的叔叔噶爾丹卻奪取大位，他因此受到打壓和排擠。

策妄阿拉布坦在噶爾丹手下，奉命西征哈薩克人，但當他弟弟被噶爾丹處死後，他擔心自身安全，就率領5000部眾逃走，並擊敗了噶爾丹親率的2000追兵。噶爾丹出兵東侵時，策妄阿拉布坦趁機占領了原準噶爾領土，奪回王位，並使噶爾丹無法西還。

噶爾丹兵敗自殺後，策妄阿拉布坦遣使清朝，正式登上了準噶爾汗位。策妄阿拉布坦與其兒子統治時期是準噶爾部的鼎盛階段，領土廣大，人口500餘萬，擁兵30萬。策妄阿拉布坦憑藉強大實力

四處擴張，北退俄羅斯，西征哈薩克，南襲西藏，東擾滿清。

策妄阿拉布坦一改噶爾丹的親俄政策，對俄軍不斷蠶食自己的牧地嚴厲打擊。康熙五十三年（1714年），他在給俄國西伯利亞總督的信中，要求把建在他的牧地上的城堡拆除，「否則，他將用武力攻占這些城市」。針對俄國遠征軍赴天山南路尋找金礦，策妄阿拉布坦採取強硬手段，於康熙五十五年（1716年）派一萬大軍前往征討，包圍了俄軍，切斷供給線後發起攻擊。俘虜俄軍數百名，打死打傷近3000名，其餘俄軍乘船北逃。但後來俄國趁準噶爾軍隊西調與哈薩克作戰的機會，再次派軍隊進入該地區建立軍事要塞。

策妄阿拉布坦還繼續征討哈薩克地區。哈薩克人是一支信奉伊斯蘭教的突厥族遊牧民，他們統治著從巴爾喀什湖到烏拉爾河之間的地區，分為三個主要部落，但服從同一個大汗。由於這位大汗冒失地處死了大批準噶爾使者，策妄阿拉布坦大為憤怒，雍正元年（1732年）春，正當哈薩克草原大雪成災時，配備著槍炮的準噶爾大軍突然襲擊哈薩克草原，開始了哈薩克族歷史上的「大災難時代」。在這次侵襲中，哈薩克族被徹底擊潰，三個部落成為準噶爾的附庸。

策妄阿拉布坦在位時發動了對西藏的遠征，統治西藏達三年之久。策妄阿拉布坦早有控制喇嘛教格魯派聖地西藏的想法。康熙五十五年（1716年）底，策妄阿拉布坦派一支數千人的部隊，翻越人跡罕至的崑崙山，「涉險冒瘴，晝伏夜行」。次年春，抵達藏北，擊敗駐軍，占據西藏。準噶爾軍搜刮財物，甚至洗劫寺廟，「搜各廟重器送伊犁」，使西藏社會更為混亂。康熙五十九年（1720年），入藏清軍擊潰準噶爾軍，收復拉薩，準噶爾部對西藏的統治即告結束。

策妄阿拉布坦初起之時，地盤還不大，人口還不多，勢力較

弱，面對清朝與噶爾丹的對峙，他在夾縫中加緊發展自己的勢力，在態度上對清廷恭順供貢。為籠絡他，康熙也親自致信：「爾與爾叔噶爾丹分離以來，誠心恭順，聘貢不絕，朕亦不時加恩遣問。」[7]

但噶爾丹死後策妄阿拉布坦認為自己完全代表準噶爾部，對清朝的態度開始強硬。當清朝提出索要噶爾丹屍骨及女兒時，策妄阿拉布坦以「我土風俗，與無用之女、已灰之骨為仇，人必嗤之」為由拒絕交人。清朝不斷施壓：「倘若隱匿不行擒解，不但爾歷年之恭順皆虛，即爾貿易之人，亦永不許通行矣。」[8]最後策妄阿拉布坦雖不得不交出，但雙方關係已不和諧。

不久，策妄阿拉布坦主動挑釁清朝。康熙五十四年（1715年），策妄阿拉布坦「以兵二千，掠哈密」。哈密是清朝和準噶爾相鄰之地，也是準噶爾與內地交通、貿易的要沖。當初噶爾丹占領了哈密、吐魯番，噶爾丹敗後哈密人即向清廷「誠心歸投」，清朝在哈密正式駐軍防守。對策妄阿拉布坦發兵進攻哈密，清朝駐軍立即進行了反擊，「殺90人，生擒3人」，策妄阿拉布坦之兵退去。此次攻擊哈密，史料中並未明確記載策妄阿拉布坦是想要與清朝為敵還是欲占領清朝土地。

對策妄阿拉布坦進攻哈密之舉，康熙認為是勢力漸強的準噶爾大舉進攻清朝的先聲，於是隨即調大軍佈防。清軍兵分三路：阿爾泰山為北路軍，天山北路為中路軍，天山南路為南路軍，嚴密防守。

康熙當時並不明白策妄阿拉布坦的意圖。策妄阿拉布坦先是以2000人的精兵突襲哈密，被清軍200人就擊退了。等到清朝三路大軍全都佈防到以哈密為中心的南北沿線後，策妄阿拉布坦的兩支精兵已經出襲青海、西藏。清朝為應對可能的變局先後出動三十萬大軍，在很長的西部邊界線上不停地調動，而牽制清朝三十萬大軍的

準噶爾兵總共不到萬人。直到雍正帝即位後，清廷才弄清準噶爾一系列軍事行動的目的：「因圖青海諸部，及西域諸番，暗遣人攻拉藏，殺之，掠據藏地。」[9]即以聲東擊西之計加快吞併青藏的進程。

策妄阿拉布坦的所作所為嚴重威脅清朝在西部地區的統治地位，康熙決定對準噶爾部再次用兵。康熙五十五年（1716年），清軍出兵占領吐魯番。清軍在吐魯番地區的軍事行動雖然取得了很大成功，但糧食供應卻成為一個突出的問題。吐魯番地區經過長期戰亂，農業生產遭到嚴重破壞，連當地維吾爾人的吃糧都成問題，更無法解決數萬清軍的糧食。從遙遠的內地運送糧食至吐魯番更是困難重重。為此，清朝政府決定在吐魯番進行屯田，設立了軍屯區。

康熙不僅攻下了準噶爾占領的吐魯番，還從策妄阿拉布坦手中奪回了西藏。正當西征清軍士氣高漲的時候，康熙卻去世了。繼位的雍正與策妄阿拉布坦議和。雍正五年（1727年），策妄阿拉布坦死，其長子繼位成為準噶爾部首領，並立即派遣使臣到北京朝貢，吐魯番地區也因此出現了數年較為平靜的局面。

後來準噶爾部又興兵與清朝爭奪吐魯番，清軍雖屢屢獲勝，但清廷出於整體政治形勢的考慮，決定放棄對吐魯番地區的控制。雍正去世前，清、準雙方初步達成停戰協議，劃分了雙方控制的大致疆界。乾隆初年，清軍只在哈密留兵5000名進行防守。至此，清朝與準噶爾關於吐魯番地區的爭奪暫時結束。

安定西疆

在本篇故事中，有三個重要人物：第一個是噶爾丹，第二個是策妄阿拉布坦，第三個是阿睦爾撒納，均為蒙古族準噶爾部首領。

策妄阿拉布坦是噶爾丹的侄子；阿睦爾撒納是策妄阿拉布坦的外孫。有趣的是，策妄阿拉布坦曾與清朝聯盟，消滅了清朝的敵人噶爾丹，隨後策妄阿拉布坦開始與清朝為敵；阿睦爾撒納曾在清軍征討準噶爾時出謀劃策，身先士卒，但清軍撤離後阿睦爾撒納同樣叛清。

這三個人都有一個共同目標：重新建立強大的蒙古汗國。

但在統獨這種敏感的政治問題上，總體實力往往是決定成敗的關鍵。準噶爾政權雖然強大，但清朝政府的實力更加強大。

乾隆時期，準噶爾最後一位悲劇式人物阿睦爾撒納出場了。

阿睦爾撒納曾經與新的準噶爾首領結盟，助其取得統治權。但新首領並未答應阿睦爾撒納提出的酬庸要求，二人於是翻臉，互相征伐。阿睦爾撒納屢戰屢敗，不得不率2萬餘部族向清朝投誠。

乾隆對阿睦爾撒納率眾歸附十分重視，發放牛羊、口糧，並晉封阿睦爾撒納為親王，給予優厚待遇。阿睦爾撒納在承德避暑山莊覲見乾隆時，懇求清廷立即出兵討伐準噶爾。

乾隆認為消滅準噶爾政權的時機已經成熟，乾隆二十年（1755年）清軍兵分兩路，3個月占領伊犁。準噶爾首領被擒，押送北京。

清廷獲勝後，決定「將衛拉特（漠西蒙古）分封四汗，賞功策勳，用獎勞績」，並晉封阿睦爾撒納為雙親王，食親王雙俸。

但阿睦爾撒納並不滿意。他本欲借清廷之手把自己最大的對手消滅，而後自己統治準噶爾，現在漠西蒙古的統治權卻一分為四。阿睦爾撒納於是尋找機會反叛。

阿睦爾撒納不用清纛、不穿官服、不戴清廷所授黃帶孔雀翎、不用清朝所頒官印的做法使清廷判斷出他的謀反意圖，乾隆便指示

阿睦爾撒納早日入覲，欲在其到達內地後將其剪除。阿睦爾撒納也察覺事情有變，便在伊犁公開反叛，襲殺了鎮守的清軍500人。

乾隆立即採取應對措施：重封四部汗王，穩定漠西蒙古貴族之心，而後組織第二次遠征。乾隆二十一年（1756年），清軍分西路軍和北路軍向伊犁進發。

阿睦爾撒納面對清廷大軍壓境，無法組織有效抵抗。一個很重要的原因是，許多漠西蒙古頭目叛清不久就倒戈相向，反與其為敵。阿睦爾撒納只好用出緩兵之計，兩次偽裝投誠，並取得清軍信任，停止對他的追剿，贏得了喘息時間，使清軍追剿一年無所進展。

乾隆二十二年（1757年），清廷調整統帥，兵分兩路，再次征伐準噶爾，決心全殲阿睦爾撒納。此時，準噶爾部內訌不已，加之部落內瘟疫流行，人畜大量死亡。六月，清軍幾乎兵不血刃順利抵達伊犁。

阿睦爾撒納逃入哈薩克。哈薩克懾於清廷威力，遣使向清廷表示願將阿睦爾撒納擒獻清廷。此舉被阿睦爾撒納覺察，乘夜帶妻子親隨8人，盜馬沿額爾齊斯河投奔俄國。乾隆命理藩院行文沙俄外交部進行交涉，要求按兩國商定的彼此不納逃人的協議，交出阿睦爾撒納。沙俄推延不交。乾隆二十二年九月，阿睦爾撒納染上天花病死，時年35歲，沙俄才將其屍交給清朝。

至此，準噶爾部平定。乾隆帝曾諭內閣：「準噶爾諸部盡入版圖。」在平定阿睦爾撒納叛亂後，清廷對新疆地區的地圖繪製正式開始，完整地包括了準噶爾統轄的疆域。

值得一提的是，清軍雖平定了阿睦爾撒納叛亂，其本人也在俄羅斯境內病死，但餘眾仍不時攻擊擾亂地方，清軍又花了些時間穩定局面。同時，清軍進駐伊犁時已歸屬清朝的大小和卓兩兄弟返回

天山南部後,密謀趁機發動叛亂。

小和卓認為:清朝新占的北疆地區,游擊戰激烈,人心惶惶,不可能對南疆派出大軍。即令派出軍隊,憑藉固守天山險要,清軍糧道遼遠,補給困難,絕不能持久。

他說服了天山南路各城主,於是宣布建立汗國,並殺害清朝政府派去安撫維吾爾群眾的使者及其隨從百餘人。清朝因天山北部的戰事還沒完全結束,決定把平定大小和卓的叛亂推遲到次年進行。

第二年,清軍四千餘人進攻葉爾羌,在距城一公里的黑水(葉爾羌河),渡河一半時,橋樑中斷,被分為兩截,陷於包圍。僅持了三個月,清朝援軍到達,救回被圍清軍。

乾隆二十四年(1759年)清朝再次出兵,攻陷葉爾羌,大小和卓向中亞逃亡,被一個部落酋長殺掉,把人頭獻給尾追不捨的清朝追兵。大小和卓建立的汗國只維持了四年。

自噶爾丹至阿睦爾撒納這四代蒙古準噶爾部的首領,一心想建立與清朝中央政府平起平坐的蒙古汗國,但最終失敗了。政權歸屬也是一種競爭性質的自然法則,綜合實力,尤其是軍事實力較強的一方往往是競爭的獲勝者。清廷的成功是「勢」之所歸,「力」之所至。當時清朝正處在鼎盛時期,武力強大,且康熙與乾隆在統一問題上意志堅定。但在爭取民心方面清朝沒有太好的辦法,最終以對準噶爾部的大量殺戮解決問題。據清朝魏源記載:「計數十萬戶中,先痘死者十之四,繼竄入俄羅斯哈薩克者十之二,卒殲於大兵者十之三。除婦孺充賞外,至今惟來降受屯之厄魯特若干戶,編設佐領昂吉,此外數千里間,無瓦剌一氈帳。」[10]

蒙古準噶爾部人口在新疆銳減,造成其他民族人口向該地區的大量湧入,維吾爾人逐漸成為當地主要民族。當前新疆有2200萬人,包括維吾爾、漢、哈薩克、回、蒙古、塔吉克、烏孜別克、

滿、塔塔爾、俄羅斯等47個民族。維吾爾族人數最多，占46%，其次是占40%的漢族，第三是占7%的哈薩克族，其他少數民族約占7%。

註釋

[1].〔英〕崔瑞德編：《劍橋中國隋唐史（589—906年）》，第五章之「對外關係」。

[2].元代之前，「回紇」、「回鶻」和「回回」（「回紇」的音轉）三個詞在的漢語文獻中幾乎是同義詞，而元代則開始明確區分「畏兀兒」和「回回」兩個民族，「回回」除了指已經定居在中國境內的穆斯林外，也包括比「畏吾兒」更西（蔥嶺以西、黑海以東）的穆斯林。維吾爾人先信佛教後信伊斯蘭教，而回族則是一開始就信伊斯蘭教。

[3].梁份：《秦邊紀略》卷六《嘎爾旦傳》：「又與以織金大蟒，立蟒刺繡諸彩色。嘎爾旦皆羅列露文繡於外，引各臺吉及各夷來視之。」「諸彝鹹艷慕之，徘徊不能去雲。」

[4].梁份：《秦邊紀略》，青海人民出版社1987年版，第419頁。

[5].《清代中俄關係檔案史料選編》第一編下冊，中華書局1979年版，第501頁。

[6].《清高宗實錄》卷四百八十二。

[7].《清聖祖實錄》卷一百八十九，康熙三十七年八月壬寅條。

[8].《清聖祖實錄》卷一百八十一，康熙三十六年三月乙醜條。

[9].《清世宗實錄》卷五十五，雍正五年閏三月丁醜條。

[10].魏源：《聖武記》卷四，第11-12頁。

荒沙賀蘭——寧夏的故事

　　中國西北地區有一處以銀川市為中心的草原與荒漠過渡地帶，北倚賀蘭山，南憑六盤山，黃河縱貫南北，亦稱「塞上江南」。戰國時期該地開始歸中原政權管轄。北宋時期党項族首領李元昊以銀川市為首都建立了大夏國，史稱西夏，面積遼闊，「方二萬餘裡」，與宋、遼（金）政權形成三足鼎立之勢。12世紀，崛起漠北的蒙古軍隊六征西夏，立國190年，比北宋、南宋和金朝壽命還長，曾在中國歷史上威震一方的西夏王朝在為獨立進行了殊死抵抗後國破人亡，倖存者融入異族，文化斷絕。元滅西夏後，設寧夏府路，始有寧夏之名。1958年成立寧夏回族自治區。目前該區漢族人口占65%，回族人口占35%。

寧夏西夏王陵

湮滅古國

　　寧夏銀川附近的賀蘭山下，分佈著一片高低不同的黃色土丘，民間不知其為何物，只是奇怪其寸草不生（筆者目睹這些王陵時卻看到丘上已長有雜草），也從來沒有見到過鳥落在土臺上。史學界和考古界稱其為「唐墓」，但也不清楚何以如此氣勢雄偉，恢宏壯觀。終於有一天，一個偶然的機會，一段被黃沙掩埋了數百年的歷史和古蹟再次浮現，讓世人知其為何物。

　　1972年，蘭州軍區某部戰士在賀蘭山挖掘工程地基的時候，意外地挖出了十幾件古老的陶製品。在一些形狀較為規則的方磚上面竟刻有一行行的方塊文字，可這些文字誰也看不懂。部隊首長將這一情況迅速報告給寧夏博物館。

　　寧夏博物館立即組織考古人員進行搶救性挖掘。10天之後，一個塵封近800年的古老墓室重見天日，被稱為「中國金字塔」的西夏王陵的身份得到確認。這一發現，震驚了考古界！

　　西夏政權與宋、遼（金）政權形成中國歷史上近200年的三國時代（同期存在的大理國遠比三國實力弱小），較之魏、蜀、吳僅60年的三國對峙遠為久長，且西夏軍力強盛，足以寇境宋、金；境內西夏文、漢文、藏文並行，儒學與佛教昌盛，形成獨具特色的西夏文化。

　　然而西夏亡國之後何以繁榮的文化、剽悍的民族都迅速消失了？主流意見認為，西夏在元代一直被看成是宋、遼、金的屬國，且成吉思汗死於征西夏的軍中，所以西夏沒有資格得到一部專史，以致被滅其國，去其史。

在被歷史遺忘了近千年後，隨著西夏歷史文物與文獻不斷被發現，一個強大王朝的崛起與覆滅又重新進入人們的視野，為獨立而戰的成功與失敗故事鮮活地呈現在後世的眼前。

西夏是中國歷史上唯一以党項族為主體建立的王朝。党項族是羌族的一支（也可能是鮮卑族的一支[1]）。羌族是中國最古老的民族，源起於青藏高原，有些部落發育成熟後逐漸向外遷徙。傳說炎帝部落就是較早進入黃河中下游地區的羌人，成為中原農業文明的先驅。「禹興於西羌」，那麼中國第一個王朝——夏朝也可能是以羌人為主體，並形成漢族的前身——「華夏族」。

留居在西部地區的羌人，仍保存其傳統文化。「所居無常，依隨水草，地少五穀，以產牧為業」[2]。因其畜牧業發達，以「牧羊人」（「羌」字的由來）著稱於世。隋唐時期，活動在甘青和川藏高原的羌人有党項羌、白狗羌等羌人部落，多被吐蕃融合。

在吐蕃強大勢力的擠迫下，党項族陸續北遷，在陝、甘、寧一帶居住，力量逐漸壯大，由於參與平定安史之亂和鎮壓黃巢起義受到唐朝的重視和封獎。唐末五代藩鎮割據時期，党項族建立起以夏州（今陝西橫山）為中心的割據政權，節度一方，統轄五州之地。

這五州之地成了後來西夏獨立建國的基礎。由祖孫三代人完成。開創者是李繼遷。

李繼遷祖上本姓拓跋，唐朝貞觀年間歸唐，賜姓李。北宋初年，宋政權挾強盛之勢要求割據五州之地的党項族交出管轄權，主事的李繼遷的族兄於是獻地朝宋。

李繼遷此時只是一個中層幹部，大約副廳級，不過他提拔得早，12歲就擔任這一職務，是党項人歷史上最年輕的將領。此時僅20歲的李繼遷堅決反對降宋，他召集族人與親信說：我們祖宗在這片土地生存了三百年，雄視一方，現在需要族人奉詔盡入京

師，死生不能自主，李氏家族就要完了！

李繼遷聽取部下的意見，先傳出乳母的死訊，借發喪之名將兵甲武器暗藏在靈柩之中，部下扮作送葬隊伍，避開宋軍的監視，離城而去，逃至距夏州300多里的一處沙漠綠洲建立根據地。

李繼遷採取詐降的手段，騙取宋朝將領的信任，但在受降時，党項軍伏兵驟起，擒殺宋將，並假扮宋軍，襲取銀州。宋朝聞訊大驚，立即發動銀州收復戰。李繼遷不敵，退出銀州，轉而投靠遼國，請求冊封。遼國為牽制宋朝，將義成公主嫁給李繼遷，冊封其為夏國王。

李繼遷立國之後，採取「聯遼擾宋」的策略，不斷侵擾宋境。宋真宗繼位（998年）後，李繼遷派遣使者求和。已被西夏騷擾得疲憊不堪的宋朝便任命李繼遷為定難軍節度使，管理夏、銀等五州之地。這片歸屬宋朝版圖已15年的土地重新落到了党項李氏的手裡。

李繼遷獲取五州之地後繼續四處擴張，屢屢獲勝。直到有一次，有個已經歸附宋朝的吐蕃酋長詐降李繼遷，李拒絕了部下勸他將計就計消滅吐蕃軍的建議，結果被吐蕃軍突襲，左眼中箭而死。

李氏應該相貌堂堂，傳說李繼遷「生而有齒」。其孫李元昊鷹鉤鼻子，魁梧雄壯，宋朝邊帥曹瑋派人暗中偷畫了李元昊的圖像，見其狀貌不由驚嘆：「真英物也！」然而李繼遷眼睛中箭而亡的44年後，西夏開國皇帝李元昊被割掉鼻子而死。

無論如何，在李繼遷的生命裡，西夏政權已經在宋、遼夾縫中建立起來。考慮到當時宋、夏的實力對比，這樣的成就是匪夷所思的。

李繼遷的軍隊只有數萬人，即使後來在西夏國力最強盛時軍隊總數也不過50萬人（全民皆兵制，平時不脫離生產，戰時參加戰

鬥），而宋朝僅首都的禁軍就多達80萬人，宋仁宗時有軍隊125萬，且武器裝備遠優於李繼遷的部隊。宋太宗曾向李繼遷派來的使者展示勁卒強弓，笑問「羌人敢敵否？」使者說党項軍隊看到這樣的弓就會嚇跑，不要說作戰了。[3]

　　西夏得以獨立的主要因素還是統治集團的意志。李繼遷一心一意追求獨立建國，而宋朝對維護寧夏地區的統一卻顯得三心二意，尤其宋真宗上臺後，在遼軍不斷侵襲並發動澶州會戰的壓力下，能取得澶淵之盟已經令真宗精疲力竭，對是否堅持寧夏地區的歸屬也就不那麼意志堅定，最終作出了讓與李繼遷的決定。

　　宋朝放棄這片土地的考慮，一方面是企圖將該區域讓給李繼遷後，轉而利用其牽制主要敵患遼國（事實上並不成功）；另一方面是無力剿滅夏軍，守衛成本又過高。宋朝防守寧夏地區的軍糧馬料和軍需一向都依賴關中諸州供給，行軍轉餉，千里跋涉，糧運艱辛，民不堪命。李繼遷則採取以逸待勞、斷宋糧運、長期圍困、「利則戰、不利則退」的戰略，屢屢騷擾宋軍，劫持糧草，令宋朝相當頭痛。有一次宋朝派兵護送四十萬石糧餉赴靈州，全部為李繼遷伏擊所獲。宋朝隨即派五路大軍懲罰性進剿，卻因李繼遷靈活機動的游擊戰術，使宋軍在沙漠裡往來奔波，無功而返。

開國稱帝

　　李繼遷臨死前說：「我族受吐蕃與吐谷渾之迫，無奈離鄉背井，被漢室流放在不毛之地，經年受累。若要族種不亡，就得自己立世立朝。」他的子孫忠實執行了他的獨立開國的理念，這大概也是謀求獨立者較為普遍的精神動力。

　　李繼遷死後，其24歲的兒子李德明繼位，將統治中心遷往賀蘭山東麓的興州（今寧夏銀川市）。李德明採取「依遼和宋」的戰

略，同時向遼、宋稱臣，接受兩國封號，並西收回鶻，擊敗吐蕃，領土擴大到河西走廊，奠定了西夏立國的規模，並完成了稱帝的準備。

李德明在位29年，在西夏獨立建國的事業中扮演了承上啟下的角色。他似乎不太擅長作戰，雖對外用兵頻繁，取得「西掠吐蕃健馬、北收回鶻銳兵」的成績，但打敗仗的時候很多，直到極有軍事才幹的太子李元昊擔任主將後才使西夏軍隊所向披靡。

1038年，34歲的李元昊在銀川稱帝，定國號為大夏，開創了宋、遼、夏三國鼎立的局面。夏國在宋朝西北，史稱「西夏」，而其國號的全稱逐字翻譯過來是「白高大夏國」，國號裡有「大」字很常見，但「白」、「高」指什麼並不確定。學者意見有的說指「白水（黃河上游）高山（賀蘭山）」，有的認為指「母親、父親」，還有的說是「白、高」二姓，或者因為党項族是崇尚白色的部落。

夏景宗李元昊在政治、外交、軍事、文化、經濟等方面進行了大刀闊斧的改革，使西夏實現了完全的獨立建國。

一是西夏在政治上擺脫宋朝屬國的地位，吸引和重用各方人才。

李元昊憑藉顯赫戰功和合法身份繼承王位後，拋棄了唐、宋王朝賜封給其祖的李姓、趙姓，改姓「嵬名」，稱「吾祖（兀卒）」，即党項語的「皇帝」。大興土木，廣營殿宇，仿照唐都長安、宋都東京建設興慶府（今銀川）。

從很多小事可以看出李元昊重視人才。在他繼位前，有一次父親李德明遣使臣到宋用馬匹換取物品，因得到的東西不合心意，盛怒之下把使臣斬首。李元昊不以為然，勸說：「吾戎人本從事鞍馬，今以易不急之物已非策，又從而殺之，則人誰肯為我用乎？」

西夏重臣野利仁榮去世後，李元昊三次前往祭奠，撫櫃痛呼：「何奪我股肱之速也！」

李元昊不分民族網羅各方人才，《宋史·夏國傳》中記載李元昊任命的官員中有漢人過半。

還有個故事說明李元昊對漢族人才的重視。宋朝有兩個不太擅長考試的陝西書生，「累舉進士不第」，想去邊境投筆從戎。宋朝邊師未能挽留，於是他們進入西夏。二人到酒店裡豪飲，又在牆壁上書寫「張元、吳昊飲此」，被西夏巡邏兵發現，將二人帶入宮中。當元昊問他們為什麼不避諱自己的名諱時，他們諷刺李元昊說：你先姓唐李，後姓宋趙，這不比我們用別人的名字更丟人嗎？（姓尚不理會，乃理會名耶？）李元昊聽後，不但不生氣，反而認為他們有膽識，立即予以重用，並廢棄趙宋賜姓。[4]數月後派人潛入宋境將二人的家眷接來，使之團聚，從而安心為西夏服務。

後來張元官至國相，和李元昊一起指揮了對宋戰役，大敗宋軍。他還為李元昊規劃了「聯結契丹，夾擊宋朝，先取宋關中之地，然後直搗長安」的侵宋總方針，並得到採納。

二是西夏在外交上以和、戰兩手周旋於遼、宋兩大國之間。

稱帝4個四個月後，李元昊正式派使者向宋朝進表，解釋了自己創建西夏國的原因：「臣祖宗本出帝胄，當東晉之末運，創後魏之初基……伏願一垓之土地，建為萬乘之邦家。於是再讓靡遑，群集又迫，事不得已，顯而行之……伏望皇帝陛下，睿哲成人，寬慈及物，許以西郊之地，冊為南面之君。」

宋朝接到奏表大為震驚，宋仁宗下詔削奪李元昊爵位，撤銷所賜國姓（趙），停止宋夏貿易，並在邊境張貼佈告稱：凡能捕殺李元昊者給予節度使的官職，管轄西夏地區。

李元昊對此反應激烈，親自率軍攻宋，並取得了三次重大戰役

的勝利。但西夏畢竟國力有限，不能將戰爭持續下去，而且戰爭所獲有限，於是再次向宋朝請和。

雙方最終達成和約：宋朝冊封李元昊為夏國王，夏對宋稱臣，宋每年給夏「歲賜」，包括13萬匹絹、5萬兩銀、2萬斤茶，生日、節日額外再加，其他內容涉及領土、貿易、青鹽等。這份和約是宋朝得面子，西夏得裡子，西夏除對宋保持名義臣屬關係外，得到了所有想要的東西。和約簽後直到李元昊去世，夏宋未有戰爭。

李元昊對遼以聯合和臣服為主，同遼聯姻，受遼封號。即使在給遼以軍事上重創之後又立即以勝求和，恢復兩國友好。很大程度上，正是有強遼的存在，西夏才得以脫宋獨立。此外，西夏將軍事鬥爭對象鎖定為西南的吐蕃部落和西北的回鶻，並取得最終勝利。

唐朝滅亡前30年，吐蕃王朝滅亡，青藏高原分裂成若干部落。北宋時期，青海西寧一帶出現一個屢敗西夏的藏族政權，首領稱唃廝囉（吐蕃語「佛子、王子」之意）。唃廝囉歸附宋朝，宋朝開始對其多有防範，後來為牽制西夏授其官職。

李元昊與唃廝囉政權四戰三敗，而最終倒下的卻是唃廝囉，關鍵是綜合實力的差別。四次戰爭的大體過程是：

第一次李元昊派大將率2.5萬人進攻唃廝囉，被擊敗，其主將被唃廝囉軍俘獲。

第二次李元昊帶兵親征，攻城月餘不克後，派人向吐蕃守將詐稱約和，突襲成功。這是李元昊對唃廝囉作戰的唯一一次勝利。

第三次李元昊率軍與唃廝囉軍戰鬥200餘天，因糧食不繼被迫撤軍，被唃廝囉軍決水淹潰，士卒漂沒不計其數。

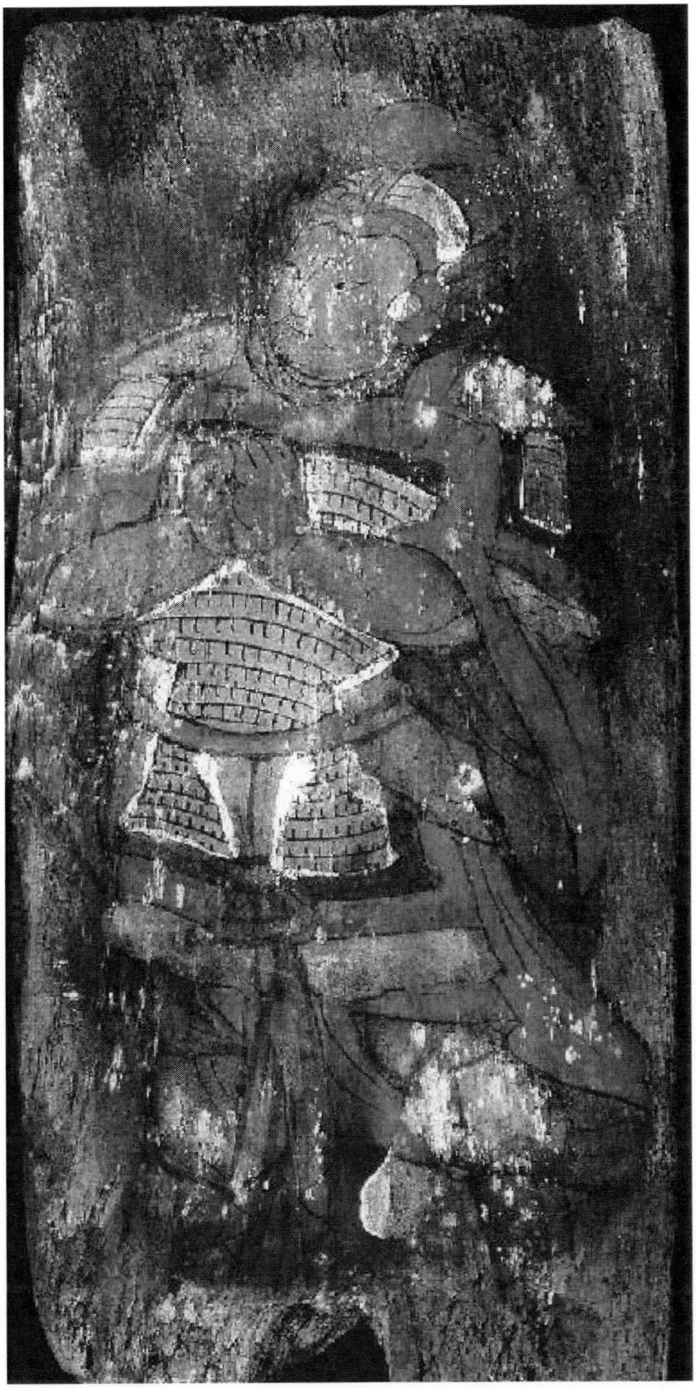

出土於黑水城的西夏武士像

第四次李元昊率軍進攻唃厮囉部，在渡河時在河水淺的地方插標識為記，作為返軍渡河之處。唃厮囉派細作前去偵探，得其虛實，暗中使人把渡河標識移到河水險處。李元昊兵敗後士兵爭相逃命，尋找標識搶先涉水，不斷誤入深水，險浪撲擊，士兵溺水而死者十有八九，失去輜重無數。李元昊此敗後再不敢輕易涉足其境。

但李元昊在四戰唃厮囉後，仍能迅速恢復元氣，維持西夏發展，而唃厮囉部卻發生內訌，有人分裂投夏，致使日益衰落。後為宋所滅，宋欲奪其地而攻夏，最終被新興的金朝占領該地。

三是西夏軍事上重視軍隊建設，並在對宋戰爭中連續取得勝利。

漢唐以來，中原軍隊戰鬥力優於北方遊牧民族士兵的重要因素是武器裝備，但隨著北方貿易和技術的發展，武器質量與中原差距縮小，總的發展趨勢是雙方戰鬥力此消彼長。在武器質量相近時，由於北方地區艱苦環境生長的士兵承受力更強，戰鬥力反往往優於中原士兵。

西夏早期的武器裝備遠落後於宋軍。但李元昊在重視士兵素質的同時，更強調武器裝備的改進，並使西夏軍隊的武器有了突飛猛進的發展。史載西夏曾到宋朝大量求購弓弩武裝自己，但遭到宋朝禁止。西夏人帶回樣本，加上自己的研發，在遠距離武器的開發上走到當時世界前列，大大增強了夏軍的戰鬥力。

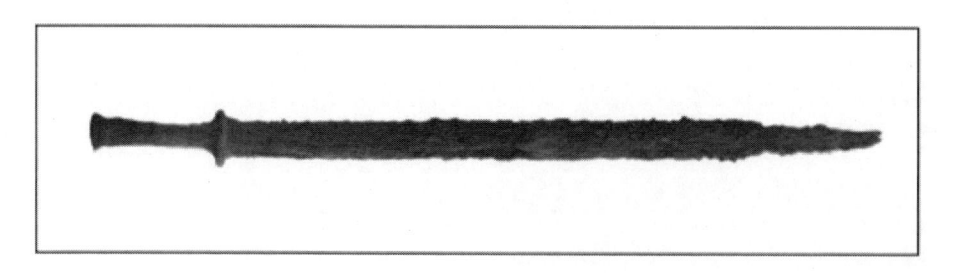

寧夏銀川西夏王陵6號陵出土的鐵劍

　　西夏人發明了用犛牛角做弓，力量強勁，射程極遠。北宋沈括在《夢溪筆談》中記載了党項人製作的「神臂弓」，「射三百步，能洞重札」，《西夏書事》稱「中之必貫甲」。不但「西夏弓」很受宋朝權貴青睞，党項人製作的短兵器「夏國劍」也被稱為天下第一，宋欽宗就經常隨身佩帶。西夏王陵出土一把「夏國劍」，僅劍身就長達88釐米，需要很高的技術水準。

　　李元昊對宋用兵屢勝，且多有智謀，頗具戲劇化情節。夏宋共有五次大的戰爭，李元昊指揮了第一次夏宋戰爭，共有三次戰役。

　　第一次戰役李元昊假意與宋和談，宋朝邊將放鬆警惕，夏軍迅速出擊，圍點打援，偷襲宋軍，宋軍損失慘重。

　　第二次戰役李元昊聲東擊西，以10萬大軍埋伏在好水川，而後以小股部隊引誘宋軍追擊。宋將率5萬大軍追至夏軍埋伏圈，發現路上很多泥封的盒子，裡面有聲響。宋兵好奇，打開盒子，裡面的鴿子破籠而出。伏在遠處的夏軍見群鴿飛起，知宋軍已入埋伏，殺聲四起。宋軍長途追擊，人乏糧斷，雖浴血奮戰，最後將帥陣亡，全軍覆沒。

　　此役中，范仲淹作為宋軍副指揮，雖識破李元昊策略，但所提建議未被採納，宋軍敗後範亦貶官。其好友滕子京因在撫卹戰敗宋軍時花費過多，謫守巴陵郡，范仲淹為其寫下「先天下之憂而憂，後天下之樂而樂」的千古名句。

　　西夏方面，在好水川戰役結束後，針對宋地流行的歌謠：「軍中有一韓（韓琦），西賊聞之心膽寒。軍中有一範（范仲淹），西賊聞之驚破膽。」張元奉命在寺壁題詩嘲諷道：「夏竦（宋軍總指揮）何曾聳，韓琦（副指揮）未足奇。滿川龍虎輦，猶自說兵機。」

第三次戰役李元昊兵分兩路攻宋，一勝一負，但再次大量殺傷宋軍。北宋對西夏的三次戰敗史稱「鎮戎三敗」，終於不得不承認西夏。

　　宋軍在賀蘭山的損兵折將也激發了宋人對抗擊北方強敵的雄心壯志。南宋名將岳飛在其著名的《滿江紅》（也有人認為該詞為後人托岳飛之名而作）裡，抒發了對反擊賀蘭山的渴望：

怒髮衝冠，憑欄處，瀟瀟雨歇。

抬望眼，仰天長嘯，壯懷激烈。

三十功名塵與土，八千里路雲和月。

莫等閒、白了少年頭，空悲切！

靖康恥，猶未雪。

臣子恨，何時滅？

駕長車，踏破賀蘭山缺。

壯志飢餐胡虜肉，笑談渴飲匈奴血。

待從頭、收拾舊山河，朝天闕。

　　西夏軍事上屢勝北宋，一方面是因為李元昊知兵善戰，另一方面宋朝的制度和文化導致其軍事積弱。由於趙匡胤黃袍加身獲得政權，有宋一代在軍隊問題上「防內」重於「防外」，也就是皇帝可以容忍軍隊因「兵不習將、將不知兵」而對外作戰不利，卻不能容忍軍隊戰鬥力強悍、將領指揮有力而對皇權造成威脅。另外宋朝軍人地位降低，整體人員素質下降，唐人以投筆從戎為榮，宋人以做「賊配軍」為恥。

　　四是西夏在社會文化上突出本民族特點，與遼、宋區別。

　　李元昊頗有自信，不慕中原，保持舊俗，並且非常重視突顯本

民族特點。他頒布「禿髮令」，率先自禿其髮，戴重耳環，強令國人三日內一律剃去額頂的頭髮，有不服從者，任何人都可以處死他。規定官員和平民的服飾，以白色為帝色。令重臣野利仁榮創造西夏文字，組織人才將漢、藏文獻翻譯成西夏文字。

　　五是經濟上鼓勵自給自足，儘量不依賴於宋朝。

西夏王供養圖

　　西夏一直仰賴從中原換取絲織品等物，李元昊的想法是寧可不要這些東西，也不能因此受制於宋朝。史載父親李德明對他說：「吾久用兵疲矣，吾族三十年衣錦綺，此宋恩也，不可負！」李元

昊反駁道：「衣皮毛，事畜牧，蕃性所便，英雄之生，當王霸耳，何錦綺為？」後來李元昊明確主張「習練干戈，杜絕朝貢，小則恣行討掠，大則侵奪封疆」，從而達到「上下俱豐」的目標 [5]。

　　李元昊重視發展農業和傳統畜牧業。西夏的中心地帶是處於黃河上游富庶的銀川平原。李元昊建國後，在疏通原有的渠道的基礎上，又修築了長達200餘裡的水利工程，後人稱之為「昊皇渠」或「李皇渠」，溝渠遺蹟，至今仍存。這使首都周圍成為西夏主要的糧食生產基地之一。在李元昊攻占了自古既有「畜牧甲天下」的河西走廊後，畜牧業發展基礎更為雄厚，著名的「党項馬」是西夏與中原進行貿易交換的主要商品。畜牧業興盛的同時帶來毛紡業和商業的繁榮。

宮闈風月

　　國運興衰自有各種因素，但因風月情事弄到當皇帝的殺母殺妻殺岳父、後來太子殺老爹，這個政權的國運也就開始走向衰落了。

　　李元昊開國後西夏先後出現了三個對政局有重大影響的女人。

　　第一個女人叫野利氏，她除掉了對手，又被新的對手除掉。

　　野利氏最初只是李元昊的妾室，但李元昊稱帝後卻成為第一任皇后。李元昊的元配是自己的表姐，母親的侄女。後來李元昊的岳父謀反，李元昊將其全族沉河殺死，又毒殺了自己的生母，同時將懷孕的妻子軟禁起來。妻子在冷宮生下兒子後，野利氏慫恿說這孩子長的不像李元昊。李元昊一怒之下將母子二人一起殺掉，將野利氏扶正。

　　野利氏身材頎長，容顏美麗，並生下了太子寧令哥，因此她在李元昊這裡非常受寵。不但如此，野利家族還是党項大族。李元昊

的祖母就是該族人。野利氏的兩個哥哥都是西夏支柱級的大將，帶兵作戰威名遠揚。另一親戚野利仁榮是被李元昊稱為「股肱」的重臣。憑藉這些優勢，野利氏過了幾年呼風喚雨的日子。

第二個女人的出現結束了野利氏的好日子。她叫沒藏氏。

沒藏氏美艷嫵媚，風流放蕩，有讓男人著迷的魅力。她的丈夫是野利氏的哥哥，沒藏氏也就是李元昊的嫂子。李元昊大概對這位嫂子早有圖謀，以謀反的罪名殺了她的丈夫，將她收入宮中。

當然，另一個重要原因是：野利氏的哥哥掌握西夏軍隊大權，又因多權謀和善用兵聞名遐邇，總是讓李元昊不能放心。此時宋朝邊將又巧施離間計，借李元昊之手最終除掉了這個勁敵。野利皇后卻因此失去了重要的靠山。

沒藏氏入宮後馬上和李元昊關係曖昧，野利皇后一怒之下把沒藏氏送入戒壇寺出家為尼，想以此將李元昊與沒藏氏分開。但是李元昊哪裡會受制於人，反而頻頻駕臨寺院與沒藏氏幽會，甚至不顧大臣們的反對，經常公開帶著沒藏氏去打獵、野營。野利皇后豈能容忍，與李元昊大吵大鬧。沒藏氏也在李元昊面前攻擊野利氏。終於，野利氏被廢黜，沒藏氏取而代之成為新皇后。

李元昊沒想到廢黜野利氏會給自己帶來殺身之禍。

糟糕的是此前李元昊還娶了自己的兒媳婦。太子寧令哥的新婚妻子容貌姣好，李元昊一見傾心，收入宮中，正式立為妃子，還為她興建宮殿，號稱「新皇后」。太子對父皇的奪妻之舉極為不滿，接著又遇到母后被廢，想到自己與幽禁別宮的母親面都見不著，太子地位也岌岌可危，寧令哥決心冒險復仇。

1048年正月十五元宵節，李元昊與諸妃飲酒作樂至深夜，酩酊大醉，被侍從扶入宮中就寢。太子寧令哥突然闖進寢宮，提刀便砍，李元昊躲閃不及，被一刀削去鼻子。因失血過多，次日不治而

死，終年45歲。眾侍衛聞訊趕到時，寧令哥倉皇逃脫，躲進了國相家中。

　　國相是皇后沒藏氏的哥哥。由於妹妹得寵，沒藏氏哥哥被李元昊提拔為國相，一切軍國大事交由他全權處理。沒藏氏當初隨李元昊打獵途中曾生下一子，取名李諒祚。當時畢竟沒藏氏還是李元昊的嫂子，不方便將孩子公開養在皇宮，於是先是寄養在沒藏氏哥哥家中。沒藏氏哥哥對他這個外甥相當好，並想讓他取代寧令哥成為太子。

　　因此，身為國相的沒藏氏哥哥早就向太子表示願意幫助他從父親手中奪取王位，挑唆其復仇。寧令哥對其非常信任，所以砍傷父親後立即逃到國相家避難。國相聽他講了詳細情況，認為李元昊已經難逃一死，便命人將太子寧令哥緝拿，並以殺父、弒君的大罪，和他的母親野利氏一起處死，實現了其一箭三雕的計劃。

　　之後，憑藉其國相的權勢，沒藏氏哥哥沒有按李元昊的遺言讓其族弟繼位，而是立沒藏氏未滿週歲的兒子李諒祚為皇帝，沒藏氏升為皇太后。沒藏氏哥哥借輔政專權14年。

　　沒藏氏由於風流成性，相好的男友太多，後來竟在與人偷情時被一個吃醋的男友派騎兵殺死。當然，沒藏氏哥哥為她報了仇，處死了那個吃醋的男人。

西夏女供養人像

　　故事還沒完。第三個女人該出場了，她叫梁氏，是漢人。她的出現，不僅令西夏政權和社會天翻地覆，也使夏、宋關係地動山搖。

　　梁氏是國相的兒媳婦。沒藏氏哥哥為穩住自己的外甥夏毅宗李諒祚，將女兒嫁給他做皇后。但小沒藏皇后的魅力顯然不足，李諒祚最晚13歲左右就與舅舅的兒媳婦梁氏私通。

　　看來西夏的第二任皇帝李諒祚頗有其父之風，娶了自己的表姐，又臨幸自己的嫂子。雖然古代很多少數民族為繁衍後代缺乏倫理觀念，但西夏已是一個文化大國，違背倫理綱常的事還是不能被容忍。

　　於是，國相父子密謀廢掉他。精明的梁氏察覺到這一動向，憑藉她的政治嗅覺，認為此時應該站在皇帝一邊，否則不但沒有前途，性命都有危險。梁氏立即向李諒祚通風報信，15歲的李諒祚

先下手為強，誘殺了國相全家，並處死身為皇后的國相女兒，改立梁氏為皇后。

李諒祚慕漢親宋，英明有為，改漢人禮儀，與宋朝友好。但宋朝采輕視態度，迫其改變對宋立場，轉而攻宋，親率夏軍作戰時受箭傷，21歲離世。他與梁后當初私通生下的兒子繼位，稱夏惠宗。

夏惠宗繼位時年僅7歲，梁氏以太后身份垂簾聽政。由於夏惠宗後來親政時與太后發生衝突，被太后囚禁，並最終與太后兩年內相繼去世，常被後人比做慈禧太后與光緒帝的早期版本。實際上，梁太后的作為也許受稍早前宋仁宗前期劉太后垂簾聽政的影響更大。

但觀其所為，梁太后的才能遠在慈禧之上，她不僅深通權力與政治鬥爭，更在文化、軍事、外交領域果敢專斷，頗有治國才幹。

梁太后一上臺就廢除李諒祚時期施行的漢禮，重新實行蕃儀，象李元昊一樣堅持突出本民族特色。

梁太后主政時期正值宋神宗任用王安石推行變法（1068—1086年），夏、宋雙方均有開疆拓土、奮發有為的想法，於是互相進攻。西夏曾發動30萬人的軍隊攻宋，宋朝也曾遣兵50萬分五路攻夏。

宋朝低估了梁太后的軍事才能。開始宋朝名將種諤稱「西夏朝廷孤兒寡母，如果出兵，我可以提著小皇帝的手臂回來（夏國無人，秉常孺子，臣往持其臂以來耳）。」

但梁太后採取堅壁清野、縱敵深入、斷絕糧運、決堤黃河的策略，最後水淹宋營，宋兵凍餓溺死者無數，大敗而退。

其後西夏迅速轉入戰略進攻，宋軍也展現了罕有的高效率，

19天建成邊界防禦的永樂城。30萬夏兵發起急攻，宋軍7萬應戰。由於被夏兵切斷水、糧供應，宋將沈括的援軍又受阻，最後永樂城被攻陷，守城宋將陣亡數百人，士卒役夫傷亡20萬人。消息傳到開封，宋神宗臨朝失聲痛哭。

梁太后雖然軍事上獲得對宋戰爭的勝利，但因宋朝停止歲賜和貿易，西夏財政困難，物價飛漲，民生困難。為緩解國內經濟壓力，梁太后解除了對主和派夏惠宗的囚禁，令其復位，並以其名義遣使宋朝稱臣議和，重新得到宋朝每年的歲賜。

永樂城之戰還葬送了宋朝延安地區前敵總司令（經略安撫使兼延州知州）沈括的政治前途。這位曾經憑藉其博學多才在宋遼邊界談判中有出色表現的副部級幹部，因為指揮對夏戰爭不力，被撤職查辦，以副處級待遇（團練使）下放湖北。後來行動自由後選擇鎮江買了一所夢中相識的小園林，稱為「夢溪園」，並在那裡寫出了當時就很暢銷的集科學和文學成就為一體的鴻篇巨製《夢溪筆談》，沈括也被後世的英國學者李約瑟稱為「中國整部科學史中最卓越的人物」。

蒙古鐵騎

到了西夏的第六代皇帝，西夏國力已大大衰微，而此時一個巨大的威脅在西夏的北方隱然成形，那就是日益強大的蒙古汗國。

13世紀初，鐵木真統領的蒙古部落在漠北興起，短短的幾年時間就統一了蒙古草原，其疆域東南與金國相鄰，西南與夏國接壤，成為當時中國政治舞臺上的一支新興力量。

鐵木真的南下戰略是：先解決和金訂有「交相救援」之盟的西夏，斷金右臂，同時解除側翼隱患，並取得補充戰略物資、馬匹兵

源的基地，各種條件成熟後再消滅實力雄厚的金國。

1205年，鐵木真藉口西夏收納蒙古仇人，發動了對西夏的第一次進攻。蒙古軍這次對西夏的進攻，主要目的是以劫掠財物和試探西夏虛實為主，並沒有擴大疆域、據守城池的戰略意圖，所以沒有深入西夏腹地，搶掠了一個月即行撤退。

1207年秋，鐵木真被推舉為成吉思汗的第二年，以西夏不肯向蒙古納貢稱臣為由，親率大軍第二次攻伐西夏。這次蒙軍進攻的目標是西夏北方要塞，並直逼西夏腹地。有重兵把守的西夏要塞苦戰了40多天，蒙軍大量傷亡，成吉思汗破城後下令屠城。西夏趕緊調集各路軍隊阻擊蒙軍繼續深入，雙方相持了5個多月。蒙軍見西夏兵勢尚盛，抵抗頑強，加之糧草匱乏，只好退兵。

1209年春，高昌（在今新疆吐魯番市東）回鶻與成吉思汗結成聯盟，西夏的西北面就完全暴露出來，成吉思汗率兵第三次征伐西夏。西夏以皇子為元帥，領兵5萬迎戰蒙軍，但未能擋住蒙軍猛烈的攻勢，北方要塞被再次攻陷。西夏再調集5萬精兵前往增援，並在中興府（即興慶府，銀川）外圍的最後的一道屏障——克夷門與蒙軍展開拉鋸戰，相持兩個月，互有勝負。最後成吉思汗設計伏擊夏軍，一舉殲滅主力，蒙軍乘勝攻占克夷門，直入河套平原，包圍了中興府。

中興府城池堅固，糧草充足。夏襄宗親自登城，鼓舞士氣，死守國都。蒙古大軍攻城兩個多月，仍不能破城。

成吉思汗想到中興府地勢低窪，城外四周湖塘密布，其時又連降大雨，黃河及城外渠湖之水暴漲。於是下令蒙古兵在城外環築長堤，水淹中興府。城內水深數尺，致使房屋倒塌，兵民被壓溺死者甚眾。

危在旦夕的西夏向盟友金國求救，但金國懾於蒙軍的聲勢拒絕

發兵救援。夏軍只好固守苦撐。成吉思汗派人招降，和議未成。水淹中興府近三個月後，蒙軍所築堤壩潰決，大水四溢，蒙古軍營汪洋一片，反受其害，已無法再行攻城。西夏趁勢答應蒙古的議和要求，納貢並獻公主給成吉思汗，並向其稱臣。蒙古撤圍退兵，此次戰役方告結束。

此次蒙古包圍中興府並沒有滅亡西夏，原因在於西夏軍事實力尚強，蒙軍又缺乏在河渠縱橫、深溝高壘的農業環境作戰的經驗。不過，蒙古消滅了夏軍大量有生力量，已經達到使西夏臣服、破壞金夏聯盟的目的，後顧之憂解除，第二年便開始了對金國的大舉進攻。

由於金國對西夏見死不救，西夏改變了聯金抗蒙的原有政策，轉而臣服蒙古，向金國進攻，從此結束了夏、金80餘年的聯盟體系。

1211年，西夏發生宮廷政變，皇室貴族遵頊廢黜了夏襄宗，自立為帝，是為神宗，是西夏開國後的第八代皇帝，也是中國歷史上唯一一位狀元皇帝。

夏神宗依附蒙古，乘蒙古攻金的機會，攻打金國，擄掠財物，擴大領土。然而，西夏臣屬蒙古之後，迅速擴張的蒙古征發兵役日益頻繁，西夏人疲於奔命，朝野上下對這種政策產生了懷疑和不滿，導致西夏開始與蒙古逐漸疏遠。

1217年蒙古第四次征伐西夏。起因是當年成吉思汗決定親率大軍西征，幾乎集中了蒙軍全部精銳，一些屬國也都奉命派軍從征。西夏在接到派兵從征的通知後，朝廷內外怨聲四起。

蒙古使節要求西夏履行當初臣服蒙古時答應的「為汝右手」的諾言，有西夏大將嘲諷說：「氣力既不能，何以稱汗？」成吉思汗聞知西夏拒絕出兵後大怒，命大將木華黎在其西征期間伺機攻夏。

木華黎當年12月派兵進入西夏境內，踏冰過河，在西夏毫無防備的情況下，長驅直入，再次包圍中興府。夏神宗在中興府被圍20餘日後，將守城之責交給太子，自己率精騎乘夜突圍，逃奔西涼。西夏遣使至蒙軍大營請降，奉表謝罪，蒙軍才撤兵解圍。

這次蒙古攻夏的目的也僅僅是懲罰性警告，所以蒙軍進入夏境，一路並不攻占城池。而當時夏軍主力正對金作戰，後方空虛，無法組織對蒙軍的有效抵抗。蒙軍第四次征夏效果明顯，此後數年中，西夏對蒙古恭順備至，蒙、夏之間出現了一段暫時的和平。

但在西夏朝廷中，以太子為代表的一些王親重臣提出了聯金抗蒙的戰略意見，遭到夏神宗的堅決反對。太子以削髮為僧與父親對抗，夏神宗下令廢掉太子，將其囚禁。同時，蒙古因西夏攻金多次失利而對夏神宗不滿，遣使責令他退位。夏神宗最後不得不將帝位傳於次子，自己做了西夏歷史上唯一的太上皇。

新皇帝夏獻宗是大夏國第九位皇帝。他改變其父的政策，重新與金修好，以求共同抗蒙；並乘成吉思汗大軍西征未歸之際，派遣使節聯絡漠北與蒙古有仇的部落，結成抗蒙同盟。

成吉思汗得知西夏在組織抗蒙力量，立即準備結束西征，進行第五次征夏戰爭。1224年，中原蒙軍越過黃河攻打西夏東部，大敗夏軍，牲畜被掠走數十萬頭。西夏向金求援，但金國在蒙軍攻擊下已經自顧不暇，無力援夏。成吉思汗從西域凱旋途中，圍攻西夏西部重鎮沙州。沙州軍民在兵力與蒙軍懸殊的情況下，守城半年。但夏獻宗考慮整體形勢被動，還是派出使節到蒙古軍前請降，並答應派送人質。而成吉思汗圍攻沙州半年，師勞兵疲，也接受了西夏的投降，撤圍休整。

六征賀蘭

成吉思汗在遠征西域、東伐金國取得勝利後，撤軍回到漠北根據地休整。在條件成熟後，以西夏不派兵西征並出言不遜等為由，發動了滅亡西夏的第六次攻伐。

1226年，成吉思汗兵分兩路，沿賀蘭山兩側分頭攻擊。西路軍攻占賀蘭山以西地區，切斷西夏退路。東路軍由成吉思汗親自率領，從漠北直撲西夏腹地，計劃東西合擊，包圍中興府，一舉攻滅西夏。

西路蒙軍在沙州又遇到頑強抵抗。蒙古大將見強攻不利，便寫信招降。沙州西夏守將設下詐降計，派使節到蒙古軍前請降，並準備牛、酒犒勞蒙軍，暗中設下埋伏。蒙軍大將中計，雖逃出重圍，但損失慘重。西路蒙軍集中力量圍攻沙州，因眾寡懸殊，沙州城被攻破，守城將士大多戰死。蒙軍繼續東進攻肅州，再遭頑強抵抗。在蒙軍誘降之下，肅州党項世家率眾獻城投降。但得到戰報後的成吉思汗仍因久攻不下而怒氣未解，下令屠城。西夏肅州籍蒙軍部將請求赦其親族家人，最後只留下該族106戶，其餘城中軍民統統殺光。

東路蒙軍首先攻取了黑水城（今內蒙古黑城子），乘勝東進賀蘭山。途中成吉思汗狩獵時坐騎受驚，落馬摔傷，只得屯兵養傷。隨行大臣建議成吉思汗暫且退兵，待傷癒後再進軍，成吉思汗不同意，並派使者到西夏，責問西夏拒絕徵調之事，對證當年夏將對他的譏諷。這名夏將仍不服氣，回答說：譏諷他的話，我曾經說過。今你蒙古若以為能征善戰而欲戰，那麼我有賀蘭山的營地，可到賀蘭山找我，在那裡我們打一仗。負氣好勝的成吉思汗在傷勢未癒的情況下，立即發兵進攻賀蘭山。夏將敢說敢為，列陣與蒙軍相持，但激戰後兵敗被俘，西夏軍營帳、駱駝盡為蒙軍掠獲。成吉思汗為

了發泄心頭之憤，下令將俘虜中的精壯士卒全部屠殺，瘦弱者則分發給蒙古將士為奴。這時天氣已經暑熱，成吉思汗在河套北屯兵避暑，等待與西路軍會師。

　　西路蒙軍在攻取肅州後直撲甘州。西夏籍蒙軍大將察罕是成吉思汗養子，其父為西夏甘州主將。此時察罕也在圍攻甘州的蒙古軍中，他派使者帶信勸父親投降。其父正有降意，但被甘州西夏副將阿綽察覺，阿綽暗中聯絡軍中將領36人，襲殺主將全家及蒙古使者，率領軍民死守甘州，蒙軍久攻不下。成吉思汗得報後，立即率軍從避暑地趕赴甘州，東、西兩路蒙軍在甘州城外會師，合力攻城。甘州軍寡不敵眾，城被攻破，阿綽等36人皆戰死。成吉思汗怒而欲屠全城，被察罕諫止，甘州百姓才免遭屠戮。

　　當蒙古大軍攻占整個河西走廊的消息傳至西夏王宮時，夏神宗和夏獻宗相繼驚悸而卒，西夏末代皇帝在一片慌亂中繼位。曾被蒙軍俘虜過的西夏老將嵬名令公率兵10萬再去黃河沿岸抵擋蒙軍。

　　雙方大軍在黃河冰面及河岸上展開激戰。西夏將士都知道這一仗關係到家國存亡，所以無不拚死戰鬥。黃河岸邊，刀光閃閃，殺聲陣陣，血流遍地，屍積如山。史料記載：當時兩軍對戰之激烈為蒙軍作戰史上所罕見，西夏靈州守軍和援軍及居民有30萬人被殺，蒙軍也陣亡數萬人。在這場黃河平原的決戰中，西夏精兵幾被全殲。

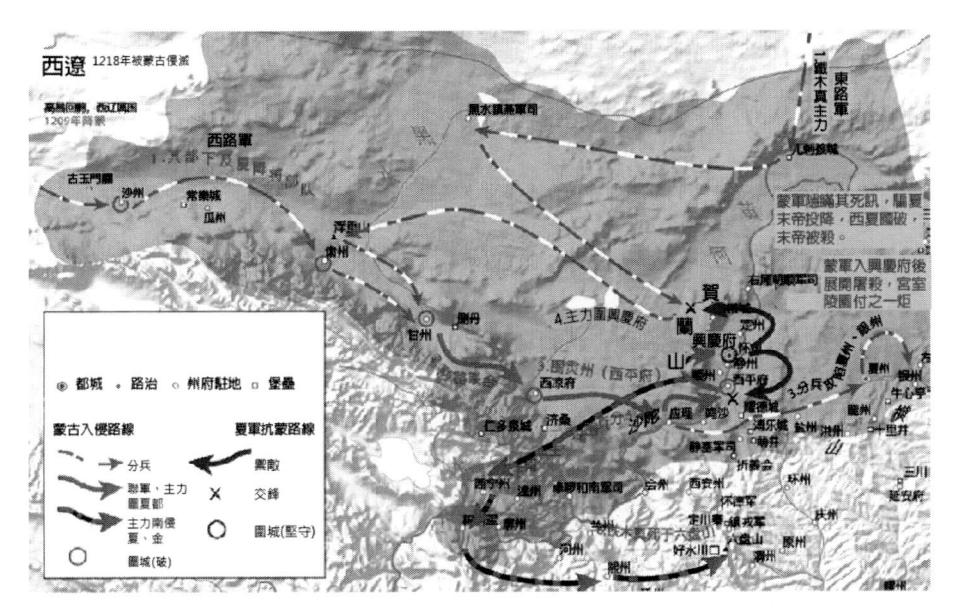

蒙古攻夏路線圖

  西夏將士雖然頑強拚殺，但仍未能擋住蒙古鐵騎的衝擊，靈州城陷落，西夏廢太子德任被俘。蒙古將帥勸其歸降，德任寧死不屈，大罵蒙古軍殘忍無道，終被殺害。蒙軍掃蕩西夏河東地區後，包圍了中興府。1227年初，成吉思汗留下部分兵力繼續圍攻中興府，自己率軍渡過黃河，切斷了西夏與金的聯繫。

  6月，成吉思汗感到身體不適，回師六盤山避暑養病。此時中興府已被蒙軍圍攻半年多了，西夏軍民在右丞相的領導下進行了艱苦卓絕的保衛戰。但在局勢窮困之際，右丞相勞累過度而卒，軍民痛哭。此時中興府又遭遇了歷史上少有的大地震，「地大震，宮室多壞，王城夜哭。」各種跡象顯示西夏王朝氣數已盡。

  夏末帝不得不派使臣向成吉思汗乞降，並請求說：為了準備貢品，遷移民戶，請寬限一個月，到時親自來朝謁。成吉思汗同意了，並讓使者回話：夏主投降之後，我會像對待自己的兒子一樣對待他。

隨著天氣酷熱，成吉思汗的病情越來越嚴重，7月病逝。留下遺命：死後秘不發喪，夏主來降時殺掉，將中興府兵民全部殺死，毀其城池、宮殿和陵墓。四子拖雷遵照遺命，在夏末帝來降時將其執殺。蒙軍進入中興府，城中軍民慘遭屠戮，宮室、陵園付之一炬。後在成吉思汗養子西夏人察罕的勸諫下蒙軍才停止屠殺，但這時城中人口所剩不過十之一二了。

　　倖存的西夏人四處流散，並為逃避蒙軍的追殺隱埋民族，加速了党項族的消亡。據考證，除少部分留在寧夏外，分別遷移到四川、西藏、山西、河北、河南等地，有的還建立過地方政權，但往往只有很少一部分西夏党項族的文化特徵，並且說不清自己從何而來。西夏文字成了無人能識的天書，在近現代學者將其重新破譯出來前，西夏歷史被人淡忘，曾經的輝煌也被掩埋在黃沙淺水之中，本篇開始提到過的西夏王陵則成了世人不知為何物的賀蘭山腳下的幾個土堆。

刀光閃耀

　　在東亞大陸這片土地上，唐朝時期絕大部分地區屬於中原政權管轄，包括寧夏地區，這是一個統一時代。唐末諸侯割據，五代十國持續了近60年的分裂局面，到北宋統一大部分地區，卻不能收復遼國、西夏等地，從而兩宋又使這種分裂局面延續了300多年。直到蒙古政權消滅西夏、金、南宋等政權，元朝實現了包括寧夏地區在內的東亞大陸的政權統一。

　　從統一形勢來看，蒙古政權在成吉思汗的出色統領下迅速崛起，成為席捲歐亞大陸的強勁旋風，而西夏政權恰好位於風暴的中央位置，矛盾不可避免。

　　成吉思汗堅定地要消滅曾經欺壓過他們的金政權。作為金國臂

膀的西夏，在蒙古人眼中只有兩個選擇：臣服蒙古，或被統一。

經過較量後，西夏選擇了臣服蒙古，但這就意味著需要服從蒙古汗國「以戰養戰」的發展思路。大量的軍事力量消耗在蒙古對外擴張的征戰中，使西夏原來基本自給自足的體系面臨崩潰的危險，於是西夏又調整外交政策，重新聯金抗蒙。

從成吉思汗為代表的蒙古人角度看，西夏態度的反覆無常就是背叛，對待不忠就不能允許臣服，只能消滅。因為臣服後說不定哪天又背叛了，何況西夏不定，金國難平。因此成吉思汗遺命中堅持要誘殺夏主。可以說西夏的搖擺態度加劇了政權滅亡。

縱觀西夏開國與滅亡的歷史，仍可看出綜合實力是統獨勝負的根本。西夏建國階段，屢與北宋交戰，勝多負少，卻仍然要稱臣才得以自立，就是因為北宋綜合實力遠在西夏之上，軍事力量雖不足以消滅西夏，長期軍事消耗卻足以將西夏拖垮。

因此最早反宋的李繼遷臨終前的政治遺囑是：一定要堅持反覆上表附宋，請求宋朝諒解，「一表不聽，則再表，雖累百表，不得請，不止也。」其子李德明貫徹其意，牢築帝基。

而西夏早期與吐蕃部落和回鶻的戰爭則相反，是勝少負多，但最終卻征服這些地區，就是因為綜合實力強於這些政權。

蒙古政權綜合實力比西夏政權更強大，主要不在於經濟、文化，而突出表現在軍事實力和組織能力。成吉思汗去世時遺留的全部兵力也只有12萬左右。[6]但由於蒙古軍隊的強大戰鬥力和蒙古統治集團出色的軍事指揮才能，成吉思汗和其子孫建立了世界歷史上最龐大的帝國。

能夠支撐蒙古汗國不斷擴張的力量主要來自軍事實力，經濟實力則基本上是依靠「以戰養戰」的策略，從占領區獲得物質和人力。例如征服西夏後向其收取貢賦，每次出征都向西夏徵調士兵、

馬匹和武器。蒙古汗國擴張一部分版圖，就多一部分資源供應。

蒙古將帥在戰爭中體現出高超的指揮技巧，不少戰術其實來源於遊牧民族打獵時的策略，如包圍戰、迂迴戰、運動戰，並且以殲滅對手的有生力量為目標。《狼圖騰》這本書裡描寫了蒙古人如何切斷狼群退路進行圍殲的方法和過程，這些戰法在蒙軍西征中東、歐洲和南征夏、金、宋時都有明顯體現。

當然，成吉思汗獨特的成長經歷使其練就嫻熟的戰爭技巧和堅韌的領導意志對於提高蒙古將帥總體指揮水平有重要影響。這也是蒙古汗國的事業在歷代北方遊牧民族中更為突出的原因之一。

蒙古軍隊的士兵作戰能力也較強。與南方農耕地區相比，北方遊牧地區物產貧乏，條件艱苦，其士兵對風雨、饑渴、疲勞等惡劣因素的忍耐力要更強大。這也是為什麼中國古代歷朝歷代大多是北方統一南方的重要原因。而且，由於騎射是遊獵民族的生存技能，蒙古軍隊的騎射水平總體優於南方農耕社會的軍隊。西夏經濟以農業和傳統畜牧業為主，軍隊在一百多年的安定生活中戰鬥力相對減退。

除形勢和實力外，策略也是影響結果的重要因素。

對於蒙古汗國採用的「以戰養戰」的發展模式，蒙古民眾的支持度應該也是很高的，畢竟對外戰爭可以給他們帶來大批的牲畜、牧場和工匠。蒙古軍隊以頻頻的勝利為這種生存方式贏得內部民心。

對外部，成吉思汗曾告誡子孫，他最重要的教訓就是戰勝一支軍隊不等於征服一個國家，「你只能透過贏得民心的方式來征服」。[四]有不少西夏將領和士兵效忠於蒙古軍隊，對蒙古政權有強烈的認同感。由於他們的存在和請求，党項才在蒙古軍隊冷酷的屠刀下免於滅族。

為爭取民心，蒙古帝國實行宗教寬容政策，不樹立意識形態偶像、不定思想罪、不將自己的制度強加於所有的臣民。這是因為蒙古帝國興起之初技術落後、沒有文化優越感，也就沒有阻礙新技術和新觀念傳播的文化藩籬。

成吉思汗

蒙古軍隊不但統一了西夏，還建立了一個「世界體系」，在13世紀推動了一次全球化進程。比如蒙元時代之前，印刷術、紙幣、火器、自由貿易、外交豁免權等只在個別區域存在，是蒙古帝國予以推廣使之構成了現代世界體系的基礎。蒙元時代出現的制度創新和技術創新是前所未有的，這和現代美國的興起頗有些類似。由於蒙古汗國廣闊的領土，眾多被孤立分隔在各自的小圈子裡的文明融為了一體，有了統一的洲際交通、商業、技術和政治體系。中國傳統的抑商政策被蒙古人徹底打破，中國的瓷器、絲織品和一些全新的品種可以更順暢地出口歐洲。[8]明朝李開先在《西野春遊詞序》中評價元朝的統一政權之利：「元不戍邊，賦稅輕而衣食足，衣食足而歌詠作。」

註釋

[1].一些學者認為党項族首領拓跋氏為北魏鮮卑後裔。《宋史·夏國傳》上，元昊上宋仁宗表章：「臣祖宗本出帝胄，當東晉之末運，創後魏之初基。」《遼史·西夏外記》：「西夏本魏拓跋氏後。」《金史·西夏傳》：「夏之立國舊矣，其臣羅世昌譜敘世次，稱元魏衰微，居松州者因以舊姓為拓跋氏。」

[2].《後漢書·西羌傳》。

[3].《宋史》卷四百八十五。

[4].《宋史紀事本末》卷三十。

[5].《宋史·夏國傳上》。

[6].［瑞典］多桑：《多桑蒙古史》（上冊），上海書店2001年版，第179頁。

[7].［美］傑克·威澤弗德：《成吉思汗與今日世界之形成》，

重慶出版社2006版，第131頁。

　　[8].［美］傑克·威澤弗德：《成吉思汗與今日世界之形成》，重慶出版社2006版，第238頁。

風雲洱滇——雲南的故事

　　雲南地區為多民族雜居之地，早先居住著青羌、僚、濮等少數民族，古稱「西南夷」，又稱「夷越」，秦始皇與漢武帝均對該地區進行武力開拓，並納入版圖。該地也有中原地區移民，如戰國後期楚國將領莊蹻率軍抵達現今雲南滇池地區，因歸路被秦軍斷絕，莊蹻就留在當地做了滇王，部眾成了移民。但與當地土著相比，在很長一段時期內漢族在數量上反為少數民族。該地區在歷史上存在過一些相對獨立政權，例如以滇池為中心的滇國、以洱海為中心的南詔國和大理國等。元朝以後，雲南省一直成為中國版圖牢不可分的一部分。

雲南玉龍雪山

諸葛南征

公元223年，魏、蜀、吳三國鼎立時期。蜀國南方反叛，蜀國面臨分裂的危機。蜀漢政權此時剛剛遭遇對吳戰爭的失敗，奉「託孤」遺命主持政務的丞相諸葛亮不得不處理這一棘手的難題。

諸葛亮是蜀漢政權的締造者之一，出生在今山東沂南縣的一個官吏之家，父親做過泰山郡丞，但母親與父親先後早逝，諸葛亮兄弟隨叔父在湖北生活，叔父病逝後隱居湖北襄陽（一說河南南陽）鄉間耕種，後經人推薦與劉備結識。劉備當時只是一個落魄的軍閥，勢力不大，但愛惜人才，名聲較好，且常有雄心壯志，曾被曹操稱為與其並列的「天下英雄」，諸葛亮很看好他，所以第一次見面就向劉備和盤托出他精心準備的政治軍事戰略分析，史稱「隆中對」。根據這個戰略，劉備暫時不能與曹操、孫權爭鋒，但需把握時機奪取劉表的荊州與劉璋的益州，形成三分天下的格局，再利用皇家後代的名分，處理好與周邊少數民族的關係，聯合孫權，北伐曹操，復興漢朝。

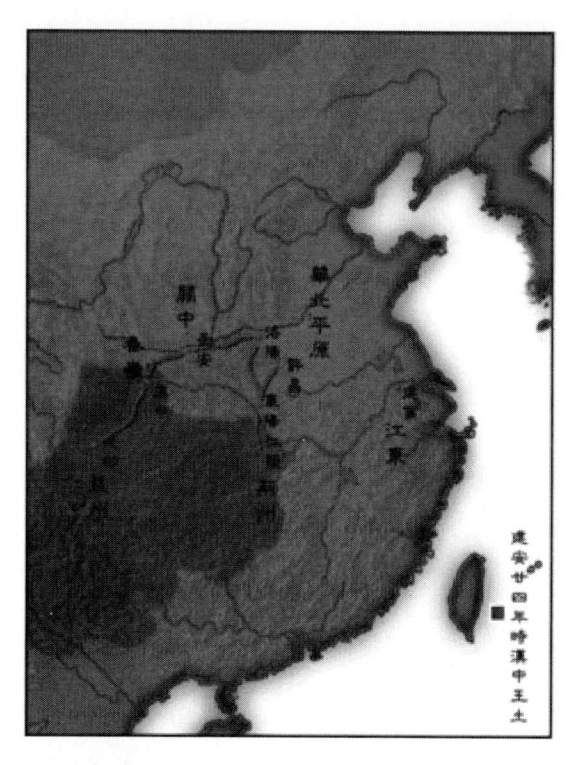

隆中對策圖

　　後來的歷史進程基本按照「隆中對」的戰略設計發展，但在北伐的過程中戰略執行出了問題，沒能最終實現最初構想。按諸葛亮當初的設計，三國局面形成後，蜀國應兵分兩路，從湖北和四川北伐曹操，但有一前提，一定要與孫權結好。偏偏蜀國大將關羽在從湖北出兵時沒有重視鞏固與孫權的聯盟，反而採取傲慢的敵視態度，以致在蜀魏相爭的關鍵時刻，孫吳軍隊襲取關羽後方，導致關羽北伐失敗。荊州一失，徹底打亂諸葛亮的戰略部署。

　　蜀漢皇帝劉備不甘心失去荊州的失敗，傾巢出動，採取先伐吳後伐魏的戰略，完全違背了原來諸葛亮的「聯吳伐魏」方針，在作戰時又犯了戰術僵化的錯誤，面對孫吳的堅守戰術，沒有尋求運動中殲敵，反而連營七百里大打陣地戰和消耗戰，被吳國的陸遜用火

攻擊敗。

夷陵之戰失敗後，不僅劉備命喪白帝城，蜀國也面臨內憂外患的崩潰危險：外有大軍壓境，內有各地叛亂。「隆中對」的戰略設計已經時過境遷，當前最急迫的問題是如何維持蜀國的統一安定局面。

蜀漢在與孫吳的夷陵之戰中慘敗後，元氣大傷，蜀國中央統治力下降，各地叛亂頻發，尤以南方為重。南方叛亂主要發生在蜀國的南中四郡，大體是現在的雲南、貴州及四川西南部分。當地土著與後來移居南中地區的漢族豪強互相勾結，常有獨立傾向。蜀漢參軍馬謖認為「南中恃其險遠，不服久矣」。

劉備死後，蜀漢南方豪強認為獨立的時機到了，於是興兵作亂。最早舉兵號召南中四郡反叛蜀漢的是蜀人雍闓，並得到當地一些地方官員的響應。雍闓叛亂後希望得到南中少數民族的支持，便請孟獲幫助遊說各部族酋長。孟獲是彝族人（一說是漢族人），是當時南中地區的大姓豪強，在雲南少數民族地區較有名氣，為當地土著和漢人所信服。在他的煽動下，參與叛亂的人越來越多。

南方叛軍勢大造成蜀漢邊境不寧，人心浮動。負責總攬蜀漢軍政的諸葛亮對此次分裂事件進行冷靜處理：一是繼續堅持其在「隆中對」中提出的「南撫夷越，西和諸戎」的「和撫」政策，不急於派兵平亂。二是派人到南方實地調查事件原委，弄清叛軍的反叛原因及意圖。三是力爭以和平手段維護國家統一，為此諸葛亮前後給叛軍首領雍闓六封書信，曉以統獨利害，但雍闓只回了一封信，說當今天下三國鼎立，魏蜀吳都自稱正朔，我們地處偏遠的人就感到惶惑，不知該歸屬哪個政權。這封信的言外之意是認為蜀漢政權既然沒有能力統一天下，也不見得能讓南方地區臣服。四是全力做好軍事平叛準備，因為對中央政權而言，如果分裂政權因輕視中央力量而尋求獨立，就必須要展示自身可以維護統一的實力。

諸葛亮決定出兵南征的理由：一是政治上需要保持蜀漢政權的統一安定，而和平統一的嘗試又未能成功，為避免出現分裂勢力的多米諾骨牌效應，必須武力平叛；二是經濟上南中地區物產豐富，是蜀漢經濟的重要組成部分，蜀漢與魏、吳政權相比，本就國力最弱，民丁最少，再失去西南地區就更無法爭雄天下；三是社會穩定需要平息叛軍的挑戰，並給予南中地區那些願意接受蜀漢政權領導的各族人民以支持。

　　諸葛亮在南征前做了以下的準備工作：一是恢復「聯吳」戰略，派「名嘴」鄧芝帶蜀錦、名馬等禮品去與孫吳政權和好，簽署和平協議，吳蜀聯盟得以恢復，蜀漢東部威脅得以解除；二是派遣蜀國名將趙雲和馬超分別堅守北部和西部邊境，防範魏國和西戎的侵襲；三是穩定農業生產，增加糧食儲備，用兩年時間完成軍糧囤積；四是訓練軍隊，休養民生，養精蓄銳，鞏固後方。

攻心為上

　　公元225年春，諸葛亮率軍南征。但其戰略方針依然是「和撫」政策。蜀漢參軍馬謖對該政策有較透徹的解釋：用兵的辦法，最好是攻心，攻城則是下策。因為城雖攻下來，如果當地人心不服，中央軍一撤可能又反叛了。如果殺光叛軍以絕後患，短時間內難以做到，而且也不是仁義之師的作為。因此南征的關鍵是令南人心服。

　　除此而外，諸葛亮還預先考慮了取得軍事勝利後如何維持南方統一安定局面的問題。南部地區少數民族眾多，取得軍事勝利的同時必然帶來當地人的死傷，如果派兵駐守維持安定，地遠路險，糧食供應困難；如果派官而不駐兵，南人可能因戰爭遺留創傷找中央委派官員尋仇，從而再次引發叛亂。因此諸葛亮認為最好的解決辦

法，是不從成都派官，而是任用當地精英治理該地區，並建立起當地精英對國家統一的認同，這才是維持統一安定的長久之道。

蜀建興三年（225年）三月諸葛亮南征四郡，十二月返回成都，前後用了9個月時間。期間對叛軍首領孟獲七縱七擒的攻心戰術更是中國歷史上的經典案例。由於七擒孟獲的內容在最權威的《三國志》中並未提及，僅見於《漢晉春秋》及《資治通鑑》等後來的史書，因此後人對七擒孟獲史料的可靠性存疑。

為確保武力統一的同時能夠切實執行「和撫」政策，諸葛亮親自帶兵南征。蜀軍兵分三路，諸葛亮率西路軍，李恢率中路軍，馬忠率東路軍，分進合擊，斬殺雍闓等人，平息各處叛亂，三軍會合時只剩孟獲率雍闓餘部負隅頑抗。

孟獲是當地名人，意圖獨立稱王。為煽動各族參加獨立，孟獲騙各部族酋長說：蜀漢朝廷想要徵收黑狗三百頭，而且胸前都要是黑色，還要三丈長的斷木三千根，你們可以拿出來嗎？當地土著認為蜀漢政權故意為難壓迫他們，因此大感不滿，便加入叛軍，南部民族對立情緒也日益嚴重。孟獲就利用南人的仇漢心理及雲南山地的有利地形和蜀軍打起游擊戰。

諸葛亮

王佐之奇才儒者氣象
伊呂之間管樂之上

諸葛亮

  諸葛亮認為孟獲符合自己實施「和撫」政策所需的當地精英人士的標準，可以為己所用，就下令蜀軍不得殺害孟獲，而將其作為未來管理南部少數民族地區的人才加以引導和培養。在戰術上採取

誘敵出戰的圍殲策略，活捉孟獲。

　　為令其心服，諸葛亮以禮相待，還請孟獲觀看蜀軍陣容，希望以蜀軍嚴明的軍紀、高昂的士氣來震懾住這個夜郎自大的蠻王。但不料孟獲並未被嚇住，仍舊嘴硬。諸葛亮不以為意，放他再戰。

　　由於孟獲屢戰屢敗，七縱七擒（「七」泛指其多），終於心服口服，認為諸葛亮代表「天威」，南人不會再造反了。當年秋天，諸葛亮率軍進入昆明的滇池地區，肅清所有叛亂。諸葛亮於是委任孟獲等當地民族首領擔任蜀漢官吏，管理南方地區。孟獲後來還升遷到蜀漢中央任職，官至御史中丞（相當於副部級官員）。

　　諸葛亮在平定南方叛亂後，繼續貫徹「攻心為上」的「和撫」政策，為蜀國南部地區長治久安打下堅實基礎。

　　一是重新劃分行政區域，進行政治改革。諸葛亮將原來的南中四郡重新劃分為六郡，分別任命在南征中立有顯著戰功的李恢、呂凱、馬忠為建寧太守、雲南太守和牂柯太守，並大量起用少數民族上層分子，留用董荼那、渠帥、爨習、孟琰等當地將領，一起授予官職，基本實現「以夷治夷」。

　　二是引進先進生產技術，恢復經濟發展。西南地區因交通閉塞而生產落後，諸葛亮平定南中後，在當地推廣內地已普遍採用的鐵犁牛耕等先進農業技術，並派匠人教給當地人織錦的方法。同時興修水利。雲南保山縣至今有三個能灌溉幾千畝農田的堤堰，名為「諸葛堰」，相傳為諸葛亮下令修築。

　　三是尊重土著風俗習慣，維護社會安定。諸葛亮依土人習俗，設香案，鋪祭物，列燈四十九盞，親自臨祭瀘水，平息在戰爭中喪失親友的當地民眾的情緒。此舉令蠻人感動，甚至為其立有生祠，四時享祭，皆呼之為「慈父」。

　　此外，針對當地土著剛毅、鬥狠的性格，諸葛亮勸當地大族捐

出金帛，聘請夷人作部曲，聘請多者可世襲官位。此舉不但建立起夷、漢並列的部隊，並有效改善了夷人與大族、富豪的關係，夷人漸漸臣服和融入蜀漢政權。

從蜀漢政權的角度看，諸葛亮南征後重用地方勢力，保障他們的利益，一反兩漢以來委官統治、遣兵屯守的政策，對南中既不用留人，又不留兵，贏得了當地民眾的支持，獲得了地方首領的真心效力，維持了蜀國統一，鞏固了蜀漢後方，為日後北伐奠定了基礎。

同時蜀漢政權從南中地區得到了金、銀、丹、漆、耕牛、戰馬等特產，軍資所出，國以富饒，為諸葛亮北伐提供了大量物資。諸葛亮還在南中地區選拔勁卒到蜀地，分成五部，號為「飛軍」，非常勇猛，是蜀軍中很有戰鬥力的一支隊伍。

歷史證明，諸葛亮對南方用兵是成功的，其攻心戰略是有效的，政治經濟效果是顯著的。直到諸葛亮辭世，南夷始終未再叛亂，維護了蜀國統一，促進了南方經濟發展和蜀國南北的經濟交流，有利於增進當地民眾福祉。

洱海強權

蜀國丞相諸葛亮平定南方後，隨著西晉統一魏、蜀、吳三國，雲南地區也歸西晉管轄。此後各朝陸續增置州縣，擴大統治權，對非漢族的居民，都是採取諸葛亮「綱紀粗定，夷漢粗安」的施政方針，也就是「因其故俗，羈縻勿絕」，以求相安無事。

當初諸葛亮南征時收用當地豪酋大姓，例如孟、爨等氏族。大約東晉時期，爨氏在昆川（今晉寧）稱王，並維持統治400年。南北朝時期，北周南征控制了該地區。隋朝取代北周後，爨人起兵反

抗，宣布獨立。

隨後爨人分裂成東、西兩爨，西爨稱「白蠻」、東爨稱「烏蠻」。白蠻生活在滇池地區，婦人穿白衣，長不過膝。烏蠻居滇池東邊，婦人穿黑衣，衣長曳地。白蠻的爨氏自蜀漢以來歷朝有人作本地長官，文字與漢族同，語言相近，耕田養蠶，也同漢人。烏蠻多有牛羊，無布帛，男女都用牛羊皮做衣服，不知耕織，語言與漢語不通，也很少同漢人接觸，經濟文化較為落後。

爨人居住雲南東部。唐玄宗時，西爨大姓爨氏殺東爨大姓孟氏首領，白蠻兼併烏蠻。但後來白蠻內亂，居住雲南西部的南詔出兵兼併了滇池附近的白蠻部落，消滅了殘存的爨氏政權，基本統一雲南地區。

南詔國是西南地區歷史上最大的政權。唐初，雲南西部洱海一帶部落林立，較大的有六個不相統屬的政權，史稱「六詔」。當時唐朝與吐蕃是軍事實力相當的兩個強國，雲南地區各部落夾在中間，多採取左右搖擺的外交政策。

與其他五詔不同，最南邊的南詔距離吐蕃最遠，受吐蕃威脅較小，因此採取始終依附唐朝的外交策略，從來不跟隨吐蕃進攻唐軍。在唐朝支持下，南詔不斷壯大，開始進行統一戰爭。738年，南詔部落首領皮羅閣消滅了其他五詔，建立南詔國，被唐朝封為「南詔王」。

南詔與唐朝原本非常友好，其統一六詔就是借助唐朝之力。雙方往來也相當頻繁，有些南詔首領在繼位前都曾經在唐朝任職為官，對唐朝非常熟悉。唐朝對南詔首領也非常重視，唐高宗、武則天、唐玄宗都給予南詔王厚賜與禮遇，武則天還在長安盛情招待南詔首領。

因此南詔後來的獨立與北宋時期的西夏有很大不同。西夏開創

者李繼遷及其父輩子孫均未在中央政權的其他地方任職，世代只關注當地風土人情，對中原其他地區不甚瞭解，也缺乏認同感。而一些南詔首領或其子孫則在南詔以外的中原地方任職，有「留學」和社會實踐經歷，仰慕中原文化，認同中央政權，並不反對統一。後來反唐獨立完全是被逼，因此換了國王後還是歸順唐朝。

天寶戰爭

南詔建國稱王時，正值唐朝開元盛世。在唐朝強盛的國力支撐下，邊疆個別將領恃強凌弱的事件時有發生，畢竟任何朝代的將領官員素質都是參差不齊的。但這些事情多了必然會給自己的國家帶來麻煩或災難。南詔脫離唐朝也根源於此。

唐朝雲南太守張虔陀蠻橫腐敗，對南詔官民敲詐勒索，甚至敲到南詔國王的頭上。此時南詔國王皮羅閣已逝，其子閣羅鳳當政。750年，當閣羅鳳按當地禮節攜妻赴姚州拜會張虔陀時，身為唐朝都督的張虔陀，竟然當面汙辱閣羅鳳的妻子，惹怒了閣羅鳳。

不僅如此，張虔陀還派人到南詔閣羅鳳處索賄並辱罵，同時向中央誣告閣羅鳳有謀反跡象。閣羅鳳派專使遠赴長安向唐玄宗控訴張虔陀的罪行。唐玄宗聽信楊國忠的讒言，對此事不予理會。楊國忠是楊貴妃楊玉環的哥哥，本身就是靠裙帶關係和行賄受賄爬上宰相職位的，並無政治眼光，分不清利害關係，也意識不到這種問題的敏感性。

閣羅鳳感慨「九重天子難承咫尺之顏，萬里忠臣豈受奸邪之害」。於是乾脆奇襲雲南郡，把張虔陀殺掉，並攻取其他數十處州郡。

擅自殺掉唐朝大臣並侵占領地是很嚴重的事件。第二年唐朝8

萬大軍壓境時，閣羅鳳表示謝罪，「切陳丹款，至於再三」，並表示願意退出所占領的土地，歸還俘虜。

閣羅鳳第一次請和與謝罪應該是真誠的。閣羅鳳特使對唐軍主帥說：「雖然吐蕃早已對南詔威逼利誘，但南詔仍然一心向唐。吐蕃已是虎視眈眈，依據情勢，如果唐軍執意要進攻南詔，唐南雙方交戰，吐蕃將坐收漁翁之利。」但唐軍不為所動，繼續向洱海地區進發。

中途閣羅鳳第二次遣使者請和，並警告唐軍：「如果唐朝逼人太甚，南詔將不得不投靠吐蕃，到時整個雲南都非唐所有。」唐軍不僅不允和，反而扣留了南詔使臣。而南詔也在認真著手聯合吐蕃拒唐。

閣羅鳳第三次派出使臣求和，是在唐兵包圍了蒼山洱海之間的南詔腹地之後，此時的求和應該是故意放低姿態、誘敵深入的一種戰術了，唐帥不明就裡，仍按部就班，計劃用奇兵從蒼山西坡突襲，大軍由水道向西進攻，東西夾擊，可一舉而下南詔太和城。

南詔向吐蕃求援。當時吐蕃大軍正駐守在洱海北部，聞訊急馳洱海之濱，與南詔軍隊聯合，猛攻宿敵唐朝軍隊。唐軍慘敗，主將戰死，懸首轅門，唐軍軍心動搖，加之腹背受敵，最終被一舉擊潰，唐軍死亡6萬餘人，1萬餘人被俘。第一次天寶戰爭以唐軍全軍覆沒告終。閣羅鳳乘勝占領現在的雲南省全境。

經此一役，南詔徹底脫離了唐朝，轉而依附吐蕃。752年戰後，閣羅鳳自立國號為「大蒙」，接受吐蕃冊封的「贊普鐘（意為小贊普）蒙國大詔」，與吐蕃結為「兄弟之國」。

此役南詔軍也損失慘重，陣亡5萬。閣羅鳳的兒子鳳伽異回師途中感慨戰爭之慘烈，作《歸師曲》：

天徑雲開馬蹄揚，旋風捲虹霓。

角號海螺，聲震古道。

鐸鞘金鞍少年郎，盔插山茶獨一朵。

戰馬嘶嘯，蹄打磐石尋舊路。

報子頻傳，洱河渡口萬人歌。

飲馬洱河濯蕩，慢馬敵血洗。

擦淨長劍，寒光射日月。

歸師樂，樂無窮，戈海刀林我出沒。

橫掃唐師十萬眾，是非屬誰說。

得勝歸喝回歸酒，刀兵無情多愁人。

多少詔民沙場死，五萬寡婦淚淋淋！

鳳伽異曾長期在唐為官，工於詩詞也不奇怪。早在其祖父皮羅閣在位時，鳳伽異就在唐朝做禁衛軍，後來任唐朝省級幹部（刺史）。

在這次戰爭中，唐軍主帥「逃師夜遁」，隻身返回。由於和宰相楊國忠交好，竟被謊報為軍事勝利。唐玄宗聽信了「南詔勾結吐蕃謀反唐朝」的說辭，一方面為敗將設宴慶功升官，另一方面責令楊國忠積極備戰，徵集士卒，調集軍隊，再征雲南。

宰相楊國忠不知出於什麼考慮，征戰雲南的唐朝軍士不在西南徵調，而是從陝西、河南、河北等地徵集。北方人風聞雲南為蠻荒之地，「瘴氣」襲人，歷來去者無還，紛紛逃避兵役，鬧得人心惶惶。

唐代詩人杜甫目睹當時唐軍徵兵之弊，寫下了詩作《兵車行》：

車轔轔，馬蕭蕭，行人弓箭各在腰。

爺娘妻子走相送，塵埃不見咸陽橋。

牽衣頓足攔道哭，哭聲直上干雲霄。

道傍過者問行人，行人但云點行頻。

或從十五北防河，便至四十西營田。

去時裡正與裹頭，歸來頭白還戍邊。

邊庭流血成海水，武皇開邊意未已。

君不聞漢家山東二百州，千村萬落生荊杞。

縱有健婦把鋤犁，禾生隴畝無東西。

況復秦兵耐苦戰，被驅不異犬與雞。

長者雖有問，役夫敢伸恨？

且如今年冬，未休關西卒。

縣官急索租，租稅從何出？

信知生男惡，反是生女好。

生女猶得嫁比鄰，生男埋沒隨百草。

君不見青海頭，古來白骨無人收。

新鬼煩冤舊鬼哭，天陰雨濕聲啾啾！

　　754年，唐玄宗任命前雲南都督李宓為主帥，徵發戰士10萬，負責運送糧草輜重的兵卒10萬，共20萬大軍，以必勝的決心再征南詔。此前一年唐朝曾發兵3萬討南詔，南詔軍趁其立足未穩大破唐軍。

　　李宓出征前到恩師處辭行，並請教方略。恩師勉勵其以諸葛亮

七擒孟獲之法，攻心為上，並推薦文武雙全的侄兒郭仲翔隨軍。可惜郭仲翔有馬謖之謀，李宓無諸葛亮之智。

李宓入雲南，令唐軍日夜急行到姚州，即行攻擊南詔軍隊，南詔軍隊敗退50里。郭仲翔建議：班師回姚州，然後派人先播將軍的威德，招當地兵民，使其內附，不可深入其地，以免中計。李宓認為敵人已喪膽，應乘勝追擊。

唐軍迅速抵達洱海之濱，從三個方向對南詔都城太和城形成包圍之勢。南詔形勢萬分危急，閣羅鳳再次向吐蕃求援。

李宓採取水陸協同作戰的戰術，一面命令士卒日夜趕造戰船，做好從洱海渡水作戰的準備，一面指揮軍隊在陸地從兩個方向猛攻。

三路大軍均不順利，幾乎成了第一次天寶戰爭的翻版。

閣羅鳳派兵奇襲唐軍水師，搗毀唐軍造船廠，搶獲全部船隻。唐軍水師屍橫遍野，潰不成軍。

唐軍陸地進攻也受阻於南詔的精銳部隊，主帥李宓親自上陣，仍不能破關。這時吐蕃軍隊馳援南詔，出其不意抄唐軍後路，唐軍「流血成川，積屍壅水」，主帥李宓沉江，7萬唐兵覆沒。

從南面進攻南詔的唐軍，經過激烈苦戰，突破關隘天險，直逼太和城下。但太和城的南詔軍隊以逸待勞，利用強弩藥箭殲滅了這支已經實現戰略目標、但也筋疲力盡的唐軍。

戰爭過後，閣羅鳳將唐軍陣亡將士的遺骸建成一座「大唐天寶戰士冢」，即習稱的「萬人冢」，歲時祝祭。他說：「生雖禍之始，死乃怨之終，豈顧前非而亡大禮。」閣羅鳳以全勝之軍，為唐軍將士裹屍收兵，「祭而葬之，以存恩舊」，並令人撰文，勒石刻碑以訴衷情，是極有政治遠見的明君之舉。

閣羅鳳在太和城（今大理）立了一個石碑，敘述事件始末，表示叛唐出於不得已。他對臣屬說：南詔後世可能又歸唐，當指碑給唐使者看，明白我的本心。

　　這個石碑稱「南詔德化碑」，被譽為「雲南第一大碑」，碑文約3800字，目前僅存800餘字。內容列舉了張虔陀的六大罪狀，特別是張虔陀欲立邊功，不時謀劃軍事襲擊南詔，並在人事任用上企圖孤立南詔，並故意加重南詔的賦稅徵收，有明顯的挑釁傾向，目的是激起南詔反抗，挑起雙方戰爭。

　　唐朝由於戰爭結束的第二年爆發了安史之亂，無力再征南詔。後來唐德宗時期，唐朝自我反省：「雲南自漢以來臣屬中國，楊國忠無故擾之使叛」，過在唐而不在南詔。唐貞元十年（794年），唐朝派使持節來冊封閣羅鳳之孫異牟尋（其父鳳伽異早逝）為「南詔王」，距「南詔德化碑」樹立僅隔28年。自此，南詔重歸於唐。

大理古城

　　南詔利用唐軍戰俘及後來的交流,在當地傳播漢人技術文化,並在農業、醫學、軍事、冶煉、政治等方面得到較快發展。透過向外擴張,成為東接貴州、廣西,北抵大渡河,南至越南、緬甸邊界,西部與古代印度為鄰,統治面積近百萬平方公里的強大政權。

大理興衰

在唐朝滅亡前夕，南詔權臣奪位自立，更改國號，南詔滅亡。此後30多年間，王朝幾經更迭，937年白族人段思平建立大理國，都城大理。大理國的疆域和面積都與南詔相仿，政治制度也基本承襲南詔。大理立國300餘年，宋政權曾多次冊封大理首領為王。

大理與北宋僅隔20餘年先後建立。宋軍進入四川，消滅了割據西南的後蜀政權，也就停止了向西南進軍的步伐。大理國遣使持書牒向宋朝表示祝賀，後又向宋朝呈送公文要求通好。

這裡還有一個「宋揮玉斧」的傳說。據《南詔野史》記載，宋將平定四川後，向宋太祖趙匡胤進獻地圖，力主乘勢進兵，攻取雲南。但宋太祖趙匡胤認為唐朝的滅亡是由於南詔的原因，因而不想再與大理國發生關係，便用玉斧在地圖上沿大渡河劃了一條線，說：「此外非吾所有也。」自此300餘年宋朝與大理國一直劃江而治。

客觀來看，宋朝平蜀以後，統一大業並未完成，北有強敵契丹，南有南漢、南唐、吳越諸政權，也不容許它把有限的兵力財力用於降服西南少數民族地區。而大理國建國後，君臣與國民都崇信佛教，以佛立國，以儒治國，不好殺戮，對外無掠地稱霸的野心。雙方均無意擴張疆域，所以始終保持和睦共處的局面。

大理國創始人段思平曾經官拜節度使，也是武將出身。在唐末到宋初那段軍人政權盛行的時代，武將奪取政權極為常見。

段思平借用雲南東部的蠻夷部隊擊敗了剛成立不久的政府軍。為了充分發揮蠻夷部隊的戰鬥力，段思平和他的軍師為士兵們編了一個鼓舞士氣的故事。段思平說，他在睡夢中得到三個夢境：人無首、玉瓶無耳、鏡破，醒來大惑不解。軍師斷定此夢境乃天大吉兆，因為：「君乃丈夫，去首為天；玉瓶去耳為王；鏡破則無對者」。此解一出，軍心大振，攻城略地，一舉擊敗對手。

段思平建立了大理政權後，雲南地區原有的家族勢力仍在。主要格局是兩強對峙：東部滇池地區的高氏家族和西部洱海地區的楊氏家族。其勢力之大，可以同段氏王族分庭抗禮、爭奪權力。

直到有一天，楊氏家族殺了段氏皇帝，自立為帝。高氏家族立即起兵平叛，剿滅楊氏，恢復段家王朝，並藉機將勢力擴展到大理全境。

在權力的誘惑下，高氏也忍不住廢段氏而自立為帝，但雲南諸部反對。其子遵其遺囑，重新將帝位讓與段氏，從而保存了高氏的權勢。

13世紀中葉，在蒙古軍隊征服大理前，大理由高氏兄弟執掌國政，國王段興智大權旁落。

大理立國300多年來從未發生對外戰爭。面對宋、遼、金、西夏與蒙古之間的爭鬥，大理國一直置身事外，不予理會。可現在，蒙古軍隊的威脅就在眼前。

新崛起的蒙古汗國正在發動滅亡南宋的戰爭。如同曾向南宋借道滅亡金國一樣，這一次蒙古又向大理借道進攻南宋。這種迂迴包抄的戰術手段是北方遊牧民族圍獵時慣用的打法。

而此時，大理已經國勢衰微，政權風雨飄搖。

早在公元1216年，成吉思汗就曾召見漢人降將郭寶玉，問攻取中原一統天下之策。回答是：「中原勢大，不可忽也。西南諸藩，勇悍可用，宜先取之，藉以圖金，必得志焉。」於是，成吉思汗在臨終之前，便提出了利用南宋與金之間的世仇，借道宋境，實施戰略大迂迴，從而一舉滅金的戰略決策。這一戰略構想由其後人付諸實施。而據有的文獻資料記載，成吉思汗確曾派遣過一支部隊進攻大理，軍隊到達金沙江邊而還，這應是蒙軍對大理的第一次進攻。

蒙軍對大理的第二次進攻發生在1244年。此時蒙古已滅金，開始實施「先下西南，迂迴夾擊南宋」的大迂迴戰略。避開南宋的長江防線，首先攻取川、滇，然後從後方攻打長江中下游重鎮襄陽。為此，蒙軍在進攻四川的同時，派出另一支部隊，從金沙江上游的麗江進攻大理，企圖繞道雲南直達川南，但未獲成功。

1252年，蒙古大汗蒙哥派他的弟弟忽必烈發動第三次進攻大理。忽必烈為這次軍事行動做了一年多的準備工作，因為這對他來說是個非常重要的任務。

此時忽必烈36歲，而他的父親拖雷和兄長蒙哥都是在20歲左右便擔任了遠征軍的領導任務。忽必烈希望抓住這個展示自己領導才能的機會，奠定其個人在蒙古政權中的地位。

1253年夏末，忽必烈在臨洮（今陝西省西北部）集結軍隊，然後開始向南進軍。出發前，忽必烈派遣了一個由三位使節組成的使團前往大理，要求大理國王投降。

此時大理國王段興智只是一個傀儡，實權掌握在大臣高泰祥（又名高祥）手裡。高拒絕向蒙古軍隊投降，並把三個使者全部處決了。

忽必烈分三路向大理進軍。西路軍沿四川阿壩草原向雲南挺進，忽必烈統領中路軍經大雪山、過大渡河、渡金沙江與西路軍會合，東路軍過大渡河直接進入雲南境內。

羊皮筏子

　　忽必烈的隊伍在11月到達了金沙江。面對滔滔江水（筆者所見10月麗江古城附近的金沙江水平緩且不寬，軍隊渡之應不難），歸附蒙軍的當地酋長獻計用革囊渡江，蒙軍於是利用現成的材料製作了大量皮筏。也就是，將剝下的完整牛皮或羊皮的四肢、肛門等處紮緊，然後充氣作成皮囊，再用多個這樣的皮囊拼紮成皮筏。不習水性的蒙軍就這樣順利渡江，史稱「元跨革囊」。

　　渡江蒙軍迅速擊敗了江對岸驚慌失措的大理軍，迫使高泰祥撤回都城。忽必烈再派使者到大理勸降，高為展示抵抗決心，又殺了使者。

　　忽必烈三路大軍長驅直入，沒有受到太多抵抗就包圍了大理城，其形勢與當年唐軍攻南詔極其相似。只是，大理找不到當初吐蕃這樣的強勁盟友來助一臂之力，蒙軍的攻擊力似乎也更強。

　　大理軍背城出戰，慘遭大敗，蒙古軍隊攻占了大理城。國王段

興智與宰相高泰祥棄城而逃,分別逃至昆明和姚州,但均被抓獲。高泰祥臨刑前感嘆:「段運不回,天使其然,為臣殉首,蓋其分也。」忽必烈認為他是忠臣,對其後代「許以世其官」。後來,高氏子孫有的被封為地方土司,承襲三十多代,直至改土歸流。

　　征服大理各部後,蒙哥令大理國王段興智和其他各部首領繼續統治原屬各部,以鞏固蒙古對雲南的統治。雲南完全收歸中央政權管轄。

馬革征蓮——越南的故事

越南是中國的南方鄰國，但在歷史上有很長時期，尤其是自秦始皇在該地區設置郡縣後的1000多年間，越南屬於中國版圖。五代十國末期，越南開始有獨立政權。北宋以後的近千年間，越南與中國大體維持了穩定的宗藩關係。越南大體經歷了丁朝、（前）黎朝、李朝、陳朝、胡朝、（後）黎朝、阮朝等王朝時期。19世紀，法國入侵越南，並與越南的宗主國清朝發生戰爭，雖未取勝，卻實際控制了越南，直至二戰時期的日本入侵。日本向盟軍投降後越南宣布獨立，但南北分裂，直到1976年越南完成國家的獨立統一。

中越邊境的德天瀑布

以蓮花為國花的越南雖可將當地歷史上溯到4000年前，但「越南」國名僅沿用了200餘年，歷史上長期被稱為「交趾」和「安南」。

　　「交趾」之名來自漢朝（公元前111年）在當地設置的交趾7郡。漢武帝時，國勢強盛，消滅了南方趙氏割據勢力，將趙氏的南越國分置郡縣，後來改成7郡，統稱「交趾」，長官稱「交趾刺史」。三國時期，管轄交趾的孫權將其分為交州3郡和廣州4郡。隋朝滅陳後，重新設置交趾郡。唐朝時，廢交趾郡，其故地歸屬交州。

　　「安南」之名最早來自唐朝於679年在以今越南首都河內為中心所設置的「安南都護府」。南宋時始有「安南國」的稱呼，南宋孝宗於1174年正式下詔「賜國名安南」，封「安南國王」，次年「賜安南國王印」。明朝對該地區恢復直接統治後，1408年正式下詔把「安南」更名為「交趾布政使司」，將該地區設置為中國的一個行省。但後來明廷放棄了用兵平叛、繼續維持對該地區直接統治的政策，1427年宣布廢「交趾布政使司」，仍為「安南國」，承認其獨立。

　　「越南」之名始自清朝。起初清朝沿襲明朝對安南的政策，歷代均冊封該地區首領為「安南國王」。但到越南的阮朝創立時，創建人阮福映向清帝上表請求以「南越」賜封，取代「安南」。

　　嘉慶帝對此很敏感，指示大學士說：「南越」包括的範圍非常廣，歷史上的南越領土涵蓋廣東、廣西等地。阮福映雖然統治安南，實際領土範圍也不過是漢朝交趾故地，怎麼就敢稱「南越」呢？

　　估計是考查後認為阮福映表現還算相當恭順，最後嘉慶於1803年冊封該國為「越南」，理由是阮福映從越裳之地起家，後占領安南全境，理應越字在前，南字居後，而且從地理位置看，該

國又位於百越之南。故「天朝褒賜國號，著用『越南』二字，以『越』字冠其上，仍其先世疆域；以『南』字列於下，表其新賜藩封；且在百越之南。」此後「安南國」改為「越南國」，其首領被冊封為「越南國王」。此舉使清越雙方皆大歡喜，「越南」之名，沿用至今。

統一版圖

上溯其源，越南的主體民族越族是古代中國南方百越人的一支。古代越人有許多分支，春秋戰國時期，越人大致分五部分，多在今中國境內，主要分佈大體是：東越在浙江，閩越在福建，南越在廣東，西越在廣西，雒越在越南。

秦始皇統一六國後，公元前214年派大軍越過嶺南，征服了百越之地，設立了桂林郡、南海郡、象郡三個郡，其中越南北部歸屬於象郡管理。為開發當地，秦始皇曾經遷徙內地50萬人「戍五嶺」，與越人雜居，當地民族融合因大量移民而加快。秦朝末年，天下大亂，秦朝的南方大吏（南海尉）趙佗割據自立（公元前203年），以今廣州為中心，建立了南越國，自稱「南越武王」（後改稱「南越武帝」），越南北部成為南越國的一部分。

漢武帝北討匈奴，南滅南越（公元前111年），僅在越南北部地方就設立交趾、九真、日南3郡，對該地實施直接的行政管理。但漢朝在當地的管理基本上是依俗而治，郡守、縣令的統治很鬆，基層政權仍掌握在雒王、雒將、雒侯手裡，共同統治雒越之民。但雒王、雒將、雒侯中有不少蠻夷首領驕縱不法，不遵王化，忽視漢朝法律，而漢朝地方官也未必重視民族政策，甚至貪汙腐敗，終於在東漢初年釀成漢朝中央政權對交趾起義軍的戰爭。

漢光武帝時期，交趾太守處死了一名雒將（詩索），理由是「殘害百姓、對抗中央」。該雒將的妻子徵側和徵側的妹妹徵貳以此為藉口發動起義，自立為王，史稱「二徵起義」。起義軍擊敗漢朝駐軍，取得65座城，並向北進攻嶺南地區，漢朝震動。

光武帝下令平叛，拜名將馬援為伏波將軍，率軍2萬，討伐二徵。馬援率軍分水陸兩路，沿海岸而進，隨山開道千餘裡，大破二徵，斬殺數千，招降萬餘。二徵率部潰逃，馬援乘勝追擊，屢戰屢勝，最後將二徵殘部逼入洞穴之中，封鎖洞口將其圍殲。馬援軍擒得二徵後，當陣斬殺，傳首洛陽。餘眾散亡，嶺南悉定，交趾遂平。

漢將馬援一方面以強大的軍力壓制叛亂分子，一面施行仁政，中央軍所過之處，修城牆，挖水渠，造福當地百姓，深得民心。馬援曾明志道：「男兒要當死於邊野，以馬革裹屍還葬耳。」後來他以62歲高齡帶兵赴湖南征討蠻夷，病死軍中，應了「馬革裹屍」的誓言。

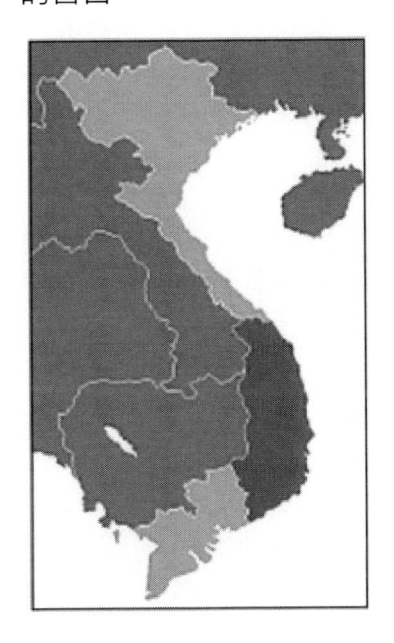

占婆國大體位置與版圖

東漢後期，越南中部脫離漢朝自立。當時生活在越南中部的主流居民是以打魚為生的占族人，這個民族與越南北部人有所不同，他們深眼窩，高鼻樑，黑捲髮，善航海。語言屬馬來亞-波利尼西亞語系，信仰婆羅門教和佛教。漢順帝時期（137年），占族人（區連）殺死漢朝的地方官，從東漢獨立，占據了越南中部，建立了以婆羅門教為國教的占婆國（占城國），與東漢以順化為界。

占婆國後來發展成為擁有200多萬人口的中等國家，國家持續時間長達1800年。該國東臨大海，因此威脅主要來自西部和南部的真臘國（主要在今柬埔寨）和北方的安南國（主要是黎朝、陳朝、胡朝）。占婆國一度被真臘所滅，後來雖復國，但又長期受到北方安南國的多次進攻。安南各王朝吸收和採用了中國先進的政治、經濟和文化制度，國力遠比占婆國強大。在多次軍事打擊下，占婆國最終被安南吞併。

唐朝時期，越南北部一度被地處雲貴的唐朝原屬國南詔吞併，唐朝曾與南詔對該地展開激烈的爭奪戰。唐朝一度因喪失轄境撤銷了安南都護府的建制，但不久又予以恢復。

本來該地區是唐朝版圖的一部分，唐朝在越南北部有6000駐軍，後來唐朝的安南都護（李涿）罷除該駐軍，委託當地部隊擔當防務。此時南詔正在崛起，並與唐朝關係出現裂痕。南詔拓東節度使見唐朝在安南撤軍，乘機寫信以高官厚祿引誘當地部隊首領，又透過聯姻將其招降。唐朝與南詔的關係徹底破裂後，南詔進軍安南，唐朝安南都護（李鄠）逃奔廣西，安南失守。

第二年唐朝大軍收復安南。但南詔利用距離近的地利之便，趁唐朝撤軍之際，出兵5萬進逼安南。唐朝守將蔡襲告急，朝廷調南方部隊6000人援救。但山高路遠，援兵尚未到達，南詔軍已將唐

军团团围住。两个月后南诏兵破城而入，蔡袭徒步力鬥，身中10箭，本想乘船撤離，但船已離岸，蔡袭遂一躍入海，以死報國。手下將士400餘人逃至水邊，有人（元惟德）說：我們沒有船，入水也是死，不如返回與蠻子拼了。眾將士殺回交趾城東，殲敵2000餘人。入夜，南詔大軍趕到，唐軍全部戰死，安南再度陷落。

唐懿宗時期，唐朝將軍高駢（pián）出任安南都護，屯兵海門（今越南海防北），日夜操練，以圖進取安南。監軍李維周與高駢有矛盾，屢次催促高駢進軍，高駢無奈，率兵5000先行進軍，約好李維周隨後發兵接應。但高啟行後，李卻擁兵不進。高率軍搶獲大批軍糧而歸。後來高駢軍屢次擊敗南詔軍。高駢向朝廷奏捷，李維周卻壓下不報。唐懿宗數月不得音訊，感到奇怪，傳詔問李維周。李上奏謊稱高與南詔軍周旋，不敢進兵。懿宗大怒，下令撤換高駢。而高駢此時已乘勝大破南詔兵，圍攻交趾城。城中孤危，旦夕可下。高駢聞知皇帝責怪，立派親信駕船報捷。懿宗瞭解真實情況後大喜，加封高駢，令其繼續鎮守安南。高駢最終親自督兵攻城，攻占交趾，斬殺南詔兵3萬餘，1.7萬人歸附。至此將近10年的安南邊患得到安定。唐朝重新在安南置軍，封高駢為靜海節度使。

到了唐朝末年，該地區有個叫曲承裕的地方豪強受唐朝冊封靜海節度使之職，後來他的孫子（曲承美）承襲該職，由取代唐朝的後樑政權冊封，統治越南北部的交州地區。但此時以廣州為中心的南漢政權實力日強，南漢不滿曲氏向後樑臣服而不受南漢管轄，出兵交州，俘虜曲承美，後又對其赦免。

曲氏部將楊廷藝重新奪回了交州，但憚於南漢實力強大，主動向南漢稱臣。南漢見收復交州不易，就順水推舟，任命楊為節度使。但6年後，楊被部將所殺。為替楊報仇並奪回交州，楊的女婿兼部將吳權登上歷史舞臺，拉開了越南獨立的序幕。

獨立建國

對於古代越南何時獨立，史界主要有兩種觀點：一是以吳權不再臣服南漢、自立為王為起點；一是以丁部領建立大瞿越國為表示。前者雖使越南北部脫離首都設在廣州的南漢政權而獨立，但是並未建立國號與使用年號，後者則建立了顯著的獨立國家，因此似以後者為起點應該更符合獨立國家特徵。

自907年朱溫滅唐建立後梁，至960年趙匡胤建立北宋，這半個多世紀是中國政權割據的混亂時代，史稱「五代十國」。而代表正統的中央政權的五個朝代均只能實際控制黃河流域，對南方各政權鞭長莫及，以廣州為中心的南漢政權也因此延續了較長時間。

南漢君主心高氣傲，本為唐朝末年的清海節度使，向取代唐朝的後梁請求加封「南越王」被拒後，怒稱「今中國紛紛，孰為天子！」隨後與中原政權斷絕臣屬關係，不再進貢，並在幾年後稱帝建南漢，「呼中國帝王為洛州刺史」。[1]

南漢憑藉較為強大的軍事實力迫使越南北部的交州臣服，但一個叫吳權的交州大將起兵爭奪交州政權。南漢政權認為正可趁機以援助為名實際控制交州，於是遣大軍進至白藤江（林江）。吳權軍在南漢軍抵達之前已經消滅了原交州政權，並先期到達白藤江，全力對付南漢軍。吳權利用白藤江附近高山密林的地形，部署了一場伏擊戰。

在戰役打響前，吳權仔細分析了雙方的力量對比，認為南漢軍隊數量多，並擁有眾多大型戰艦，正面水戰占有優勢。但南漢孤軍深入，且內應勢力已被消滅，一旦遭遇伏擊，軍心必定潰散。因此，吳權自信地說：「吾眾以力待疲，取之必矣！」

為最大限度消滅敵人有生力量，吳權命人在白藤江中密布木

椿，頂端包上鋒利鐵皮。同時利用當地豐富的植物資源製造大量弓箭。這些準備工作在後來的戰鬥中顯示出巨大的功效，並且開創了後世越南人對付北方軍隊的慣用招數。

戰役開始時，吳權軍以輕舟挑戰，南漢大軍壓上，戰艦直入白藤江內河。由於地處白藤江入海口附近，正是漲潮之時，吳權軍布在江中的木椿都被水淹沒，戰艦均輕鬆駛過，不覺有異。

落潮之時，吳權下令反攻，埋伏在兩側密林中的士兵箭如雨下，一路緊追不捨的南漢軍發現中計，迅速撤退。但此時江中木椿因退潮都露出水面，許多南漢戰船被鐵頭木椿撞破沉沒，士卒死傷過半。

正如吳權事先預料，在遭受伏擊的時候，南漢軍心瞬間崩潰，作為軍隊統帥的太子也戰死沙場，南漢君主痛哭不已。戰前，曾有謀士建議說：吳權狡黠，海道險遠，不可輕敵。一定要多用鄉導，徐徐進兵，才是上策。可惜南漢君主未聽此建議，驕兵輕敵，終有此敗。

吳權獲得白藤江戰役的勝利後，於939年脫離南漢政權而獨立，史稱「吳朝」。但是吳權稱王僅5年即亡，並未建立國號與使用年號，其實際統治地區僅為越南北部的部分地區，很多人並不認為他建立了獨立的封建國家。

吳權死後，越南北部政權割據，史稱「十二使君之亂」。此時一個能人的出現結束了「十二使君」的混戰局面。這個人叫丁部領，出身宦門世家，趁各地混戰在家鄉起兵，割據一方。此後20多年間，丁部領運用謀略，與「十二使君」周旋，或認父，或聯姻，或懷柔，或用兵，最終掃平群雄，兼併了「十二使君」。

968年，丁部領創建丁朝，自稱「大勝明皇帝」，國號大瞿越。仿照中國皇帝起宮殿，制朝儀，設六軍，置百官，擺脫中國政

權獨立建國。兩年後開始使用年號「太平」，並遣使與宋結好。此時北宋已立朝十年，國力蒸蒸日上，版圖不斷擴張。971年北宋出兵滅南漢，消除了丁朝的重要威脅，丁部領再次遣使與宋通好。

975年，丁部領遣使帶方物向北宋朝貢，請求宋太祖冊封，表示願為宋朝藩屬。宋太祖冊封其為交趾郡王，自此中國皇帝正式承認越南是自治的藩屬國，而不再是直接管理的中國本土。

有了宋朝的承認和支持，丁朝的合法性大大提高，江山穩固。丁部領封了5個皇后，盡情享樂；還養了幾隻老虎，並在朝廷上架上大鍋，有不聽話的就餵虎或煮殺，在國內施以酷刑。丁部領長子能征善戰，在其統一交趾過程中戰功卓著，類似秦王李世民，卻因丁部領晚年喜愛幼子而被廢掉太子位。這一廢長立幼的舉動更加劇了丁部領與長子及身邊人的矛盾與怨恨。

一天，丁部領夜宴大醉。有個宮廷官吏趁機殺了丁部領及其長子。官兵搜捕兇手，這個兇手就藏在宮廷內潛伏了三天。時值天下大雨，兇手渴極了，出來用手接雨水喝，被宮女看到，覺得很奇怪，就報告給官兵，兇手被捉住後碎骨做成肉醬。

丁部領死後被稱為「丁先皇」。後世史學家對其評價相當高。越南歷史學家稱其「過人之才明，蓋世之勇略」（黎文休語）[2]，「建立起自主國家是一項極其英勇但又無比艱難的奇偉戰功」（阮明筏語）[3]。西方學者認為「丁部領統治的主要功績是為越南的自主封建王朝打下了獨立的外交基礎和全民兵役制」[4]。

宋朝用兵

丁朝前後僅延續12年，一個權臣的出現使交趾地區改朝換代。這個權臣叫黎桓。他本是廣西人，到越南後進入軍旅，智勇兼

備，受到丁部領的器重，不斷提升官職，最後總攬軍權。

丁部領死後，黎桓等人擁立丁的6歲小兒子為帝。黎桓以將軍之職代為攝政，自稱「副王」，比照周公。8個月後，模仿宋朝開國皇帝趙匡胤演繹一出越南版「陳橋兵變」，黃袍加身，篡了帝位。

黎桓攝政之初因權力過大，一些丁朝重臣認為危及皇權，聯合起兵反黎。黎桓挾幼帝及皇太后號令天下，稱「臣居攝副，死生禍變，當任其責」，率水陸大軍與叛軍激戰，大獲全勝，將政治對手消滅殆盡。幼帝及皇太后也被軟禁在後宮。

此時皇太后及幼帝面對聲望日隆的黎桓如芒刺在背，戰戰兢兢。東漢末年漢獻帝見曹操也是這種感覺，才有了幾次密詔託人聯繫外面的劉備等人反曹之舉。丁氏母子同樣採取了借助外力的做法，將自身的困境報告給了宋朝，想為抗衡黎桓找個後臺。

宋朝早已得知交趾內亂。宋朝邕州（今南寧）地方官侯仁寶上奏給宋太宗說：交趾郡王父子已經都被殺，其國垂亡，可趁機用一支非主力部隊收復該地，此時不取，機不再來。宋太宗得知情況很高興，因為此時北宋剛剛在收復幽雲十六州的戰役中敗於契丹，需要一場勝仗提振士氣。

於是，宋太宗想召侯仁寶到開封面談。但當朝宰相（盧多遜）並不想讓侯贏得這場勝利，因為侯是自己政治對手（趙普）的人（《資治通鑑後編》）。宰相就對皇帝說：天亡安南，我們只需派3萬人的軍隊就能摧枯拉朽，但是要以迅雷不及掩耳之勢襲擊才行，如果召見侯仁寶，時間一長，消息傳出去，安南有備，勝負就很難說了。

宋太宗覺得有道理，不再面談籌劃，直接任命侯仁寶為軍隊統帥，出兵安南。理由是丁朝一直殷勤進貢，對宋朝恭順，而今丁部

領父子蒙難，丁氏政權不保，宋朝作為宗主國不能坐視不管。

丁氏母子本擔心宋朝未必肯救，不料宋軍出兵神速，僅數月即大軍壓境，出乎意外，反倒心生膽怯，討好黎桓授其全權處理戰事，稱「舍此公其誰？」[5]

丁朝軍隊集結後，黎桓手下將領提出，當今主上幼弱，大家在戰場拚命也無法論功行賞，不如擁立黎桓為帝，然後再出征。眾軍士「鹹呼萬歲」，丁氏母子不得不從，於是黎桓取得了安南的最高統治權，黎朝取代了丁朝。

黎桓為爭取時間遣使奉表入貢，宋朝判斷其「欲緩王師」，加快了進攻步伐。戰爭初期宋朝水陸兩軍均大敗黎軍，斬首三千餘級，獲戰艦二百艘。這使宋軍產生輕敵思想。

黎桓利用了宋軍這一心理，採用詐降欺敵，侯仁寶率宋朝陸軍孤軍深入，遭到圍殲，侯亦被殺。黎桓又運用吳權對付南漢水師的辦法，先以輕舟誘敵，再用弓箭伏擊，運用落潮水中木樁阻攔宋船，黎桓親自率軍掩殺，大破宋朝水軍。

安南瘴癘也對宋軍危害很大，也就是炎熱潮濕，傷寒、瘧疾盛行，來自北方的宋軍有大量非戰鬥減員，無力發動再次進攻。宋太宗只好下詔班師。

黎桓雖敗，為求江山穩固，還是多次遣使至北宋京師進貢方物，上表謝罪，請求冊封。宋太宗為對付遼、夏，穩住南方，封黎桓為交趾郡王。雙方明確了宗藩關係。

後來黎桓屢次向南擴張，侵略占城，炫耀武力。但其死後，政權又陷入諸子奪嫡的混亂局面，將領李公蘊趁機篡奪王位，建立李朝。黎朝共歷29年，與丁朝一樣是短命王朝，卻鞏固了安南的獨立地位。

李朝開國時，沿用丁、黎兩朝的國號「大瞿越」，李朝第三代

皇帝李聖宗1054年改國號為「大越」。宋朝封李朝前半期的君主為「交趾郡王」，此一時期越南被稱為「交趾國」；李朝第六代皇帝李英宗時（1138年），獲南宋改封為「安南國王」，從此被稱為「安南」。

李朝開國君主李公蘊（李太祖）雖是越南人（祖籍福建），但仰慕儒家文化，處處模仿中原。李朝的制度、文化、風俗幾乎與中原完全一致，其中原化程度甚至高於地處雲貴高原的大理國。

李公蘊認為丁、黎兩代的舊國都（華閭）地方狹窄，不適合作為帝都，認為應該承襲中國古代商周兩代搬遷國都的先例，於是遷都到居於交趾中心地域、地勢較高而險要、氣候乾爽、面積寬闊、交通與居住也很便利的大羅城（今河內），改名「升龍城」，並修建宮殿、府庫、城隍、城牆、寺廟等等設施，為河內作為越南首都奠定了基礎。

李朝歷經九代君主，凡217年。越南歷史學者認為李朝「為民族和獨立封建國家的發展打下了全面的牢固的基礎。」[6]由於文明程度迅速提高，李朝國力也大大增強，不但可以向南擴張，還一度侵擾宋朝，向北打到中國廣西南寧。

這次慘烈的戰爭發生在王安石變法的宋神宗時期，歷時兩年。由於李朝軍隊屠城和軍中疫情擴散，北宋軍民死亡至少20餘萬。最終北宋調動10萬軍隊擊退了李朝的10萬軍隊，並攻入越境，李朝請和。

戰爭的直接起因，一般認為與王安石的富國強兵政策有關。蘇軾曾說：「熙寧以來，王安石用事，始求邊功……結怨安南。」越南史書多認為當時宋朝地方官在廣西大造戰船和募兵，是在執行宰相王安石企圖武力收復交趾的政策。

能證明這種猜測的證據，一是有宋朝人給李朝提供關於宋朝準

備攻越的情報，二是宋朝地方關閉了與李朝的邊境貿易。

史書記載[7]：宋朝有個叫徐伯祥（徐百祥）的嶺南進士，屢舉不中第，但他人脈較廣，透過關係私下給交趾國王寫信，意思是我們都是福建老鄉，我的才略不在人後，卻不受宋朝重用，所以願意投奔大王。現在中國將要發大軍滅交趾，交趾不如先出兵攻宋，我願意為內應。據說這份情報和說辭被李朝採納了。

歷史上中原政權往往以關閉邊境貿易懲罰周邊經濟較落後的政權，也常常引發這些政權的軍事進攻。此前宋朝曾要求李朝停止對南方占婆國的侵略，李朝沒有理會。此時北宋停止宋越貿易，李朝認為是宋朝懲罰自己的信號，而且很可能是軍事打擊的前奏，於是李朝決定「先發制人」，入寇宋境。

1075年11月（熙寧七年），李朝國防部長（太尉），也是越南歷史上最有名的大將李常傑率軍進攻宋朝。為師出有名，李軍四處張榜稱：宋朝作青苗、助役之法，窮困生民，今出兵欲相拯救。

李軍在三個月內連破宋朝欽、廉二州，殺8000餘人，而後合圍南寧（邕州）。省長（邕州知府）蘇緘率眾堅守。當時南寧兵力僅2800人，後經募兵，勉強有4000多人。蘇緘率南寧軍民在孤立無援的情況下，給李軍造成很大傷亡，殺傷李軍1萬5千餘人和大量戰象。

越南史料記載：蘇緘固守城池，宋軍頑強抵抗。李軍用雲梯攻城，宋軍以火炬燒雲梯，並以毒箭射殺李軍大量人馬，死者相枕。李軍用南方特有的象軍進攻，宋軍用神臂弓遠距離射擊，象軍損失慘重。李軍攻城四十餘日不能下。

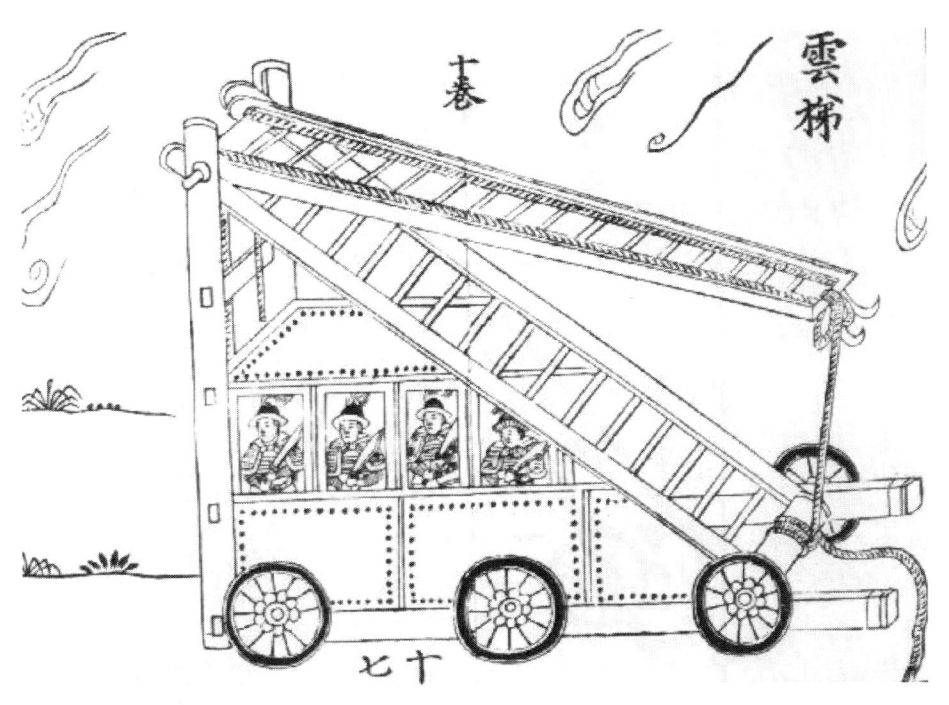

宋代雲梯

　　圍城期間，李軍擊敗了宋朝援軍，並向投降的宋朝援軍詢問攻城之道。降兵建議堆積土囊登城，李軍採用此法終於攻陷南寧。當時南寧城已糧盡泉涸，疾病蔓延，守城軍民枕藉以死，但無一叛者。城破之後，蘇緘先令其家屬30餘人自殺，然後他本人也縱火自焚。李軍因為蘇緘率領城內軍民拚死抵抗使其損失慘重，破城後大開殺戒，殺城內軍民5萬8千餘，每百人一堆，共聚580餘堆。

　　李軍在宋境內的橫行震驚了宋廷。宋神宗一方面罷免在李朝邊境整軍經武的宋朝官員，理由是「相繼生事」，令交趾「疑懼為變」；另一方面調發北方禁軍，會同當地募兵，決心武力懲越。

　　李軍聽說宋朝中央軍前來，改變攻取桂林的方案，開始後撤。宋軍分兵追擊並收復欽、廉二州，並大規模進入李朝境內。李軍列象陣阻擊，宋軍持強弩猛射，以長刀砍象鼻，戰象受驚向後回奔，

李軍潰退。宋軍乘勝追擊，直抵富良江（今紅河），兩軍決戰。

由於李軍接連戰敗，士氣低落，統帥李常傑擔心軍隊無心戀戰，作了一首很有名的詩《南國山河》，偽稱神仙所作，使軍隊聞之而重拾戰意，恢復鬥志。詩云：

南國山河南帝居，

截然定分在天書。

如何逆虜來侵犯？

汝等行看取敗虛。

針對李軍有400餘艘戰船在江南阻住水路，宋軍無法渡河強攻，宋軍伐木製造很多發石機，同時暗遣軍隊在山間設伏。然後在陣前逐步減兵，示弱誘敵。

李常傑中計，數萬軍隊傾城出動，渡江出擊。宋軍伏兵盡發，步騎合擊，陸上發石機齊動，水師乘大筏猛攻，李軍戰船摧檣折帆，大敗而歸。此役李軍死數千，李朝太子和王子戰死，多名大將被俘。

李朝在富良江戰敗後奉表求和。其時宋軍疫病流行，死者大半。宋朝同意講和撤兵。此後兩國邊境近200年未再起大的爭端，文化交流日益頻繁。此外，在李朝的請求下，宋朝（1081年）放棄廣源州（今越南廣淵州）等地區，將其賜予李朝，李朝歸還俘獲的宋朝軍民作為回報。王安石則在此役後正式罷相，再不復出。

蒙古三征

李朝到了後期，國運衰落，君主多病且無子，而後戚集團陳氏家族漸漸成為權力中心。機會一到，就透過「禪讓」的形式奪取了

李家的政權，1225年建立了陳朝。

此時的北方，正是蒙古人席捲中原的時期。1252年，蒙古大汗蒙哥派皇弟忽必烈發動第三次、也是最後一次對大理的進攻。征服雲貴地區後，蒙古已經完成對南宋南北夾擊的預定戰略部署。

忽必烈在謀劃消滅南宋的同時，讓大將兀良哈臺收服與雲南接壤的安南。兀良哈臺是蒙古開國名將速不臺之子，父子二人都在蒙古西征的戰爭中聲名遠揚。兀良哈臺坐鎮昆明，派出使臣令安南歸降。

陳朝不降，並將蒙古使者送進大牢。兀良哈臺大怒，率軍討陳，在紅河邊與陳朝軍隊展開廝殺。

蒙軍採用其一貫的迂迴戰術，先切斷陳軍水陸退路，再發動前後夾擊，陳軍的紅河防線頓時土崩瓦解。御駕親征的陳朝君主搶了一條船逃走，效仿宋高宗避金兵，駕舟浮於海上。蒙軍長驅直入，進占陳朝國都，發現兩個使者裡有一個已經死在獄中，便縱兵屠城作為報復。

此時陳朝大將陳國峻率部勤王，對蒙軍退路構成威脅。陳國峻又名陳峻，因其興邦復國的大功被封為興道王，後世尊稱他為陳興道，在越南歷史上是與李常傑齊名的將領，甚至是更受人景仰的民族英雄，因為他領導安南軍民擊退了蒙古軍隊的三次入侵，在蒙古人的對外擴張浪潮中引人注目，也極大激發了越南人的民族自豪感，因此他被視為越南歷史上的民族英雄。

由於陳興道等部的騷擾，以及蒙軍對炎熱潮濕的天氣很不適應，兀良哈臺下令班師回雲南。蒙軍第一次征安南未能使其降服。但陳朝已領教了蒙古軍隊的強大戰鬥力，清楚雙方實力對比，於是向蒙古遣使謝罪，願降為臣屬。忽必烈考慮到南宋未滅，征服安南並不急迫，也就接受了陳朝的求和。

蒙古第二次征伐安南發生在元朝建立後。元世祖忽必烈認為安南並未受到元朝的實質控制，就命令鎮守雲南的皇子（鎮南王脫歡）率軍出師安南，假意要借道安南，支援攻打占城的元軍。陳朝識破元朝的「假途滅虢」之計，告知元軍，寧願出糧助餉，但拒絕元軍入境。

1284年，元軍分六路侵入安南。陳興道在各處險隘設守抵抗，消磨元軍銳氣。次年正月元軍進抵紅河。安南軍早已在紅河佈陣，準備與元軍決戰。但還是沒有抵擋住元軍的進攻，一路潰敗。

在元軍直逼首都的緊急關頭，文武雙全的陳興道寫下名篇《檄將士文》，連續列舉了中國歷史（可見受中原文化熏陶之深）多位忠臣義士的壯舉，大大激發了將士們的愛國熱情和抗敵決心。然後，陳興道針對元軍急於速戰速決的特點，制定了打游擊戰的方案，敵駐我擾，以拖待變，「如圍棋然，隨時制宜」。

元軍對安南堅決抵抗的態度大為惱怒，焚燬都城王宮，處死安南俘虜，窮追陳朝君臣，同時要求占城的元軍北上夾攻。但從占城北進的元軍由於受到安南軍的沿途阻截，無法與主力元軍會師，主力元軍在安南軍民堅壁清野的戰術下也缺少糧草。更糟糕的是，在安南進入雨季後，元軍不耐瘴癘，軍中疫病叢生。無奈之下，只得撤軍。陳興道趁勢組織反攻，南北元軍均損失慘重。

蒙軍二征安南的失敗引起忽必烈的高度重視，他擱置了第三次東征日本的計劃，把人力物力調集到南方，決心消滅安南。1286年，元廷徵調了江淮、湖廣、江西、雲南與海南島等地士兵約10萬人，戰船500艘，仍由鎮南王脫歡為主帥，第三次征討安南。

此次元軍三路攻入安南，步步為營，進展順利，一路斬關奪隘，渡過紅河，再次攻占首都。安南軍採取了堅壁清野、避免決戰的戰術，以小規模的叢林戰騷擾元軍，並伺機切斷元軍糧道。元軍

欲戰不能，欲守缺糧。海陸糧道經常被切斷或襲擾，又無法運用以前慣用的「因糧於敵」，元軍只好各路人馬分道撤回。

陳興道同樣運用吳權發明的「水中植樁」之法，圍堵了元朝水師400餘艘戰船，將其當成活靶，亂箭齊發，元全軍覆沒。元軍指揮官（烏馬兒）被倒吊在海裡，活活溺死。元朝陸軍也遭到伏擊，損失十之六七，統帥脫歡倉皇從小路逃跑，腳上中了毒箭，逃回廣西後被貶到揚州，終身不準入覲。

安南雖然再獲大勝，但也明白自己與元朝的實力相差太過懸殊，於是再度遣使上表，送還俘虜，並獻上安南王的金制跪像，謝罪乞和。忽必烈後來又調集大軍，準備四征安南，但隨即去世，繼位的元成宗鐵穆耳下詔罷征安南，元朝和安南關係才算穩定。終元之世，安南一直向元朝稱臣納貢，但也保住了自己的政治獨立。

明收安南

陳朝傳12世，共歷175年，被胡朝所替。據越南史書記載，與李、陳兩朝開國君主均為福建人之後不同，胡朝開國君主胡季犛（lí）為浙江人之後[8]。

胡季犛原名黎季犛，是陳朝末期的權臣。1400年，滅陳朝自立為皇帝，改國號為大虞，自己也改名胡一元。由於受到眾多陳朝遺臣的強烈反對，篡位當年，胡一元不得不傳位給了有陳朝皇室血統的次子胡漢蒼，自稱太上皇。

胡一元為避免長子胡元澄（又稱胡澄）因其傳位次子鬧情緒，引發內部矛盾，曾寫詩告誡要和睦：

天也覆，地也載，

兄弟二人如何不相愛？

嗚呼哀哉兮歌慷慨！

後來胡元澄曾奉命率軍殺死明朝護送回安南的陳朝宗室陳天平，引發明朝武力討伐，胡朝因此滅亡。胡元澄被俘後歸降明朝，改名黎澄，在明朝工部任職，因擅長火器，被明代軍士奉為「火器之神」。

為取得中原政權的諒解，胡一元自稱是帝舜的後裔，遣使奉表到明朝，詭稱陳氏宗族已絕，作為陳氏外戚，由自己兒子暫時登基理政。

同時，胡朝為預防北方明朝進攻，修築了眾多防禦工事並大舉徵兵、造船、造槍彈。

當時明朝正值「靖難之役」，建文帝無暇他顧，對胡一元的請示置之不理。明成祖朱棣登基後，胡朝遣使者到南京朝賀並請封。朱棣派使者對安南政治情況詳加考察。明朝使者受胡氏重賄，回來後為胡氏請命。明廷遂冊封胡漢蒼為安南國王。

明成祖朱棣

　　但不久，一個陳朝舊臣突然來到南京，稱胡一元篡位，他的父母家人同時遇害，他當時正在東海領兵作戰，得知變故，逃入深山避禍，後喬裝為商人，輾轉才來到明朝，請求大明出兵主持正義。明成祖朱棣僅命賜其衣食，並未對此事做出表態。

　　巧的是，十幾天後，老撾居然派人送來了陳朝宗室陳天平。陳天平自稱在陳朝被顛覆後曾一度招兵復仇，但被胡一元所敗，從者

四散。陳天平逃匿谷中，轉投老撾。老撾無力相助他復國，遂送其至明朝。

陳天平來到明朝後向朱棣哭訴，稱胡一元篡權的目的是為抗衡大明，而且其橫徵暴斂，酷法淫刑，百姓愁怨，如蹈水火，懇請明朝皇帝伐罪弔民，安撫遠夷。朱棣命賜其府地，月支俸祿，暫住中國。

年底，安南胡漢蒼遣使來朝賀，朱棣特命陳天平參與朝見。安南使臣見到陳天平後都很錯愕，還有人當場下拜，朱棣確信陳天平確為陳朝後人，於是決定幫他復國。

先是下詔向胡漢蒼問罪，命其解釋。胡漢蒼遣使謝罪，表示願意「迎歸天平，以君事之」，「臣亦當率國人逆於境上」。對於胡漢蒼的恭順，朱棣既滿意又疑惑，認為安南政權原來習於變詐，這番表態也許不是誠心誠意的，但本著對遠人布德誠信的考慮，還是予以相信，並封胡漢蒼為順化郡公，以示安撫。

隨後朱棣賜陳天平綺羅紗衣各二襲、鈔一萬貫，告誡他要寬仁待下，悉心防患，又派使臣及官兵五千人護送。

陳天平進入安南境內後，胡漢蒼派人前來迎接，還以牛酒犒勞護送的明軍。明軍派騎兵四處偵察，也未發現可疑之處，一路上都是迎接的安南百姓，於是冒雨前行。

泥濘雨霧之中，突然安南伏兵四出，鼓噪之聲，震動山谷，將明軍全部包圍。隨後有安南勁卒突入隊中，並不與明軍交戰，只是將陳天平擄走。

一名安南將領隔澗遙呼道：「遠夷不敢抗大國，犯王師，緣天平實疏遠小人，非陳氏親屬，而敢肆其巧偽，以惑聖聽，勞師旅，死有餘責，今幸而殺之，以謝天子，吾王即當上表待罪，天兵遠臨，小國貧乏，不足以久淹從者。」

有明朝官員因職責所在，義不偷生，中伏後眾寡懸殊無法反擊而自盡，餘眾引兵而還。陳天平之死，一說當陣斬殺，一說胡朝將其押回審訊後，認定其為陳朝貴族的家奴冒充後裔而予以凌遲。

朱棣聞訊大怒：「蕞爾小醜，罪惡滔天，猶敢潛伏奸謀，肆毒如此，朕推誠容納，乃為所欺，此而不誅，兵則奚用？」隨後朱棣委命其倚之甚重的頭號戰將朱能為統帥，當年（1406年）出兵安南。

大軍出發前，朱棣特頒諭旨，說明此次出征「惟黎氏父子及其同惡在必獲，其脅從及無辜者必釋，罪人既得，即擇陳氏子孫之賢者立之，使撫治一方，然後還師，告成宗廟，揚功名於無窮。」

然而不到3個月，37歲的南征軍統帥朱能突然病逝。因朱能「勇決得士心」，不但朱棣悲痛無比，軍中也一片哀哭。

然遠征之舉不可廢，年僅31歲的右將軍張輔臨危受命，主動承擔起指揮全軍的重任。張輔為「靖難」名將張玉之子，少年老成。一入安南境內，先采攻心之策，命人將胡一元父子的二十條罪狀寫成榜文，刻於木牌上，順流放下，安南軍民見到榜文後，人心離散。

明軍兵分兩路，斬關而進，勇往直前，大敗胡軍。胡氏父子料不到明軍進展竟如此神速，傾全國之兵號稱二百餘萬，伐木築寨，綿延九百餘裡，又沿江置木椿，徵發國內所有船隻，排列在椿內，所有江口，概置橫木，嚴防明軍攻擊。

張輔大軍進至多邦城下，胡氏父子則厚集兵力於多邦城內，據險抵抗。多邦城堅固高峻，城下設有重濠，濠內密置竹刺。張輔下令趁夜攻城，明軍萬炬齊明，勢如破竹，攻入城中。

安南兵拚死拒戰，驅象出陣，明軍受挫。戰象體型巨大，不避弓矢，嚇退戰馬，踩踏敵兵，安南兵還可騎於象背，居高臨下射箭

進攻。

　　針對象軍特點，張輔採取三項反制措施：一是令明軍矇住戰馬雙眼，使之看不到龐大的戰象，盡情衝擊；二是以顏料畫獅裹在戰馬和戰車上，嚇唬對方的戰象；三是兩翼大放火器，震懾對方士兵及戰象。

　　明軍用此法後，戰象受驚回奔，安南兵大潰，明軍趁勢掩殺，「斬其帥二人」，盡焚沿江木柵。經過激戰，明軍又克安南東西二都，張輔輯吏民，撫降附，來歸者日以萬計。[9]

　　胡氏父子見敗局已定，焚燬宮室，亡命海中，繼續與明軍為敵。明軍水陸並進，窮追不捨，又斬首三萬七千餘級。胡一元長子胡澄以戰船三百艘來戰，明軍迎頭痛擊，斬首萬級，江水為之赤。

　　幾經追擊，安南殘部全軍覆沒，胡氏父子僅以數舟逃遁，明軍在當地百姓協助下，將胡一元及其長子胡澄、次子胡漢蒼和偽太子胡芮一一擒獲，全部押送京師。

　　至此，明軍出師僅一年，就大獲全勝，消滅了篡位的胡氏政權，得府州四十八、縣一百八十、戶三百十二萬。由於陳朝宗室已被胡朝清理，後繼無人，朱棣改安南為交趾布政使司，分設官吏，改置17府，自此安南正式成了明朝的一個行政區。

　　1408年，張輔大軍剛剛班師，安南地方勢力就起兵叛亂，明朝駐軍鎮壓不力，致使叛亂不斷蔓延。朱棣在張輔支持下堅持武力進討的方針，調發雲南、貴州、四川軍隊共四萬人，再征安南，卻因輕敵遭到慘敗，安南形勢大亂。

　　次年朱棣被迫再度啟用張輔督師，發兵二十萬，要求張輔必須盡快平定安南事態。張輔並不急於前進，而是伐木造舟，招避寇者復業。形勢穩定後，張輔才率大軍進攻。安南亂軍聚集戰船六百餘艘，張輔以水師進攻，乘風縱火，大破其眾，擒其將帥。乘大勝餘

威，水陸並進，屢敗叛軍，次年削平安南各處變亂，向朝廷告捷。

當時明軍北征正遇重大挫折，十萬大軍遭蒙古軍伏擊。朱棣見張輔獲勝，認為安南不足為患，於是召回張輔。1410年，朱棣親征漠北得勝而歸，自稱陳朝後裔的陳季擴趁機派使臣入賀並求封，朱棣授其為交趾布政使。陳季擴見明朝不肯封其為安南國王，遂繼續稱兵作亂。1411年，朱棣命令張輔三征安南。

安南軍民對張輔頗為忌憚，明軍一到，作亂局勢開始發生變化。張輔趁勢展開一系列作戰，在其清醒周密的指揮下，明軍克服各種困難，不斷取得勝利，終於在1414年將陳季擴活捉，與其妻子一起械送京師。至此，安南全部平定。

在明軍的武力鎮壓下，交趾雖然再次平定，但明朝官吏不善於安撫，內部又鉤心鬥角，安南民心不附。後來安南人黎利召集各部起兵反明，迅速形成燎原之勢，明軍多次進剿失敗，損失慘重。

明朝邊將私下與黎利議和，並送黎利使者入朝，請封所謂的陳氏後人陳高為安南國王。明宣宗朱瞻基召集群臣商議，英國公張輔道：「這是黎利詐謀，必不可從，當再益兵討賊，臣誓將元兇首惡，縶獻闕下。」但以楊榮、楊士奇為代表的重臣，看出宣宗已有厭戰之意，皆言交趾荒遠，不如許了黎利，以息兵爭。

宣宗遂決計罷兵，赦免黎利抗命之罪，封陳高為安南國王，罷交趾布政使司。安南重新獲得獨立。陳高作為黎利的傀儡，很快被逼服毒自盡。明英宗正式冊封黎利為安南國王，黎朝也始終奉明朝正朔。

註釋

[1].《舊五代史·僭偽列傳第二》。

[2].[越]吳士連：《大越史記全書·本紀全書》卷之一《丁

紀》。

[3].[越]阮明筏：《丁部領統一祖國的事業》（于向東譯），《中國東南亞研究會通訊》1987年1—4期，第67頁。

[4].Ronald.J.Cima，「Vietnam：A Country Study」，Washington，D.C，Library of Congress，1989.P.14.

[5].郭振鐸、張笑梅：《越南丁、黎朝的興亡》，《黃河科技大學學報》2001第1期。

[6].越南社會科學委員會編著：《越南歷史》，北京人民出版社1977年版，第182-183頁。

[7].《續資治通鑒長編》卷二百七十三。

[8].張秀民：《安南王朝多為華裔創建考》，《印度支那》1989年第3期（總第43期）。

[9].《明史·列傳第四十二》。

山高水麗——朝鮮的故事

中國中央政權的統治曾延伸至朝鮮半島,但這一地區歷史上更多時候是相對獨立的藩屬國,最終則成為獨立的國家。總的說來,該地區的歷史有6大階段:一是箕子朝鮮時期;二是衛滿朝鮮時期;三是高氏高麗(高句麗,三國)時期;四是統一新羅時期;五是王氏高麗時期;六是李氏朝鮮時期。到1910年日本吞併韓國,李氏高麗滅亡。後3個階段政權的領土都不出朝鮮半島。當然這只是一個歷史的粗線條,期間還有作為漢朝的郡縣、元朝的行省等與中國統一的歷史時期。

中朝邊境的長白山天池

東北強權

像其他地區一樣，朝鮮半島最初的人類社會狀態只是一些散居的原始部落。這些土著從何而來，學界尚無定論。後來，一支從中國來的部落帶來了較先進的文明，在中國東北和朝鮮半島北部建立了一個國家，史稱「箕子朝鮮」。

箕子是商紂王的叔叔，是「殷末三賢」之一。他見紂王性情怪僻，暴虐無道，就苦心諫阻，反被囚禁，貶為奴隸。箕子索性割髮裝瘋，每日彈唱《箕子操》曲，以發泄心中悲憤。後來周武王伐紂，滅了商朝，箕子便逃走隱居。

求賢若渴的周武王找到了箕子，懇切請教治國的道理，箕子便將夏禹傳下的「洪範九疇」提供給武王。「洪範九疇」涵蓋了對自然、人身、行為、治國、政綱、天文、曆數、法律、氣候、占卜等人生實踐內容的全部，是君王治理社會政治的經驗總結，在中國思想史上有重要意義，同時也奠定了陰陽五行說的基礎，提供了中國人傳統思維的框架。

武王十分欽佩，就想請箕子出山輔佐其治理國事。箕子早就說過「殷商如果滅亡了，我不會作新王朝的臣僕」，因而不從。武王走後，箕子迅速率領弟子與一批商朝後裔向東方而去，最終到達一個叫做朝鮮的地方，箕子帶領的五千餘人就在那裡定居下來。

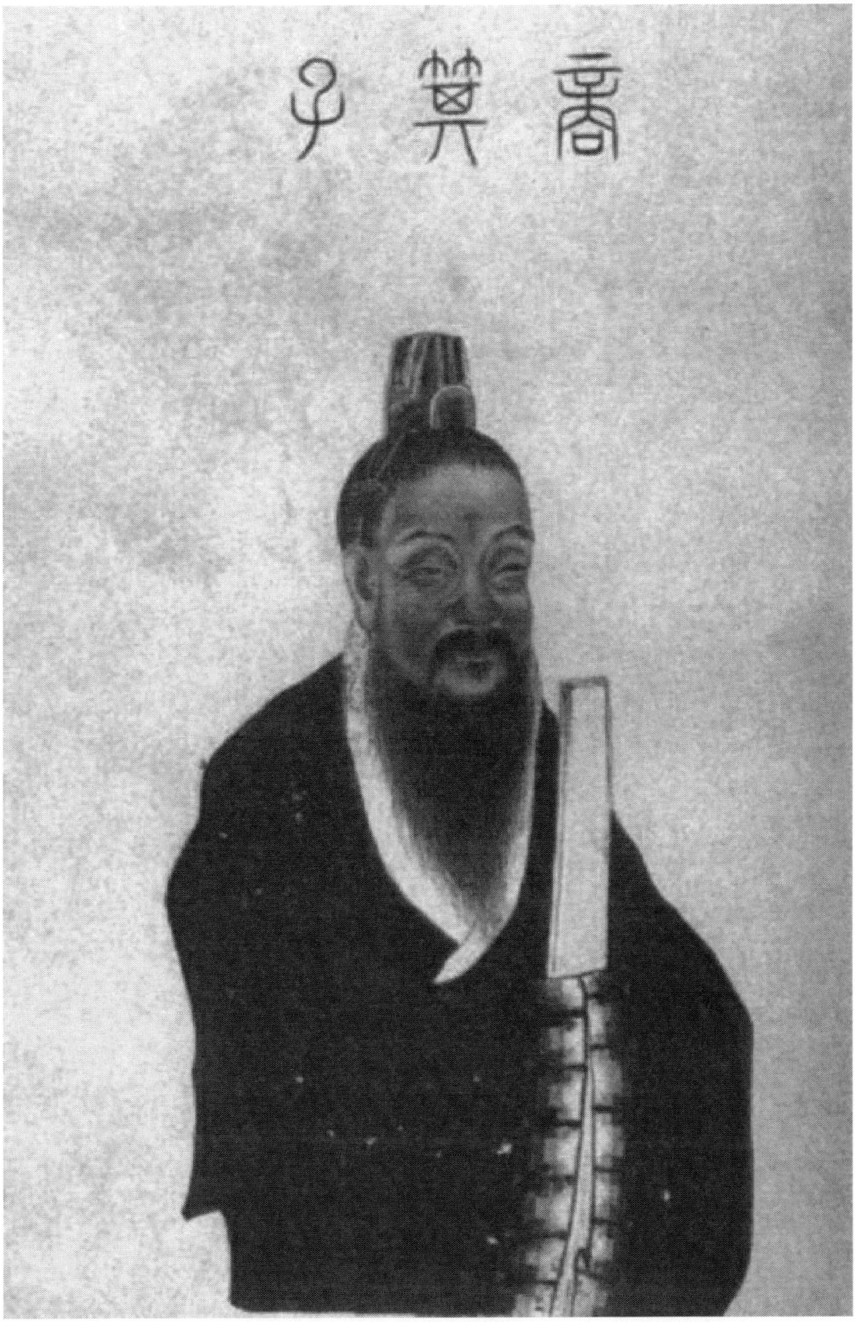
商箕子

箕子

　　相傳箕子到朝鮮後便建築房屋、開墾農田、養蠶織布、燒陶編竹，還施用八種簡單的法律，來防止和解決人們的爭執，並把故國的文化包括圍棋傳播開來。根據《漢書·地理志》記載，箕子還在朝鮮頒布了第一部成文法「箕子八條（《樂浪朝鮮民犯禁八條》）」。

　　後來周武王派人到朝鮮封箕子為朝鮮侯，不把他當臣下看待，並邀請他回鄉探望。這時箕子已經52歲。4年後箕子從朝鮮來朝見周王，經過殷商都城遺址，看見原來的宮室已經殘破不堪，有些地方種上莊稼。箕子作《麥秀歌》，以「狡童」比喻不聽忠告終致亡國的紂王：

麥秀漸漸兮，禾黍油油，

彼狡童兮，不與我好兮。

　　詩歌採用男女戀歌的形式，反映君臣關係，為後世比興手法的淵源，也被稱為是中國第一首文人詩。

　　箕子朝鮮可以說是朝鮮半島文明開化之始，據說今之朝鮮喜愛白色的民俗即商代尚白遺風。以上歷史主要依靠中國和朝鮮的史籍，中國記載箕子開發朝鮮事跡的史籍包括《尚書大傳》、《史記》、《漢書》、《後漢書》、《三國志》等。此外，學者們還從考古、姓氏、神話、民俗等多方面考證其真實性，但尚無充分論據使其完全被各方接受。

　　在「箕子朝鮮」之前，還有「檀君朝鮮」的傳說：早在中原堯舜時代，朝鮮半島就有了像樣的國家，開創者叫「檀君」，建都於平壤，國號「朝鮮」。檀君的後人在箕子來到朝鮮之後，帶著人民南遷，以免和箕子帶來的人造成衝突，其後裔在朝鮮半島南部建立了「三韓」。

但這個傳說似乎不太靠譜，因為這個說法最早來自元朝時期一個高麗和尚的著作《三國遺事》，書中稱此說法來自中國某史籍，但據查中國該史籍並沒有相關內容，學者認為應是偽托杜撰。

箕子朝鮮的歷史延續千餘年，直到被燕國人衛滿所滅。「衛滿朝鮮」（又稱「衛氏朝鮮」）應該是朝鮮半島有考古證實的最早國家。與「箕子朝鮮」一樣，也是中國人在中國東北與朝鮮半島建立的政權。

《史記》記載，西漢初年，燕王盧綰反叛劉邦，投降匈奴，其部下燕將衛滿逃入朝鮮。朝鮮王箕準重用衛滿，封給他方圓百里的地方，令其守護西部邊境。但衛滿利用大量從中原遷移來的流民，壯大自己勢力，後來推翻了箕子朝鮮的政權，在平壤一帶建立衛氏政權。

呂后當權時，衛滿與西漢約定：朝鮮為漢朝藩屬「外臣」，須定期朝見漢朝天子，漢朝則給予衛滿財物上的支援。衛滿利用漢朝的支持征討鄰近小國，將領地擴大到方圓幾千里。

衛滿傳國三代，至孫子右渠王。漢武帝時期，為防禦匈奴，漢朝加強了北方邊郡的守衛。漢朝使者與右渠王關係緊張，被右渠王殺死。漢武帝發兵從海陸兩路進攻朝鮮，未勝，再派兵。元封三年（公元前108年），在漢朝大軍壓境的情況下，朝鮮人殺右渠王投降。衛滿朝鮮滅亡。漢武帝在衛滿朝鮮原領地內設置漢四郡，並封右渠王的兒子及殺右渠王者等人為侯，朝鮮半島統一於中央政權。

隨著西漢中央政權力量的衰弱，失去控制的遼東與朝鮮半島又出現小政權林立的局面。有一個叫做「高句麗（Gāogōulí）」（或「高句驪」，簡稱「句麗」或「高麗」）的政權在鴨綠江流域興起，開始只是隸屬於漢朝高句麗縣的一個部落政權，其民眾為古代中國東北少數民族[1]。

「高句麗」這個名稱至少在漢武帝滅亡衛滿朝鮮之前就有了，但原來只是一個地理名詞，「武帝滅朝鮮，以高句麗為縣（今遼寧撫順）。」後來高句麗政權以此為國號。這一點《漢書》、《後漢書》中均有記載。「高句麗國」建於西漢元帝時期（公元前37年）。[2]前後更迭28王，歷經705年。國王姓高，「高句麗」也稱「高氏高麗」，有別於後來在朝鮮半島的「王氏高麗」政權。

高句麗建國之初位於今天的中國境內，但隨著逐漸擴張，國土延伸至現今韓國的部分地區，後來都城也遷到平壤地區，這也是今天的韓國將高句麗視為本國歷史的原因。

高句麗利用中原地區分裂動盪的局面，不斷壯大，逐步統一其周邊國家，並在西晉末年吞併了漢四郡的最後一郡。中國南北朝分裂時期，高句麗進入鼎盛時期，控制了朝鮮半島大部地區及中國遼東半島。

此時的朝鮮半島史稱「朝鮮三國時期」。除高句麗外，還有百濟、新羅兩個南部國家。百濟的都城原來大致在今天首爾的位置，後受高句麗的進攻，都城一再南遷。新羅位於朝鮮半島東南部地區，最初是北方強國高句麗的盟友。隨著高句麗向南擴張，新羅改與百濟聯盟。

隋唐年間，中國重新出現統一強大的中央政權，對高句麗也提出恢復西漢時期服從中央秩序的要求。從這一角度看，隋唐征高句麗是中央為加強地方管理進行的統一戰爭。[3]

當時的地方強權高句麗在抵抗隋朝進攻之後，一再上表請和，並不斷向南擴張，與百濟聯手攻陷新羅三十餘城。新羅與新興的唐朝結盟，並向唐朝告急求救。唐朝出兵與新羅聯手先後滅百濟和高句麗。其後新羅又與唐朝爆發戰爭，擊退唐軍，統一朝鮮半島大部分地區。

隋朝四征

　　公元6世紀，隋朝建立並日益強大，統一的趨勢進一步明朗化。589年，隋朝南下滅陳，北威諸夷，一匡天下，四方來朝。已成地方強權的高句麗與隋朝存在附屬與宗主的關係[4]，但高句麗害怕強大統一的隋朝出兵重新奪回遼東之地，於是「治兵積穀，為守拒之策」，隨時準備迎戰隋朝大軍，並在邊境地區發生摩擦。

　　隋文帝對高句麗的態度和行動十分不滿，曾致書高句麗王高湯：「遼水之廣，何如長江？高麗之人，多少陳國？朕若不存含育，責王前愆（qiān，意為過失），命一將軍，何待多力！」

　　在隋朝的眼中，高句麗從來就是中原政權的一個附屬國，本應服從隋朝的天下秩序，因此隋朝大臣曾對隋煬帝說：「高麗本箕子所封之地，漢、晉皆為郡縣；今乃不臣，別為異域，先帝欲征之久矣。」[5]

　　高句麗王高元繼位後的596年，隋文帝要求高句麗終止與突厥的軍事聯盟，停止對隋朝邊疆的連年侵襲，並對隋臣服。高句麗雖表示接受，但第二年卻攻擊隋朝在河北的軍事駐地。

　　於是第一次隋高戰爭爆發了。598年，隋文帝派30萬海陸大軍攻打高句麗。由於正值高句麗的雨季，道路泥濘，糧草供應不上，軍中疫病流行，雖勉強進至遼水，但高句麗的頻頻襲擊使隋朝陸軍損失慘重。隋朝海軍也是困難重重，在海上遇大風，船多沉沒。隋朝海軍拋錨休息時又遭到高句麗軍隊的襲擊。後來與高句麗海軍在渤海交鋒，由於先前已損兵折將，士氣低落，敗於高句麗。

　　此次征戰是隋文帝僅有的一次大敗仗。隋軍撤退時已潰不成軍。《隋書》記載這次戰役中隋軍損失90%。

　　但高句麗清醒地意識到雙方的綜合實力懸殊。為防止隋的再次

入侵，高句麗王高元上表謝罪，並自稱「遼東糞土臣元」，隋文帝只好適時罷兵。

隋煬帝登基後，開鑿隋唐大運河，將中國北部的政治中心與經濟發達的南方連接起來，這使得跨地區大規模運送軍隊成為可能。加之隋朝經濟實力雄厚，糧食儲備足夠50年之用，隋煬帝又動東征之念。

612年，由於高句麗王不服從隋煬帝的要求前來朝見，第二次隋高戰爭爆發，隋煬帝楊廣御駕親征。

這時百濟王也陳兵邊境，聲言助隋，實際上卻按兵不動，意在靜觀其變。此前百濟王曾遣使入隋朝貢，請求隋朝討伐高句麗，表示願為隋軍先導。隋煬帝很高興，大加賞賜，同時遣使赴百濟籌劃協作。

利用剛建成的大運河，隋煬帝將各地士兵集中在北京（涿郡）。據《隋書》記載，此次共動員了大約113萬的作戰部隊，負責後勤和運輸的人員估計在300萬到500萬之間。隋朝大軍由於人數龐大，用了40天才從北京出發完畢，行進的部隊綿延400公里。

隋軍到達遼河時，遼河水已全部融化。隋煬帝下令在遼河上修建3座橋樑。橋還沒修到對岸，高句麗就對隋發動了進攻。不過隋軍最終將橋修好，包圍了遼東城。

開戰前，隋煬帝下令隋將不得擅自做出任何作戰決定，必須聽從他的直接命令。這使得隋朝軍隊在戰場上很被動。隋將在做每個決定的時候都要先派人馳報遠在後方的隋煬帝，這就延誤了軍情，高句麗軍也因此有充足的時間進行重整和反擊。

此外，在隋朝大軍行進的過程中，隋煬帝曾下達過命令，凡所到之處如果守軍投降，就不得再縱兵進攻。結果，每當城池將陷落時，高句麗的守軍便要求投降，隋軍就停止進攻。可是，等到隋軍

繼續進發的時候，原先投降的守軍便又乘機重整防衛。高句麗軍擅用的詐降之計在隋軍決策繁瑣的指揮下屢屢得手。

隋煬帝楊廣

　　因此，隋軍5個月沒拿下遼東城。隋煬帝於是改變策略。在同遼東的高句麗軍作戰的同時，另派30多萬陸軍和20萬海軍攻打高句麗的首都平壤。隋朝海軍先於陸軍到達了大同江。簡單交鋒後，高句麗軍隊假裝被擊敗並向城裡撤退。隋軍將領中計，帶領10萬軍隊開始進攻平壤。

　　當隋朝軍隊來到平壤的外圍城堡時，發現大門敞開，城牆上也無人把守。進入城堡後，發現地上放著錢財和武器。為了謹慎起見，隋軍將領下令禁止掠奪。當隋軍來到一個寺廟後，遭到了高句麗軍的伏擊。不過高句麗的軍隊並沒有取勝，然後就撤逃了。這次隋軍將領確信高句麗已經潰散，於是開始掠奪外圍城堡。

　　正當隋軍紀律鬆懈之時，一支由幾千人組成的高句麗先遣部隊對隋朝軍隊進行了伏擊。毫無防備的隋軍一時慌了手腳，不知所措，並開始向海邊撤退。海軍單獨行動失敗後，隋軍將領決定還是等隋朝陸軍到達後再圍攻平壤。

　　然而，隋煬帝派出的陸軍在路上也出了問題。

　　鴨綠江和平壤之間有一條清川江，高句麗軍在清川江上游修築堤壩蓄水。隋軍涉水過江時，高句麗軍開閘放水，數千隋朝士兵被淹死。

　　儘管如此，隋軍依然渡過清川江，並取得幾場勝利。但進入高句麗境內後，隋軍的後勤供應屢屢遭到高句麗的伏擊。雖然隋煬帝下令每個士兵都要自己攜帶食物，但許多士兵為了減負作戰，丟棄不少食物，造成隋軍物資嚴重缺乏。

　　這一消息被高句麗得知，當隋軍在距平壤城附近紮營時，高句麗大臣詐降，說如果隋撤走大軍，他一定將高麗王生擒奉上。隋軍兵疲糧盡，於是決定拔營撤軍。高句麗軍忽然殺出，隋軍一觸即

潰，大敗而回。這一仗有點像淝水之戰的翻版，敵人利用了隋軍低落的士氣。

第二年（613年）隋煬帝再次親征高句麗，第三次隋高戰爭爆發。此次出征，隋煬帝接受上次教訓，允許諸將「便宜從事」。隋軍包圍遼陽城，晝夜不停地猛攻20餘日，遼陽岌岌可危，但此時後方負責督運糧草的楊玄感叛亂（該叛亂最終導致隋朝滅亡），隋煬帝不得不撤兵回國平亂，軍資、器械大量丟棄。此次征高句麗雖未大敗，但半途而廢沒達到任何目的。

第三年（614年），隋煬帝在平息了楊玄感的叛亂後，又發動了第四次隋高戰爭。雖然隋煬帝衝破了高句麗的第一道防線，但由於高句麗持續伏擊並切斷隋朝軍隊供給線，隋煬帝始終不能拿下遼河。

戰爭處於膠著狀態。高句麗與隋接連三年的戰爭，國力早已不支，幾乎到了山窮水盡的地步，只好向隋朝稱臣請和，並將逃到高句麗的參與楊玄感造反的隋朝叛將遣返給隋煬帝。隋煬帝接受請和並撤軍。但後來隋煬帝仍堅持要高句麗王到隋朝來晉見，高句麗王不至。隋煬帝大怒，下詔再征高句麗，後因國內的變亂而作罷。

隋朝的外交存在問題，沒有很好地利用朝鮮半島的三國矛盾。早在隋文帝時期，百濟向隋朝朝貢，欲與結盟，「請為軍導」，竟遭拒絕。高句麗以兵侵掠，逼百濟屈服，百濟成為高句麗的盟友。新羅想要打通和隋朝的聯繫，但缺乏隋朝的配合，在半島上陷入孤立。直到唐高宗時期才較好地運用了新羅的力量，消滅了高句麗和百濟。

唐宗威德

隋朝攻打高句麗慘敗後，國內發生民變而滅亡。唐高祖李淵建立唐朝後，曾努力與高句麗修好，雙方交換過戰俘。朝鮮半島三國國王均接受唐高祖的冊封，高句麗王並接受了唐朝的年號。

唐太宗李世民繼位後，相當長時間裡，與高句麗大致維持著友好的關係，還曾在得到高句麗王同意後，派特使到高句麗重新安葬陣亡的隋兵。後來派出的使臣向唐太宗匯報高句麗境內有許多安頓下來的原隋朝兵將及中原移民，臨別之時，「望之而哭者，遍於郊野」。唐太宗認為高句麗據有的遼東為「舊中國之有」，而今「九瀛大定，唯此一隅」，應該考慮發動對高句麗的統一戰爭。

高句麗也在採取措施防備中原政權再次進攻：一是加強防禦，花費巨大人工物力，前後16年在沿唐邊境修築了高麗長城，自扶餘城（今吉林四平西）至渤海，長千餘裡；二是加緊進攻百濟和新羅，意圖消滅唐朝在朝鮮半島上的盟國，解除後顧之憂；三是用厚利挑唆漠北薛延陀汗國進攻唐朝，從北面牽制唐朝；四是頻繁向唐朝進貢，放低姿態，讓唐朝沒有出兵理由。

高句麗內部發生政變讓唐朝看到出兵的機會。一名強悍的大臣在宴席上誘殺了高句麗王，立新王而由自己攝政。唐朝得知這一消息後，有地方官員立即建議攻打高句麗。但唐太宗卻認為高句麗王被殺已屬不幸，乘其國喪出兵征伐，時機上並不合適。

高句麗攝政大臣穩定國內政局後，立刻發動對唐朝盟友新羅的戰爭。新羅向唐朝求援。

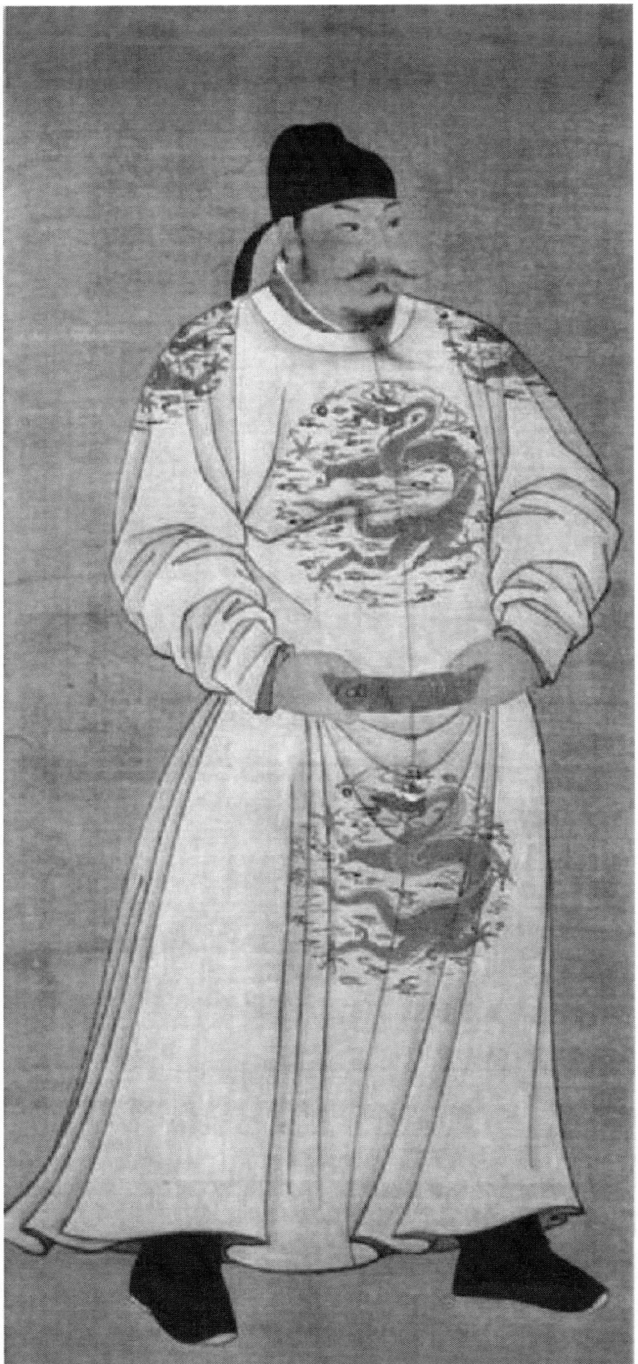

唐太宗李世民

　　唐太宗告訴來使可供選擇的三策：一是唐朝少發邊兵，直入遼東，可解新羅燃眉之急，但高句麗知道唐朝派兵有限，仍會繼續侵侮；二是唐朝不發兵，只送數千唐朝軍旗軍裝，陣前使用嚇走敵軍；三是唐朝遣海軍襲百濟，同時派皇室成員出任新羅國王，保護新羅。[6]

　　新羅堅持要唐朝發兵。唐太宗於是遣使到高句麗，下令高句麗和百濟停止攻打新羅。唐使到達平壤，高句麗王令攝政大臣從戰場上返回到平壤會見唐朝特使。攝政大臣返回平壤後，態度傲慢，聲稱如果新羅不將其在隋末侵占的500里高句麗土地歸還，「恐兵未能已」。唐使駁斥說：「既往之事，焉可追論！至於遼東諸城，本皆中國郡縣，中國尚且不言，高麗豈得必求故地。」但攝政大臣最終拒絕了唐太宗的要求。特使回到長安後將此事稟告唐太宗，唐太宗對高句麗不聽勸告非常不滿，於是決意攻打高句麗。

　　唐太宗對朝廷內勸阻征討高句麗的大臣說，此次東征高麗與隋朝東征不同，有五點必勝的理由：「一曰以大擊小，二曰以順討逆，三曰以治乘亂，四曰以逸待勞，五曰以悅當怨」。

　　644年，唐太宗準備動員10萬軍隊親征高句麗。為避免隋煬帝征高句麗的失敗，唐太宗總結教訓，實行新法：一是採用募兵制，不像隋朝時進行全國徵兵，減少民怨。結果，詔令發佈以後，「募十得百，募百得千，其不得從軍者，皆憤嘆鬱邑。」考慮到經過隋末亂世，不少人慣於以戰士為職業，踴躍報名也是可能的。而且由於隋高之戰「殺中國良善不可勝數（唐太宗語）」，應徵者不少自願以私裝從軍，稱「不求封官勳賞，惟願效死遼東」。最後「發天下甲士，招募十萬（《舊唐書》）」，士氣高昂，素質優秀。二是解決後勤供應。唐軍將原來士兵攜帶乾糧改為隨隊驅趕大量的食用

牛羊，沿途還能背負輜重，大大減輕了士兵負擔。三是組織工匠集中製造雲梯、撞車等攻城器械，同時收集天下各處貢獻的攻城器械進行選擇和創新，為攻堅戰做充分準備，並在江西籌建大量戰船。

唐太宗離開長安向高句麗進發，先在洛陽做了幾個月的準備。期間讓忠於唐朝的契丹和靺鞨部隊對高句麗進行探試性攻擊。高句麗攝政大臣派特使到唐朝納貢講和，不過唐太宗心意已決，並沒有接受高句麗的朝貢，反將來使扣留，責備他們參與謀害先王，助紂為虐。

645年，唐朝軍隊兵分兩路進攻高句麗。6萬陸軍從北京進軍遼東，4萬餘水軍乘500艘戰船從山東出發，渡黃海向平壤進軍。

高句麗守軍憑藉遼水、遼澤、長城三大屏障恃險以待。遼東著名的沼澤區泥淖二百餘裡，人馬不可通，後來唐軍經過，遼澤上面還浮有很多當年隋軍將士的遺骨，唐太宗命人收斂安葬。為減少進軍損失，唐軍聲東擊西，在高麗人意想不到的地方渡過了遼水，填土搭橋過遼澤，高句麗聞知唐軍進兵神速，跨水越澤，舉國震驚，急派援兵。

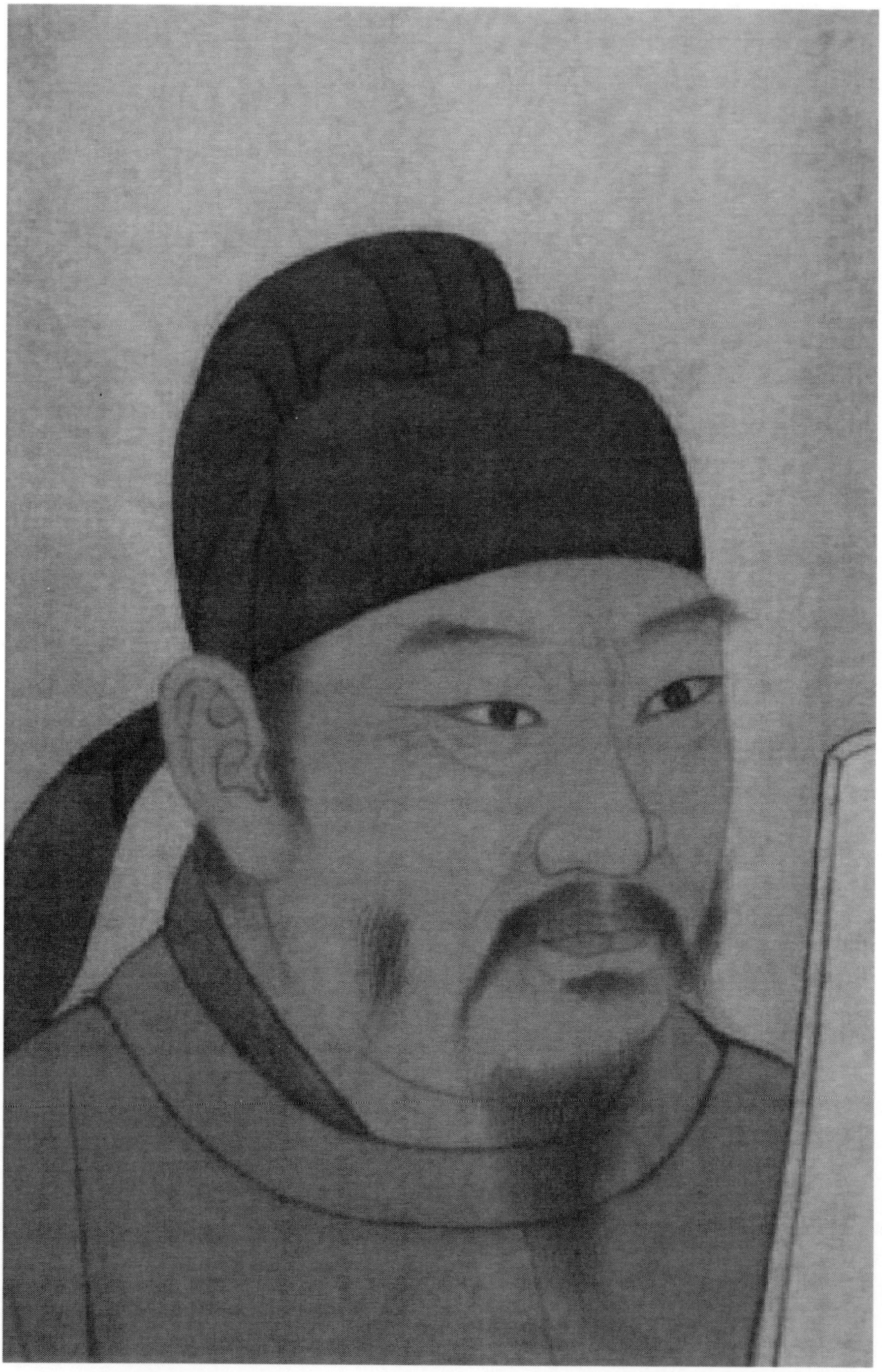

李勣

　　提出並使用聲東擊西之計的是唐朝名將李勣（jì，原名徐茂公），此次東征擔任唐軍主將（遼東道行軍大總管）。李勣不僅有謀，而且有勇。在遼東城下，唐軍前鋒部隊4000餘騎與高句麗援軍步騎4萬遭遇，李勣陣前動員：「不遇勁敵，何以顯壯士！」唐軍策馬向敵陣衝擊，兩軍大戰於遼東城下，高軍最終崩潰，被殲1000餘人。

　　值得一提的是，23年後，正是李 統率唐朝水陸大軍，跨過鴨綠江，以破竹之勢，長驅200餘里，直搗平壤，克城滅國，生擒高句麗王，並押回長安，在昭陵前祭奠唐太宗。

　　唐太宗生前未能看到統一高句麗，的確運氣差了一點，或者說高句麗此時氣數未盡。因為從唐太宗此次戰爭的準備、動員、指揮、用人等各方面看，都不愧為一代英主。未能實現目標，多少令人扼腕。

　　此時唐太宗46歲，御駕親征，深得軍心。在唐軍為進攻遼東城負土填塹時，唐太宗也在馬上負土遞送。一名唐將（李道宗）在修築土山時足部受傷，唐太宗親自為其針灸。有突厥族唐軍將領（阿史那思摩，又名李思摩）被流矢擊中，唐太宗親自為其吮血。還有一次，唐軍中一名鐵勒族將領（契苾何力）率800騎兵衝擊萬餘高句麗軍，高句麗軍在戰陣中以長矛亂扎，刺中唐將腰部，血流如注。該將被救回後，略略包紮，束瘡再戰，高句麗軍大潰，唐軍追殺十餘里，斬首千餘級而還。唐太宗見其傷口惡化，親自為他上藥。唐軍將士無不感動，故作戰時人人奮擊不畏生死。

　　聞知唐軍包圍了遼東城（今遼寧遼陽）後，高句麗急調15萬援軍星夜馳援。唐太宗指揮3萬唐軍對5倍於己的高句麗援軍打了一場以少對多的包圍戰，將士齊心，鐵騎衝突，逼得高句麗援軍主

將走投無路，率領近4萬高句麗將士投降。唐太宗坑殺了3300名靺鞨兵俘虜，其餘士兵全部放回平壤。獲釋士兵舉手頓地，歡呼雀躍。史料未曾記載唐太宗為何要殺這些靺鞨兵，一個可能的解釋是，唐太宗認為靺鞨人作為唐朝人不效忠自己的政府，是應該受到嚴懲的「唐奸」。

　　此時唐軍士氣高昂，湧現諸多勇將。最令人矚目的莫過於一戰成名的白袍將軍薛仁貴。薛仁貴生於隋末亂世，自幼習武，天生神力，食量驚人。潦倒之時，應徵入伍，立志富貴還鄉。這次隨軍征討高句麗，薛仁貴還只是一介無名小卒，但在與高句麗軍激戰時，薛仁貴卻成了遼東戰場上一顆閃亮的明星。薛仁貴身著白色衣甲，手持方天畫戟，腰挎雙弓，單騎衝陣，在數萬人的敵營中縱橫馳騁，所向無敵，如入無人之境。敵軍每次組織隊列都被其沖散，觀戰的唐太宗立即注意到這員猛將，戰後親自召見，立即提拔賞賜，並在歸途中對薛仁貴說：「朕不喜得遼東，喜得卿也。」

薛仁貴

後來薛仁貴成為唐朝名將，23年後作為唐軍主要將領滅亡高句麗，並鎮守該地。薛仁貴曾經在與10餘萬的回紇軍隊作戰時陣前連發三箭射死三名敵軍，而後乘勢掩殺，回紇驚恐大潰，不再為邊患。軍中傳唱「將軍三箭定天山，壯士長歌入漢關」。在滅亡高句麗的戰役中，薛仁貴曾經以2000騎兵奔襲扶餘城，14個小時斬獲敵軍萬餘，威震遼東，高句麗40餘城隨後向薛仁貴投降，最終攻破都城平壤。

　　這是後話。此次唐軍拿下遼東後已攻取8城，然後向安市（今遼寧鞍山）進軍。沒想到安市城卻成為此次唐軍東征難以踰越的障礙。

　　唐朝部隊包圍安市城後，安市城守軍每次看見唐太宗旌旗麾蓋，必乘城鼓噪，以弓矢相拒。唐太宗大怒，唐朝將領於是請命拿下安市城後屠城，這使得安市城的守軍更加奮力抵抗，唐軍一時難以攻破。

　　一天，唐軍從安市城中傳出殺雞宰豬的聲音判斷城內部隊可能準備突襲，不出所料，守軍當晚真的對唐軍進行了突襲。不過唐軍早有防備，唐太宗親自率兵擊退了安市城守軍的進攻。

　　與此同時，唐軍在安市城的東南構築一個用於攻城的土山。60天後，土山已經高到可以看到安市城的裡面。不幸的是，土山基礎不牢，突然倒塌，壓在安市城的城牆上，城牆被壓倒。這本是唐軍乘機攻入城內的絕好機會，但該轄區唐將卻未及時組織有效進攻，反而讓高句麗軍趁亂占領了土山，憑高防守。此後唐軍全力攻擊三天也沒拿下土山，唐太宗怒斬貽誤戰機的該轄區唐將。

　　安市城使戰事陷入膠著，唐軍雖另有幾套進攻方案，例如繞道而進，或分兵突襲平壤，但均因兵力不足、較有風險而未被實施。唐朝海軍成功登陸後也進展有限，無法與陸軍形成合力。

遼東半島雨季過後很快就是漫長的冬季，全年適合作戰的時間只有兩三個月。隨著冬天的臨近，唐軍供給開始匱乏，又傳薛延陀入侵唐朝，唐太宗下令撤退。此戰雖未最終勝利，但唐太宗在政治方面取得積極影響，敵軍佩服，民心歸附，為以後滅亡高句麗奠定基礎。

　　回師前，唐太宗特別準備百匹綢緞堆在城前，賜給安市城城主，表示對其頑強守衛的欣賞和獎勵。城主登城拜謝，遙送唐軍班師回朝。戰爭期間，唐太宗每次攻城受降，要設帳給城中百姓賞賜食物，80歲以上的還賜以錦帛，所俘士兵大多予以釋放，任其所往，是真正的攻心戰術。

　　唐軍以損失數千士兵的代價，殲敵4萬，攻取10城，戰果也相當輝煌。之所以沒有達到統一高句麗的目標，與唐太宗輕敵有關。當初秦國滅楚先用李信發兵20萬不克，才採用老將王翦的方案動用60萬軍隊取得成功。高句麗為地方強權，隋朝四征而不勝，唐朝寄望以10萬之眾滅其國，是犯了秦國滅楚時李信式的錯誤。事後來看，高宗時期唐朝國力進一步加強後，最終派出20餘萬精銳部隊，並與新羅聯合，才完成統一高句麗的任務。

新羅時代

　　太宗東征後，唐朝對高句麗僅採取過一些小規模的突襲，同時也在為大規模作戰積極籌備，包括在浙江、湖南、四川大造戰船。期間高句麗王曾獻給唐太宗兩個美女，唐太宗沒有接受。消滅了北方敵人薛延陀後，唐太宗再次著手海陸兩軍攻打遼東半島和鴨綠江口，但不幸此時去世（649年），唐朝暫停了大規模征討高句麗的計劃。唐高宗即位後，先對高句麗發動了三次小型戰役，均取得勝利。

660年，唐高宗定下「先滅百濟、再南北合擊高句麗」的戰略方針，命令唐朝名將蘇定方率軍13萬討伐百濟。蘇定方引軍自山東渡海，新羅也出兵助唐，唐羅聯軍很快攻陷了百濟王城，百濟滅亡。

值得一提的是，百濟王室不甘心失敗，曾經轉而尋求日本的支持，並引發中日歷史上的第一次戰爭——白江口海戰。日本與百濟友好，又有染指朝鮮半島的圖謀，借流亡的百濟王室求援的機會，派遣水軍出征。唐朝聞知也增派援軍，兩軍在白江（今韓國錦江）口遭遇交兵。

當時唐朝海軍有170餘艘軍艦，日本戰船則超過千艘。但日本船小，而唐軍戰艦卻高大結實。日軍諸將商議採取群狼戰術，利用船多勢眾，一擁而上，迫使唐軍後撤，再乘勝追擊。於是，日本水軍也不講究戰鬥隊形，蜂擁衝向陣形齊整的唐朝艦隊。唐艦布下口袋陣，日艦大量進入後，唐艦馬上左右合攏，圍困其中，居高臨下，展開攻擊。日軍大潰，被擊毀戰船400餘艘，死傷不計其數。此戰後日本撤回入朝的水陸兩軍，百濟王子率軍向唐朝投降，百濟徹底滅亡。日本自此次失敗，直至豐臣秀吉入侵朝鮮，未曾再向朝鮮半島用兵。

百濟滅亡後，唐朝又派10餘萬軍隊渡遼水，與新羅聯軍合擊高句麗，重創高句麗。屋漏偏逢連夜雨，高句麗發生內亂。攝政大臣去世後，他的三個兒子發生爭鬥。長子到前方視察軍情備戰，兩個弟弟誣陷他叛逃到唐，並逼高句麗王通緝長子。

長子走投無路，只好投靠唐朝，並得到唐朝重用。唐朝派兵8萬由長子率領攻打高句麗，後又根據其為唐朝提供的高句麗軍事情報，增兵15萬進攻高句麗。

668年，各路唐朝大軍在鴨綠江邊會師。高句麗發動最後的反

击，唐军依然继续推进到平壤城。高句丽军守城数月，难以为继，一名高句丽僧人打开城门出降，唐军攻入平壤，高句丽最终灭亡。唐平高句丽后，在平壤设安东都护府进行统治，名将薛仁贵领兵2万镇守其地。

然而吐蕃入侵唐朝使新罗趁机与唐朝发生战争，唐朝最终失去对已灭亡的高句丽和百济故地的统治。

新罗其实一直计划吞并高句丽和百济，在借唐朝之手消灭这两个国家后，便积极招降纳叛，扩张领土。唐高宗下诏责备。新罗一面遣使谢罪，一面整军备战。恰在此时（670年），吐蕃大举入侵，攻取了唐朝安西四镇，与之相邻的吐谷浑、鄯善等地也被吐蕃占领[7]，唐朝西北局势告急。唐朝不得不调任刚刚在高句丽战场获胜的薛仁贵前往西北战场。只留下为数很少的军队驻守高句丽。唐朝在该地区军事力量的削弱给新罗发动战争提供了良好时机。

这一年，新罗兵分两路，一路由原高句丽旧将进攻原高句丽地区，一路由本国主力部队进攻原百济地区。开始唐朝目标只是对新罗支持的高句丽复兴势力平叛，并没有和多年的盟国新罗宣战。672年，唐兵4万以平壤为中心对原高句丽地区发动收复战，大胜原高句丽叛军。但新罗藉机占领了百济大部分地区。674年，唐高宗与新罗王彻底决裂，唐军在仁川附近（买肖城）三胜新罗军。新罗王遣使入贡请罪。

唐朝接受新罗请罪，还彻底退出原百济地区，将安东都护府移至辽东（676年），对朝鲜半岛采取退守政策。唐朝胜而退兵，「实由吐蕃炽盛，唐室为西北强敌所牵制，不得已乃在东北方取消极退守之策略」（陈寅恪语）。当然，也和新罗外交手段高明有关，虽然对唐开战，但却始终承认唐朝是宗主国，新罗是藩属国，并数次请罪，而不是像高句丽和百济那样在外交上桀骜不驯或不识

時務。歷代新羅王大部分時間（663年以後）都在受封國王的同時世襲唐朝都督一職，其身份是唐朝在朝鮮半島的地方行政官員。

最終，新羅控制了朝鮮半島大同江以南地區。一個以原新羅人、百濟人為主體、收容了部分高句麗人的統一新羅出現了。從民族角度講，韓（朝鮮）民族在唐羅戰爭後也逐漸形成了。高句麗人亡國後大部分留在當地或內遷，成為中國境內一個重要的少數民族，經過遼、金、元、明等朝代的歷史變遷，高句麗人最終融入漢族。另有部分高句麗人流亡到朝鮮半島南部和日本。

朝鮮半島大同江以北地區及遼東地區則由唐朝和渤海國先後占據。中國學者和韓國學者各自多認為渤海國歷史是本國歷史。渤海國是高句麗滅亡後在原高句麗地區建立的新興地方政權。渤海國創始人是大祚榮，粟末靺鞨（滿族祖先）人。粟末是松花江的簡稱，靺鞨指山林部落。該地區另外一個重要部落黑水靺鞨是生活在黑龍江流域的山林部落。

大祚榮的父親原是粟末靺鞨中的一個部落首領，曾依附於高句麗政權。唐滅高句麗後將大批高句麗遺民和包括大祚榮父親在內的一部分靺鞨人強行遷往內地。大祚榮便在這一時期出生在營州（今遼寧省朝陽），並長大成人。

699年，大祚榮自立為靺鞨國王，並以「大」（通古斯語「酋長」）為姓，因其父曾被唐朝封「震國公」，該政權又對外稱大震國（或「大振國」）。唐玄宗時期（713年），大祚榮被唐朝正式冊封為渤海郡王，從此改國號為「渤海國」。向唐朝朝貢多達130多次，後被契丹人滅亡。

王朝更迭

唐朝末年，新羅王朝也四分五裂，朝鮮半島進入「後三國時期」。衰落的新羅和新建立的後百濟、後高句麗（泰封國）三國鼎立。這段時間可謂天下大亂，曾經稱雄一時的唐朝和吐蕃也都分崩離析。

918年，取代唐朝的後梁王朝與後唐政權正在廝殺，後高句麗大將王建在朝鮮半島發動政變，建立了高麗王朝（今韓國國名的英文「Korea」是「高麗」的音譯），定都開京（今朝鮮開城），並用18年時間統一了朝鮮半島。

高麗國王趁五代十國大亂時中原政權無暇東顧之際，謀求獨立，自命為皇（第四代國王光宗始），還採用中原皇室制度，都城稱「皇都」，君主的命令稱「詔」，並建立年號，三省六部的僚屬名號也一遵皇帝朝廷的規範，幾乎全盤與中原皇帝看齊。直到元朝後才恢複比中原政權低位階的制度。

王建重視經略北方、拓展領土，採取了移民實邊的策略，將大量的人口從半島的南部遷往北部，既增強了高麗北部的邊防力量，又大大拓展了國土面積。這使朝鮮半島在中原大體統一前又形成了一個較有力的政權。這個政權與宋朝初期關係友好。北宋建立（960年）後逐漸結束了中原分裂混亂的局面。高麗國君（王建之子王昭）向宋太祖遣使朝貢。高麗與宋結好是為了對付共同的敵人——契丹。

契丹人最早生活在中國東北遼河流域，唐朝滅亡那年（907年）建立了契丹國，後改稱遼，期間一度恢復過契丹的國號。五代時期契丹占據了包括北京在內的幽雲十六州，成為統治中國北方的強權。

契丹國滅亡渤海國（926年）後，與不斷向北擴張的高麗發生衝突。為避免兩面受敵，契丹國主動送給高麗50匹駱駝，意圖示

好，但遭王建拒絕，而且契丹使臣被放逐到孤島，所送駱駝也都被餓死。王建以奉行漢文化的高句麗政權的繼承者自居，對占據高句麗舊地的文化較落後的契丹頗有不屑，稱之為「無道之國」。契丹為全力攻宋，開始籌劃先征服高麗以解決後顧之憂。

遼國（契丹）第一次征伐高麗（993年）就迫使戰敗的高麗向遼稱臣納貢，遼則賜高麗鴨綠江東數百里，允許高麗在那裡建立江東六城。高麗被迫與宋斷交，採用遼的年號紀年，而不再用宋的年號。後來宋神宗時期宋朝實行王安石變法，表示願與高麗復交，高麗積極回應，但申明奉遼為正朔，繼續保持向遼稱臣納貢。

高麗不甘心失敗和屈服，曾經遣使至宋，要求與宋共同攻遼，以報戰敗之仇。北宋此時已不想與遼再動干戈，於是回絕，但善待高麗，送了不少禮物。遼國當然知道高麗不服氣，後來又對高麗發動三次大規模戰役，兩勝一敗。後期高麗遣使入遼朝貢十分殷勤，遼與高麗和平友好，沒有戰爭。不過有遼一代，高麗透過不斷蠶食拓荒，已將領土北界，由前朝新羅時的大同江，向北擴張至清川江中上游及鴨綠江下游，疆域已大大超過了統一時期的新羅。

遼朝末期，居住中國東北的女真人起兵反遼，並建立金朝（1115年）。金為攻遼，在建國不久後就主動遣使高麗。後來在金遼戰爭中，高麗向金表示，金軍進攻的兩座城是高麗的舊地，希望金軍在打敗遼軍後，能夠將此二城歸還高麗。金軍攻下二城後果真交給了高麗，高麗終於得到長年用兵無法攻克的兩座遼城，於是與金結成兄弟之盟。

但金國勢力發展太快，一口氣消滅了遼朝（1125年）與北宋（1126年），開始要求高麗以朝貢遼朝的方式臣服金朝。高麗懼於金朝的實力，遣使赴金朝貢，並且上表稱臣。這時，南宋曾試圖聯合高麗夾攻金國，但被高麗回絕。不久南宋在戰場上出現反彈，韓世忠、岳飛等將領率宋軍接連擊敗金兵，戰線北移，高麗國王得

知金宋戰事的變化，又恐得罪南宋，於是遣使入宋解釋拒絕攻金原因，並表示道歉。

金朝末年，居住在漠北的蒙古人興起，高麗認為「蒙古於夷狄中最為凶悍」，不可與之為敵，於是與蒙古結為「兄弟之國」。但與西夏等國一樣，很快作為「兄弟之國」的高麗就不堪蒙古人的索要重負，不滿與仇視情緒發酵，終於引爆戰爭。蒙古人先後九次征伐高麗（1231年至1273年），最終高麗投降，成為元朝的征東行省（1280年）。

元朝規定，高麗君主繼承人必須在大都（北京）以蒙古人的方式長大成人後，方可回高麗。元朝朝廷可以隨意廢立高麗君主。高麗國王的許多稱呼、用語因為曾經與元朝皇帝一樣，必須全部改變。如「朕」改為「孤」，「陛下」改為「殿下」，「太子」改為「世子」，「奏」改為「呈」。高麗國王的廟號，自忠烈王之後一律不得用「宗」和「祖」，而用「王」，且以「忠」字冠之，以表示效忠元朝。

為了保全高麗不被蒙元徹底吞併，也可以使本家族在元朝支持下取得穩固地位，高麗君主（元宗）向元世祖忽必烈請求聯姻，希望忽必烈將公主嫁給自己的世子。元朝答應了這一請求。

此舉雖使高麗在政治上獲得了利益，但高麗國王生活中受到不少限制。元朝公主一旦下嫁高麗國王，無論高麗國王是否已有嬪妃，元朝公主立刻冊立為正宮皇后，如有所出則自動獲得嫡子的地位，且優先立為世子。元朝公主及其隨從廣泛地參加宮廷內的各種活動，甚至還干預國事。有的元朝公主飛揚跋扈，如齊國公主雖然比高麗國王（忠烈王）年幼23歲，但對高麗王伸手就打，張口就罵，乃至棍棒相加，高麗王不敢回應一句，最激烈的反抗只是「露坐於外」而已。

高麗和元朝聯姻也使高麗獲得了一些實際好處。例如，高麗國王（忠烈王）攜元朝公主第一次朝見忽必烈時，提請廢除元朝在高麗設置的特派員（達魯花赤）制度，忽必烈許可，高麗民眾聞之喜出望外。高麗還透過這種方式從元朝手中和平收回兩處領土。

　　高麗的服飾本來與漢族是一致的，與蒙古聯姻後，高麗王室在服裝和髮式上便效仿蒙古。高麗忠烈王從元朝回國時穿著蒙式服裝，頭髮也結成辮子，高麗民眾見之都搖頭嘆息，甚至痛哭流涕。後來忠烈王更是規定高麗境內的服飾都依照蒙古。

　　元朝末年，中原烽煙四起，反元義軍此起彼伏，高麗也開始清除親元力量。後來蒙古人被新興起的明朝逐回漠北，高麗也擺脫了蒙古人的控制，並且高麗國王擬派兵進攻遼東。高麗軍隊首領李成桂上演了一出朝鮮版的「陳橋兵變」。在軍隊開出後，發動屬下支持，回軍廢黜高麗國王，奪取政權，高麗滅亡。

　　這樣，李成桂廢王自立（1392年），開啟了長達500多年的李氏朝鮮的時代。李氏取得政權後立即上奏明朝請求冊封，明朝賜李成桂為「朝鮮王」，「高麗」改國號為「朝鮮」。李氏臣服於明朝，中國也無意再將其併入版圖。朱元璋不僅將其作為只維持封貢關係的「不征之國」，還明確承認朝鮮的獨立性：「我中國綱常所在，列聖相傳，守而不失。高麗限山隔海，僻處東夷，非我中國所治。」[8]「朕視高麗不止一彈丸，僻處一隅，風俗殊異，得人不足以廣眾，得地不足以廣疆，歷代所以征伐者，皆其自生釁端，初非中國好土地而欲吞併也。」[9]

　　明朝萬曆年間（1592年），日本發動侵略朝鮮半島的戰爭，很短時間內，李氏王朝即喪失了大部分國土，國王逃到中朝邊境附近向明廷懇請「內附」。明朝為了援助李氏朝鮮，派兵參戰，在朝鮮半島與日軍血戰七年，最終將日本軍隊逐出朝鮮半島。而後，明朝不附帶任何條件，從朝鮮半島撤軍。明朝此舉被朝鮮稱為「再造

之恩」。

　　明朝對朝鮮的保護與援助鞏固了中朝之間的宗藩關係，朝鮮視中國為宗主的觀念根深蒂固，以致後來清太宗皇太極派兵要求朝鮮與明朝斷交時，一些朝鮮大臣不惜被押到瀋陽處死，也不肯背棄與明朝的君臣之義，並對清使說：「吾國父事明天子且三百年，臣民惟知有明天子耳……成敗存亡不論也。」[10]朝鮮民間也對明朝有強烈的認同感，即使明朝滅亡，也有大量私人著述不用清朝年號，直到清末仍有人書寫崇禎年號，以至於竟然有「崇禎二百六十五年」的紀年。

　　創建清朝的滿族人，前身為生活在遼東與朝鮮半島北部的女真人，長期是原始部落的社會形態，被朝鮮視為「胡虜」或「夷狄」。起初朝鮮在雙方關係中占據絕對主動，或戰或和，兩手運用武力清剿與籠絡羈縻的控制女真政策，女真則長期處於分散、被動的境地。後來女真在首領努爾哈赤的帶領下迅速崛起，朝鮮開始警惕，重新審視與女真後金政權的關係。

　　薩爾滸之戰是明朝與後金戰爭的轉折點，明朝傾全國之力意圖一舉剿滅努爾哈赤的勢力，卻因此役失敗再沒有主動軍事出擊的能力。在這場關鍵戰役的過程中，朝鮮扮演了首鼠兩端的角色。此時的朝鮮執政者（光海君）可能是朝鮮王朝中唯一對明朝不忠心的國王，因為他不是長子，明朝曾經極力反對他繼承王位，他對明朝多有怨恨。在他成為朝鮮國王後，雖然禮節上對明朝還維持事大的傳統，但面對日益嚴重的女真人的威脅，他採取「事大則日新恪謹，待夷則務盡其權」[11]的兩面策略，對明朝多次催促其出兵共討後金久拖不決。最後雖被迫出兵參戰，朝鮮主將卻在其國君的授意下暗通後金，不戰而降。

　　消息傳來，朝鮮舉國嘩然，朝野均認為此舉有違君臣禮義，明朝剛剛全力助朝鮮擊退日本，朝鮮就坐視明朝與後金作戰而不助，

是「忘恩背德，罔畏天命」，為朝鮮王室和臣民所不容。因此朝鮮國王以「滅天理、糜人倫，上以得罪於宗社，下以結怨於萬邦」而被宗室廢黜，流放至死。繼任者重新全力效忠明朝，不惜與後金開戰。

但後金力量崛起甚快，朝鮮在屢戰屢敗的情形下被迫與後金簽署城下之盟，約為兄弟之國，但堅持不肯斷絕與明朝的關係，並將臣事明朝作為談判的最重要條件。後金以其忠義最終答應了這一條件。但在皇太極稱帝建立清朝後，朝鮮竟不派人朝賀，加之朝鮮對後金使者的禮遇遠不如對明朝使者，引發皇太極二次出兵朝鮮，再次兵臨城下，迫使朝鮮由兄弟之國降為藩屬之國。

朝鮮雖在清朝的軍事壓力下被迫斷絕與明朝的外交關係，但暗中仍有聯繫，清朝還為此嚴懲了一些朝鮮大臣。明朝也體諒朝鮮的無奈，即使在朝鮮絕交後仍善待朝鮮君臣故舊，令朝鮮君臣感激萬分。後來明朝為清朝所滅，朝鮮曾暗中籌劃聯合南明與日本力量，北伐清朝，恢復明室，但因清朝察覺而功虧一簣。直到清朝統一臺灣後，復明力量徹底潰散，加之清朝對朝鮮極力施恩，朝鮮才逐漸建立對清朝的忠誠，這種宗藩關係一直維持到20世紀初日本侵占朝鮮滅亡李朝。

註釋

[1].在扶餘族人朱蒙（高句麗開國始祖）剛剛建立高句麗國時，曾經叫做「卒本扶餘」，後改國號為「高句驪」，是以古代中國東北少數民族扶餘族為中心力量、集合該地區其他民族而形成的國家。

[2].高句麗建國稱王後，西漢元帝、成帝、哀帝、平帝也承認其高句麗王號，並令玄菟郡管理。王莽令更名高句麗為下句麗，高句麗王被貶為下句麗侯，高句麗縣也改為下句麗縣。高句麗反。漢

光武帝劉秀擊敗高句麗，以朝鮮半島上清川江為界，以北歸東漢，以南歸高句麗。漢光武帝後令下句麗復名高句麗，並復高句麗國王號。三國時期，曹魏太尉司馬懿滅公孫淵，設高句麗、高顯、遼陽、望平四縣於玄菟郡。南北朝時期，高句麗不僅占有了遼東四郡，而且迫使朝鮮半島上的新羅、百濟政權臣服，成為一時強權。

[3].馬大正：《略論高句麗歷史研究中的幾個相關問題》，《古代中國高句麗歷史叢論》，黑龍江教育出版社2001年版。

[4].「高祖受禪，湯復遣使詣闕，進授大將軍，改封高麗王。歲遣使朝貢不絕。」「會病（湯）卒，子元立，高祖使使拜元為上開府，儀同三司，襲爵遼東郡公，賜衣一襲。元奉表謝恩，並賀祥瑞，因請封王。高祖優冊元為王。」（《隋書》卷八十一《東夷傳》高麗）

[5].《資治通鑒》卷一百八十一。

[6].張曉東：《論唐太宗對高句麗之戰跨海戰略的決策作用：兼論海上力量與高句麗之戰戰略成敗的關係》，《史林》2011年第4期。

[7].《新唐書·吐蕃傳》。

[8].《明太祖實錄》卷二百二十一。

[9].《明太祖實錄》卷二百二十五。

[10].黃景源：《江漢集》卷二十七《明陪臣傳·吳達濟傳》。

[11].《李朝光海君日記》卷一百四十三，光海君十一年八月王戌。

大漠孤懸——蒙古的故事

　　中國北方有地域遼闊的草原和沙漠戈壁地帶，自古生活著一些遊牧民族，雖不斷演化，卻生生不息。蒙古人在這片土地成長和興盛起來之後，800多年來蒙古人一直是這片土地的主要居民。蒙古人鐵木真及其子孫建立了人類歷史上面積最大的國家，中國的元朝一度成為各蒙古汗國的宗主國。元末明初，殘元勢力退居漠北，清朝崛起後重新將這片地區納入中原中央政權管轄。按照與清政府的親疏不同，蒙古地區習慣上被分為內蒙古與外蒙古。外蒙古土地面積156萬平方公里，相當於43個臺灣，牧場占全國的80%，銅礦資源占全國的50%，石油、煤炭、稀土等自然資源均占全國重要地位。在沙俄及後來蘇聯的協助下，外蒙古20世紀中期從中國獨立出去，成為世界上最大的內陸國家。

中蒙邊境的貝爾湖

成吉思汗

　　蒙古的故事要從成吉思汗講起。正是成吉思汗的出現，使得「蒙古」的名稱在世界範圍內幾乎家喻戶曉，西方學者歷史上曾將黃色人種統稱「蒙古利亞人種」。成吉思汗憑藉其出色的組織和軍事才能，使各蒙古部落統一成為極具戰鬥力的國家，並透過不斷擴張版圖，建立起人類歷史上連續性疆域最遼闊的國家，而且這個國家在他去世後仍能延續，較之亞歷山大大帝的身死國滅，歷史業績更為輝煌。

　　全盛時的蒙古帝國包括中國本土的元朝、窩闊臺汗國、察合臺汗國和境外的欽察汗國、伊兒汗國，其疆域東起朝鮮半島，西到巴爾幹地區，北起西伯利亞，南到中南半島，總面積超過3000萬平方公里（1279年蒙古帝國的面積達3570萬平方公里，其中元朝疆域2400萬平方公里），版圖涵蓋當今世界30多個國家和30多億人口。

　　成吉思汗的歷史如此傳奇，幾乎使人們忽略了在他出生前蒙古族已經在蒙古草原生活了很久。

　　蒙古族源於東胡（一說源於鮮卑或契丹，或為新興民族），也稱「狄歷」、「丁零」、「敕勒」。東胡被匈奴擊敗後東遷，後在南北朝時期於漠北建立柔然王朝（北朝稱其「蠕蠕」，南朝稱其「芮芮」），與北朝和南朝呈三足鼎立之勢，與統治中國北方的北魏政權多次交戰。柔然後被突厥擊敗，分為南北兩支：南支逃到遼河上游，成為契丹人的祖先之一；北支逃到外興安嶺地區，成為蒙

古人的祖先之一室韋（一說室韋與鮮卑為同一民族Sirbi，室韋山即鮮卑山，若此說成立，則蒙古人建立的元朝與鮮卑人建立的北魏頗有淵源）。

總之，在亞洲北方的草原上，始終生活著不同的遊牧部落，他們時而分散，時而聚合，時而遷移，民族成分也不斷分解或融合。他們有時被組織起來形成強大的勢力，歷史會留下這一政權或民族的名稱，而當他們分散弱小的時候，就沒有太多的史料記載流傳下來。

成吉思汗出生的時候（1162年），蒙古草原依然處於部落分散的狀態，不但互相為爭奪馬匹、牛羊、牧場和女人經常攻殺，還要面對南方的金朝經常到這裡來索取貢物和徵發壯丁，日子過得非常艱苦。

成吉思汗的父親是一個蒙古部落（乞顏部孛兒只斤氏，屬於「黃金家族」，即相傳蒙古族始祖母與神仙生下的三個兒子之後裔）的酋長，他出生時父親剛好打敗了另一個部落（塔塔兒部），抓了敵方一個叫做鐵木真的頭目，於是就給他起名為鐵木真。

鐵木真9歲時父親被原來俘虜的「鐵木真」之子毒死。此後他與家人備受冷落，屢遭攻擊。但鐵木真頑強地生存下來，並憑藉自身的勇氣與智慧重起爐灶，28歲時成為部落首領，接著四方征戰，統一蒙古，44歲那年被蒙古各部落尊稱為「成吉思汗（擁有四海的首領）」。

古今英雄大多經歷苦難，這對塑造堅韌品質必不可少。鐵木真也曾經數次死裡逃生，而後殺仇家、敗義兄、擊義父，掃清對手，一統蒙古，再對外擴張。

鐵木真第一次死裡逃生是在14歲那年。鐵木真父親死後，對其父不滿的部落族人排斥鐵木真一家，在祭祖儀式上不分給鐵木真

家獵物。鐵木真母親說：「你們以為鐵木真長不大嗎？」族人乾脆在遷移時故意拋棄鐵木真母子，迫使他們靠採果挖菜生存。但在鐵木真14歲時，族人怕有後患，還是突襲和俘虜了鐵木真，本來準備示眾後殺掉，但被同情他的人營救。鐵木真逃回後全家遷移至較遠的地方。

　　第二次是鐵木真完婚後。鐵木真的新婚妻子是小時候訂的娃娃親，這門婚事引起了一個部落的注意。該部落首領的弟弟在22年前曾有一個美麗的新婚妻子，在歸途中被人搶走，搶人者就是鐵木真的父親（也速該），被搶的新婚妻子成了鐵木真的母親。22年後，這種恥辱終於有了可以報復的機會。該部落趁鐵木真家族不備實施突襲，鐵木真落荒而逃，將備用馬也帶走，妻子則因沒有坐騎而被俘[1]，做了鐵木真母親前夫的弟媳（相當於鐵木真的嬸子）。後來鐵木真將在敵營有了身孕的妻子救了回來，但仍非常尊重，妻子生下鐵木真的長子朮赤（蒙語「客人」之意），後來朮赤因血統而不能繼位，只好到莫斯科建立欽察汗國，為日後土地遼闊的俄羅斯打下基礎。

　　為搶回妻子，擊敗仇敵，鐵木真聯合草原上勢力強大的義兄（札木合）與義父（王汗），以4萬騎兵奇襲對手，大獲全勝。參與突襲劫持鐵木真妻子的300名敵方士兵及其兒子或孫子，統統被殺死。

　　有了這次勝利的名氣，追隨鐵木真的人多了起來。鐵木真不甘久居人下，於是不辭而別，離開了札木合，並帶走了一些札木合的部下。利用自己「黃金家族」的優勢身份，鐵木真稱蒙古可汗（部落首領）。

　　在鐵木真稱汗以後，蒙古草原中東部事實上形成了王汗、札木合、鐵木真三足鼎立的形勢。

札木合與鐵木真這對曾經同食共寢、無話不談的好兄弟面臨著誰來主宰蒙古草原的抉擇。札木合才略過人，雄心勃勃，而且少年有成，20出頭就成了部落聯盟的首領，並幫助鐵木真打敗對手，搶回妻子。鐵木真發跡較晚，勢單力薄，但待人寬厚，深得人心，而且血統高貴，政治地位發展迅速，二人逐漸有了瑜亮情結。

鐵木真最終贏得了競爭的勝利，轉折點是蒙古史上有名的「十三翼（即鐵木真所率的13個部落）之戰」。在這次戰役中，雙方各投入兵力3萬，札木合是攻勢，鐵木真是守勢。札木合的軍隊迫使鐵木真敗退。這也是鐵木真一生在兩軍對決中罕見的敗仗。

不可思議的是，鐵木真輸了軍事卻贏了政治。對手過於殘酷的戰爭手段，比如用70口大鍋煮俘虜，令不少士兵畏懼其嚴厲懲罰而投奔了鐵木真，鐵木真的軍力反倒得以迅速恢復和壯大。鐵木真在後來與札木合率領的12部落聯軍作戰中取得勝利，成為蒙古東部之王。

札木合投奔了鐵木真的義父王汗，並與王汗聯手對鐵木真發動了突襲。鐵木真雖然提前一點得到了情報，立即組織轉移，但還是被追擊得很慘，幾乎被逐出了蒙古草原，當其逃到大興安嶺附近休整時，身邊只剩下4000多人（一說2000多人）。

這時鐵木真的領袖才能發揮得淋漓盡致，他不但凝聚了這些士兵沒有最終潰散，一起喝渾水發誓同甘共苦，還採用計策麻痺敵人，而後組織部隊發起反攻。戰鬥進行了三天三夜，居然擊敗了王汗的強大軍隊。王汗雖在戰場上倖免於難，但在向西逃亡的途中被乃蠻部落的邊境巡邏隊當做奸細誤殺。

乃蠻部落是控制蒙古草原西部的突厥族政權，遊牧於大阿爾泰山及其周圍廣闊的地域內，是蒙古高原諸部中勢力最強的部落。與沒有文字的鐵木真等蒙古部落相比，使用畏兀兒（維吾爾）文字的

乃蠻部落也是草原上最文明的部落。因此，他們很輕視正在崛起的鐵木真部。乃蠻王冒失地收留了鐵木真的敵人札木合，並輕易與剛剛獲勝的鐵木真開戰，結果自以為兵強馬壯的乃蠻政權被鐵木真徹底消滅。

鐵木真消滅乃蠻部落後札木合再次逃亡。途中他的五個隨從吃了他一只珍貴的盤羊，被他訓斥，五個隨從怨憤之下將他綁了送給鐵木真。面對這位義結金蘭的兄弟，鐵木真感慨萬千。他們曾經豪氣沖天，為了統一蒙古、打敗金朝而共同努力，但最終卻在權力的爭奪中反目成仇，為了蒙古草原的領導權刀兵相見。當鐵木真完成了統一蒙古的事業時，曾經的手足兄弟札木合最終潦倒階下，只求一死。鐵木真處死了犯上的札木合的五個隨從後，按札木合的請求處以不流血之死。

消滅乃蠻部落後（1206年），蒙古貴族們在斡難河（今鄂嫩河）源頭召開大會，為統一了蒙古草原的鐵木真奉上尊號「成吉思汗」（有的西方史書稱為「大蒙古國皇帝」）。由鐵木真開創的蒙古帝國的歷史開始了。這一年鐵木真44歲。

蒙古擴張

在成吉思汗的領導下，蒙古帝國不斷擴張，滅掉了西遼和花剌子模兩個中亞大國。成吉思汗臨終前還留下滅西夏、金的密計方略，並得到成功實施。

先說滅西遼。西遼是金滅遼後、遼朝殘餘勢力在中亞建立的政權，後來元朝滅亡，元朝殘餘勢力退至漠北維持北元政權也與此類似。西遼國土面積廣闊，與南宋相仿，最強大時東接甘肅，西至鹹

海，中心在今吉爾吉斯境內，後人稱其為「中亞雄獅」，最後被成吉思汗所滅。

西遼的建立者耶律大石是遼代的貴族，他是《遼史》中記載的遼朝唯一一個契丹進士，能騎射，精通漢文和契丹文。在遼被金滅亡前夕，耶律大石曾率殘餘遼軍在北京南邊大敗20萬乘虛而入的宋軍。但因遼朝內訌，他被迫帶領200親兵向西遷徙。他在今蒙古境內召集了契丹18個部落的首領集會，重建遼朝。後來在今新疆稱帝，正式成立西遼帝國。隨著領土不斷向西擴張，耶律大石將都城定在虎思斡耳朵（意為強盛宮帳，在今吉爾吉斯境內）。

在西遼向西擴張的過程中，最有名的戰役是擊敗當時以巴格達為中心的中亞強權塞爾柱帝國。塞爾柱突厥人是唐朝時分裂的西突厥的一支，他們從吉爾吉斯草原出發，在征戰中皈依了伊斯蘭教並逐漸強大，最終橫掃中亞和西亞，占領巴格達，開創了阿拉伯帝國的塞爾柱王朝時代。耶律大石正是憑藉其軍事天才以少勝多，擊敗了稱雄一時的塞爾柱帝國的10萬騎兵，威震中亞，並順勢征服了西喀喇汗、花剌子模等塞爾柱帝國的附屬國。

耶律大石去世後，西遼逐漸沒落，卻仍不失為中亞大國。但在成吉思汗消滅乃蠻部落後，乃蠻部落王子逃到西遼，竟篡奪了帝位。成吉思汗不想留下遺患，於是派大將哲別率軍進入西遼追擊。

哲別曾出現在金庸小說《射鵰英雄傳》裡，哲別遭到成吉思汗追擊時為郭靖所救，後來教給郭靖「箭無虛發」的箭術。在真實的歷史中，確有哲別其人，他的確是「百發百中」的神箭手，曾在戰鬥中徒手抓到敵軍射來的飛箭，搭弓回射，一箭穿透敵方主將心窩。哲別先效力於成吉思汗的敵對部落，後投降成吉思汗。成吉思汗看重他的箭術和坦誠，原諒他曾經射死自己的愛馬，賜名「哲別」（意為「箭」），並予以重用。但哲別能成為四虎將之一，還是因為他有勇有謀。

在出征西遼的過程中，乃蠻王子逃往今阿富汗境內的山谷，蒙古軍因山谷崎嶇無法深入。哲別一改乃蠻王子對當地人宗教信仰進行強制的做法，宣布：每個人都可以有自己的信仰，保持自己祖先的宗教規矩。並在宗教信仰自由的政策基礎上，跟當地獵戶達成協議：如果能捉住該王子並交付於蒙古軍，蒙古軍不再向獵戶索取任何物品。獵戶因此包圍並捉拿了該王子及其部卒，送交了蒙古軍。哲別下令將其處死，西遼滅亡。

　　在西遼沒落的過程中，花剌子模（舊譯「回回國」或「火尋」）逐步興起，擺脫西遼統治，在中亞地區稱霸。其領土包括今伊朗、烏茲別克斯坦、土庫曼斯坦等地，東與西遼接壤（領土以中國新疆、吉爾吉斯、哈薩克斯坦為主），面積與印度次大陸相仿。

　　蒙古軍西征花剌子模之前，成吉思汗面臨來自三方面的挑戰：一是對金作戰，二是西夏反叛，三是花剌子模的欺辱。成吉思汗權衡利弊，最終決定採用穩住西夏、牽住金朝、全力西征花剌子模的策略。

　　花剌子模是實力強大的中亞大國，成吉思汗本想與其友好通商，曾向花剌子模國王傳遞口信：你統治日落地方，我統治日昇地方。但該國由於對蒙古不夠瞭解，頗有輕蔑，竟然圖財害命，斬殺蒙古使臣，屠劫蒙古商隊，並且由於政權內部有矛盾，成吉思汗遣使問罪時不但未懲處肇事者，反而殺害了使團團長，其餘的成員被剃光鬍鬚押出國境。成吉思汗被徹底激怒，報復開始了。

　　成吉思汗率領12萬左右的蒙古軍隊西征，而花剌子模卻有40萬裝備精良的軍隊以逸待勞，本土作戰，形勢似乎對成吉思汗並不利。但歷史事實是：成吉思汗創下了以少擊多、打包圍戰全殲敵軍的軍事奇蹟，在地圖上一舉抹掉了花剌子模這個正處於強盛階段的國家。

花剌子模人為保衛國家也進行了頑強抵抗，大量勇將戰死。有的城堡在蒙古人潮水般的進攻下能守城長達5個月，刀槍盡折仍然用磚頭以死相拚，卻終究不能擺脫滅亡的命運。

聽到花剌子模國王逃跑，成吉思汗下令讓哲別等人追殺：「直到將他們追上為止，你們不擒獲他不要回來。有反抗情緒者一律消滅掉！三年內結束戰爭，透過欽察草原回到我們的老家蒙古。」結果，花剌子模王室成員被蒙古軍追殺殆盡，大量被俘士兵和百姓被集中起來予以屠殺。成吉思汗有一次在屠殺前向他們發表頗有哲學意味的演講：你們必定是有罪的，不然，上天為什麼指派我殺掉你們？

就這樣，成吉思汗親率蒙古軍隊征服了大部分中亞地區。數量並不占優的蒙古軍隊屢屢獲勝的主要原因，是戰術、後勤、裝備和戰士。

蒙古軍西征花剌子模兵分三路。其中大皇子術赤和大將軍哲別率領3萬人穿過帕米爾高原的死亡地帶。他們在7千多米的高山之間、一丈多深的積雪中行軍，「為了暖和身體，用小刀切開馬的血管，吸喝了馬的溫暖的血液，又把血管封閉起來。」[2]成吉思汗親率5萬蒙古騎兵，從北方迂迴行軍，透過了被認為人和動物無法透過的500公里大沙漠，堵住了花剌子模人西逃的路徑。這時的花剌子模已被蒙古軍隊四面包圍，這是成吉思汗大迂迴戰略最典型的一個戰例。

千里奔襲必須解決後勤供給問題，隋唐征高句麗幾乎每次都是供給中斷被迫撤軍。蒙古軍隊以自己獨有的方式解決了軍隊的供給問題，他們不需要組織很長的輜重隊，因為蒙古人平時即食用羊或馬，不需要特別的裝備來運送，從而大大減輕了蒙古軍隊的負重。蒙古士兵以肉乾和酸奶為飲食，軍隊可以隨身攜帶戰鬥時用的一切物品，攜帶食物吃光了，還可以吃其他動物肉，依然有強大的野戰

生存能力。所謂「食羊盡則射兔鹿野豕為食,故屯數十萬之師不舉煙火」。

解決後勤供給的另一個辦法是因糧於敵。一是在敵區搶奪牲畜。二是軟硬兼施迫使對方供給糧食。哲別在占領花剌子模的南方後告示居民:如果想免於被殺,快快投降提供糧食。成吉思汗的作法則更溫和一些,他登上城裡清真寺的聖壇,對回教僧侶們說:「在野外既沒有肉,也沒有草,馬餓了人也餓急了,戰士們非常苦,打開你們的糧庫。」[3]僧侶們只好交出糧食。三是每征服一地,就建立作戰基地,以戰養戰。「蒙古貴族在開始進入中原時,掠奪財富是他們從事戰爭的一大目的,從金銀、牲畜到人口,都是他們掠奪的對象。」[4]

後勤有了保障就可以增加軍隊的速度和力量,大膽向敵人的縱深穿插迂迴,其距離的深遠常常使敵人難以置信,這就是為什麼蒙古軍隊攻下一個個城堡竟是那麼容易。因為這些城堡的守軍被突如其來的敵人嚇蒙了,他們來不及作堅固防禦,即使作了準備,但蒙古軍卻偏偏出現在他們尚未防守的地段,而那些地段他們認為敵人是無法前來偷襲的。當然,這也和蒙古軍隊的裝備有關。

蒙古騎兵通常備有不止一匹蒙古馬。蒙古馬身材矮小,跑速慢,越障礙能力也遠遠不及歐洲的高頭大馬。但是蒙古馬是世界上忍耐力最強的馬,可以長距離不停地奔跑,而且無論嚴寒酷暑都可以在野外生存,對環境和食物的要求也是最低的,可以隨時找到食物。當成吉思汗西征時,花剌子模國王從間諜那裡得知:蒙古軍隊的馬不需要麥子和稻草。它們能用蹄子刨開積雪找草吃,甚至還能刨開土找草根和草籽吃。任何高山峻嶺和大川小河都阻擋不了他們的進擊。花剌子模國王聞此受到強烈震撼,以致無心交戰。蒙古馬在蒙古軍隊除了作為騎乘工具外,還可以提供馬奶,減少了蒙古軍隊對後勤的要求。

除每人配備數匹蒙古馬外，蒙古騎兵隨身攜帶有弓箭、馬刀、長矛、狼牙棒。他們的弓箭長，射程遠，需大約80公斤的力量才能拉開。大多數蒙古騎兵射箭技術非常高超，在飛奔之中射箭也極準確，能夠向後精確射中追來的敵人。每個蒙古武士在一場戰鬥中要帶至少60支箭，可以有效殺傷至少30名敵人。因此，蒙古軍隊一和敵人交鋒，首先就是撤退，和敵人拉開距離，用弓箭射殺敵人。這樣，敵人的刀劍無法對付遠距離的弓箭，蒙古軍隊就完全占據了優勢。如果弓箭無法穿透敵人的盔甲，他們就改射敵人的坐騎，掉下馬的騎士就只能任由蒙古騎兵隨意砍殺。

震天雷

蒙古人「恃北方之馬力，就中國之技巧」，將與金國和南宋作戰時遇到的先進武器全都學過來，不但全盤照搬，而且發揚光大，並用到歐洲戰場。這當中包括投石機、折疊橋、濃煙毒箭、火箭、燃燒油、突火槍、震天雷等。以拋射武器震天雷為例，鐵罐盛藥，以火點之，炮起火發，其聲如雷，聞百里外，甲鐵皆透。當時蒙古軍隊的敵人，尤其是歐洲軍隊，尚不知火藥為何物，親眼見後稱之為「妖術」，給他們造成極大的心理震撼，尚未交手，往往已經軍心渙散。史料記載蒙古人的毒箭含砒霜巴豆，產生強烈的毒煙，造

成敵人極大恐慌而逃跑。身著輕裝的蒙古軍隊再利用遠遠高於逃跑者的速度和耐力，不停頓地換馬四處截殺。

蒙古士兵和中國北方的其他遊牧民族一樣從小就是戰士。蒙古人三四歲就被投入專門的軍事訓練部門進行騎馬、射箭的訓練。在馬背上和嚴寒艱苦的環境中長大，具有極為堅韌耐勞的性格，對物質條件的待遇幾乎從不講求，爬冰臥雪視為常事，遠距離跋涉更是不在話下，連續作戰的意志和能力更是西方養尊處優的貴族騎兵們和中國被抓來的百姓士兵難望其項背的。和所有的敵人相比，蒙古人在文化和物質上都處於落後地位，大規模攻占和掠奪始終是激勵其保持旺盛戰鬥力的原因和動力。對外發動戰爭時，可以全民動員，全民不分男女老幼都可以參加作戰行動。如對花剌子模國的長期圍困，就是全民參與，在城下放牧生活，維持軍隊持續不斷的攻擊力，直到城市被攻克。

在以上四方面的優勢基礎上，蒙古軍隊的統帥成吉思汗追求蒙古草原統一的努力取得相當大的成功。事實上，他控制的領土面積遠遠超過其早年最大膽的想像。後來成吉思汗曾指著廣袤的草原對手下自豪地說：我們的國家無論從東到西，還是從北到南，都需要騎馬走一年的時間。

成吉思汗追求統一的主要動力大概來自報復和征服的慾望。他自幼飽經苦難和欺凌，對財物充滿爭奪的慾望，對敵人充滿報復的仇恨。他少年時曾因為爭奪獵物親手用自制的弓箭射殺同父異母的弟弟。成為蒙古部落可汗後，為報復有殺父之仇的部落，他曾下令殺光所有身高超過車輪的塔塔兒士兵和男子。對殺害蒙古商人的花剌子模將領，成吉思汗命令融化銀汁灌其耳目，為遇害者報仇。

但同時，成吉思汗又很有政治頭腦，在報復和征服的同時，他又非常慷慨，性格中表現出恩怨賞罰分明的特點。早期在與友好部落圍獵時，經常將獵物趕向別人的一邊。為賞賜守衛他的侍從，他

曾將自己的妃妾許配給下人。成吉思汗統一蒙古後一下子封了95個千戶，4個萬戶，犒賞手下的力度和氣魄遠遠超過了漢高祖劉邦，而且受封者大多數都不是自己的親戚。[5]

與遼朝開國皇帝耶律阿保機的54歲和金朝開國皇帝完顏阿骨打的55歲相比，成吉思汗活了66歲，已經算長壽的開國之君了，這也使他有機會開創更多的功業。他為創建空前廣闊的帝國打下堅實的基礎，並使帝國在其死後仍保持擴張的動力和能量。

除成吉思汗親自領導的西征外，另外兩次西征均因蒙古帝國的大汗去世而停止了勝利的步伐，否則世界歷史又將是另一種想像。

成吉思汗去世後，第三子窩闊臺繼任大汗（1229年），他活了55歲，在其任內，蒙古征服了高麗（1231年），滅亡了金國（1234年）。後來因為窩闊臺酗酒而暴斃（1241年），使蒙古軍的西征進程被迫中止，正向歐洲維也納勝利推進的蒙古軍急忙撤回。

窩闊臺死後，其長子貴由曾在位三年，而後由43歲的蒙哥（成吉思汗第四子拖雷的長子）即位。蒙哥沉默寡言、不好侈靡，是位傑出的蒙古大汗。在其任內，蒙古軍滅亡大理（1254年），占領阿拉伯帝國首都巴格達（1258年），消滅了阿拔斯王朝，次年占領大馬士革（現為敘利亞首都）這座據說是有人持續居住的亞洲最古老城市。[6]蒙古軍本來還有望在蒙哥任內滅亡腐敗的南宋政權，但蒙哥親率軍隊在重慶與南宋軍隊作戰時暴斃（一說中箭，一說瘧疾），導致同時進行第三次西征的蒙古軍團停止了橫掃中東的進程。

帝國興衰

　　成吉思汗及其子孫領導下的蒙古帝國曆經數次西征，在被征服的遼闊疆域內建立了「四大汗國」：欽察汗國、察合臺汗國、窩闊臺汗國和伊兒汗國。四大汗國的統治者在血統上均出自成吉思汗「黃金家族」，初期同奉入主中原的元朝為宗主。

　　欽察汗國（金帳汗國）：成吉思汗長子朮赤的封地，主要轄區是東起額爾齊斯河、西至多瑙河、南起巴爾喀什湖、北到北極圈附近的廣大地區。四大汗國中，欽察汗國疆域最為遼闊，並成為後來出現的俄羅斯的基礎。15世紀20年代初，欽察汗國分裂成9個相互獨立的國家。一個叫莫斯科公國的屬國崛起，並不斷兼併欽察汗國的其他屬國，成為後來著名的俄羅斯帝國。俄羅斯人的日常生活深受蒙古影響，有大量蒙古語借字，郵政、稅收、衣服、軍制與法制也受蒙古影響。

　　察合臺汗國：成吉思汗的次子察合臺封地，主要轄區在天山南北。後分裂為東西兩部。1369年西察合臺汗國被帖木兒帝國消滅。在此稍早前，東察合臺汗國統治者強迫民眾改信伊斯蘭教，使該教後來在新疆地區盛行。1570年東察合臺汗國（吐魯番汗國）亡於葉爾羌汗國（該汗國清初被漠西蒙古的準噶爾部吞併）。

　　窩闊臺汗國：成吉思汗第三子窩闊臺的封地，領有額爾齊斯河上游和巴爾喀什湖以東地區。忽必烈時期被元朝消滅，領土分別被併入元朝、欽察汗國和察合臺汗國。

　　伊兒汗國（伊爾汗國或伊利汗國）：成吉思汗孫子旭烈兀（成吉思汗第四子拖雷之子，忽必烈的三弟）西征後建立，以現今兩伊地區為核心，東濱阿姆河，西臨地中海，北界裡海、黑海、高加索，南至波斯灣。1295年該汗國改宗伊斯蘭教，伊爾汗國組建成為一個伊斯蘭國家。後分裂，1388年為帖木兒帝國所滅。

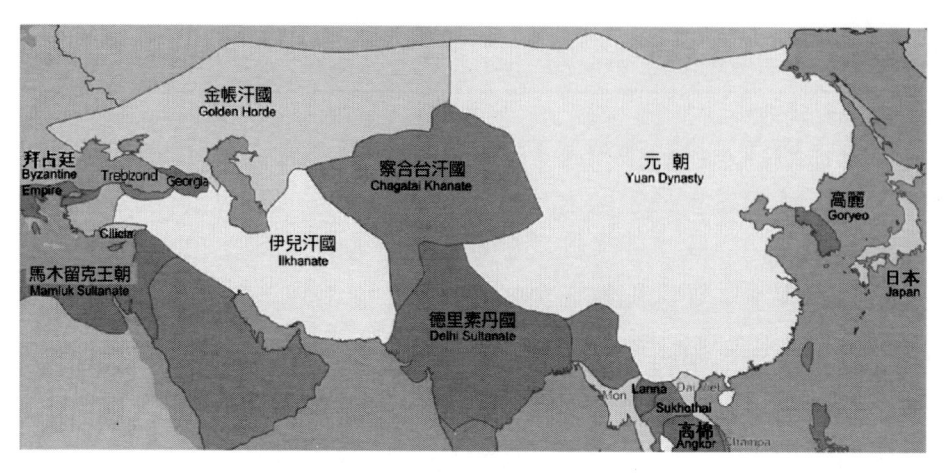

1335年的亞洲，四大汗國之一窩闊臺汗國此時已滅亡。

元朝開國皇帝元世祖忽必烈去世後，其他三個蒙古汗國（此時窩闊臺汗國已亡）完全各自為政，互不隸屬。到元朝末代皇帝元順帝的時候，其他汗國已經根本不關心中原地區由誰來統治。即使在元朝內部，也是分崩離析，山頭林立，毫無蒙古帝國初期的團結氣勢。

明朝開國皇帝朱元璋在統一南方後，遣將揮師北上，一舉將元順帝趕回蒙古草原。按說此時元軍戰鬥力也不算太弱，還能滅倭寇、平西域、敗紅巾，但卻被明軍追亡逐北，摧枯拉朽，打得潰不成軍。除了士氣、戰術等因素外，明軍最令人矚目的是武器裝備相當先進。大部分明軍騎兵都配有火龍槍，可以彌補與蒙古騎兵在騎射上的差距。明軍還大範圍地使用了火炮，使元軍最後的精銳部隊大多成了炮灰。

回到漠北草原的蒙古政權被史學家稱為「北元」，但也只維持了20年。明朝6次北伐，深入漠北，大敗元軍，後來蒙古政權乾脆廢棄元朝國號、年號、帝號（1388年），還原蒙古，明朝稱其為「韃靼」。

蒙古各部又恢復到興起之初時的狀態，圍繞宗主權（大汗之位）展開激烈爭奪。成吉思汗的黃金家族勢力逐漸式微，有的後代（本雅失裡）不甘心失敗，意圖恢復往日榮耀，但因拒絕向明朝臣服，明成祖朱棣親自率軍進入蒙古，直抵成吉思汗故地——鄂嫩河上游平原，將其徹底擊潰。

蒙古分裂為瓦剌（衛拉特）、韃靼、兀良哈（朵顏三衛）三部。其中西部的瓦剌發展最快，勢力一度最大。當時瓦剌在向明朝朝貢時發生利益糾紛，加上明朝拒絕將公主嫁給瓦剌王子，瓦剌首領也先率蒙古騎兵分三路入侵明朝。23歲的明英宗率20倍於敵軍的明軍御駕親征，但因宦官當權，指揮不當，被瓦剌軍擊潰。皇帝被俘，66名大臣戰死，50萬軍隊全軍覆沒。這就是歷史上著名的「土木堡之變」。

後來位於蒙古草原中部的韃靼又再度強盛，首領俺答汗原本親近明朝，幾次表示歸服意願，並懇請明朝恢復在長城關口的互市貿易，遭到拒絕。更糟糕的是，明朝政府不但多次拒絕韃靼的互市請求，還公開處死蒙古使臣。如果嘉靖君臣知道當初花剌子模處死蒙古使臣後、成吉思汗不惜傾國西征的歷史，他們就應該清楚蒙古人對這樣的事有多麼重視。果然，俺答汗終於被激怒了，集結了10餘萬騎兵南下，明朝邊防軍一觸即潰，蒙古軍隊包圍北京，恣意擄掠，滿載而歸。明朝顏面盡失，史稱「庚戌之變」。此後韃靼與明朝長期敵對。

兀良哈是生活在大興安嶺以東的蒙古部落，明朝將之統稱為「朵顏三衛」或「兀良哈三衛」，在明朝初年明軍對蒙古人的強大攻勢下，歸附了明廷。明成祖朱棣發動奪取皇位的「靖難之役」時，兀良哈三衛曾向其提供蒙古騎兵，並成為朱棣「靖難軍」的精銳部隊，為擊敗南京方面的軍隊立下戰功。後來為土地問題與明朝翻臉，先後聯合韃靼和瓦剌進攻明朝。明朝後期該部落逐步融入其

他蒙古部落而消失。

明朝末年，蒙古末代大汗林丹繼位。從繼承汗位開始，林丹汗便著手統一蒙古各部，一度頗有成效，所轄地域東起遼東，西至甘肅，聲威日隆。但漠北與漠南蒙古諸部與林丹汗卻是貌合神離。其中一個重要原因是林丹汗26歲時改為信奉紅教，這與蒙古地區多信仰黃教的傳統不符。此外遼東新興的後金政權極力靠聯姻拉攏漠南蒙古部落，使越來越多的蒙古部落歸附了後金。

林丹汗意識到後金的威脅，調整了一度進攻明朝的策略，改為「聯明制金」。在明朝與後金激烈作戰時甚至派兵支援明軍，但被金軍擊敗。即使如此，林丹汗仍在政治上壓制後金，他在給後金大汗努爾哈赤的信中自稱「統領四十萬眾蒙古國巴圖魯青吉斯（成吉思）汗」，要求「水濱三萬人之王」的努爾哈赤不得與自己的蒙古部落結盟。

努爾哈赤並不把林丹汗放在眼裡，不但回信措辭強硬，還乾脆兵戎相見，擊敗了林丹汗。皇太極繼位後，親率大兵三征林丹汗。第三次大敗林丹汗的10萬勁旅，皇太極分兵三路窮追林丹汗41天，一直打到林丹汗的據點歸化城（今呼和浩特）。

林丹汗無奈自歸化城驅人畜十萬渡黃河西逃。但面對大勢已去的大汗，部眾十之七八在途中散去。林丹汗逃奔青海，整軍經武準備反攻。但不幸的是兩年後病死。後金軍隊渡河招降林丹汗部眾，林丹汗的妻子和兒子歸降，交出可汗印信，整個漠南蒙古完全納入了後金帝國的版圖，蒙古帝國的汗位至此斷絕。

次年（1636年），漠南蒙古十六部首領齊聚瀋陽，承認皇太極為汗，並奉上「博格達·徹辰汗」的尊號[7]。這一年，皇太極在瀋陽稱帝，改國號「清」。8年後，清軍入關，明朝滅亡，清朝問鼎中原。

漠南蒙古歸順清朝時，蒙古人統治的另外兩塊地區——漠北蒙古和漠西蒙古尚未歸屬清朝。但在清軍入關前，漠北蒙古三個主要部落首領（土謝圖汗、札薩克圖汗、車臣汗）紛紛向清朝遣使朝貢，與清朝關係密切。康熙年間，漠北蒙古遭到漠西蒙古的進攻，漠北蒙古各部內附投清。康熙與內外蒙古各部首領會盟（1691年，多倫），宣布保留漠北蒙古三部首領的汗號，並賜以滿洲貴族的封號，其行政體制也和內蒙古一樣，加強和鞏固了清朝對漠北蒙古各部的管轄。

　　接著，清朝順勢加快對漠西蒙古的統一，歷經康、雍、乾三朝用兵，徹底將其重新納入中央政權的管轄版圖（1757年）。

獨立運動

　　清朝先後統一了蒙古人控制的漠南、漠北和漠西，但在這三個地方實施的政策和後果是不同的。漠北後來產生強烈的獨立傾向。

　　清朝早在後金時期就與內蒙古（漠南蒙古）聯姻，二者融合程度高，內蒙古貴族可以和清廷貴族共同分享主宰天下的權勢和榮光，因此十分認同清朝。清廷對內蒙古也非常信任，管理基本上是「自治」。

　　外蒙古（漠北蒙古）歸附的時間晚，又是在被漠西蒙古擊潰後不得已而降清的，且其後又有反覆，所以清朝對外蒙古並不十分信任，雖也封官予爵，但還要在庫倫（今烏蘭巴托）設立辦事大臣進行監督。

　　導致外蒙古產生獨立傾向的是最初原因是政府負擔太重。當初蒙古擴張時，每征服一地或與他國結盟，立即徵人征馬徵稅，毫不

客氣。清朝也是一樣的思路：既然清朝為幫助外蒙古打敗噶爾丹付出那麼多，外蒙古也不應該為支援清朝吝惜什麼。於是，在繼續征討漠西蒙古的過程中，外蒙古也就理所當然的需要承擔對清朝的種種義務。

　　噶爾丹死後，策妄阿拉布坦掌控漠西蒙古與清朝作對。清朝發動對漠西蒙古的戰爭，外蒙古承擔了大量物資與人力支持。據蒙古檔案記載，征討漠西蒙古的20年間（康熙五十四年到雍正十三年），清朝從外蒙古徵調騙馬23萬匹，騾馬5.3萬匹，駱駝10萬峰，牛4000頭，綿羊200萬隻，氈子3萬塊。實物徵調外，還有繁重的徭役，包括驛站、哨所，都要派遣外蒙古士兵駐守，各王公要為此供應一切軍需物資，清朝軍隊的物資運輸也完全由喀爾喀人負擔。

　　外蒙古不堪重負，牧民大量破產，成群的人逃到俄羅斯避難。據俄國檔案記載，一年間（1730年）有多達2091帳的蒙古人趕著5210峰駱駝、68465匹馬、14962頭牛和131610隻羊逃到俄國境內。

　　與此同時，清朝對於內蒙古則是採取輕徭薄賦的政策，內蒙古只需供應少量的戰馬、湯羊、乳酒等物，雖然也要承擔一些守卡、驛遞等勞役，但相對負擔較輕。遇到天災，清廷要調撥大量的米糧、皮裘、牲畜、氈房、銀兩給予救濟。除此之外還實行養贍制度，相當於現代的扶貧政策，使內蒙古經濟很快得到恢復。

　　清人張穆的《蒙古遊牧記》記載在康熙三十五年（1696年）時，內蒙古沿途各地「駱駝皆健，馬匹較少，牛羊饒裕」，鄂爾多斯地區「見其人多有禮貌，不失舊時蒙古規矩，各旗縣和睦一體。無盜賊，駝馬牛羊不必防守，生計周全，牲畜繁盛，較它蒙古殷富，圍獵嫻熟，稚兔復多，所獻馬皆極馴，取馬不用套桿，隨手執之，水土食物皆甚宜」。

兩相對比，外蒙古人對清朝的不滿日益高漲，終於釀成1756年的「撤驛之變」。此前外蒙古發生了白災和瘟疫，生計艱難的外蒙古人對清朝的賦稅雜役愈發厭惡。偏在此時，乾隆皇帝殺死了因為疏忽而放走準噶爾首領阿睦爾撒納的一個外蒙古親王，這個親王是外蒙古活佛哲布尊丹巴二世的哥哥。他的被殺引起了外蒙古諸王公的普遍憤怒，紛紛撤驛站、棄哨探，各地牧民舉行暴動，襲擊清軍，打擊漢商，清朝在漠北的驛站全部癱瘓。但這次撤驛之變僅維持了數月便徹底失敗，發起人及追隨者遭到鎮壓。

這次事件使清廷對外蒙古加強了警惕和控制。清朝設置了駐庫倫辦事大臣，直接對中央負責，管理當地所有事務，將土謝圖汗、車臣汗和哲布尊丹巴活佛這些在外蒙古有著崇高威望和號召力的貴族架空，處於絕對控制之下。清朝並將外蒙古的軍政管轄從間接轉為直接。

同時，清朝操縱哲布尊丹巴活佛的轉世系統。哲布尊丹巴活佛一世和二世都是在外蒙古貴族土謝圖汗家族中轉世，從三世起，清朝指定必須在藏人中轉世，並成為定製。活佛系統和外蒙古貴族的血緣聯繫被切斷。這些措施有利於穩定清朝對外蒙古地區的統治，但加重了外蒙古貴族和普通牧民對清廷的不滿。

哲布尊丹巴活佛地位的不斷下降成為外蒙古獨立的直接導火索。1840年以後，哲布尊丹巴八世沒有一次被清廷召見，而在他之前的五十年，歷任哲布尊丹巴活佛沒有受過一次朝廷的褒獎。1878年，新上任的滿族辦事大臣要求廢除以往辦事大臣謁見哲布尊丹巴時的叩拜禮，並要求哲布尊丹巴站立迎接。幾經交涉後，哲布尊丹巴雖不用起身迎接，但也從此免除了清朝辦事大臣對哲布尊丹巴的叩拜之禮。這對當時的外蒙古人是不可忍受的恥辱。

中國爆發1911年辛亥革命為外蒙古脫離中央政府提供了條件。此前一些蒙古王公向哲布尊丹巴八世遞送了建議獨立的呈文，

提出為了「保護我們的黃教」要「爭取獨立」，「將派特使去我們的北方鄰邦俄國，並以友好的方式闡述這些事實，請求它考慮給我們援助。」[8]另一個謀求獨立的重要原因，是在清朝對蒙古族地區實行蒙地放墾和設置州縣政策的背景下，大量蒙古族人失去了大片牧場，經濟條件惡化，欲謀求經濟和政治上的自主權力。

1911年7月，以哲布尊丹巴活佛為首的外蒙古王公，以會盟為名，在庫倫召開秘密會議，決定實行外蒙古獨立，並派遣代表團密往俄國尋求庇護。[9]沙俄政府決定：「不承擔以武力支持喀爾喀蒙人脫離中國之義務，而是居間調停，透過外交途徑支持蒙人捍衛獨立之願望，勿與其宗主國君主清朝大皇帝脫離關係。」但允諾「將支持他們為捍衛喀爾喀之獨特制度，同中國人進行鬥爭」。

1911年10月10日武昌起義爆發。外蒙古王公宣布「蒙古全土自行保護，定為大蒙古獨立帝國，公推哲布尊丹巴為大皇帝，不日登極」，要清朝辦事大臣立刻出境。12月16日，庫倫獨立集團正式宣布成立大蒙古國，以共戴為年號，奉哲布尊丹巴呼圖克圖為皇帝。但此獨立未被當時的清朝政府和後繼的中華民國政府承認。

趁中國中央政府無暇北顧，且西藏正在謀求軍事獨立，1912年5月，庫倫獨立軍5000餘人進攻科布多中央駐軍。科布多守軍300餘人奮戰幾十天後失陷。至此，外蒙古獨立政權控制了外蒙古全境。

在此過程中，外蒙古還企圖併入內蒙古，向內蒙古王公發出的第一次《檄文》提到：「現值南方大亂，各省獨立，清皇權勢，日就凌夷。國體變更，指日可待」；「我蒙古亦應聯合各盟，自立為國，以便保我黃教，而免受人權力壓制之苦。自應協力同心，奮勉圖維」。[10]

內蒙古地區歷經明清兩代大量漢族、回族人口遷入，蒙古族原

住民已不占多數，而且文化交流頻繁，在外蒙古有著至高無上地位的黃教，在內蒙古並不能成為爭取獨立的理由。雖然有一些王公傾向獨立或是併入外蒙古，但無法形成外蒙古那種一呼百應的局面。

因此，著名的內蒙古王公貢王（貢桑諾爾布）1912年3月在烏蘭哈達（今赤峰市，筆者家鄉）召開會議，提出內蒙古要「脫離中國加入大蒙古國」時，出席會議的蒙古王公「不發一言」，「會場默然」，最後「不歡而散」，未取得任何結果。

中蘇談判

獨立運動往往與中央政權實力下降和外部強權插手密切相關。外蒙古與西藏的獨立運動的背後分別有俄國和英國的支持。

外蒙古獨立先是沙俄支持，後又得到蘇聯的扶植。1911年外蒙古在沙俄鼓動下驅逐清政府官員，宣布獨立。1912年「日俄密約」中，日、俄兩國相互承諾：「俄國承認日本在東北的特殊利益，日本承認俄國在外蒙古和西蒙古地區的利益。」

1913年沙俄迫使袁世凱執政的北洋政府簽訂了《中俄聲明》。聲明規定：外蒙古承認中國宗主權，為中國領土的一部分。中國、俄國承認外蒙古自治。中國不得在外蒙古派駐官員、軍隊，不得移民。

在國內各界的壓力下，袁世凱政府派兵將外蒙古軍隊逐出內蒙古，穩定了內蒙古的局勢。1915年中俄蒙簽訂《恰克圖協定》，重申中國對外蒙古的宗主權。據此外蒙古宣布取消「獨立的大蒙古國」。袁世凱冊封八世哲布尊丹巴為「呼圖克圖汗」，並赦免獨立運動人士。外蒙古實行自治，但實際上為沙俄所控制。

俄國此時正在醞釀十月革命。革命領導人列寧在世時曾說，要把沙皇掠奪的中國土地全部無條件還給中國人民，並承諾外蒙古在中國革命取得成功後將自然回歸中國。

十月革命後俄國陷入內戰而無暇顧及外蒙古，1919年11月中華民國總統徐世昌和總理段祺瑞下令出兵外蒙古，軟禁哲布尊丹巴活佛，全面否定《中俄聲明》。同月，外蒙古正式上書中華民國大總統徐世昌，呈請廢除俄蒙一切條約，蒙古全境歸還中國。南方孫中山護法軍政府對此致電慶賀。北洋政府下令取締外蒙古自治，恢復舊制，同時取消《中俄聲明》和《恰克圖協定》，在庫倫設立「中華民國西北籌邊使公署」。

1921年，外蒙古中國駐軍先後遭蘇聯白匪和紅軍的進攻，最後撤回內地。蘇聯紅軍進入外蒙古，協助蒙古人民黨建立了親蘇的「君主立憲政府」。1922年簽訂《蘇蒙修好條約》，蘇聯承認外蒙「獨立」。

外蒙古宣布「獨立」的消息傳到內地，輿論大嘩，包括內蒙古王公在內的國內各民間團體、民主黨派紛紛發表宣言，反對蒙古王公貴族分裂祖國的倒行逆施，譴責蘇聯對中國外蒙古的武裝占領。

當時的中國中央政府（北洋政府）發表嚴厲聲明，拒絕承認外蒙古獨立，但由於當時中國陷於內戰，北洋政府沒有派軍隊收復外蒙古。本希望借助英、美、日出面干涉，但未達到效果。

不久，蒙古君主哲布尊丹巴去世。在蘇聯第三國際以及蒙古人民黨的支持與行動下，蒙古政府1924年宣布廢除君主立憲制，成立「蒙古人民共和國」，定都烏蘭巴托（原庫倫）。這期間，那些在蘇聯控制下被剝奪了權力的蒙古上層王公開始後悔反抗中國的行為，紛紛逃到中國要求發兵收回外蒙古主權，趕走俄國人。但是蘇聯不斷增加駐蒙軍隊規模，制止中國收回外蒙古主權的行動。北洋

政府中的實力派人物曹錕、吳佩孚、張作霖等只有怒罵，卻無可奈何。

1924年，當時的中國中央政府（北洋政府）和蘇聯簽訂《中俄解決懸案大綱協定》，也叫《中蘇協定》，其中第六條明確「承認外蒙古是中國領土，中國在外蒙古有完全的永久的主權」。這意味著此時蒙古至少在名義上尚未能獲得獨立。

1927年，蔣介石主持中央政府時，蘇聯要求中國承認外蒙古的獨立，蔣介石回電拒絕，並責令外蒙古執政者放棄獨立，回歸中國。1928年，外蒙古發生大規模反對獨立並要求回歸祖國的統一進步運動，蘇聯以「平叛」為由出兵外蒙古進行血腥鎮壓。蒙古統一人士要求中華民國政府出兵外蒙古，中蘇軍隊在外蒙古東部邊界發生小規模戰鬥。此後中國軍隊再也沒有進入外蒙古。

中華民國從北伐、中原大戰、國共內戰，到九一八事件和1937年全面抗日戰爭爆發，長期處於戰爭狀態，無力處理外蒙古問題。親蘇的蒙古領導人喬巴山等人在蒙古人民共和國實行了蘇聯式的政治制度，使外蒙古在中國戰亂頻繁的年代形成了事實上的分離。

1945年德國投降後，美英在雅爾塔國際會議中與蘇聯達成默契，以犧牲中國部分利益換取蘇聯盡快對日作戰。史達林提出要跟中國簽約，然後進攻中國東北的日本軍隊，條件是中國要承認外蒙古獨立，並給予蘇聯在中國東北的特權。蔣介石也知道把外蒙古丟了是千古罪人，所以開始堅決不同意。

根據蔣經國對1945年隨宋子文赴蘇聯談判簽訂《中蘇友好同盟條約》的回憶，史達林當時對蔣經國說：「我之所以要外蒙古，完全是站在軍事的戰略觀點而要這塊地方的。倘使有一個軍事力量從外蒙古向蘇聯進攻，西伯利亞鐵路一被切斷，俄國就完了。」

蔣經國說：「現在你用不著再在軍事上有所憂慮，你如果參加對日作戰，日本打敗之後，他不會再起來，他再也不會有力量占領外蒙古，作為侵略蘇聯的根據地。你所顧慮從外蒙古進攻蘇聯的，日本以外，只有一個中國，但中國和你訂立『友好條約』，你說25年，我們再加5年，則30年內，中國也不會打你們。即使中國要想攻擊你們，也還沒有這個力量，你是很明白的。」

　　史達林反駁說：「你這話說得不對。第一，你說日本打敗後，就不會再來占領外蒙古打俄國，一時可能如此，但非永久如此。如果日本打敗了，日本這個民族還是要起來的。」「天下什麼力量都可以消滅，唯有民族的力量是不會消滅的，尤其是像日本這個民族，更不會消滅。」「再則，你還有一個錯誤，你說中國沒有力量侵略俄國，今天可以講這話，但是只要你們中國能夠統一，比任何國家的進步都要快。」「你說日本和中國都沒有力量占領外蒙古來打俄國，但是不能說就沒有『第三個力量』出來這樣做。」蔣經國問：「是不是美國？」史達林回答：「當然！」

　　對於中國代表提出「如果出賣了國土，國民一定不會原諒我們」，史達林傲慢地說：「今天並不是我要你來幫忙，而是你要我來幫忙。倘使你本國有力量，自己可以打日本，我自然不會提出要求。今天，你沒有這個力量，還要講這些話，就等於廢話！」

　　中蘇談判期間，美國在日本長崎扔了一顆原子彈，日本投降態勢明朗。史達林決定立即出兵。8月8日，蘇聯150萬大軍分三個方向占領了外蒙古和東北，跟著日本就投降了。這個時候史達林跟蔣介石講，你如簽約，第一，蘇聯承認國民政府是中國唯一合法政府，不支持共產黨；第二，蘇聯占領東北三個月以後就撤軍。你若不簽這個約，蘇聯就可能支持共產黨，而且蘇軍已經占了東北，不知什麼時候撤軍。

　　蔣介石面對史達林的重壓，又得不到羅斯福的支持，在萬般無

奈之中，於1945年8月14日，與蘇聯簽訂了《中蘇友好同盟條約》，在條約中正式承認了「蒙古人民共和國」。不過對此決定，中華民國外交家顧維鈞表示非常困惑：「我仍然無法理解為什麼我們在莫斯科的代表團認為非得向蘇聯做出超過需要之外的讓步不可。」

根據《中蘇友好同盟條約》，允許外蒙古依公正的公民投票的結果決定是否獨立。10月20日外蒙古舉行公民投票，中國政府派員前去參觀，「不與外蒙當局進行任何交涉」，「不發表任何聲明」。但在蘇聯勢力的影響下，97.8%的蒙古公民贊成外蒙古從中國獨立出去。

儘管聯合國所派觀察員不承認此次投票，中華民國政府仍在1946年1月5日承認蒙古人民共和國獨立。2月13日，中華民國政府與蒙古建立外交關係。從此，中國失去了對外蒙古的宗主權。

1949年蔣介石退到臺灣後，對史達林沒有遵守《中蘇友好同盟條約》中的「不援助中共」等條款感到憤慨，於是以蘇聯違約為由，在聯合國狀告蘇聯，宣布《中蘇友好同盟條約》失效，從而不承認外蒙古的獨立。聯合國對此（「控蘇案」）予以承認。聯合國大會以25票贊成，9票反對，24票棄權透過聯合國大會505號決議譴責蘇聯。這就是至今在臺灣的「中華民國」版圖上還包括外蒙古的依據。

事後蔣介石在國民黨的中央會議上檢討說：「承認外蒙獨立的決策，雖然是中央正式透過一致贊成的，但我本人願負其全責。這是我個人的決策，是我的責任，亦是我的罪愆。」「對總理、對革命、對國家和人民應該引咎自責。」不過1955年，在美國的壓力下，有聯合國席位的臺灣當局在安理會上棄權，同意蒙古加入聯合國。

在蔣介石撤退臺灣之前，1949年1月，毛澤東曾非正式地試圖

透過蘇聯政治局委員米高揚向蘇聯提出要求，希望外蒙古回歸中國。當時毛澤東委婉地說，有一個民主派，他們認為如果中國是共產黨掌握了政權，是不是外蒙古就能合併進來？米高揚馬上說這個問題不行，這是有條約的。第二天史達林來了個電報，口氣非常強硬，說如果蒙古要統一的話，它就不是外蒙古統一到內蒙古的問題，而是內蒙古要統一到外蒙古去。[11]毛澤東只好說先不提這個問題了。

後來中共向蘇共提出一套方案，要求蘇聯歸還在中國東北的特權，代價是中國承認外蒙古獨立。蘇聯同意了。1949年10月16日新中國和蒙古人民共和國建交。1950年中蒙兩國正式建立大使級外交關係。整個50年代，中國向蒙古輸送了大量工人幫助其經濟建設。

1960年代中蘇決裂初期，蒙古人民共和國試圖保持中立。後來倒向蘇聯一邊，把大約7000名中國的援建人員驅逐回國。當時蘇聯在整個中蘇、中蒙邊界上加強軍事設施，在外蒙古部署的導彈相當於蘇聯全部導彈的三分之一，軍隊總數達到了一百萬人，對中國產生巨大威脅。直到1992年蘇聯解體後，蘇聯軍隊才徹底從蒙古國撤走。

1980年代中期，中蒙關係緩和。1990年，一個蒙古代表團28年來第一次正式訪問中國。1994年兩國簽訂《中蒙友好互助條約》，表示互相尊重國家主權和領土完整。

值得一提的是，外蒙古在成為了蘇聯保護下的蒙古人民共和國後，僅僅是名義上的獨立國家。有自己的政府，但總理任命得由蘇聯說了算，有自己的軍隊，但完全聽命於蘇聯。開國領袖蘇赫巴特爾就是因為民族精神過於突出，而在國家成立僅一年後，便不明不白地死在了醫院。蘇聯時代，蒙古有十位總理因為反對蘇聯的政策而被殺害。原有文字被廢除，改為俄文字母拼寫。原來要求獨立而

保護的黃教也遭到了滅頂之災，曾經是被人崇敬的喇嘛集團被成群的逼令還俗。這種情況直到蘇聯解體後（1990年代）才改變。

註釋

[1].[法]勒內·格魯塞：《成吉思汗》，陝西師範大學出版社2009年版，第11章。

[2].[法]布魯丁、[俄]伊萬寧：《大統帥成吉思汗兵略》（都固爾扎布、巴圖吉爾嘎拉譯），內蒙古人民出版社1991年版，第150頁。

[3].[法]布魯丁、[俄]伊萬寧：《大統帥成吉思汗兵略》，內蒙古人民出版社1991年版，第159頁。

[4].泰亦赤兀惕·滿昌主編：《蒙古族通史》，遼寧民族出版社2004年版，第143頁。

[5].陳文中：《成吉思汗家族是如何打到歐洲的——蒙古西征紀實》第17節，http：//www.yi-see.com/read_159210_8559.html。

[6].姚大力：《另一種視角的蒙古史〈成吉思汗與今日世界之形成〉漢譯本代序》，http：//vip.book.sina.com.cn/book/catalog.php？book=40138.

[7].泰亦赤兀惕·滿昌主編：《蒙古族通史》，遼寧民族出版社2004年版。

[8].希·散達格《蒙古政治外交》第1卷，1971年烏蘭巴托版，第244頁。

[9].阿·波波夫《沙俄與蒙古》，《紅檔》雜誌第6卷，1929年

第37期。

[10].《民國經世文編》第十八冊，經世文社1914年版。

[11].沈志華教授談外蒙古獨立問題，http：//bbs.guoxue.com/viewthread.php？tid=449072。

跋

　　理論需要與現實相結合，歷史需要與未來相呼應。

　　古人說，天下大勢，分久必合，合久必分。那麼，國家統一的目標是否正確？既然人類社會的發展趨勢是由無序走向有序，由分散走向統一，我們就有理由相信，國家統一是歷史發展的必然階段。

　　一、國家統一是歷史選擇

　　從中華民族的角度看，中華民族的復興需要完成國家統一，這既是歷史傳統與民族情感的內在要求，也是國際經驗與現實利益的必然選擇。

　　首先是歷史傳統。中國是世界上唯一擁有悠久歷史、穩定疆域並呈現出同一性和延續性特點的大國。回顧歷史，中國這片土地上一直有建立統一國家的傳統。先秦時期即有「普天之下，莫非王土；率土之濱，莫非王臣」的觀念。自秦朝建立首個郡縣制的大一統帝國以來的2234年間，疆域廣闊而政令統一的王朝更迭不絕，統一局面延綿久長。秦、漢、西晉、隋、唐、元、明、清、民國共1492年，統一時期占60%以上；即使按較嚴格的計算，減掉統一王朝中的分裂時期，實際統一時間為952年，仍占歷史時期的40%以上。而且，即使在分裂時期，也常常不是民意不願統一，而是不充分具備實現國家統一的歷史條件，這才有「王師北定中原日，家祭無忘告乃翁」的悲壯情懷。追求國家統一在中國歷史上從來都是主流民意，中國歷史上的大多數政權也都以統一中國為己任。

　　其次是民族情感。在長期的歷史發展中，中華民族形成了以集體主義和團結統一為核心的民族精神與民族情感。筆者雖然還沒有

具體的關於民族情感要求中國國家統一的現代民意調查資料，但卻親身感受到大陸民眾及海外華僑對國家統一的支持與渴望。尤其在筆者國外生活訪問期間，曾親見耄耋華僑為國家不能統一而激動流涕，曾親聞熱心鄰居願為國家統一捐獻半數家產。即使在尚未統一的臺灣，也有著對國家統一的強烈期盼。50年前于右任先生曾寫下悲愴詩作《望故鄉》極具代表性：「葬我於高山之上兮，望我大陸；大陸不可見兮，唯有痛哭。葬我於高山之上兮，望我故鄉；故鄉不可見兮，永不能忘。天蒼蒼，野茫茫，山之上，國有殤！」渴求國家統一的深厚情感躍然紙上。

再次是國際規律。近五百年來，世界性大國無一不是先實現國家統一再出現強盛局面。西班牙、英國、德國、美國這些曾經或正在執世界牛耳的國家都是在完成或維護了國家統一後才得以翻開世界性大國的輝煌篇章。1479年（明朝中期），歐洲比利牛斯半島上的兩個最大國家卡斯提和阿拉岡合併，西班牙初步實現國家統一，並在其縱橫四海的無敵艦隊護衛下，拉開了世界近代史上大航海時代的序幕。1707年（清康熙年間），歐洲海島上的英格蘭和蘇格蘭兩個王國達成了完全合併，工業革命的發源地大不列顛王國誕生，隨後英國開啟了殖民地遍及全球的「日不落帝國」時代。從1864年到1871年（清同治年間），普魯士經過7年的系列戰爭，完成了國家統一，德意志帝國宣告成立，此後國力迅速超越英法，並成為兩次世界大戰的策源地。1865年（清同治年間），美國結束了南方與北方的內戰，維護了國家統一，為其日後成為世界性超級大國奠定了政治、制度和經濟基礎。21世紀中國的和平崛起也同樣需要先實現國家統一。

最後是現實利益。一是政治利益。國家統一將對凝聚國內信心、提升國際聲望有極大的推動作用。相反，國家統一目標不能實現，意味著國家政權缺乏普遍認同性和強大力量，也就談不上民族

復興。二是經濟利益。國家統一將整合經濟力量，擴大市場版圖，優化資源配置，促進生產要素流動，提高民眾生活福祉。三是社會利益。國家統一為增加民眾更多更自由的就業、旅遊、求學、商務等活動提供有力保障。四是軍事利益。國家不能統一不僅分散了整體的國防實力，而且還會在空間上缺乏國防的完整性和縱深性。

二、國家統一的理論模式

關於國家統一的形式與狀態，筆者將當前研究國家統一的主要思路歸納為以下三種模式（如下圖）：

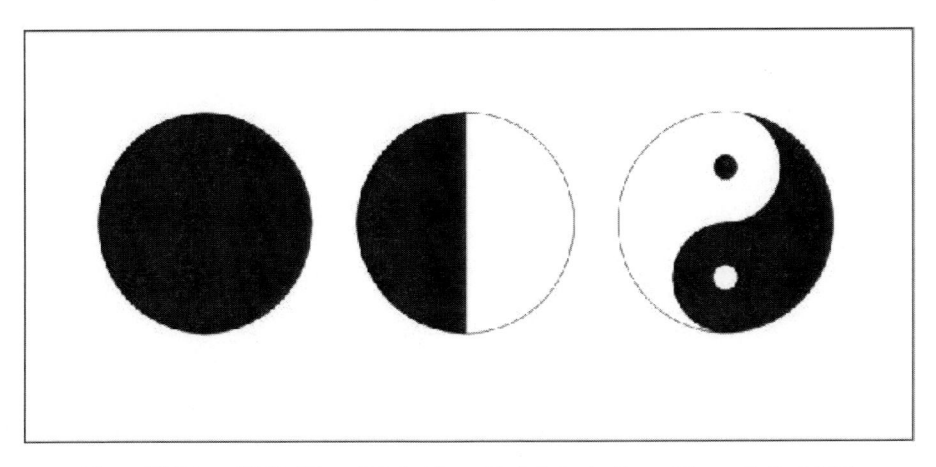

第一種是一體趨同，國家統一後制度完全一致，「你就是我」，包括臺灣提出的「三民主義統一中國」以及大陸曾經提出的「解放臺灣」都屬於這種模式。第二種是黑白分明，「你是你，我是我」，但「我們同在一個國家裡」，包括臺灣提出的「一國兩區」以及大陸提出的「一國兩制」等都屬於這種模式。第三種是太極圖，陰中有陽，負陰抱陽，是「你中有我，我中有你」的思維方式，包括類似歐洲共同體的政治聯合體模式，也包括目前尚未提出的其他可能創新模式。

國家統一的根本目的是為了讓人民更加幸福。從這個角度出發，以上三種模式各有優劣，難分高下，其共同點是對外保持一個

主權國家，不同點是統一之後存在單一還是多種制度，以及多種制度間的關係和影響。國家統一究竟應該採取何種模式，與推動及實現國家統一的方式密切相關。

國家統一的方式有軍事戰爭、武力威懾及和平自願三種。前兩種方式實現的國家統一多會出現第一種模式，即一種制度，而後一種方式實現的統一則更可能出現後兩種模式，即多種制度。這三種方式在中國歷史中都可以找到不唯一的案例。相對而言，和平自願統一傷亡最少，成本最低，最有利於民眾福祉。但實現的概率也最小，因為任何政權都很難心甘情願地放棄自己手中的政治權力。

國家統一的方式選擇取決於「勢、力、策」三方面要素，即統一形勢、政權實力和策略運用三大條件。統一形勢（「勢」）包括政權的政治影響力、文化凝聚力、社會控制力、統一意志力和民意向心力。這些因素無法量化，難以對比，但實實在在存在，可以近似地理解為政權「軟實力」。政權實力（「力」）包括雙方政權在經濟、軍事和人才等方面的實力。這些因素可以量化，易於對比，可以近似地理解為政權「硬實力」。策略運用（「策」）包括政權對統一的前期準備工作以及為實現統一目標採取的戰術行動。這三個要素強弱不一，會對國家統一的最終實現方式產生決定性影響。一般而言，在三方面條件基本滿足的情況下，如果「勢」最充分，則和平自願統一實現概率較大；如果「力」最突出，則武力威懾或軍事戰爭實現統一可能性較大。

如果「勢」與「力」的條件尚未滿足或不夠充分，「策」的效果受到限制，國家統一難以立即實現，就需要繼續培育有利於實現國家統一的積極因素，這個過程就是「和平發展」階段。透過雙方關係和平發展有可能走向和平自願統一。

和平發展階段的雙方關係走勢有三種可能：第一種是發散的，第二種是平行的，第三種是收斂的。如右圖：

發散走勢意味著雙方軟硬實力差距在縮小，關係卻漸行漸遠；平行走勢意味著雙方在軟硬實力的發展方面速度相當，而合作關係卻沒有提升，雙方關係缺乏交集；收斂走勢意味著雙方軟硬實力差距在擴大，同時合作不斷增強，雙方關係越走越近，這種發展趨勢為國家和平自願走向統一提供了可能。維持收斂走勢就要求強勢主導國家統一的一方在軟硬實力方面有較高的發展速度，並且對弱勢的一方展示合作包容的態度。

雙方關係趨於收斂需要雙方有共同利益、穩定合作和相互認同三個條件。首先要有共同利益。兄弟兩個分開久了，要突然擁抱在一起是很難的，因為缺乏互信。互信需要慢慢培養。在具備足夠互信之前，需要有共同利益進行聯繫。因為博弈的任何一方即使不相信對方，也會相信自己的利益，所以雙方發展共同利益是建立互信的良好途徑。鑒於經濟合作的雙贏特性，從經濟合作入手往往是發現共同利益的有效方式。其次要有穩定合作。合作不穩定會干擾雙方關係的收斂走勢，透過協議等制度化、機制化的合作才能維持穩定。最後，相互認同是國家統一的民意基礎。雙方願意為共同的利益、理想、信仰重新走到一起是國家統一的重要動因。很多國家之間也有共同利益與穩定合作，但卻沒有相互認同，因此無法統一為一個國家。值得一提的是，國家認同、民族認同、政權認同和價值認同有不同的內涵，和平自願統一過程中最重要的是政權認同。

三、兩岸統一是當前課題

中華人民共和國大體繼承了中華民國的版圖，中華民國大體繼

承了晚清的版圖。所不同的是，蔣介石政府在1946年1月承認蒙古人民共和國獨立，2月與蒙古建立外交關係，使得中華人民共和國繼承的版圖中缺少了外蒙古這一塊，當然，中華人民共和國政府也並未提出外蒙古回歸的要求。隨著1997年香港、1999年澳門的回歸，解決臺灣問題就成為當前中國國家統一的最重要課題。

臺灣問題的出現是中國內戰的結果，本質上是中國的內政問題，這與東西德國、南北朝鮮等二戰後根據國際協議形成的國家分裂有著本質區別。1949年以來，大陸和臺灣儘管尚未統一，但不是中國領土和主權的分裂，而是1940年代中後期中國內戰遺留並延續的政治對立，這沒有改變大陸和臺灣同屬一個中國的事實。兩岸復歸統一，不是主權和領土再造，而是結束政治對立，破鏡重圓。

這種政治對立始於國共兩黨的內戰。分別成立於1894年和1921年的中國國民黨和中國共產黨在孫中山先生的旗幟下曾經團結合作，共同北伐。但孫中山先生逝世後，蔣介石領導的國民黨背離了孫中山先生的政策，分別於1927—1937年和1946—1949年發動了兩次旨在消滅共產黨的國共內戰。在第二次國共內戰中，以蔣介石為首的國民黨勢力被擊敗，從大陸全面潰退到臺灣，在美國反華勢力的支持下，繼續維持著一個所謂「代表全中國」的反共政治架構。自此，1945年日本歸還給中國的臺灣再次陷入與大陸分離的狀態中。

1970年代，中國政府在國際上反對製造「兩個中國」、「一中一臺」的鬥爭取得一系列有重大歷史意義的勝利。中華人民共和國作為聯合國安理會五個常任理事國之一，其政府代表成為中國在聯合國的唯一合法代表，蔣介石的代表被聯合國及其所屬機構驅逐出去。日、美等國紛紛與中華人民共和國建交，並斷絕與臺灣方面的外交關係。臺灣所謂的「邦交國」越來越少，迄今只有23個，

多為中南美洲及南太平洋的小國。2008年以來，大陸提出「兩岸在涉外事務中避免不必要的內耗，有利於增進中華民族整體利益」，對應臺灣提出的「外交休兵」。

　　在臺灣，島內政治生態的演變也使兩岸結束歷史遺留的政治對立成為可能。1970年代，國民黨在臺灣的專制統治開始鬆動，黨外勢力開始活躍並得到發展。1986年蔣經國當局宣布「政治革新」，解除戒嚴，開放黨禁報禁，當年以反國民黨為主要目標的民主進步黨成立。後來由於民進黨領導權基本上被「臺獨」分子把持，「臺獨」思潮在該黨內泛濫。國民黨政權標榜實行西方民主制度，並於1996年實行臺灣領導人「公民直選」。利用國民黨的內部分裂，2000年民進黨獲得島內執政權，在8年執政中推動「臺獨」活動並多次碰壁。2008年後，主張「一個中國」的國民黨在島內重獲執政權，兩岸關係迎來難得歷史機遇。兩岸雙方本著「建立互信、擱置爭議、求同存異、共創雙贏」的精神，在以「一個中國」為核心的「九二共識」的基礎上恢復兩岸協商並取得重要成果，兩岸互信不斷增強，擇機結束兩岸政治對立成為普遍關注的熱點。民進黨內部也在醞釀討論是否應調整兩岸政策，放棄「臺獨」黨綱。如何早日結束兩岸對立、實現國家統一成為相關學者與決策者研究的焦點問題及兩岸各界普遍關注的熱點議題。

　　為解決臺灣問題最終實現國家統一，中國共產黨和中國政府對臺方針政策經歷了「解放臺灣」與「和平統一」兩個時期。

　　1949年3月15日，新華社發表《中國人民一定要解放臺灣》的社論，首次提出「解放臺灣」的口號：「中國人民解放軍的任務就是解放全中國，直到解放臺灣、海南島和屬於中國的最後一寸土地為止。」1950年朝鮮戰爭的爆發，使解放軍的戰略重點由東南轉向東北，解放臺灣的計劃被迫擱置。

　　1979年元旦，全國人大常委會發表《告臺灣同胞書》，強調

在解決統一問題時「一定要考慮臺灣的現實情況」,「採取合情合理的方法」,而不再提「解放臺灣」,表示著對臺方針政策向「和平統一」的重大轉變。1982年鄧小平首次提出「一個國家,兩種制度」的概念,隨後載入《中華人民共和國憲法》。「一國兩制」的基本內容是:在一個中國的前提下,國家的主體堅持社會主義制度;香港、澳門、臺灣是中華人民共和國不可分割的部分,它們作為特別行政區保持原有的資本主義制度長期不變。在國際上代表中國的,只能是中華人民共和國。1995年江澤民發表《為促進祖國統一大業的完成而繼續奮鬥》的重要講話,進一步闡述了「和平統一、一國兩制」思想的深刻內涵。

2007年中國共產黨將「堅持一個中國原則是兩岸關係和平發展的政治基礎」寫入黨的十七大報告,並首次正式提出「構建兩岸關係和平發展框架,開創兩岸關係和平發展新局面」的工作目標。2008年12月31日胡錦濤在紀念《告臺灣同胞書》發表30週年座談會上,發表了《攜手推動兩岸關係和平發展 同心實現中華民族偉大復興》的重要講話,表示著自胡錦濤2005年發表「四點意見」以來,兩岸關係和平發展思想正式形成。

「兩岸關係和平發展」的核心思想與邏輯是:和平統一最符合包括臺灣同胞在內的中華民族的根本利益,實現和平統一首先要確保兩岸關係和平發展。這也是當前大陸對臺工作的總體思路與原則。其主要內容包括:把堅持大陸和臺灣同屬一個中國作為推動兩岸關係和平發展的政治基礎,把深化交流合作、推進協商談判作為推動兩岸關係和平發展的重要途徑,把促進兩岸同胞團結奮鬥作為推動兩岸關係和平發展的強大動力。為此,兩岸應恪守一個中國原則,增進政治互信;推進經濟合作,促進共同發展;弘揚中華文化,加強精神紐帶;加強人員往來,擴大各界交流;維護國家主權,協商涉外事務;結束敵對狀態,達成和平協議。

與此前的大陸對臺政策相比，兩岸關係和平發展思想更強調國家和平統一的複雜性、艱鉅性、階段性和長期性。1981年葉劍英曾說：「臺灣回歸祖國、完成統一大業是我們這一代人光榮、偉大的歷史使命。」1983年鄧小平曾說：「我們是要完成前人沒有完成的統一事業。當然，實現和平統一需要一定時間。如果說不急，那是假話，我們上了年紀的人，總希望早日實現。」1995年江澤民曾說：「現在是完成祖國統一大業、實現全面振興的時候了。」這些宣示都表達了大陸決策層對國家統一問題的高度責任感和緊迫感，總希望統一大業能在任內儘早實現。2008年胡錦濤說：「我們一定要以最大誠意、盡最大努力爭取祖國和平統一，首先要確保兩岸關係和平發展。」這一表態準確把握了兩岸關係逐漸融冰、欲暖還寒的複雜現狀，深刻洞察了島內政黨主張與社會民意訴求的現實，顯示決策高層雖然並不急於在特定任期內完成國家統一的艱巨任務，但為和平統一不斷積累條件、夯實基礎的努力和絕不鬆懈的堅定意志。2013年習近平關於「兩岸長期存在的政治分歧問題終歸要逐步解決，總不能將這些問題一代一代傳下去」的講話也充分體現了這一內涵。

當前兩岸關係和平發展階段，也就是培育「勢」與「力」的和平發展時期，是國家崛起與民族復興的戰略發展機遇期。按照中共十八大報告提出的國家統一思路，「實現和平統一首先要確保兩岸關係和平發展」，要「鞏固和深化兩岸關係和平發展的政治、經濟、文化、社會基礎，為和平統一創造更充分的條件」。

因此，兩岸關係和平發展思想為如何引導兩岸關係走向國家統一指明了工作方向。截至2013年，兩岸政治、經濟、文化、社會基礎已經在兩岸關係和平發展思想指導下取得了明顯進步：

政治方面，確立了兩岸關係政治基礎，兩岸的黨際交流和兩會交流實現制度化和機制化，兩岸協商談判不斷取得成果。1.黨際交

流方面，國共兩黨有關方面自2006年以來連續舉辦9屆兩岸經貿文化論壇，成為兩黨和兩岸各界進行交流對話的重要平臺。2.兩會交流方面，海協會與海基會自2008年以來在「九二共識」基礎上恢復協商，相繼簽署了19項協議。

經濟方面，初步實現了兩岸經濟關係的正常化與制度化，開創了兩岸經濟交流與合作空前緊密與繁榮的局面。1.正常化方面，由以前的局部間接單向的經濟往來，實現了兩岸全面直接雙向「三通」。2.制度化方面，簽署了海峽兩岸經濟合作框架協議（ECFA）以及一系列相關後續協議，並成立了兩岸經濟合作委員會，創辦了兩岸產業合作論壇和以兩岸企業家為主體的紫金山峰會，豐富了兩岸經濟交流平臺。

文化方面，建立和拓寬了兩岸文化交流渠道，兩岸文化交流正在向制度化、規範化、長期化方向發展。1.制度平臺方面，兩岸共同舉辦了定期的「兩岸文化論壇」，兩岸文化主管部門負責人均出席論壇並進行了互動。2.交流渠道方面，創辦了海峽兩岸文博會、兩岸城市藝術節、兩岸漢字藝術節、兩岸非物質文化遺產月等一系列的文化交流平臺。

社會方面，兩岸各界大交流蓬勃發展，形成了全方位、寬領域、多層次的格局和形式多樣、內容豐富、參與廣泛的態勢。1.制度化平臺方面，開創了面向兩岸基層民眾的海峽論壇，規模空前，領域廣泛。2.人員往來方面，大陸居民赴臺團隊和個人旅遊相繼啟動，大陸遊客迅速成為臺灣旅遊業第一大客源。兩岸民眾赴對方求學、從業、經商的人員也越來越多。

筆者認為，在推動兩岸關係和平發展的過程中，中國大陸自身的全面進步是實現兩岸和平自願統一的關鍵。當一個政權做到了政治清明、社會穩定、文化昌盛、四海歸心，就具備了有利的統一形勢，追求或確保統一就成為水到渠成、自然而然的事業。中國大陸

自身的全面進步包括經濟建設、政治建設、文化建設、社會建設和生態文明建設全面發展，最終應建設成為富強中國、民主中國、文明中國、和諧中國和美麗中國。作為執政黨，中國共產黨在領導人民向這一目標邁進的過程中，提出有機統一的三大要素（可以理解為「勢」與「力」的結合）：走中國道路、弘揚中國精神、凝聚中國力量。中國道路是堅持走中國特色社會主義道路，30多年來的實踐說明這條道路是有強大生命力的。中國精神是以愛國主義和改革創新為核心的民族精神，是可以提供持久動力的價值體系。中國力量是以保障和改善民生為重點、以不斷增進民眾福祉為目標的施政方向，是在國家富強和民族復興的同時，實現個人幸福、社會和諧的理想和力量源泉。

中國大陸在實現自身全面進步的同時，妥善處理好與臺灣島內各政黨及各界民眾的關係是推動和落實兩岸關係和平發展思想的重要政策內容。其核心是要消除敵意，培養好感，加強往來，增強互信，深化合作，互惠互利，提升認同，攜手努力。

對島內執政黨，要在「九二共識」的基礎上推動兩岸關係各個領域的機制化、制度化建設，努力營造一個有利於兩岸關係和平發展的環境條件和機制，創造不可逆轉的機制運行環境。不斷加強雙方政治互信，努力推動雙方在認同兩岸同屬一國、維護一中框架這一原則問題上形成更為清晰的共同認知和一致立場。

對島內在野黨，只要不持「臺獨」主張，都可以與之進行黨際交流。在野黨無論大小藍綠都代表島內一部分民意，都是為推動統一大業需要團結或努力爭取的工作對象。更廣泛的交流有利於促進更多島內民意認識到國家統一的潮流和好處，以及大陸方面的善意和誠意。同時，加強兩岸學術界的交流，特別是要有計劃地開展兩岸具有政治影響力的不同政治傾向的智庫學者之間的對話交流，在時機成熟時，進行官方授意或授權的「二軌」對話。

對島內民眾，兩岸應該抓住和用好難得的機遇，全面加強和深化兩岸在各個領域、各個層次的交流與合作，讓兩岸民眾不斷加深瞭解，摒棄偏見，互相信任，互相關懷，從而為兩岸同屬一國提供更加穩固、更加深厚的社會民意基礎。

兩岸關係和平發展要「為和平統一創造更充分的條件」，換句話說，未來兩岸需要在各方面為國家統一鋪墊好堅實的基礎，構建好統一後的制度框架。政治方面，結束兩岸敵對狀態、達成兩岸和平協議，進而討論國家統一的具體制度安排。經濟方面，建立兩岸共同市場，實現兩岸生產要素完全自由流動，打造兩岸產業整合鏈條，形成兩岸經濟密不可分。文化方面，簽署兩岸文化交流與合作協議，共同推動中華文化復興。社會方面，兩岸形成共同生活圈，交通等基礎設施完備，兩岸民眾往來自由便利，在共同治理等制度化層面有所突破。

在「勢」與「力」不斷增強的過程中，要把握「策」的重點與力度，堅持以人為本，以兩岸人民的福祉為最高利益。「策」運用得好，可以化解政治僵局，取得兩岸關係突破。例如，在臺灣當局不願或無法與大陸進行政治談判的困境下，兩岸可以繼續推動經濟合作，在兩岸公權力逐步介入經濟議題的過程中，增強互信，取得共識，經由經濟領域突破政治障礙。同時發揚中華文化並引導社會民意認同國家統一，使之成為兩岸四地的主流民意和共同訴求，和平統一可以水到渠成。對大陸方面來說，尤其要理解、信賴、關心臺灣同胞，體察他們的意願，瞭解他們的訴求，民意對兩岸融合的要求是任何島內政黨都無法阻擋的歷史潮流。

兩岸關係和平發展階段並不必然自動過渡到兩岸和平統一。正負因素都在與日俱增。有責任感的政權需要把握歷史機遇，在條件基本成熟的時候盡力完成國家統一，避免國家走向分裂，將國家和人民的發展方向保持在正確的軌道上。和平自願統一是成本最低、

正面效應最長遠、最符合兩岸人民的根本利益、也是中國大陸方面最希望採取的統一方式。然而，如果臺灣島內始終無法形成和平自願統一的多數人共識，武力威懾與軍事戰爭兩種方式也是不能排除的戰略選擇。萬一出現最壞情況，「臺獨」分裂勢力發展到難以遏制的程度，國家分裂已經成為迫在眉睫的現實威脅，軍事手段仍然是確保國家統一的最後屏障。考慮到外國勢力必然干涉，戰爭目標不能過於計較傷亡損失，而在臺灣是否能確保版圖之內。只要能夠實現這一戰略目標，戰爭創傷可以在戰後恢復。中國歷史上的多次繁榮昌盛都是經過戰爭的洗禮而後出現的，世界上的先例也不勝枚舉，以犧牲短期的幸福換取國家統一的長治久安是為後世子孫謀幸福的長遠考慮。即使透過軍事手段實現國家統一，仍可實施「一國兩制」等創新模式治理兩岸，充分顧及兩岸人民的生活幸福。毋庸置疑，只要可能，國家統一須儘量避免採用非和平方式。

四、中國國家統一的外部因素

國際因素方面，要處理好與世界及地區主要相關國家的關係。中國近代史上曾經有西藏、外蒙古和滿洲的獨立與分裂行為，其背後分別有英國、蘇俄和日本等外國勢力作支撐，當前「臺獨」分裂勢力的存在也與美日等國的背後支撐密不可分。因此，看待臺灣問題要以歷史的眼光和全球的格局來把握未來的發展方向和思路，不能與清朝收復臺灣作簡單類比。尤其考慮到在當今經濟全球化的時代，中國在處理臺灣問題時與其他國家的利益聯繫與矛盾鬥爭比歷史上任何時候都要複雜和廣泛，在國家統一的歷史進程中，要深刻認識這種新背景與新局面。

第一，美國因素。美國是對中國國家統一影響最大的外部因素。當前美國對華政策的特點是「遏制+接觸」，一方面力圖保持美國的國際地位和戰略優勢，避免中國崛起可能對現存國際秩序及美國領導地位有所動搖，另一方面美國需要與中國保持接觸以獲得

中國在國際事務與地區事務中的合作。在此總體對華政策框架下，美國的臺灣問題政策具有「雙軌＋模糊」的特點。「雙軌」是指美國既保持與中國的外交關係，簽署一系列中美聯合公報，同時又與臺灣保持實質關係，堅守「與臺灣關係法」，在承認「一個中國」的同時，堅持「和平解決」臺灣問題。「模糊」是指美國對兩岸可能發生的戰爭是否軍事介入保持不置可否的戰略模糊，力圖使兩岸長期保持「不獨不統不武」的最符合美國利益的局面。

中美之爭不僅是國家戰略優勢之爭，更是制度與文明之爭。筆者以為，既然經濟領域中，市場（如企業間交易）和命令（如企業內交易）兩種交易方式都有其自身邊界，不能完全採取某種單一形式，那麼，政治領域是不是民主和集權兩種決策形式也可以並存，文化和社會領域是不是個人主義和集體主義可以並重？對中美兩國而言，誰先對上述各種方式找到了最適度構成，誰就掌握了最符合未來發展趨勢的制度優勢，從而成為人類文明的領航者。中美兩國可以為此展開相互促進的良性之爭。從這個角度看，臺灣問題並非中美之爭的關鍵。臺灣對美國而言至多是較重要利益，絕非核心利益；但對中國而言則是事關國家統一、無可退讓的核心利益。當中美兩國「勢」與「力」的對比發生顯著變化時，美國調整其臺灣問題政策是完全有可能的。中國政府一方面應持續發展中美兩國建設性合作夥伴關係，使美國視中國為其合作夥伴與競爭對手，而非潛在敵人，另一方面需要高度警惕在美國調整對臺政策之前不能讓臺灣分離主義勢力裹脅臺灣民眾破壞兩岸關係和平發展局面。

第二，日本因素。日本是對中國解決臺灣問題有重大影響的外部因素。當前日本對華政策的特點是「抗衡＋交往」，一方面日本對其大國雄心受挫感到焦慮，不甘心其在地區乃至國際的影響力居於中國之下，另一方面日本在諸多領域，尤其是經濟領域需要中國的支持與合作。日本國力雖弱於美國，但其對臺灣的重視程度卻遠

強於美國，因此其臺灣問題政策較之美國更為保守，具有「彈性＋干涉」的特點。「彈性」是日本雖秉持「一個中國」政策，但對臺灣地位保持彈性，對中國關於臺灣是中國一部分的立場只是「理解和尊重」，從未「承認」，也不反對「臺灣獨立」、「兩個中國」或「一中一臺」。「干涉」是日本明確反對中國對臺動武，並將臺灣問題與日美安保體制聯繫起來，以「周邊事態法」將臺灣納入其武力干涉範圍。

　　中日之爭既有領土之爭，更有安全與尊嚴之爭。日本作為與中國一衣帶水的鄰邦島國，土地與資源有限，安全與尊嚴意識強烈。筆者以為，日本歷史上多採取「與強為盟」的策略，尤其近代以來，先後與英國、德國、美國等稱雄一時的世界一流強國結盟，這也反映出日本自身缺乏單獨成為世界一流強國的條件。1980年代以來，日本一直努力追求成為政治大國與軍事大國，但隨著中國的迅速發展，其在地區及全球的影響力不是上升了，而是相對下降了。再加上中日兩國的歷史恩怨，日本目前還難以接受中國崛起。近年來日本島內右翼分子挑起中日兩國的釣魚島爭端，由於領土問題是任何主權國家最核心、最敏感的議題，中日雙方都很難在這一問題上退步。因此，日本未來可能有更強烈的干涉臺灣問題的傾向性，以換取中日解決爭端談判的籌碼。針對日本國民特性，中國必須在「勢」與「力」的各方面大力發展自身，重塑強者風範，獲得日本認同。軍事對抗永遠是需要盡力避免的最後手段。考慮到日本在政治和經濟的現實利益層面還需要保持與中國的交往，其臺灣問題政策也需要追隨美國的立場，中日之間即使不能在短期內解決棘手問題，與其保持穩定適度的合作關係還是有利於中國國家統一的。

　　第三，東盟因素。東盟國家是中國解決臺灣問題不可忽略的外部因素。當前東盟對華政策的特點是「防範＋合作」，一方面對中國的崛起抱有疑慮，認為強大的中國會擠壓他們的利益，因此需要

防範中國，另一方面對中國的經濟高速增長有需求和期待，希望能透過合作促進本國經濟的發展。在此總體對華政策框架下，東盟各國對臺灣問題的政策具有「明確+低調」的特點。各國均明確表示堅持一個中國政策，承認臺灣是中國的一部分，不支持「臺灣獨立」、「兩個中國」或「一中一臺」，不支持臺灣加入由主權國家組成的國際組織，同時，各國均要求以和平方式解決臺灣問題，反對使用武力。相比美日，東盟各國對「以臺制華」的想法更加克制和低調，各國都在保持和加強與臺灣的實質關係，一定程度上牽制大陸，並且不認為臺灣問題是中國的內政，而是一個「地區問題」。

中國與東盟之間互補關係大於競爭關係。雙方不存在國際地位的競爭關係，也沒有強烈的意識形態的敵視態度，有充分理由可以發展成為平等互利、包容互鑒、合作共贏的夥伴關係。雖然在美國「重返亞太」後，東盟不少國家採取了「安全上靠美國、經濟上靠中國」的外交政策，個別國家還在南海領土問題上與中國的摩擦加劇，但各國的臺灣問題政策基本保持穩定，仍限於與臺灣開展經貿文化關係，畢竟中國大陸能夠給予東盟的政治經濟利益遠非臺灣可比，而且挑戰中國的核心利益對其顯然是得不償失的不理性舉動。中國在「勢」與「力」的方面均占有明顯優勢，未來需要在「策」的方面下更大功夫穩定和安撫好這些周邊國家，儘量避免其成為國家統一與大國較量中對我不利的棋子。

第四，其他因素。在臺灣問題的外部因素中，還存在一些其他國際因素。一是俄國因素。中俄兩國接壤邊界長達4300公里，俄國又是世界一流軍事強國，中俄關係的好壞對中國解決臺灣問題會產生直接影響。目前中俄已經建立的全面戰略協作夥伴關係正在向更高水平發展，中俄兩國互相尊重和支持對方的國家主權與領土完整，俄國是中國解決臺灣問題的積極因素。未來中國應繼續推動以務實合作為主導的互利雙贏的中俄關係。二是歐盟因素。歐盟是世

界政治格局中的重要一極，法、德等歐盟國家曾經是臺灣重要的武器來源地，其立場會對臺灣問題的解決產生一定影響。目前歐盟各國在堅持「一個中國」政策的同時，均反對武力解決臺灣問題，並且和臺灣保持密切的經濟、社會聯繫，對中國解決臺灣問題是中性可變因素。中國應繼續透過友好合作鞏固中歐友誼，減少雙方的誤解與誤判，以多種方式爭取其對我推進國家統一的理解與支持。三是印度因素。印度是近年來迅速發展的「金磚五國」中的重要國家，雖然堅持「一個中國」政策，但對中國時常流露出相當程度的敵意與不信任，充滿濃厚的較勁意味，這與印度在1960年代中印邊境衝突中失敗有關。近年來印度對與臺灣發展關係及參與南海爭端顯示出較大興趣，控制不好可能會成為中國國家統一的消極因素。中國應與印度發展成熟理性的毗鄰大國關係，讓兩個古老文明相互促進與共同融合。

總之，中國國家統一雖然歸根到底取決於政權自身的「勢」和「力」的發展水平，需要經過較長期的兩岸關係和平發展階段培養積極因素，但「策」的運用同樣至關重要，這要隨兩岸關係的變化及時調整，核心是利用各種手段堅決避免出現國家永久分裂，不過在增強兩岸互相理解與信任方面要始終不渝地依靠廣大臺灣人民，同時理清並處理好外部因素是國家統一進程中必須重視的問題。在全面貫徹兩岸關係和平發展思想的同時，中國在國際關係上堅定不移地走和平發展道路，前提是不能犧牲國家核心利益，堅決維護包括國家統一在內的主權、安全和發展利益。

回顧1973年英國著名歷史學家湯因比與日本宗教和文化界著名人士池田大作關於人類社會和世界問題的談話：「全人類發展到形成單一社會之時，可能就是實現世界統一之日。在原子能時代的今天，這種統一靠武力征服——過去把地球上的廣大部分統一起來的傳統方法——已經難以做到。同時，我所預見的和平統一，一定是以地理和文化主軸為中心，不斷結晶擴大起來的。我預感到

這個主軸不在美國、歐洲和蘇聯，而是在東亞。由中國、日本、朝鮮、越南組成的東亞，擁有眾多的人口。這些民族的活力、勤奮、勇氣、聰明，比世界上任何民族都毫無遜色。無論從地理上看，從具有中國文化和佛教這一共同遺產來看，他們都是聯結在一條紐帶上的。並且就中國人來說，幾千年來，比世界任何民族都成功地把幾億民眾，從政治文化上團結起來。他們顯示出這種在政治、文化上統一的本領，具有無與倫比的成功經驗。這樣的統一正是今天世界的絕對要求。中國人和東亞各民族合作，在被人們認為是不可缺少和不可避免的人類統一的過程中，可能要發揮主導作用，其理由就在這裡。如果我的推測沒有錯誤，估計世界的統一將在和平中實現。」當被問及「如果再生來世，博士願意生在哪個國家，做什麼工作」時，湯因比毫不遲疑地回答：「我願意生在中國。因為我覺得，中國今後對於全人類的未來將造成非常重要的作用。要是生為中國人，我想自己可以做到某種有價值的工作。」當然，人類發展的歷史具有階段性。在當前歷史階段，中國首先要完成的歷史任務，是實現國家統一與民族復興。只有在自身的政治、經濟、社會、文化、軍事等方面取得舉世矚目的輝煌成就，才能成為引領世界文明走向天下和諧有序的楷模與典範。

　　以上是筆者在回顧完中國歷史上的統一與分裂之後，對當前實現中國國家統一問題的現實思考。與「臺獨」不同，對「藏獨」、「疆獨」、「蒙獨」、「港獨」等分裂勢力的鬥爭屬於統一國家內部維護國家安定、避免國家分裂的鬥爭，因此不放在這裡討論。本書的撰寫工作持續了幾年，用去了筆者幾乎全部的業餘時間。雖然出於長期興趣，自己對相關歷史內容並不陌生，但為求材料的翔實與細節的準確，需要查閱大量資料，儘量呈現出最可能的歷史真相以及後人研究的主流結論。儘管已經為此傾注大量心血，仍很難避免書中某些地方有疏漏不準之處，需要讀者指正和諒解。

　　本書的出版需要感謝周志懷會長、王守兵主任、朱由輝先生、

巴麗亞女士和陳萃女士！同時感謝劉方健教授和葛劍雄教授對本書的關心與鼓勵！

朱磊

國家圖書館出版品預行編目(CIP)資料

天命之爭：中國歷史上的統一與分裂 / 朱磊 著. -- 第一版.
-- 臺北市 : 崧燁文化，2018.09

　面 ； 公分

ISBN 978-957-681-639-0(平裝)

1.中國史

610.4　　　　107015308

書　名：天命之爭：中國歷史上的統一與分裂

作　者：朱磊 著

發行人：黃振庭

出版者：崧燁文化事業有限公司

發行者：崧燁文化事業有限公司

E-mail：sonbookservice@gmail.com

粉絲頁　　　　　網　址：

地　址：台北市中正區重慶南路一段六十一號八樓815室
8F.-815, No.61, Sec. 1, Chongqing S. Rd., Zhongzheng Dist., Taipei City 100, Taiwan (R.O.C.)

電　話：(02)2370-3310　傳　真：(02) 2370-3210

總經銷：紅螞蟻圖書有限公司

地　址：台北市內湖區舊宗路二段121巷19號

電　話：02-2795-3656　傳真：02-2795-4100　網址：

印　刷：京峯彩色印刷有限公司（京峰數位）

　　本書版權為九州出版社所有授權崧博出版事業股份有限公司獨家發行電子書繁體字版。若有其他相關權利及授權需求請與本公司聯繫。

定價：650 元

發行日期：2018 年 9 月第一版

◎ 本書以POD印製發行